湖南酒文化

蒋雁峰 著

湖湘文库编辑出版委员会

中南大学出版社

湖湘文库
乙编

出 版 说 明

　　湖湘文化源远流长，博大精深，是中华文化中独具地域特色的重要一脉。特别是近代以来，一批又一批三湘英杰，以其文韬武略，叱咤风云，谱写了辉煌灿烂的历史篇章，使湖湘文化更为绚丽多彩，影响深远。为弘扬湖湘文化、砥砺湖湘后人，中共湖南省委、湖南省人民政府决定编纂出版《湖湘文库》大型丛书。

　　《湖湘文库》编辑出版以"整理、传承、研究、创新"为基本方针，分甲、乙两编，其内容涵盖古今，编纂工作繁难复杂，兹将有关事宜略述如次：

　　一、甲编为湖湘文献，系前人著述。主要为湘籍人士著作和湖南地区的出土文献，同时酌收历代寓湘人物在湘作品，以及晚清至民国时期的部分报刊。

　　二、乙编为湖湘研究，系今人撰编。包括研究、介绍湖湘人物、历史、风物的学术著作和资料汇编等。

　　三、乙编中的通史、专题史，下限断至1949年。

四、甲编文献以点校后排印或据原本影印两种方式出版。

五、除少数图书以外，一律采用简体汉字横排。

六、每种图书均由今人撰写前言一篇。甲编图书前言，主要简述原作者生平、该书主要内容、学术文化价值及版本源流、所用底本、参校本等。乙编图书前言，则重在阐释该研究课题的研究视角和主要学术观点等。

七、对文献的整理，只据底本与参校本、参校资料等进行校勘标点，对底本文字的讹、夺、衍、倒作正、补、删、乙，有需要说明的问题，则作出校记，一般不作注释。

八、甲编民国文献中的用语、数字、标点等，除特殊情况外，一般不作改动。乙编图书中的标点、数字用法、参考文献著录规则等均按现行出版有关规定使用和处理。

《湖湘文库》卷帙浩繁，难免出现缺失疏漏，热望社会各界批评指正。

《湖湘文库》编辑出版委员会

前　言

　　湖南在地域上不是中国最大的省,在人口上不是中国最多的省,而在文化上却是最有特色的省之一。湖南处处青山绿水,气候适宜,湖南自古以来就是产好酒的地方,湖南酒文化更是源远流长。1988 年,在湖南省澧县城头山和彭头山新石器时代遗址的发掘中,观察到了距今 7 000 年~9 000 年前的古稻田和稻谷壳的痕迹,这里的古稻比河姆渡要早出千多年,号称"天下第一田"。另外,在 1993 年和 1995 年在湖南永州道县玉蟾岩的新石器时代遗址中,发现了至今世界上最早的古栽培稻,经北京大学 C14 实验室及美国哈佛大学先后用质谱加速器测定,确定这些稻谷距今有 1.4 万年,这些稻谷是迄今为止发现的最早的人类稻作文明遗物,由此证明湖南在新石器时代早期便已脱离"茹毛饮血",进入到"饭稻羹鱼"。同时,在发现古代栽培稻谷的彭头山遗址和玉蟾岩新石器时代遗址中,还出土了大量的动植物化石和众多陶制酒(水)器和炊具,这些发现,证明湖湘先祖至少在 1.4 万年前便从烧烤、石烹进入到陶烹,通过陶制酒器更使人仿佛嗅到了湖湘先祖所酿的酒的醇香。在古代和现代考古学界均流行"谷物酿酒先于农耕时代"的观点,如汉代刘安便是我国最早提出酿酒始于农耕的人,他在《淮南子》中云"清酿美酒,始于耒耜",就是说酒源于农业之初;现代我国著名考古学家吴其昌先生在 1937 年也提出:"我们的祖先最早种稻种黍的目的,是为酿酒而非做饭……吃饭实在是从饮酒中带出来的。"这种观点在国外还很流行,时隔半个世纪，美国人类学家卡茨博士又提出了类似的观点，他认为人们最初种粮食的目的就是为了酿制酒，人们先是发现采集而来的谷物可以酿造成酒，而后开始有意识地种植谷物，以便保证酿酒原料的供应。依此来看，湖南既然在1.4万年前就开始种植稻谷，那么，我们应该有理由相信，随着原始农业的产生，水稻栽培的普及，湖南用稻谷酿酒的源头就更在此之前了。

在历史文献中，古人对湖湘饮食亦有丰富的记载。如屈原在《楚辞》中就提到过衡阳古酒“醽醁酒”，并称其为“楚源醽醁”，他还在《招魂》中，对楚地湖南宴席上的美食和美酒均做了详尽而生动的描述。《战国策·魏策》载“昔者，帝女令仪狄作酒而美，进之禹。”据专家考证，仪狄为女性酿酒官，极有可能是古武陵地域的部落先民。特别是古武陵文化圈的“酉水”、“澧水”，就与酒文化有着相当密切的联系。《辞源》中写道：“古文酒与酉同”。按湖南民间说法，酉水河以前又叫酒河。而《酉水·禹贡》说酉水就出自今沅陵，酉水流域分属湘、黔、渝、鄂边区的武陵山地，为古酉人的世居地，酉水古称酉溪，是武陵五溪之一。“远在唐虞，为三苗地。”“楚、秦为黔中地，汉以降，先后设有酉阳县、酉阳州、酉阳军、澧县、澧阳县等”。古代酉、酒、醴、礼都是相通用的，醇酒也叫醴酒，甲骨文中此字正象以陶豆盛醇酒祭神之状，后人加酉旁为醴，《华阳国志·卷三》《蜀志》载：“始立宗庙，以酒曰醴”，上古时善于酿酒的部落所居之水为澧水。另外，楚国一地盛产菁茅（也称之为苞茅），《禹贡》、《汉书·地理志》等就有“包匦菁茅”的记载。这种茅草同样也盛产属于楚国的湖南湘北和湘西一带。周天子让楚人上缴的贡品，就有这种茅草，主要用于缩酒祭祀。另外《论语》、《楚辞》、《吕氏春秋·本味》、《齐民要术》、《艺文类聚》、《北山酒经》等文献对湖湘饮、食均有丰富的记载。

　　另外，在湖南民间还有许多关于炎帝造酒的传说，中华民族被称为"炎黄子孙"，炎黄二帝中作为中国农业文明的开创者和传播者的炎帝，"始作耒耜，教民稼穑；普尝百草，始有医药；治麻为布，制作衣裳；日中为市，首倡交易；耕而作陶，创制陶器。"炎帝缔造了中华古国最早的文明，为发展社会生产力，为中华民族的繁荣昌盛做出了不可磨灭的贡献，被后人誉为是农耕文化的创始人。炎帝在湖湘大地上留下了丰富的足迹，湖南是神农炎帝和黄帝的生活之地和炎帝安寝之地（株洲有炎帝陵）。炎帝是农耕文明的始祖，也是酒文化的奠基人，炎帝时代已具备了酿酒的原料、贮酒的设备，并从猿猴造酒总结出了酿酒的技术，当然，炎帝贵为帝王不可能亲自动手，只能教导和指导他人酿酒，依此来看，那酿酒之人必是湖南先祖了。特别是 20 世纪 70 年代，在长沙马王堆汉墓中不仅有酒和大量残留食品的遗迹出土，而且还有食简、筷子和饮器、食器等，其量之多，其质之精，其包含的应用范围之广，足可以开一个汉代饮食博物馆。在西汉墓中出土的文物中关于酒的记载有白酒、米酒、温（醖）酒和肋酒等几类，特别是在出土的帛书《养生方》和《杂疗方》这两本医药学方面的著作中，还有我国迄今为止发现最早的酿酒工艺记载；马王堆汉墓女尸数千年不腐的原因之一就是经过了"七窍灌酒"；在澧县城头山城市文化群中，考古还发现了用于滤酒的"漏斗形澄滤器"，这便是距今 7 000 年～9 000 年前在湖南已出现酿酒工艺的历史见证。湖南还发掘出了中国南方最多、质地和造型最优、堪称国宝的青铜酒器。以上所述都从文字和实物上充分证明了古代湖南自中华人文初始时，就产生了酒文化。

　　湖南人喜欢饮酒，更会酿酒，湖南古属荆州之域，楚湘文明之地，山水奇秀，五谷丰茂，独特的地理环境与温和湿润的气候，给湖南酒品酿造提供了丰厚的物质和环境基础。湖南又是产粮大省，优质的稻谷、小麦、高粱、包谷等杂粮和丰富的水果均为酒的酿造提供了优质的原料，因此湖南酒品种之多，酒质之优令世人称绝。

先说古代酒。源于中国，作为世界三大古酒之一的黄酒，其品种虽多，但湖南衡阳的醽醁酒（又称酃酒）是中国古代最著名的，其酿造工艺与绍兴黄酒、日本清酒同宗同源，酃酒闻名的时间比绍兴黄酒要早得多。有专家称，中国黄酒的发源地就在湖南，在湖南衡阳的西渡。现代在湖南出土的酒器文物和西晋大文学家张载的《酃酒赋》等历史文献记载即可作为旁证。历代以来，赞美酃酒的诗词多达 300 多首，堪称中华一绝。《酃酒赋》载："昔闻珍酒，出于湘东，既丕显于皇都，乃潜沦于吴邦。""潜沦"是"泛滥"的意思，这里是指当时酃酒销售的地域已很广远，酃酒已远销到吴邦（江浙一带），而且大街小巷随处可见。元人宋伯仁所著的《酒小史》罗列了从春秋到元代的华夏历代名酒百余种，其中首推醽醁酒。2003 年 7 月 31 日人民日报海外版发表专题报道，标题是《西汉美酒今犹在》，报道称在西安市北郊的一个文景时代的大型汉墓中，发现了一坛深埋地下 2 130 年之久，用凤鸟金锺盛装，重达 26 公斤，酒精度还有 1 度，碧绿清澈且香气扑鼻的西汉美酒。专家考证认为，此酒是粮食酒，就是产于湖南衡阳酃湖的"醽醁"贡酒。从西晋太康元年（280 年）起，历经南北朝、隋、唐、宋，酃酒一直列为皇室贡品酒，是中国历史上最悠久的贡品酒；酃酒独领魏晋南北朝 300 余年名酒风骚。

再看现代酒。到今天，"湘酒"无论是酒品，还是酒质都为人称道。说酒品：五次国家酒类评比中，有四种"湘酒"榜上有名。

论酒质："湘酒"坚持传统的酿造与现代科技相结合的工艺，酒色清冽、口感醇和，"湘酒"真正算得上是"香酒"。现代湖南的"酒鬼酒"更是以其兼具"泸型之芳香、茅型之细腻、清香之纯净和米香之优雅"而成为中国白酒独特无二的"馥郁香"型酒，馥郁香型的定型使白酒湘军登上了历史舞台，中国白酒版图终因加上"湘酒"而被改写为九大板块。酒鬼酒被列入湖南特产的"八绝"，并率先以"中国文化名酒"而独步中国酒林。

古代湖南人心灵手巧，会酿酒还善于制作酒具酒器，近百年来在湖南各地出土的许多酒具酒器，很多成了国宝，在世界上也享有美誉。如在宁乡县月山铺出土的商代四羊方尊，是国家博物馆的镇馆之宝，在商代的青铜方尊中，此器形体的端庄典雅是无与伦比的。桃源出土的"皿天全方罍"有我国青铜器"方罍之王"的美称；醴陵出土的"象尊"是我国现存唯一的一只；还有长沙跳马涧出土的商代双羊尊、醴陵县仙霞乡狮子山出土的象形尊、衡阳出土的商代青铜牛形尊、湘潭县出土的商代青铜猪形尊、常德津市一座商代墓葬中还发掘出完整的一套青铜酒具，等等。另外，长沙窑是我国历史上的一座名窑，因生产过许多流芳后代的酒具器皿而名扬天下，在工艺技术上还曾创造了三个中国第一和中国古陶瓷器的十四个之"最"，堪称陶瓷史上的里程碑。

湖南酒文化不仅其物质文化可圈可点，其精神层面的内涵也十分深厚。湖南酒文化是湖湘文化的重要组成部分之一，湖湘美酒与湖湘文化，天生就有神妙的内在联系。湖南古今不少文豪、画家、书法家都与酒结缘，其感情可以说是"酒朋诗侣"，酒不仅能点燃了他们创作的灵感，增添了他们浪漫的情怀，酒更帮助他们展开想象的翅膀。世纪伟人毛泽东曾借酒赋诗抒情，北伐大革命形势岌岌可危之时，毛泽东忧国忧民，挥毫写下了苍凉、浓重、激越的《菩萨蛮·黄鹤楼》词："把酒酹滔滔，心潮逐浪高！"反映出一位匡世济时的革命家危难之时奋发进取的精神面貌。

从古至今，文人骚客诗坛书苑离不开酒，那些在书画界占尽风流的名家们更是"雅好山泽嗜杯酒"。湖南古代书法家中特别值得一提的是唐代怀素，他是湖南零陵人，虽出家当了和尚但因嗜酒好醉，人们称他为"醉僧"，他和同样嗜酒的书法家张旭并称"癫张狂素"，他俩因"醉"而把草书推到了极致。现代领一代风骚的艺术大师齐白石，他常常携"酒"入画，表现了他对生活的乐观和不畏强权的傲骨。

湖南民间生活也因酒的饮用变得五彩斑斓，可以说，不论是从纵向的深度还是横向的宽度来说，湖南都有着丰厚的酒文化资源。

为了让更多的读者了解湖南酒文化，本书从湖湘文化的视角，详细阐述了湖南与酒有关的历史文物、民风民俗、趣闻轶事等，对湖南的酒文化进行了全方位的梳理和介绍。笔者在工作和调研的基础上，写成了《湖南酒文化》一书，希望能引起更多人对湖南酒文化的关注和研究，为弘扬湖湘文化和重塑湘酒辉煌尽绵薄之力。

2009 年元旦于岳麓山

目　录

第一章　湖南酒史源远流长

中国是世界酒的发源地之一。直到18世纪以前，包括酿酒技术在内的我国科学技术水平，处于世界领先地位。正如当代自然科学史家李约瑟指出的那样："特别是在15世纪之前，更是如此。"

湖南酿酒历史悠久，据《中国湘菜大典》介绍，湖南大地上生活的先民在距今约20万年前已善用火和以"石烹法"煎烹、炙煮食物，《艺文类聚·食物部》亦有"神农时，民食谷，释米加烧石上而食之"的记载。考古发现，在1.4万年前湖南先祖会人工培植稻谷，有了酿酒的原料。湖南是古荆州之域，楚湘文明之地。数千年前，中华民族的祖先就已在湖南这块土地上繁衍生息，过着定居的农业生活。同时，湖南也是上古时期比较开发的地区，这主要反映在夏禹治水、黄帝轩辕氏等神话传说和部分遗迹上。公元前6世纪的商周时期，湖南与中原关系进一步密切，引来了中原先进的生产和科学技术。解放以来，在湖南出土的青铜酒器等文物极为丰富，精美之物不少，属国内罕见的珍品和宝物，如四羊方尊、牛尊、牺首兽面纹方尊等，说明那时湖南的冶炼和酿酒技术均已达到较高水平。

一、关于酒起源的说法探源

关于酒的起源，我国古籍记载各不相同。宋代窦苹的《酒谱》中说：“世言酒之所自者，其说有三：其一曰仪狄始作酒，与禹同时。又曰尧酒千钟，则酒始作于尧，非禹之世也。其二曰《神农本草》著酒之性味，《黄帝内经》亦言酒之致病，则非始于仪狄也。其三曰天有酒星，酒之作也，其与天地并矣。予以谓是三者皆不足以考据，而多其赘说也。”“然则酒果谁始乎？予谓知者作之，天下后世循之，而莫能废。圣人不绝人之所同好，用于郊庙享燕，以为礼之常，亦安知其始于谁乎?”按窦苹之说，酒是不知源头的。不知源头的酒，恰恰说明其源远流长。从现代科学的观点来看，酒的起源经历了一个从自然酒过渡到人工造酒的过程。

一茶一酒是中国饮食文化的两大主流。中国的茶自唐代开始，一直受到官府的重视和推广；酒则不然，千百年来人们对其利弊总是争论不休，莫衷一是。西晋哲学家、医药学家葛洪，自号抱朴子，他在《抱朴子・酒诫》中云：“夫酒醴之近味，生病之毒物，无毫分之细利，有丘山之巨损。君子以之败德，小人以之速罪。”按他的说法，酒既然可以“败德”、“速罪”，那就非禁不可。其实酒并非那么可怕，以酒治病乃为历代医家所用，葛洪自己也在《肘后备急方》中以酒治病，他在《抱朴子・知止》中描写达官贵人恣意穷奢极侈时，说“密宴继集，醽醁不撤”，还提到湖南衡阳的醽醁酒。东汉长沙太守和神医张仲景与葛洪所著各种药方，不少就是配酒而服。他们主张用酒要适量，以度为宜，这是当今也很值得提倡的。除此之外，在社会上老百姓借酒消乏，文人墨客借酒以畅文思，下至庶民，上至达官显贵，崇拜这杯中之物者甚众，还有非酒无以为乐，非酒无以为生者。

酒就是这样一种无限浪漫，亦是亦非，充满矛盾，功能特异的魔水，让人不知道该恨还是该爱，该赞美还是该讨伐。古人总结说，酒是：赞者倡之，令者禁之；贾者酿之，利者收之；酒法多变，利弊交错。总之，酒的命运比较曲折。

究竟谁最先发现酒呢？就性别上而论，多数人认为最早创造农耕文明的是女性，最早从事酒的酿造活动的人也是女性。这个从经济、社会发展规律中演绎出的观点，可以从反映先民活动的大量史诗、神话和传说中找到充分的证据。综合各民族关于酒的诸多神话传说，可知酒的发现者有两种人：一是妇女，一是猎人；其中，关于妇女发现酒的传说还占绝大多数。根据历史考证，大约在公元前 20～15 世纪，古埃及、古希腊以及中国古人类已经掌握了简单的酿造技术，并可用五谷、各种果子及不同的原料来酿制不同味道的酒类。但在古代，往往将酿酒的起源归于某某人的发明，把这些人说成是酿酒的祖宗，由于影响非常大，以致成了正统的观点。对于这些观点，宋代《酒谱》曾提出过质疑，认为"皆不足以考据，而多其赘说也"。那么，酒的起源与发展情况究竟如何呢？这有些虽然不足为凭，但作为一种文化认同现象，在这里简要介绍几种说法。

（一）上天造酒说

素有"诗仙"之称的李白，在《月下独酌·其二》一诗中有"天若不爱酒，酒星不在天"之句；东汉末年以"座上客常满，樽中酒不空"自诩的孔融，在《与曹操论酒禁书》中有"天垂酒星之耀，地列酒泉之郡"之说；被誉为"鬼才"的诗人李贺，在《秦王饮酒》一诗中也有"龙头泻酒邀酒星"的诗句。此外有"吾爱李太白，身是酒星魂"、"酒星不照九泉下"、"仰酒旗之景曜"、"拟酒旗于元象"等词句。窦苹所撰《酒谱》中，也有"天有酒星，酒之作也，其与天地并矣"的话，意思是说自古以来，我们的祖先就有酒是天上"酒星"所造，酒与天地同时的说法；不过就连《酒谱》的作者本人也不相信这样的传说。

天上"酒旗星"确实存在，其最早发现是在距今三千多年历史的《周礼》一书中。二十八星宿的说法，始于殷代而确立于周代，是我国古代天文学的伟大创造之一。这些星并不怎么明亮，却能被当时极其简陋的仪器所发现，也不能不说是一种奇迹。据《晋书·天文志》说："在轩辕右角南三星曰酒旗，酒官之旗也，主宴飨饮食。"轩辕，我国古星名，共十七颗星。酒星就在它的东南方，至于为何命名为"酒旗星"，并认为它"主宴飨饮食"，那不仅说明我们的祖先有丰富的想象力，而且也证明在日常的社会活动和生活中，酒占有相当重要的位置。

然而，酒自"上天造"，既无立论之理，又无科学依据，此仍附会之说，文学渲染夸张而已。我们的祖先在有些现象找不到答案时往往会归结于上天或上帝的功劳。所以上天造酒，姑且说之，仅供鉴赏。

（二）猿猴造酒说

1953 年，科学考古工作者在江苏泗洪双沟镇附近，发掘出猿人化石。经鉴定证实，这是 5 万年前的古猿，吃了含有酒精成分的野果汁等食物，醉死后成为化石的，于是，考古工作者将其定名为"醉猿化石"。"醉猿化石"的发现，让人产生无限遐想。醉猿喝的"野果汁"是不是酒？猿人是否会造酒？一般认为，让这位"老祖宗"——猿人醉死的"含有酒精成分的野果汁"不能称为

"酒"，理由是，它是天然巧合酿造出来的，而不是"完全有意识有计划、有目的的活动"。但是，也有人对此不能苟同，因为谁也不能完全证明这种"含有酒精成分的野果汁"就一定不是猿人"有意识、有计划、有目的的活动"，因而也就不能断定这种"含有酒精成分的野果汁"一定不是"酒"。

图1-1 猿猴醉酒

　　猿猴不仅"嗜酒、醉酒"，而且也"造酒"。这在我国古籍中常有记载。像清代文人李调元就在其著作中叙道："琼州（今海南岛）多猿……尝于石岩深处得猿酒，盖猿以稻米杂百花所造，一石穴辄有五六升许，味极辣，然极难得。"清代的《清稗类钞·粤西偶记》中亦有："粤西平乐（今广西东部，西江支流桂江中游）等府，山中多猿，善采百花酿酒。樵子入山，得其巢穴者，其酒多至数石。饮之，香美异常，名曰猿酒。"无独有偶，早在明朝时期，也有过这样的记载，明人李日华在其著作《紫桃轩杂缀》中云："黄山多猿猱，春夏采杂花果于石洼中，酝酿成酒，香气益发，闻数百步。野樵深入者或得偷饮之，不可多，多即减酒痕，觉之，众猱伺得人，必嬲（音 niǎo）死之。"可见，这种酒是偷饮不得的。猿猴不是人，它们的这种"酝酿"不能算作"有意识、有计划、有目的的活动"，自然，"猿猴酒"也就不能算作酒了，而只是在天然条件下自然发酵的野果汁。昔年，《安徽日报》还曾报道过老书画家程啸天先生在黄山险峰深谷中觅得"猴儿酒"的事情。无独有偶，在法国也有鸟类造酒的传说。

这些不同时代、不同人物关于猿猴造酒、醉酒的记载，听起来近乎荒唐，其实倒很有科学道理。这也证明，酒确实存在于大自然的物质世界中，大自然中的物质由于各种条件符合酿成酒的条件，于是就出现了酒。人类在自然规律的启迪下，发现酒，进而自觉地酿造酒，这也是顺理成章的行为了。我们知道，酒是由碳水化合物发酵而成的液体食品，淀粉是最常见的碳水化合物，它不能直接变成酒，必须经过水解变成麦芽糖或葡萄糖之后，由一种叫酵母菌的微生物分解糖类而生成酒。酵母菌是一种分布极其广泛的菌类，在广袤的大自然原野中，尤其在一些含糖分较高的水果中，这种酵母菌更容易繁衍滋长。山林中的野生水果，是猿猴的重要食物，在水果成熟季节，猿猴收贮大量水果于"石洼"中，堆积的水果受到自然界中酵母菌的作用而发酵，从而析出"酒液"，这是合乎逻辑和合乎情理之事，也是酿酒的基本化学原理。就像我们在腐烂的水果摊旁，能闻到因水果腐烂而散发出来的阵阵酒味一样。因为野果破皮后，空气中的酵母或原先附于皮上的酵母会进入果内，将糖发酵成酒精。据说在广西左江地区的龙家寨，至今还存在这种现象。《食品与生活》1991 年第 1 期曾报道有人亲临其境考察证实过：当地老乡将猴洞中已发酵的野山杏、野桃等野果取回家，作为引子，酿成果酒自饮。

当然，古代猿猴造的那种酒充其量也只能是带有酒香味的野果酒而已，这种猿酒并不是猿猴有意识酿造的酒，而是猿猴采集的水果自然发酵所生成的酒。这与人类在旧石器时代已经掌握野果自然发酵成酒的知识，从而有意识地将大量野果进行自然发酵而成的酒相比还是有本质区别的。前者纯属生物学适应的本能性活动，后者则是完全有意识、有计划的活动。猿猴仅仅是一般动物，猿人则与猿猴不同，猿人是人，人类的祖先北京猿人在 50 万年前已能保存火种，想必也能受野果自然发酵的启发而酿出果酒。马克思说过："有了人，我们就开始有了历史。"平乐府山中的猿猴尚且"善采百花酿酒"，猿人更可能"有意识"地采集野果酿造成酒。尽管这种酒的酒质薄，酒度低，我们似乎还是应该把这种"野果汁"称作为酒，因为它是人类最原始的酒，是"人猿相揖别"之后改造自然的成果之一。如果此说成立，长江流域酒的历史可就真正的"源远"了。最新的考古成果证明，人类在长江流域活动的时间比以往所知的要久远得多。在三峡库区，巫峡南岸龙骨坡出土了距今约 200 万年的"巫山猿人遗址"。与以往的记载相比，这些发现把人类在这一地区生活的时间大大地推前了，推前到 200 万 ~ 240 万年前。如此看来，几乎与人类的诞生同步的人类造酒史，就久远极了。当然，从最初尝到发酵的野果到酿造成酒是要经过一个漫长的时期的。

（三）仪狄造酒说

仪狄作酒说，始载于先秦史官所撰写的《世本》一书。《世本》中多处有仪狄"作酒而美"、"始作酒醪"的记载，似乎仪狄乃制酒之始祖。说法之一是"仪狄始作酒醪，变五味；杜康作秫酒"。"醪"是一种糯米经过发酵加工而成的"醪糟儿"。其性温和，味甘甜，不少家庭能自制；"秫"乃高粱的别称。如果一定要将仪狄或杜康确定为酒的创始人的话，也只能说仪狄是黄酒的创始人，而杜康则是高粱酒的创始人。

另一种说法是"酒之所兴，肇自上皇，或云仪狄，一说杜康。"（《酒诰》）意思是说，自上古三皇五帝的时候，就有各种各样的造酒方法流行于民间，是仪狄将这些造酒的方法归纳总结出来，使之流传于后世的。当然能进行总结推广工作的肯定不是一般平民，所以有的书中认定仪狄是司掌造酒的官员，也是有道理的。

据专家考证，仪狄为女性酿酒官，极有可能就是湖南古武陵地域的部落先民，特别是古武陵文化圈的"酉水"、"澧水"，就与酒文化有着相当密切的联系，大部分史籍还认定仪狄是夏禹时代的人。仪狄，她又是怎样发明酿酒的呢？《战国策》中说："昔者，帝女令仪狄作酒而美，进之禹，禹饮而甘之，遂疏仪狄，绝旨酒，曰：后世必有以酒亡国者。"旨，即甘美之意，旨酒就是美酒。这段记载的意思是说：皇帝的女儿，令仪狄去监造酿酒，仪狄经过一番努力，做出来的酒味道很好，于是奉献给夏禹品尝。夏禹喝了以后，觉得的确很好。可是这位被后世人奉为"圣明之君"的夏禹，不仅没有奖励造酒有功的仪狄，反而从此疏远了她，对她不再信任和重用；夏禹自己从此也和美酒绝了缘，并做出了一个高明的预言：后世一定会有因饮酒无度而误国的君王。

那么，仪狄是不是酒的"始作"者呢？有的古籍中还有与《世本》相矛盾的说法。例如《黄帝内经》中，记有黄帝与医家岐伯讨论用酒治病的对话；孔子八世孙孔鲋说尧帝、舜帝都是饮酒量很大的君王，而黄帝、尧、舜都早于夏禹，且都善饮酒，如果是仪狄先造酒，那他们所饮之酒又是谁制造的呢？由此可见仪狄"始作酒醪"是不大确切的。事实上，用粮食酿酒是件程序、工艺都很复杂的事，单凭个人力量是难以完成的，仪狄再有能耐，首先发明酿酒也似乎不大可能。不如说她是位善酿美酒的匠人、大师或是监酒之官员，说她在总结了前人的酿酒经验，完善了酿酒方法，终于酿出了优质的酒醪，这还是可能的。这正如郭沫若先生在其主编的《中国史稿》中说："相传禹臣仪狄开始造酒，这是指比原始社会时代的酒更甘美浓烈的旨酒。"这种说法似乎更可信。

（四）杜康造酒说

历史上魏武帝乐府曰："慨当以慷，忧思难忘。何以解忧，唯有杜康。"自此之后，认为酒就是杜康（图1-2）所创的说法就多了。但古人窦苹考据过"杜"姓的起源及沿革，杜姓到杜康之时，已经是禹之后很久的事了。在上古时期，就有"尧酒千钟"之说了。如果说酒是杜康所创，那么尧喝的酒又是何人酿造的呢？

图1-2 酒祖杜康

历史上杜康确有其人，杜康造酒说在中国历史文献中记载更多。春秋时，古籍《左传·哀公元年》详细介绍了杜康的经历，说他是夏后相的遗腹子，做过有仍国的牧正和有虞的庖正。汉代《世本》卷九载"少康作秫酒"，晋时《博物志逸文》说"杜康作酒"，晋时《酒诰》认为杜康作酒只是"酒之所兴"，就是杜康使造酒比旧时较为先进的一种说法，《陶潜集·述酒·诗序》更是认为是"仪狄造酒，杜康润色之"。到了宋代，有关酒的专著《北山酒经》说："酒之作尚矣，仪狄作酒醪，杜康作秫酒。"但也还存有疑问，如宋代《声物纪原》卷九中说："不知杜康何世人，而古今多言其始造酒也。一曰少康作秫酒。"古籍《世本》、《吕氏春秋》、《战国策》、《说文解字》等对此均有记载。

在民间，杜康造酒说也广为流传。传说他是夏朝第五代王相的遗腹子，在母家诞生、长大，从小就帮助外公放羊。一天，少康上山放羊遇大雨，匆忙赶羊回家时，把盛在竹筒里的秫米饭忘在了一棵树上。过了几天，秫米饭竟变得气味芬芳诱人，饭汁也甜美可口。这启发了他，便与他当庖正的岳父一起研究，酿制出"醴醯"这种能醉人的甜酒。

清乾隆十九年重修的《白水县志》中对杜康也有较详细的记载，白水县志称："杜康，字仲宁，相传为本县康家卫人，善造酒。"康家卫是白水县现今还有的小村庄，村里有口井，名曰"杜康泉"，县志上写道："俗传杜康取此水造酒。"现在村里还有杜康庙、杜康墓等，在杜康泉边还建了一家"杜康"酒厂。不过，类似的说法在河南的伊川、汝阳一带更多。清道光十八年重修的《伊阳县志》和道光二十年修的《汝州全志》中均有关于杜康遗址的记载、传说，杜康之父相被夏朝逆臣寒浞所杀。寒浞发现杜康还活着，便发兵追捕。杜康被迫逃到河南牛头山，定居于伊水河边的皇得地村时，发现村东南白猿洞里常有猿猴采集的花果，其汁气味芳香。杜康便在此造酒，该村有口古泉，传说是杜康汲水酿酒之泉（图1-3），杜康在此开设了"杜康酒坊院"。这段传说还被记录成文字，如《博物志·伊阳山川》云："杜河源出牛头山，

图1-3 杜康酿酒汲水处

会于伊，长十里，俗传杜康酒出于此，故名。"又如《伊阳县志》云："杜水河城北五十里白元，源出牛头，由杜康过全沟至夹河会于伊，长十里。俗传杜康造酒于此，故名。"据考古学家鉴定，1983年在伊川县杜康酒坊院遗址发现的四只酒坛，是2 000多年前战国时代的酒器。这说明，伊川无疑是一个历史悠久的酿酒之

乡；但与杜康所生的夏朝，相去已 1 500 多年了，不仅年代，其他有关情节也颇不统一。古代对杜康的身份也众说纷纭，西晋张晔在《博物志》中说他是汉代酒泉太守，有的说他是周代一位善酿的酒师，有的说他即是夏代第五世君王少康，还有的说杜康为黄帝时代一位造酒人等。只有"杜康造酒"这一中心点相同。由于普遍传诵，杜康俨然成为我国人民心目中的酒神，说他死后被玉帝召至天庭，封为酒仙，等等。在《说文解字》中说："古者少康初作箕帚、秫酒。"少康，杜康也。"少康为夏王相的儿子，"大禹"的七世孙，夏王朝的堂堂天子，不知怎么成了业余发明家，推算起来距今也有约 4 000 年了。这里所说的"秫"是指黏高粱，或为高粱的统称。按该书的说法，杜康很可能是周秦间一位著名的酿酒大师，凭他对高粱的认识，开始用它的种子酿酒，按此推断杜康该是以高粱酿酒的第一人，留下的高粱秸则制成箕和帚等工具。而在杜康之前，只有用大米或小米为原料的酿酒者，也没有"帚"这种扫地的工具。可能杜康用高粱酿的酒，其味道比以前的更好，因此，杜康就因之声名鹊起，其善酿的名声便不胫而走，并相传于后人了。慢慢地，杜康的名字也成了酒的代名词，宋代《酒谱》的作者窦苹亦是这样推断的。

（五）神农氏炎帝、黄帝时代造酒说

黄帝是传说中上古帝王轩辕氏的称号。姓公孙，生于轩辕之丘，故称为轩辕氏。黄帝时代造酒说的主要依据有几点：其一是说黄帝发明了"酒泉之法"、唐朝陆龟蒙还编了一个关于舜的父亲瞽叟用酒加害舜的故事等。其二是《黄帝内经·素问》载黄帝与岐伯讨论酿酒与"汤液醪醴"的记述，说到用稻米酿酒的情景："黄帝问曰：为五谷汤液及醪醴，奈何？岐伯对曰：必以稻米，炊之稻薪。稻米者完，稻薪者坚。帝曰：何以然？岐伯曰：此得天地之和，高下之宜，古能至完，伐取得时，故能至坚也。"又，岐伯曰："自古圣人之作汤液醪醴者，以为备耳。"王注："五谷，黍、稷、稻、麦、菽，五行之谷，以养五脏者也。醪醴，甘旨之酒，熟谷之液也。帝以五谷为问，是五谷皆可汤液醪醴，而养五脏。而伯答以中央之稻米稻薪，盖谓中谷之液，可以灌养四脏故也……炊以稻薪者，取丙辛化火之义，以化生五脏之津。"相传，轩辕与岐伯论医而作《内经》，或又说《内经》系战国、秦汉时医家托古名医岐伯与黄帝论医之语。《黄帝内经》中还提到一种古老的酒——醴酪，即用动物的乳汁酿成的甜酒。不管怎样，黄帝与岐伯能从医的角度来讨论汤液醪醴，不仅说明此时已有了汤液醪醴，而且也说明汤液醪醴并非起源于此时。它肯定已经发展了一个相当长的历史时期，也达到了相当高的水平。否则，黄帝和岐伯便不可能从医这一个更高的角度来讨论汤液醪醴。后来在汉代孔鲋所撰的《孔丛子》中又有"平原君与子高饮，子高酒后曰：昔有遗谚，尧酒千盅，孔子百觚，子路嗑嗑，尚饮十磕，古之贤圣，无不能饮，吾子何辞焉"的记载，似乎也是一种旁证，说明在尧舜之时就已有酒了；而且，据传帝尧、帝舜都是酒量很大的君王。《神农本草经》卷三中还有"药性有宜酒渍者，亦有不可入汤酒者，并随药性，不得违越"，也说明当时酒已被运用于医药。

《神农本草》中载有酒的性味，说明早在远古的神农时代，就已经有酒了。神农氏是传说中的炎帝，又被尊为医药之祖，曾亲自用口品尝百草，发明药物及教人治病。据古代传说，"神农氏"曾教民种植五谷、"作陶"、"织衣"、作"市"，还尝百草为民治病。神农氏所处的时代应该是新石器时期，即我国的半坡氏族时期，当时我们的先民已进入定居农耕的时代，距今大约五六千年。在定居农耕的神农时代，人们发明了酒，这个推断与我国考古学的结论是一致的，也是比较可靠的，而且也大大早于古代传说中的仪狄、杜康所处的年代。

这样说来，酒发明于人类依靠稼穑维持生活的农耕经济时期，归之于代表一个时代的神农氏也是很有理由的。"惟我炎帝，创世远古。"《中国酒事纪年表》中有"神农耕而作陶，陶以盛酒"的记载，炎帝"教民耕种，种植五谷"，使我们有了造酒的五谷，盛酒的容器，若再从"猿猴造酒"得到启发，摸索出酿酒技术这也是讲得通的。据《神农纪》载炎帝神农氏"宇长沙"，即以长沙为神农氏居住地；清代湖南常宁人王万澍所撰《衡湘稽古》中更有考证，"炎帝之都长沙凡七世"，炎帝部落曾在湖南湘东湘南一带活动，现在他活动的地区（如株洲县漂沙井黄霞垅村、茶陵县枣市乡虎形村和炎陵县附近的永兴、安仁、桂东等地）出土了大量酒器，在湖南民间还有许多关于炎帝造酒的传说，湖南是中华民族始祖炎帝和五帝之一的舜帝的陵寝之地（图1-4）；舜"南

图1-4 炎陵县炎帝陵墓及碑亭

巡猎，崩于仓梧之野"，舜为教化三苗而征，曾教民用糯米造酒。若依此说，炎帝贵为帝王不可能亲自去酿酒，那酿酒之人必是湖南先祖了。

以上几种说法，在起源年代、创始人姓名以及一些主要情节上，分歧都很大，很不统一。首先，三种说法之间不统一，仪狄、杜康、炎帝、黄帝，人物不一样，时代也不同。其次，每一种说法

自身也不统一，仪狄、杜康究竟何许人也，都只是传说。他们又是如何发明酒的，更不得而知。杜康的传说还有自相矛盾之处。第三，最重要的是这三种说法本身都隐含着自己否定自己的某些因素。仪狄作酒而美，进之禹，禹饮而甘之遂绝旨酒，说明以前曾经有过薄酒，只是没有旨酒醇美，有了醇美的旨酒才能进之禹。这样仪狄便不能是酒的始创人了。杜康造的是秫酒，这也可以理解为以前还有其他品种的酒，自然也就不能说酒始创于杜康了。炎帝用酒治病，黄帝与岐伯能从医的角度来讨论酒，说明当时人们对酒的功能已有了相当高的认识，不经过一个较长时期的实践与总结，对一种刚创始的新事物，是不可能一下子达到这样高的水平的。

那么，酒之源究竟在哪里呢？晋代江统在《酒诰》中提出了酒产生的结论，他认为："有饭不尽，委于空桑，郁积成味，久蓄气芳，本出于此，不由奇方。"其意识是：没有吃完的饭，堆积久蓄，会自然发酵，飘出酒香，酒就是这样自然产生的。在这里，古人提出剩饭自然发酵成酒的观点，是符合科学道理及实际情况的。江统是我国历史上第一个提出谷物自然发酵酿酒学说的人。微生物学界泰斗方心芳先生则对此作了具体的描述："在农业出现前后，贮藏谷物的方法粗放。天然谷物受潮后会发霉和发芽，吃剩的熟谷物也会发霉。这些发霉发芽的谷粒，就是上古时期的天然曲蘖，将之浸入水中，便发酵成酒，即天然酒。人们不断接触天然曲蘖和天然酒，并逐渐接受了天然酒这种饮料，于是就发明了人工曲蘖和人工酒，久而久之，就发明了人工曲蘖和人工酒。"现代科学对这一问题的解释是：剩饭中的淀粉在自然界存在的微生物所分泌的酶的作用下，逐步分解成糖分、酒精，自然转变成了酒香浓郁的酒。

古人窦苹对酒起源的看法"予谓智者作之，天下后世循之而莫能废"是有道理的。我国劳动人民在经年累月的劳动中，积累了制造酒的经验，经过有知识、有远见的"智者"归纳总结，后代人照先辈祖传下来的办法一代一代地相袭相循，流传至今。此说法是比较接近实际，也是较合乎唯物主义的认识论的。就像火的发明一样，酒的发明也绝不是一个人的功劳，实际上也没有必要去过分追究酒的确切发明地和发明者。

（六）现代学者对酿酒起源的看法

最近科学家发现酒是天然产物，在漫漫宇宙中，存在着一些天体，就是由乙醇所组成的。如2007年3月13日美国宇航局卡西尼飞船发回的土星最大卫星土卫六图像显示，土卫六上存在"海洋"，且这些海洋中很可能就充满了乙醇或液态甲烷、乙烷。这说明酒是自然界的一种天然产物，人类不是发明了酒，仅仅是发现了酒。酒里最主要的成分是酒精（化学名是乙醇，分子式为C_2H_5OH），许多物质可以通过多种方式转变成酒精，如葡萄糖在微生物所分泌的酶的作用下就可转变成酒精等；只要具备一定的条件，就可以将某些物质转变成酒精。大自然完全具备产生这些条件的基础。

另外，关于谷物酿酒的起源有两个问题值得考虑：谷物酿酒起源于何时？我国最古老的酒应属于哪类？对于中国远古时期的谷物酒，究竟属于哪一种类型，还未彻底了解清楚。目前主要的观点有：中国最早的谷物酒是醴和酒，这两种饮料酒按不同的方法酿造，醴相当于啤酒，用麦芽酿成，酒是用酒曲酿成。第二种观点是原始的饮料酒是不分的，都是用发霉或发芽的谷物酿成的；还有一种观点是酒和醴都是用酒曲酿成的。对谷物酿酒始于何时，目前也有两种截然相反的观点。传统的酿酒起源观认为：酿酒是在农耕之后才发展起来的。现代的许多学者也持有相同的看法，有人甚至认为是当农业发展到一定程度，有了剩余粮食后，才开始酿酒的，酒的起源和发展应在人类社会进入到农业社会时期。另一种观点认为谷物酿酒先于农耕时代。这种观点早在汉代就有人提出了，汉代刘安是我国最早提出酿酒始于农耕的人，他在《淮南子》中说："清醠之美，始于耒耜。"1937 年，我国考古学家吴其昌先生更提出一个很有趣的观点："我们祖先最早种稻种黍的目的，是为酿酒而非做饭……吃饭实在是从饮酒中带出来。"这种观点在国外还较为流行，时隔半个世纪，美国宾夕法尼亚大学人类学家所罗门·卡茨博士发表论文，又提出了类似的观点，认为人们最初种粮食的目的是为了酿制啤酒，人们先是发现采集而来的谷物可以酿造成酒，而后开始有意识地种植谷物，以便保证酿酒原料的供应。该观点的依据是：远古时代，人类的主食是肉类而不是谷物，既然人类赖以生存的主食不是谷物，那么对人类种植谷物的解释可能也可另辟蹊径。西方人发现早在一万多年前，远古时代的人们已经开始酿造和饮用谷物酒，而那时，人们仍然过着纯粹以肉为食的游牧生活。至于乳酒和谷物酒谁先谁后的问题，紫萼在《梵天庐丛录》中阐述了他的科学猜想："盖上古之人，造兽皮为容器，盛兽乳于其中，荷于山羊、驴、马之肩，以游牧逐水草栖息。忽焉而兽皮器内酵母自然落下，逞其繁殖，又得日光之热，遂蒸勃而发酵，天然生甘冽之味，成酒分。试尝其味，则甘香适口，遂相率饮之，此有酒之始也。"在紫萼看来，兽乳酒是早于谷物酒的。从历史学角度来看，以水果、动物乳汁和粮食这三种主要原料自然发酵而产生的酒，便形成了一个必然的先后序列：果酒→乳酒→粮食酒。

粮食酒的起源比果酒和乳酒要晚得多，在古代，“酒”是所有酒的统称，在蒸馏酒尚未出现的历史时期，“酒”就是酿造酒，也是谷物酿造酒的统称，如李时珍《本草纲目》中把当时的酒分为三大类：酒，烧酒，葡萄酒。其中的“酒”，是谷物酿造酒的通称，即黄酒。有专家认为湖南衡阳就是中国黄酒的发源地。2003 年在西安出土的西汉酒，专家肯定该酒是粮食酒的一种，是湖南的醽醁酒。在中国古代的粮食酒中，醴可能是最早的一种，其次还有酪、醪和鬯等。三国时的《古史考》中有“古有醴酪”的记载，宋时的《路史》中又有“神农氏为醴酪”之说，那么，醴、酪应起源于炎黄五帝之时。宋人还认为：“《礼运》曰：昔先王未有火化，后圣有作，然后修火之利，以为醴酪。注云：蒸酿之也。酪，盖其物出自燧人作火之后尔。”这样，在传说燧人氏发明用火之后，便应有醴、酪。西汉时期的《礼记·明堂位》中有关于“殷尚醴”的记载，可见到了殷代，醴就是主要的酒种了。根据《尚书·说命篇》中对商王武丁和他的大臣付说的对话“若作酒醴，尔维曲蘖”的论述。说明商殷时代人们已成熟地用“蘖”和“曲”来酿酒了。可以说，殷商时期是我国酿酒历史上的重大发展时期，并为我国独特于世界的酿酒方法奠定了基础。

综上所述，人类最先学会酿造的酒是果酒和乳酒，人类酿酒的历史约始于距今四万到五万年前的旧石器时代“新人”阶段。人类最早的酿酒活动也只是机械地简单重复大自然的自酿过程。真正称得上有目的的人工酿酒生产活动，是在人类进入新石器时代之后开始的。这时，人类有了比较充裕的粮食，尔后又有了制作精细的陶制器皿，这才使得酿酒生产成为可能。而且，中国早期酿造的酒多属于黄酒。关于酿酒起源新观点的提出，对传统观点进行再探讨，对酒的起源和发展，对人类社会的发展都是极有意义的。

二、湖南酒的历史文献记载

湖南的旧石器时代即原始社会前期的文化遗存，在湘西北的澧县、津市、石门和湘西的慈利、新晃、怀化以及湘江流域的长沙、永安等地发现了100余处。遗存中有不少中更新世晚期至晚更新世早期的打制原始石器，如砍伐器、尖状器、盘状器等。打制石器的发现，证明了几十万年至一万多年前，在湖南大地上就有人类繁衍生息。当时用石器进行狩猎以获取野兽，采集和加工果实，虽已有火和发明了"石烹法"，但大多数过的还是一种《礼记·礼运》中所记载的"未有火化，食草之食，鸟兽之肉，饮其血，茹其毛"的原始生活。从旧石器时代晚期开始至新石器时代，原始人制作了陶器，有了原始的种植，发明了弓箭，饲养家畜和用舟捕鱼。先民们的饮食由生食向熟食转化，主要食物由野兽、果实发展到五谷，驯养的猪、牛、羊、鸡，捕获的鱼虾，以及栽培的植物，饮食文化由此得到升华。

考古调查发现，湖南的新石器时代即原始社会晚期文化遗存，已达10 000余处，分布在全省各地，尤以洞庭湖畔和湘、资、沅、澧四水的台坡地带居多。这些文化遗存的年代，距今约5 000~10 000年。考古发掘和调查证实，生活在湖湘大地上的先民们，过着以定居为主的农业生活，生产工具以磨制石器为主，器物有耒、斧、铲等。同时，开始种植农作物，并烧造生活陶器(包含酒器)。陶器的出现与饮食密切相关。在其时的陶器中，除了有用于烹煮食物的鼎、釜等生活用器之外，还出现了用于盛装食物和酒水的碗、钵、杯等，对食物进行简单的烹煮加工处理，逐渐改变了吃野果、烧烤动物的原始饮食生活习俗，过渡到了烹煮食物的饮食生活阶段，即由生食过渡到了熟食。1993年考古学家在湖南道县的玉蟾岩蛤蝶洞进行考古发掘时，在洞内发现了一些制作粗糙的陶片。据专家研究，这些陶片是一件当时用于烹煮食物的炊具，即釜形器。经放射性C_{14}测定，陶片的年代距今1.4万余年。它的发现，证明在1.4万多年前，生活在这里的先民们以最原始的方法烧造了陶器，并用它作为烹煮食物的饮具。釜形器保存虽不完整，但它是中华大地上发现的年代最早的炊具，陶釜是湖南乃至全国最早发现的饮食生活实物见证。

（一）湖南酒文化涉及的范围

酒的起源几乎与人类生活同源，《诗经·豳风·七月》即有"为此春酒，以介眉寿""称彼兕觥，万事无疆"的诗句，《史记·殷本纪》中载商纣王时"以酒为池，悬肉为林，使男女裸相逐其间，为长夜之饮"，到周朝时，据《周礼·天官》记载，周王朝还设置了"酒正、酒人、浆人"等专门的酒官来掌供五斋三酒和执掌与酒相关的典礼。我省（包括三苗、瑶族、彝族等少数民族）古代早已能酿酒、喝酒、行酒令，酒文化源远流长！"酒者——用粮食、水果等含淀粉或糖的物质经发酵制成的含乙醇的饮料；文化——是人类在社会发展过程中所创造的物质财富和精神财富的总和，特指精神财富。"（《辞海》）"酒文化"一词是由我国著名经济学家于光远先生于1987年率先提出来的。他说："广义的文化，包括酒文化的发展，在一定程度上对我国的经济建设以及人民生活有影响。"关于"酒文化"这一概念的内涵和外延，经济学家萧家成在1994年提出："酒文化就是指围绕着酒这个中心所产生的一系列物质的、技艺的、精神的、习俗的、心理的、行为的现象的总和……"酒事千年，酒香万代，显示了酒寓于文化、寓于生活的价值。自从世界上有了酒，也便有了酒文化，酒文化与其他文化一样成为人们生活中一种普遍的文化现象，其发展必有历史的阶段性、连续性和继承性，是人类物质生活和精神生活的催化剂。酒文化是与酒有关的物质的(含生产技术)、精神的(包括社会学、心理学)以及习俗等行为的现象的总和；有关酒的起源、生产、流通、消费，尤其是酒的社会文化功能，以及酒所带来的社会问题等方面所形成的一切现象，也均属于酒文化及其相关的范畴。所以，有学者认为，我们现在谈湖南酒文化也不能完全把湖南酒文化等同于出现"湖南"这一概念以后的文化，如果这样的话就是片面地看待湖南酒文化，缩小了湖南酒文化的范围，应该扩大范围，即使当时不叫湖南，而是后来才称为湖南，也应将其列入湖南酒文化研究和考虑的范畴。理由有如下几点：

其一，从文化的本质上来说，文化是承前启后的，我们要用发展和联系的观点来看问题。文化是以文字为起点衍生出的以文字、数字、符号为本体的组合表意，以及以文字、数字、符号为载体来记录、描述、表达人们思想认识内容的社会现象，人们把这一社会现象叫"文化"，人类文明史就是文字记录史。在无文不明的历史"长夜"里，后人只能借助前人的遗物或遗迹这个"火把"的光亮去照明看清遗物、遗迹自身所处的那个时代的社会领域了。湖南酒文化也是这样，从广义来看，湖南酒文化应是指有文字记载以前就生息在湖南这块土地上的各族人民在长期的历史过程中形成的具有独特个性的民风、民俗、社会意识、科学文化等的总和；从狭义上说，则是指湖南这一地域自有文字以来湖南的原住民、移民及流寓者所共同创造和发展起来的文化精神。

其二，湖南酒文化还应与湖南历史上的移民联系起来。古代文学家和历史学家在著述中提到的酒文化应该不是真正的湖南酒文化的起源，他们只是发展了湖南酒文化，我们不能否认他们对湖南酒文化发展所作的巨大贡献。士大夫阶层，将中原的儒家正统思想与湖南本土的楚文化结合，使湖南酒文化与湖湘文化一样具有鲜明的两重结构和形成了兼容并包、博采众长的风范。它的两重性表现在既有鲜明的湖湘性格特征："蛮"，"倔"，"刚"，"烈"。既有"先天下之忧而忧，后天下之乐而乐"的爱国情操，也有深远开阔、兼容并包、博采众长和与时俱进的思想体系。但他们不可能成为一种文化的起源，真正的湖南酒文化的创造者应该是生活于湖南大地的劳动人民。

其三，在湖南历史上经历过重大移民，移民的引入把外地的民俗习性、酿造工艺和生产技术带入湖南，湖南酒文化的形成与发展与这些移民也有很大的关联，他们对湖南酒文化的贡献也是不能忽视的。秦灭楚统一六国后，湖南成为了秦王朝统治下统一的多民族国家的一部分。自秦至汉，国家统一的民族文化开始逐步形成，民族文化的形成首先是从民族自身的融合开始的。秦汉时期因兵祸与天灾的频繁发生，当时湖南境内的人口尚不足50万，北方和中原地区的人口大规模地向南迁徙。西汉元年（公元2年）达到约51万，至东汉永和五年（公元140年）时，湖南人口便增长到281万。由于中原和北方人是以征服者的姿态进入，湖南境内原有的大部分土著民族逐步向西部、西南部以至湖南境外的西南山区退徙，留下广大的江湖平原供中原人和楚人聚居，这些中原人和楚人与当地的杨越、桂人、巴人等湖南土著居民杂居，便构成了湖南境内新的主体民族——汉族。在1364年（元至正二十四年），明太祖朱元璋派大将徐达攻打长沙，于1368年（洪武元年）夺得胜利，确立了明王朝在长沙的统治。元末明初这场连年战祸，使长沙田园荒芜，百姓亡散，庐舍为墟，许多地方渺无人烟。于是，明王朝就近从江西大量移民迁入长沙地区（湖北和湖南，当时两省是一个省份，称之为湖广省），并允许"插标占地"，奏响历史上有名的"江西填湖广"的宏伟史诗。明朝崇祯年间张献忠农民起义，康熙十六年，清军为消灭义军，滥杀无辜，人口殆尽，一片荒芜。清廷下诏，江西、湖南、湖北众多居民被迫迁居。民间把这次大移民称之为"江西填湖广，湖广填四川"。数个世纪过去了，浩瀚的中国历史上，五次大移民中，江西人扮演着重要角色。著名的历史地理学家谭其骧先生早年对湖南人由来的研究并得出结论：湖南人来自天下，其中以江西居多，约占60%～62%，12%～15%来自广东，还有5%～7%来自苏闽。且江西人移到湖南后，大都以稼穑耕垦为主。在民族融合的同时，湖南境内的楚文化也与新进入的中原文化融合，形成新的具有汉文化特色的楚文化。在物质文化方面，秦汉时期铁器、牛耕的普遍应用，农作物品种的增长与产量的增加，使得当时的湖南粮食不仅能够满足内需，而且还能大量外调。手工制造业除原有的锻造、造瓷等外，另增加了新的门类，如印染、刺绣、酿酒、造船等。

所以，湖南酒文化涉及的范围不仅要包括湖南本地人（包括古代移民）在湖湘大地上进行的各种酒事活动，还应包括因各种原因而导致的湖南人士在外地和外籍人士在湖南借酒而进行的各种酒事活动，不能忘记古代移民和来湘的外籍人士把外地的先进酿造技术和礼仪习俗带到湖南的贡献。

（二）各历史时期文献对湖南酒的记载

春秋战国时期，楚人大量地移居湖南。楚人不仅与湖南的土著民族共同创造了灿烂的物质文化，也创造了新兴的村建制度文化与充满着神奇色彩的精神文化。据考古发现，湖南在远古时期、古代移民之前，就已生产水稻，已开始酿酒了，再加上春秋中晚期楚国大量移民至湖南垦殖，给湘水流域一带带来了先进的酿造等生产技术，生产发展水平已相当高。当时的长沙已成为楚国的重要粮食生产基地，由于工农业生产迅速发展，水运交通相当发达，常来往于湘、资、沅、澧四水，与江汉各地进行贸易。

在春秋时期就已是实行封建郡县制的国家，设立黔中郡，即在湖南设县住尹，统辖湖南全境。秦始皇统一六国后，将黔中郡东南部分出，建立了长沙郡。汉高祖时，将湖南划为长沙、桂阳、武陵、零陵四郡，属荆州管辖。在这一时期，冰拔冷酒是楚国时期的名酒，楚人为湖南不仅带来了文字、文献、典籍，还带来了包含酿酒和饮宴在内的先进礼仪习尚和文化思想。在湖南，武陵崔家酒和鼎州白玉泉酒等相继问世。

汉代时期，由于朝廷对湖南采取了一系列的招抗和羁縻的措施，湖南当时的科学技术十分发达。桂阳郡耒阳人蔡伦发明了造纸术、造出"蔡侯纸"，为世界文明作出了重大贡献。当时的湖南医学、天文与地理学也已有较大程度的发展，长沙太守张仲景以酒治病并著成了医学名著《伤寒杂病论》，该著奠定了中医治疗学的基础。这一时期出土的文物涉及大批帛书、哲学、历史、天文、医学、酿酒、科学技术等各个领域的各个方面，马王堆汉墓的出土文物便是典型明证。当时在湖南有了闻名的松醪酒和专门的节日用酒——椒酒和柏酒，用肉桂浸制的桂酒也很有名，屈原在《九歌·东皇太一》中说"蕙肴蒸兮兰藉，奠桂酒兮淑浆"（东汉王逸注："桂酒，切桂置酒中也"）。宋玉在《招魂》中说"挫糟冻饮，酎清凉些"是为了使酒不致酸败，同时也为解暑纳凉而制成的一种酒，也从另一个角度说明此时在酿酒技术上很有特点。汉代酿酒已很出色，对酿酒的工具(图1-5)和程序(图1-6)颇为讲究，特别是1972年从长沙马王堆西汉古墓中出土的两缸酒，经研究考证为果酒，距今已有2 100多年的历史了。而在马王堆西汉古

图1-5　马王堆西汉古墓出土的酿酒灶台

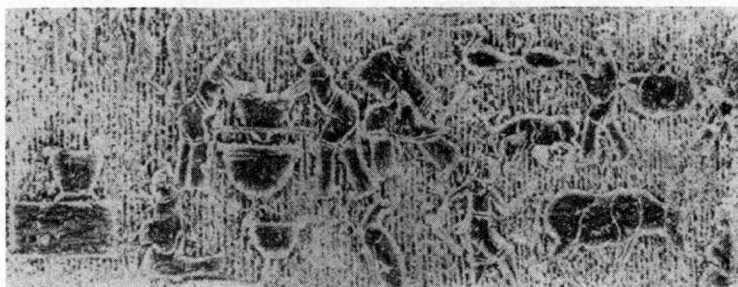

图1-6　汉砖画·砺酒图

墓中出土的帛书《养生方》和《杂疗》中，更是可以看到我国迄今为止发现的最早的酿酒工艺记载，也是我国最早的一个较为完整的酿酒工艺技术文字记载。这是湖南酒业先民为世人所作的伟大贡献，其中有一例"醪利中"的酒的制法共包括了10道工序(其详细过程见第十二章)，故具有很高的研究价值。东汉末年出现了"九酝春酒法"。这是酿酒史上，甚至可以说是发酵史上具有重要

意义的补料发酵法，现代称为"喂饭法"。后来补料发酵法成为我国黄酒酿造的最主要的加料方法。

到魏晋南北朝时期，国家不再统一，长达400年的分裂与战乱，使得全国人口大幅度减少，湖南也由原来的281万减少到97万。但湖南因处江南，远离战争中心，经济仍然向前发展。湖南在当时已开始发展成为全国大米的重要产地和供应地，农业的发展带动了工商业的繁荣。湖南当时的酿酒业、青瓷制造业、造纸业、造船业以及金属制造业在商业领域已十分活跃。北魏贾思勰撰的《齐民要术》可谓世界上最早的酿酒工艺学著作，书中所述"起自耕农，终于醯醢"选录了北魏及其以前百余种古籍中的相关部分，保存了不少珍贵的饮食史料，其中对酿造、烹饪和食谱等的专述对后世影响很大，其素食部分对湖南地区饮食有不少记述，如对长沙蒲鲊法和衡州鄙酒法等的述说较为详备，具有很高的史料价值。西晋文学家左思撰写的《吴都赋》描写了三国时期吴国统治下的长江以南地区（包括湖南）的山川、物产和风俗，其述豪饮的场面云："置酒若淮泗，积肴若山丘。飞轻轩而酌绿醽，方双簪而赋珍馐。饮烽起，醮鼓震。士缱绻，众怀欣。"述及城市的饮食生活："里宴巷饮，飞觞举白。翘关扛鼎，拼射壶博。"还述及包括湖南在内的南方各地的禽鱼水果等。此时湖南名酒辈出，醹醁酒、张飞酒、白醪酒、当归酒和竹叶浸酒已是当时非常著名的酒，特别是醹醁酒，它是中华一绝的传统古酒和贡酒，晋代道学家葛洪在文章中多次提到该酒，如《抱朴子·嘉遁》说"藜藿嘉于八珍，寒泉旨于醹醁"，能被道家著作引用可见在晋代醹醁酒是很出名的。

隋唐代时，到处是国泰民安，歌舞升平。湖南的文化也变得空前的繁荣。但这些文化名人多是在唐太宗以后，被迁谪或流离到湖南的骚人墨客。如李白、杜甫、韩愈、柳宗元等，其文其名均显赫。至于大书法家欧阳询和怀素，都是湖南人。欧阳询是长沙人，他在奉钦命编辑的《艺文类聚》的食物部中对食、饼、肉、脯、酱、酒等九类分别介绍了其制作和烹饪方法，对研究唐代以前湖南酿酒和饮食有重要参考价值。此时在湖南各地当时的地方特色酒很多，有玉薤、松醪春、松花春、花屿酒、椒酒、醹醁酒、湖上酒、武陵崔家酒、祁阳压酒、毛叶酒和菖蒲酒等。唐代名酒多以"春"命名，如松醪春就是当时长沙、湘潭一带一种用松膏酿制的酒，古代诗词述及此酒的还很多，如戎昱的《送张秀才之长沙》诗云："君向长沙去，长沙仆旧谙。……松醪能醉客，慎勿滞湘潭。"刘禹锡在《送王师鲁协律赴湖南使幕》诗中也有"橘树沙州暗，松醪酒肆香"等，说明当时用松醪春待客很普遍，松醪春也是人们喜爱的美酒。此时期常德人，李群玉在其著作《折桂令·农》中说"想田家作苦区区，有斗酒豚蹄，畅饮歌呼"，反映了田家于劳动闲暇时饮酒的乐趣。鲜于必仁在其描述潇湘八景之一的《渔村落照》中的"渔家短蒲，酒盈小壶，饮尽重沽"则描述了在湖南沅江和洞庭湖一带渔夫们日常饮酒的情景。

宋代，湖南属荆州湖南路，长沙又为路的首府，社会较为稳定。此期的文献有，宋代医学家朱肱所著的《北山酒经》是我国现存的最早论酒专著，也是继北魏《齐民要术》后一部关于制曲和酿酒的专著；该书较详细地叙述了我国唐代的制酒方法和程序，所附《神仙酒法(武陵桃源酒法)》详细地记述了今常德地方的酿酒方法，是湖南地区酿酒史的珍贵资料。北宋李昉等编纂的《太平广记》和《太平御览·饮食部》对宋初南北各地(包含湖南)的酒、嗜酒、使酒、酱和食等分62个类目从食物种类、饮食习俗、酿制和烹饪方法等进行了较为全面的介绍。宋代李纲所著的《李纲全集》收录了作者任职湖南期间所作吟咏湖湘佳肴美食的诗篇，如卷二十一《客饷新橙有感》云："湖外新橙也自黄，故人相赠解包香。捣韲正鲙双鱼美，荐酒聊持一瓣尝。"还有借酒《食蟹》、《食橘》和《偶得双鲤付厨作鲙以荐一觞》等其他诗作，为研究宋代湖南饮食史的珍贵史料。宋代时不但名酒多，社会各阶层饮酒的轶事也颇多，湖南见于文献的宋代名酒有酃渌酒、洞庭春色、武陵桃源酒、桃花酒、程酒、醇碧酒、黄柑酒、钩藤酒和曹婆酒等；王安石"自古楚有才，酃渌多美酒"就是对衡阳酃渌酒的赞美，洞庭春色是用柑酿造的美酒，苏轼的《洞庭春色赋·引》云"安定郡王（赵世準）以黄柑酿酒，名之曰洞庭春"，这也是用柑橘酿酒的最早记录。

南宋末期的烹饪书《山家清供》以素食为中心，介绍了100余种菜肴，该书对南宋时期江南地区酒与饮食生活进行了介绍，对研究酒与湖南饮食有重要参考价值。

元朝建立后，湖南属湖广行中书省。中国最早的营养学专著元饮膳太医忽思慧撰《饮膳正要》和元代人辑录历代饮食资料而成的《馔史》对江南（包括湖南）酒食营养及性味功能进行了较详细的介绍。元末农民起义，湖南为陈友谅所占领。友谅死，其子陈理投降朱元璋，湖南遂为明朝管辖。经过元末明初的扰乱，湖南人口锐减，经济衰败。洪武二年（1369年），湖南隶属湖广布政使司。从明洪武年间起，邻省即大量向湖南移民。移民不仅使湖南地区居民的构成发生了重大变化，更重要的是带来了吃苦耐劳、勇于开拓的优良精神以及一些先进的酿造生产技术，为湖南的酿酒等社会经济注入了新的活力，也为湖南人才的兴起带来了一片生机。故至明后期，以洞庭湖为中心的湖广地区已成为全国重要的粮食产地和供应基地，遂有"湖广熟，天下足"之称。湖南元代的酒多沿袭前代,从发酵酒到蒸馏酒的发展是湖南酒文化历史的一个特点。由于蒸馏酒白酒的出现,相应地浸渍酒也得到了发展,广泛流传于湖南各地的艾酒就是用艾叶浸渍于酒中而成的供端午节饮用的酒,端午节饮艾酒之俗可能自此即逐步形成。在此时期少数民族酒与汉族酒得到交流与融合,使湖南酒业发展更全面。

明末,湖南衡阳的爱国者和杰出思想家王夫之,曾在永历朝廷供职,积极地为抗清斗争效力。后受排挤,被迫返回湖南,隐居于衡阳县石船山下,著书立说,写成100多种著作,对湖南的政治、经济和民间酒俗生活均有记载。明末桃源县人江盈科(1555—1605)所著的《江盈科集》收集作者吟咏湖南美酒及佳肴食物之作甚多,如《舟中小酌》诗云:"小艇烧灯坐,独斟情颇宜。子姜含淡辣,雌蟹抱浓脂。佛手柑能美,龙须菜亦奇。"《舟中独酌》诗云:"圆圆马蹄鳖,短短箭头鱼。桑落三年酿,韭芽二寸余。"这些诗都反映了晚明时期酒与湖南大地上的饮食习俗和特点。明代同为湖南武陵(今常德)人的龙膺(1560—1622)编著的《蒙史》和杨嗣昌(1588—1641)编著的《杨嗣昌集》对湖南茶酒饮食习俗及风土人情亦记述较丰;另还有明崇祯年间曾任长沙知府的雷起龙主修的《长沙府志》记述了明代长沙府辖区范围内的政治、经济、军事、文化及山川地理、风土人情等,对酿造和"今民间侑以羊酒"进行了较详的记述,堪称明代长沙的酒与食谱。明代时期的史书记载湖南酿酒作坊和烧锅作坊遍及城乡,除专业经营者外,农村的农家也多在丰年酿酒以供自家饮用,甚至有些做其他买卖的小本生意人也以造酒为辅助盈利手段。从文献记载上看,明代湖南的酒明显多于前几代,如饼子酒、姜酒、虎骨酒、桃花酒、桃源酒等名酒繁多;有一幅明代的名画,画的是湖南湖区渔人捕鱼完毕，泊舟芦荡柳岸而沽酒酤饮歇息之景，反映了饮酒与劳动生活的紧密联系。其所题诗也非常优雅，诗云："鱼水心情澹澹，鸥波身世悠悠。得鱼换酒同醉，明月芦花满舟。"明代，烈性烧酒进一步发展，配制酒发展了一种熏制法。在酿酒原料和技术上也不断改进和提高，发酵酒也达到了较高的水平。

清代康熙年间衡州知府张奇勋等纂修的《衡州府志》、杨显德纂修的《永定卫志》、清嘉庆年间常德知府应先烈主修的《常德府志》、嘉庆重修的《一统志·湖南部》、清光绪年间卞宝第等纂修的《湖南通志》等地方志和清代史学家宁乡人黄本骥所著《湖南方物志》、陶澍所著《陶澍集》和《洞庭湖志》、何绍基所著《何绍基诗文集》、杨公道辑录的《彭玉麟轶事》、清同治《安福县志》（安福县即今临澧县）和《衡阳县图志》及《善化县志》（善化县即今长沙、望城两县）等等，对酒与湖湘各地的经济、酒肆、酿造及民间宴饮习俗进行了较详细的记述，如《衡州府志》述衡州市井"酒肆茶坊止以供客邸之娱耳，今则遍地青帘、沿街绿醑，昼而聚讼、夜则酣歌……故市井有'十家七酒店，五户两跟官'之谣"；《常德府志》等其他地方志对各地节庆时令酒俗和特色食物进行了记载；《彭玉麟轶事》等文集是研究湖湘名士与酒的饮食嗜好的重要史料，这些文献资料均是了解晚清时期湖南酒文化的珍贵史料。清代时期，湖南酒类品种也到了空前齐备的时代，传统的酿酒术在继承的基础上得以发展，蒸馏白酒的品种更加丰富，少数民族的酒也在清代传入三湘大地直至大江南北。此时，湖南名酒纷争竞出，李汝珍济著《镜花缘》一书的第九十六回粉牌上列举的50余种酒，大致是清朝中期的名酒，涉及湖南的就有湖南衔酒、湖南浔酒、长沙洞庭春色酒等；另外，见于文献记载的还有君山酒、巴陵冬酒、汨罗小曲酒、益阳小曲酒等。清代湖南已有世代民间酿酒大姓，酿出的酒品质高超，名扬遐迩。在酿酒选料、用水上极其考究，酿造术也大幅提高，浸渍酒与配制酒得到发展。少数民族酒的发达也是清代湖南酒文化的一个亮点。

1918年调查："湖南产米酒、谷酒、高粱酒三大宗。长沙、湘潭、常德一带有堆花、镜面、糟烧三色；南路衡永（衡阳、零陵地区）各县则有清香、双熬火酒、黄酒、红毛烧、湖之酒等；西路辰沅（辰溪、沅陵）、洪江等处则有能元冰烧、甲皮糟烧、米烧、水酒、高粱酒多种。长沙、湘潭、常德、岳阳各处，近亦有仿造苏酒、绍酒两种。各县每年共产谷酒1 973万斤，米酒680万斤，高粱并各行杂粮酒50余万斤，仿苏酒、绍酒200余万斤"。酒类名目繁多，过去归属总称白酒与黄酒两类。白酒包括高粱酒、谷酒、米酒、烧酒等。昔日检验酒质，用眼观酒花及其净洁度，故有"堆花"、"镜面"之称。黄酒包括湖之酒、水酒、冬酒、仿绍酒等，衡阳湖之酒甘香醇美，清代曾列为贡品，等等。

三、湖南酿酒的发展历史及对社会的贡献

湖南以农立省，从20世纪50年代湖南考古事业兴起，经过近半个世纪的考古调查，发现早在旧石器时代，湖南境内便有古人类活动的遗址，可考的历史可追溯到新石器时代，湖南境内新石器时代的文化遗址已发现900多处，地点遍布三湘四水，出土文物中均有丰富的酒器酒具。另外，还有殷商文化遗址和大批楚墓，从其出土的大批历史文物来看，就足以说明湖南的原始文化范围之早之广和内容之丰富，已超过黄河流域和长江下游地域的原始文化，从而主导了中华民族文化发展的脉络，湖南足以成为中华民族文化的摇篮。

1988年，在湖南省澧县彭头山新石器时代遗址的发掘中，从红烧土块及支座残断面中观察到了稻谷壳的痕迹。这清楚表明，当时在今洞庭湖周边地势宽阔平坦的地带边缘，有以稻作为主的农业存在。据文物普查采集陶片的碳素年代测定，彭头山遗址距今为8 250年～9 100年。这里的古稻又比浙江省余姚县河姆渡早出1 000多年。另外在1993年和1995年在

图1-7　道县玉蟾岩遗址及古稻谷

湖南的两次考古中发现，在湖南永州道县玉蟾岩的新石器时代遗址（图1-7）中，发现了至今世界上最早的古栽培稻，经北京大学C_{14}实验室及美国哈佛大学人类学系先后用质谱加速器测定，确定这些稻谷距今约有1.2万年～1.4万年，是野生稻向人工栽培稻过渡的最早实物例证。据《淮南子·修务训》载："神农乃教民播种五谷。"《白虎通义》载："古先人民皆食禽兽肉。至于神农，人民众多，禽兽不足，于是神农因天之时，分地之利，制耒，教民农作。"种植农作物，在我国原始社会已开始，这些古稻谷遗存分布广泛，性状特征不同，显示出并非直线性的起源和发展，而是多源头的产生，展现了湖南地区物产资源的广泛性、多样性与丰富性构成，证明湖南是我国目前发现最早稻作物种植的地区，也是世界稻作文明的发源地之一。汉代刘安《淮南子》云："清醠之美，始于耒耜。"刘安是我国最早提出酿酒始于农耕的人，在发现古代栽培稻谷的永州道县玉蟾岩新石器时代遗址中，同时还出土了目前中国最早的具有完整形态的陶釜形器（图1-8）和大量的

动植物化石。由此可见湖南物产资源之丰富，并表明湖湘的先民已经在充分地利用这些物产资源。而彭头山遗址中的众多陶制酒器的发现，更使人仿佛嗅到了湖湘先祖所酿之酒的醇香。由此，按前已述及的刘安的推测和考古学家吴其昌先生"谷物酿酒先于农耕时代"的说法

图1-8 玉蟾岩陶釜形器

来看，湖南既然在1.2万年~1.4万年前就有稻谷，那么，我们应该有理由相信，随着原始农业的产生，水稻栽培的普及，属长江流域的湖南用稻谷酿酒的源头就更在此之前了。

自原始社会到先秦时期湖湘饮馔文化的发展状况，还可以从当时制作精美的饮食器具上得到证明。在澧县城头山城市文化群中，考古还发现了用于滤酒的"漏斗形澄滤器"（图1-9），且有一孔和七孔之造型，这便是距今7 000年~9 000年

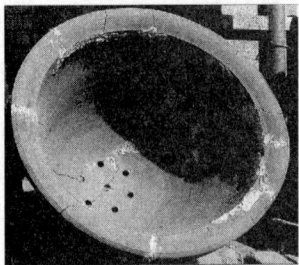

图1-9 漏斗形澄滤器

前湖南已出现酿酒工艺的历史见证。这类器物的出现，反映出其时农业种植有了很大发展，粮食有了剩余，而剩余粮食则用于酿造，使酒和饮宴进入人们的日常生活。另外，在湖南永州道县玉蟾岩及其他新石器遗址中，发现了大量制作精美的陶制食器和酒器等，表明远在新石器时期，湖南的先民就已经懂得酿酒和对食物进行简单的制作烹饪加工。随着夏王朝的建立，商王朝的强大，居住在黄河流域的商人、周人（即华夏人）逐渐南移，渗入湖

南地区，带来了中原地区的商周文化，从而影响了当地居民的饮食生活。这些变化虽在古文献中无记载，但考古发现中的实物为我们了解这一时期的饮食生活情况提供了佐证。

湖南商周时期的文化遗存，主要分布在湘、资、沅、澧四水的中下游和洞庭湖畔的山坡和台地上。石门皂市、岳阳铜鼓山、宁乡炭河里、澧县斑竹等聚落遗址，是湖南省保存较好的商周文化遗存。从出土的生产工具、生活陶器分析，这里的主人是原住湖南地区的土著先民，但这一时期的饮食陶器种类明显增多，制作也更为精美，在造型、纹饰上明显反映出中原文化的影响，也保留了湖湘地方文化特色。陶器是平民饮食生活中的主要器皿。在石门皂市、岳阳铜鼓山文化遗存中，出土了大量的陶质食器，种类和造型也明显增多。此外，还出土了一些陶质的酒器，如用于加热的温酒陶斝，它的三足呈袋形状，内空，外底呈分裆状。陶爵也是当时使用的一种温酒器，器形较小，口部有一长流，底部有三个外撇的尖足。斝、爵的三足是方便在火上加热，这些陶质温酒器，仿照了同类中原青铜器皿的造型，这不仅反映出湖湘饮食器皿有了很大的变化，而且陶质酒器的发现，说明饮酒已成为当时饮食习俗中的重要组成部分。

夏、商、周是我国古代青铜冶炼铸造最发达的时期，贵族统治阶级大量使用青铜来铸造食器和祭祀用的礼器，"美食不如美器"的时代从此开始。据《宁远县志》提供的资料，舜陵最初在九嶷山的最核心，舜庙在大阳溪旁。祭舜始于夏代，是有国家以来共祭之始。考古专家认为："只要把舜帝的葬地与玉蟾岩出土的原始人工栽培稻谷及原始陶片等远古文化遗存联系起来，则舜的耕、陶、渔三项作业便清楚地展现在我们面前。因此，可以肯定地说，湖南永州是舜文化的故乡，是舜帝当年率领他的部族从事农耕、渔猎、制陶及实行选举、禅让等的重要地方。"而祭祀必有酒的参与。

湖南是我国江南地区出土商周青铜器最重要的地区，数量达四五百件之多，而以湘江流域、宁乡黄材一带为最。从饮食方面来看，这些青铜器可分为盛食器、煮食器、盛酒器和温酒器。商周时期先民们对食物的制作加工已经日趋进步，这也反映在出土的青铜祭祀、饮食器具上。青铜酒器分为祭祀和饮食中的盛酒器、温酒器和饮酒器。例如，在湖南的湘江、沅水、澧水流域及洞庭湖湖滨等地的商周遗址中，出土了许多造型奇特、制作精美的青铜餐宴祭祀酒器酒具，其中最有代表性的是 1922 年在洞庭湖畔桃源漆家河发现精美绝伦的酒器"皿天全"方彝，考古学界一致公认它是商代晚期的青铜器；1938 年湘江下游的湖南宁乡黄材月山铺出土的一件商代晚期的酒器"四羊方尊"，它以造型最为独特、纹饰最为精美独称我国古代青铜器中绝无仅有的杰作，更是中国青铜文化的珍品，代表了中国青铜铸造技术的最高成就，此两件青铜酒器均是中国的国宝；在邵阳出土的"瓠壶"，经文物专家考证此器是商周时期祭祀用的酒具，也是可与四羊方尊媲美的国家一级文物；在湖南出土的商代酒器具另外还有宁乡县黄材寨子山出土的人面纹方鼎、醴陵县狮形山出土的象尊、湘潭县九华乡金盆养鲤出土的豕(猪)尊、衡阳市包家台子出土的牛尊、常宁县出土的牺首兽面纹方尊、湘潭县青山桥出土的"旅文甲"尊、华容县出土的牺首兽面纹圆尊、宁乡县黄材王家坟山出土的"戈"卣、岳阳县青龙村出土的鸟纹兽面纹铜尊、岳阳荣家湾出土的鱼纹尊、石门县出土的兽面纹提梁卣、长沙县东山出土的鸮卣等，西周时期的酒器有湘潭县青山桥出土的青铜觯和爵等；在春秋战国时期的墓葬中出土饮食酒器酒具的形制、种类更加丰富多彩，如湘潭县荆州乡出土的动物纹提梁卣、衡东县出土的春秋动物纹提梁卣、衡东县霞流市出土的春秋桑蚕纹尊、益阳县赫山出土的春秋龙耳尊缶、湘乡市何家湾出土的春秋蹄足敦、长沙市砚瓦池出土的战国云纹铜尊、湘乡市新坳出土的战国勾连云纹铜尊等，从造型特征、纹饰风格以及铸造技术等分析，湖南各地出土的青铜炊煮器、盛食器及酒器，特别是一些铸造精湛的青铜酒器，不一定都是湖南本地铸造的，可能是贵族南下时带来的。它们在湖南商周文化遗存中发现，反映出商周王朝的势力已越过长江，湖南已成为商、周王朝的范围，而且从这些青铜器可以证实，商周时期贵族阶层的饮食生活非常讲究。对于"食不厌精，脍不厌细"的奴隶主贵族来说，精美的烹调饮食器具中必然盛装着的应该是与此相匹配的精美食品，这也表明当时在湖南大地上也必然有着与此相应的较为先进的酿酒和食物烹饪技术。

春秋战国时期的楚墓分布在全省各地。楚人豪放善饮，对酒的消费和需求均很大。在规模较大的楚墓中，还出土了一批漆器，其中与饮食生活相关的漆器有漆耳杯、漆盒、漆盘、漆豆、漆案等，这是当时楚人吃饭喝酒用的一些器具。其中漆耳杯口作椭圆状，平底两侧有耳，耳有新月形和方形，内髹红漆、外髹黑漆，耳部有纹饰、制作精美。漆案是一种盛食物和饮食器的方形大平盘。用不同材质制作成饮食器具，反映出楚人的饮食器具种类丰富。已具雏形的楚地酿酒技术，大致形成于商周时期。虽然至今没有发现当时较为完整的记载，只有一些零星的记述，但从前述考古出土的大量烹饪器、食器和酒器，可以约略窥测到当时烹饪和酿造技术的发展水平。战国时期，流放到湖南的爱国主义诗人屈原，他所撰写的《楚辞》中就提到了衡阳的酃渌酒，并称其为"楚源酃渌"，另外，他还在歌辞中生动地描绘了湘人祈天地、祀鬼神、祭先祖、宴宾客以及家庭婚丧嫁娶的诸多场合，其中记载了许多湖湘的美味佳肴和讲究五味的烹调方法。例如，屈原〔《楚辞·招魂》也有人认为是宋玉之作，宋玉是战国时鄢（今襄樊宜城）人，屈原的弟子，湖南临澧县有其墓，所以也有人认为他是湖南澧县人〕在《楚辞·招魂》中，就留下了湖南当时祭祀飨宴饮酒的详细记载：

> 室家遂宗，食多方些。稻粢穱麦，挐黄粱些。大苦咸酸，辛甘行些。肥牛之腱，臑若芳些。和酸若苦，陈吴羹些。胹鳖炮羔，有柘浆些。鹄酸臇凫，煎鸿鸧些。露鸡臛蠵，厉而不爽些。粔籹蜜饵，有餦餭些。
>
> 瑶浆蜜勺，实羽觞些。挫糟冻饮，酎清凉些。华酌既陈，有琼浆些。归来反故室，敬而无妨些。

这里所谓"食多方些"，即指食品之多种多样。其中食用的粮食有"稻"、"粢"（即稷和谷子）、"穱"（即早熟的麦子）、"麦"、"粱"（即粟和小米，似粟而大，米之精者）等；禽畜菜则有"牛""鳖""蠵"（即大龟）、"羊羔"、"鹄"（又名黄鹄即天鹅）、"凫"（即野鸭）、"鸿"（即大雁）、"鸧"（即麋鸹，一种水鸟，形似鹤）和"鸡"等；已经出现了"臑""胹"（"臑""胹"两字可通，均为煮，前者多指熬煮肉羹，后者为一般的煮）、"炮"（将食物包裹后再行烧烤）、"煎"（用少量的油将食物烤熟）、"臛"（煨煮而成少汁的羹）、"露"（暴露风吹；"露鸡"，以盐渍后的鸡暴露于露天而风干之鸡，即今日之所谓"风鸡"）等炮制烹调方法；知道用冷冻方法来丰富食物的味道，如将酿制的美酒冰镇冷冻、压榨滤渣后饮用（"挫糟冻饮，酎清凉些"："挫"，冷冻；"冻"，冰镇；"糟"，酒渣，这里指在冰块上镇得冰凉，用茅草沥去酒糟的醇酒供人饮用，以取酒之清醇。经过这样处理的美酒，将更加清醇凉爽适口。因为酒性燥热，冷饮可避免上火。此处提到的冰镇酒，当属世界上最早关于"冷饮"的文字记载）；知道了用苦（大苦）、咸（"醎"，盐）、酸（酸，"酸酢"，即醋）、辛（辛辣之椒、姜等）、甘甜（"甘"，以饴糖调味；甜，"柘浆"甘蔗之浆，"柘"，甘蔗）、蜜（"蜜勺"："蜜"，蜂蜜；"勺"，通酌。"瑶浆"，赤色之酒。"瑶浆蜜勺"，谓以蜂蜜来调制美酒）等调味品来和合调味以使食物具有芳香清爽、五味俱全的可口品味。"二招"为最早的湘菜筵席单，这应该是无疑义的。

　　将《楚辞·招魂》中的筵席盛况按上海古籍出版社出版的《楚辞译注》中所译成的现代语言，就是：

　　　　　家族聚居在一堂，饭菜吃法真多样。
　　　　　大米小米和麦类，里面还要掺黄粱。
　　　　　有苦有咸又有酸，辣的甜的都用上。
　　　　　肥牛宰了抽蹄筋，烧得烂熟喷喷香。
　　　　　调些酸醋和苦汁，摆上吴式风味汤。
　　　　　红烧甲鱼烤羊羔，拌上一些甘蔗浆。
　　　　　酸味天鹅炒野鸭，又煎大雁又烹鸽。
　　　　　酱汁卤鸡焖海龟，味道虽浓不伤胃。
　　　　　油炸蜜饼和甜糕，浇上一层麦芽糖。
　　　　　名酒甜酒数不尽，你斟我酌注满觞。
　　　　　沥去酒糟再冰镇，醇酒清心又凉爽。
　　　　　华宴已经摆列好，杯杯美酒如琼浆。
　　　　　盼你赶快回老家，敬你一杯理应当！

　　在屈原所撰写的诗歌中，还描写了湖湘楚地的"五谷"、"稻"和多种酒名，这些都是湘酒之中文字记载最早的。如"桂酒"（以肉桂所浸之酒。见《九歌》）、"醴"（甜酒）、"椒浆"（以花椒浸于浆中。见《九歌》)、"糵"(发芽之麦所磨之面;或指酒麴。见《大招》)、"酪"(《大招》:"和楚酪只。"这里指的是楚地特色的酢肉,即酸肉)、"楚沥"〔"四酎并孰……吴醴白糵,和楚沥只"。所谓"楚沥"是一种用连续投料法反复重酿多次(四酎)而成的度数很高的酒、也称"清酒"。见《大招》〕、"蕙肴"(《大招》:"蕙肴蒸兮兰籍。"蕙草蒸肉)、"黏鹑"(鹌鹑羹。见《大招》)等粮食、食品及菜肴。其中最值得注意的是"桂酒"、"椒浆"、"醴"、"楚沥"、"苴蓴"和"酸肉"、"甘鸡"(糟鸡)等。湖湘盛产莲荷,用荷叶的清香调制食品,是湖湘民间的传统,常见的有荷叶粉蒸肉、荷叶包裹烧烤的禽类、荷叶蒸饭等;酸肉(进而扩充到酸鱼、酸鸟肉〔即瑶族、苗族等少数民族最喜爱吃的"鸟酢"〕等)、糟鸡(以酒曲或者酒糟腌制的鸡,进而扩充到糟肉、糟鱼等)更是湖湘民间、尤其是少数民族最常制作最爱吃的特色风味佳肴;也说明"桂酒"、"椒浆"、"醴"、"楚沥"是湖湘民间的传统岁时饮品酒,如六朝时期梁朝宗懔撰写的《荆楚岁时记》中记载说:"正月一日……进椒柏酒,饮桃汤,进屠苏酒、胶牙汤,下五辛盘……"这一风俗绵延至今。此外,宗懔所记载的"五辛盘"及前述辛辣、咸、酸、甜、苦之五味的记载,表明湖湘人嗜好辛辣、咸、酸、苦之味的饮食习惯远在先秦时期就已经产生并形成传统。这些都可以看出,湖南的酿酒特色和湘菜食品源远流长,一脉相承。

　　汉代贵族非常注重饮食器具。马王堆汉墓中出土了一批保存完好的漆器,光泽鉴人,完好如新,而且大多配套成组,有些器物内还保存有食物,是非常难得的实物残留。盛食物的漆鼎多达10件,其中一件存放的羹中还保存有外形完好的藕片,这是我国首次发现的古代藕片食物。有盛酒或盛羹的漆钫和漆钟,出土时在钫、钟器内还残存有酒类、羹类的沉渣。有盛食物的漆盒,在有的漆盒中，有保存完好的饼状食物。有用于叉取肉类食物的漆匕，盛酒饮酒的漆卮、玳瑁卮，以及从壶中舀取羹类食物的漆勺。还有专用于吃饭的"君幸食"漆耳杯，喝酒用的"君幸酒"漆耳杯。有盛食物的漆平盘、食盘和小漆盘等，在六件小盘内，摆放有牛排骨、雉骨、面食、鳜鱼骨、牛肩胛骨等动物骨遗骸。一号汉墓中出土的漆案具有非常重要的价值，漆案耳杯上的竹箸（筷）保存完好，是我国目前发现年代最早的竹筷实物。这套分餐饮食器具，为研究我国古代饮食用餐习俗提供了非常重要的实物依据。

　　1999年在沅陵考古发掘的虎溪山一号汉墓中，出土了一批与饮食有关的遣册（新闻界称之为"美食方"）。这批竹简详细记录了随葬的食物，其中主食有黄饭、下粱饭；副食有禽、肉食品和植物性菜肴。禽、肉食品为牛、马、羊、鹿、豕、犬、鱼、鹄、鸡、雁，以及牛肩掌、牛背、牛心、牛肺、膏、鹿骨、鱼肠等动物内脏。植物性食物主要是一些配料，有蒸、花、芘、糯米、黍等。简文中还记载了对动物的宰杀、去毛、处理过程，以及用于烹饪的调味品。调味品中盐、酒、美酒、白酒、肉酱汁、菽酱汁、姜、木兰、茱萸、醯酸等。

　　秦汉到魏晋南北朝时期，秦汉以来国家统一的局面不保，出现了近400年的分裂和战乱，战争使得人口大幅度减少。在这数百年间，湖南地区的人口由140年前的281万减少到只有97万。湖南由于地处江南，相对来说受战祸兵灾的影响比北方要少，社会安定的时日较多，因此经济仍得以向前发展。三国时，"长沙好米"已是名声在外。农业的发展带动了工商业的繁荣，以粮食为原料的酿酒业在湖南特别发达。独具特色的青瓷制造业和麻纺业、造纸业、造船业以及金属制造业都有长进，各种产品的增多使得商业流通领域也十分活跃。

唐代长沙窑的考古发掘，出土了一大批与饮食有关的器皿，为了解湖南唐代的饮食方式和内容提供了重要的实物依据。唐宋时期，湖南更是盛产美酒之地，《唐才子传》："茶铛酒杓不相离"，白居易："看风小槛三升酒，寒食深炉一碗茶"，"举头中酒后，引手索茶时"。诗仙李白"且就洞庭赊月色，将船买酒白云边"的诗句，也反映了当时洞庭一带酒业的繁盛。唐代饮器的变化，在很大程度上便因茶酒习俗变化所致。通过这一反应链，透过长沙窑的饮食器，可折射唐后期茶酒习俗的演变。长沙窑瓷器是我省釉下彩瓷的开端，是唐代瓷器工艺中一颗绚丽夺目的明珠。它突破了传统单色釉的束缚，创造了高温釉下彩新工艺，为后来多种红彩和釉下五彩瓷的形成和发展开辟了一条新的道路。其产品多种多样，饮食器有碗、壶、盘、杯、碟等。

长沙窑釉下彩瓷具有独特的装饰工艺：一是釉下彩绘；二是采用了模印贴花，使瓷器更为美观；三是在器具上书写诗文谚语，更富于生活气息和文化意味。长沙窑中烧制的碗、壶、杯等釉下彩瓷，造型优美，体现了饮食器具在唐代讲究实用与美观相结合的原则。窑中发现了大量的瓷杯，这与唐代盛行的饮酒、喝茶习俗有密切关系，是我国古代饮食文化的延伸、继承和发展，折射出唐代湖南饮食文化的高度成熟。

前面已经述及，既然不能将湖南酒文化等同与出现湖南这一概念以后的文化，要适当扩充追究到即使当时不叫"湖南"，而是后来才被称为"湖南"的也应将其列入湖南酒文化研究和考虑的范围。具体来说，在时间上要算到旧石器时期之前，在地域要把汉高祖五年(公元前202年)刘邦统一全国，重新分封诸侯国时建立的历经两百多年的长沙国对今湖南的影响也考虑进去。长沙国主要在今湖南地区，但版图最大的时候，北界到达今湖北与河南的交界处，东界到今江西鄱阳湖以东，南界到今广东的连县，西界到今广西东部的灌阳和全州，地跨今湖南、湖北、江西、广东和广西等五个省份。再加上历史上的大移民，所以也应考虑移民的影响，可以追究到史前文化、整个长江流域及江西、两广和两湖等民众的习俗。这样来看，通过考古发现在湖湘大地上酒的使用历史是非常悠久的。

　　历史久远的楚湘酒源，在酿酒方式上先民们多采用家庭作坊为主（图1-10），酿酒采取人工踏曲（图1-11）和尝味辩质的原始方式来制酒曲和控制酒的质量，这不仅可从以上出土文物证明外，也可根据湖湘的神话传说、史诗古歌来佐证。古代湖湘人以"喝"为乐，以"品"为韵，以"醉"为趣，沿着醇香四溢的酒道，步入历史深处，能聆听到湖南酒文化淳厚的古风，品味到湖南少数民族文化朴实的神韵，领悟酒鬼蕴含的玄妙意境。如湘西土家族民间传说中说，古代一支土家人住在江西赣江边，因受不了官

图1-10　湖南民间酿酒　　　　　图1-11　人工踏曲酿酒

府、财主的欺压、掠夺，躲避被斩尽杀绝的危险，他们约定在农历四月初八开始准备，随后悄悄离开当地，横渡洞庭湖，逆沅水而上，来到武陵山区一个山清水秀的地方。这里有大树可盖吊脚

楼，有清泉可酿"包谷烧"（家制白酒），能够安居乐业，于是他们就在此地住下来，挖土砍畲，立家创业。在土家族史诗《摆手歌·民族迁徙歌》中唱道："这里是长住之所，这里是生根的地方！处处青山绿水，处处鸟语花香：野雉飞，锦鸡啼，斑鸠唱，走兽跳。白云罩日头，清泉流进洞。孙子好立基业，世代繁衍生息……"从史诗对飞禽走兽的着意描绘、渲染看，透露出当时土家人尚存渔猎时代残迹。然而，他们举族（家族或部族）迁徙"安营扎寨"时首先考虑的条件之一就是酒。酒，自然也就成为以后土家山寨日常生活里不可缺少的重要食品。湘西苗族史诗古歌《古老话·后换篇》涉及酒的历史似乎更为古老、奇脱。上古之世，人（仡索仡本）与雷神（仡爆）交朋友，他们一起挖土犁田，一道找寻兵器。雷神请了绷鼓大王、铸锣大王帮忙，锣鼓齐鸣，威震山河，凭借这种奇特的威势，仡爆率众攻打江河平原，同人争夺粮仓。仡索派王姬、豆策抵抗。王姬、豆策调来大批兵马武器，先发制人，拉开战幕，仡爆大怒，立发三千股狂风、冰雹，把对方打得落花流水，粮仓倒塌。仡索无奈，只得求和，请了中人调解。但赔金赔银仡爆都不要，分明提出：

堂上要头大母猪，堂下要窝小猪崽；堂中桌子糊纸迎闪电，堂下桌子铺布迎惊雷；吃肉不见钻板面，吃酒不露葫芦底，吃要尽饱，喝要大醉。我们才欢喜，我们才消气。

仡爆的要求十分明显：就是要人们举行隆重的"吃猪"祀典，以祈求神灵禳灾赐福。大家知道，"吃猪"又称"椎猪"，是苗族的一种甚为古老的民族祀典。此祀典以祭祀雷神为主，同以祭祀祖先为主的"椎牛"（俗称"吃牛"）似有分工。它们折光地反映出，作为古老的农耕民族（部族）的苗族对祖先神和雷神极其崇敬。因而，"椎牛"或"椎猪"祀典，肉（牛肉或猪肉）和酒都是必备并且所需甚丰。由此不难窥出，酒在苗家兴起得很早；酒在苗寨信仰(祭祀)食俗及日常食俗中占着重要地位。

所以，从上所述来看湖南酒业历史久远，而且湖南古代酿酒技术对中国社会或说对全人类有举世瞩目的三大贡献。这三大贡献是：

第一是用曲酿酒的发明促进了发酵化学的发展。马王堆一号汉墓简文中有“鞫一石布囊一”，三号汉墓简文中有“𩏄二石布囊一”。经考古学家研究证实，“鞫”和“𩏄”都是“鞠”的异体字。《集韵》解释说，𩏄就是酒母。今天写作的“麴”或“麯”，即酒曲。湖南在西汉时代的酿酒有如下特点：采用了两种酒曲，酒曲先浸泡，取曲汁用于酿酒。发酵后期，在酒醪中分三次加入好酒，这就叫“三重醇酒”。制酒时怎样用曲，《汉志·食货志》中有这样的记载：“一酿用粗米二斛，曲一斛，得成酒六斛六斗。”不仅规定了米和曲的比例，而且还说明了得酒的多少。马王堆五彩漆食奁内盛有碎饼状的东西，专家证实就是酒曲之类，汉代衡阳的醽醁酒就可能是用此酒曲酿成的浓度较低的甜酒。人类进步的文明史证明，酿酒技术是现代发酵化学的重要组成部分。因此，最早出现在人类历史上的中国酿酒技术及工艺理论，对世界古代发酵科学的形成与发展做出了功不可灭的重大贡献。这突出表现在：较早提出了发酵概念；掌握了严格调整和控制发酵温度的方法；对分批投料法的认识及掌握与应用先世人一步；认识并掌握了加热灭菌法的使用；掌握了用石灰调解酒酸的技术和总结了鉴定酒的质量的“闻、品、色、感”四大标准，即贾思勰所说的“芳香醇烈、轻隽、道爽、超然独异”。如果酒香刺鼻，那么酒的质量就可能存在问题，这就是“闻”；“品”就是指口感如何，好酒应该是“酒甘如乳”，“姜辛、桂辣、蜜甜、胆苦悉在其中”，也就是说辛、甜、苦、辣、甘五味俱调为上品好酒；"色"即酒的第三个标准，若"酒色漂漂，与银光一体"或"色似麻油"就是好酒；"感"是将手指插入酒瓮中靠感觉来判断酒质的好坏，"以手内瓮中，冷，无热气，便熟矣"。这些宝贵的经验有的至今仍闪烁着智慧的光芒。

第二是首开酒地质学的先河。近年来在国际上兴起了一门新学科——酒地质学，在第 26 届国际地质学大会上还专设酒地质学学科组。这门学科的主旨是研究酒的地质背景，即通过对世界各地名酒产生的地层、构造、岩石、水文地质、地球化学、土壤和地貌等的综合调查研究，从中找出在这些因素影响下的酿酒原料、粮食、水果、酿酒用水及储酒环境与美味佳酿之间的关系。告诉人们，不但地质条件重要，地理条件也很重要。由于气候条件不同，栖息的环境微生物也不同，因而各香型白酒厂微生物分布也不相同。如南方适宜生产小曲酒而北方适宜生产大曲酒，南方适宜生产浓香型与酱香型白酒，而北方擅长生产清香型白酒。其实湖南酒人或说中国酒界人士在探索酿酒规律的过程中，很早就注意到了用于酿酒的粮食、水果和其他植物香料等原料的产地不同和水质相异能够直接影响酒的质量，从而总结出许多有价值的经验，这种探索可算是酒地质学的滥觞。

如先说古代，古代湖南衡阳能酿出甘洌醇美、营养丰富的酃酒来，当然有其得天独厚的酿酒环境。衡阳地处衡阳盆地，四周都是高山，穿越崇山峻岭的湘江、耒水、蒸水，经过千万里的过滤，为酿造酃酒提供了含有多种微量元素的优质水。所以说：水是酒的血液，名酒必有佳泉。同时，衡阳又盛产粮食，有鱼米之乡之称。衡阳人民培植的大糯、麻矮糯稻种，是不可多得的酿酒原料。因此，优质的水加上优质的米才酿出了名闻千古的酃酒。

再说现代，如湘西自然资源的独有性和特殊性成就了酒鬼酒独树一帜的香型风格，离开湘西就出不了酒鬼酒。湘西有最适宜的酿酒气候：湘西地处云贵高原的余脉武陵山区，位于东经109.10°至110.55°、北纬27.44°至29.47°之间，属亚热带湿润季风气候，空气湿润、气候温和、四季分明、热量充足、雨水集中、降雨充沛，是理想的酿酒王国之地。湘西有最优质的酿酒窖壤：窖泥是白酒功能菌生长繁殖的载体，湘西土壤铁、钙含量低，质地细腻，黏度适宜，持水性强，pH值在6左右，是南方特有的生产优质窖泥的首选泥种。优质的泥种、洞藏环境和理想的微生物环境驯良的菌源，神秘的窖泥培养配方，加之现代技术的运用，生产出富含多种有益微生物、利于发酵生香的优质窖泥，这是成为美酒风骨的关键所在。湘西有最具原生态的酿酒环境：湘西是典型的喀斯特地貌的地区，原始奇绝的自然景观遍盖全境，这里群山环抱，丛林茂密，土质温润，泉流潺潺，山洞非常多，世界上最奇妙、最壮观并有华夏"洞王"之称的"奇梁洞"就在湘西，它就是酒鬼酒的洞藏基地。酒鬼酒是中国白酒界在最原始、最自然、最绿色环境里生产的白酒，因其地理环境独特，地理标志明显，酒鬼酒已申报国家原产地域保护产品，并于2008年已获批准。

水是酿酒的主要原料，俗称"水为酒之血"。现在我们都知道水质对酿酒的糖化快慢、发酵良否、酒味优劣都极有关系，所以湖南古代酿酒对水源、水质的选择和鉴别都非常慎重，这从湖南古代各地关于酿酒用水的神话传说中可以看出。周代的"古遗六法"中有一法就是"水泉必香"，《齐民要术》和《北山酒经》等古文献中亦对酿酒用水有专门的论述。从地质学的角度来说，不同物质组成的岩石其土壤分布区的水质也是各有千秋的，限于历史和古代人们认识水平的局限，古人对水质的认识都是凭借直观的经验获得，而不能上升到科学认识的高度，因而不能完全解释诸如

"名酒之地，必有佳泉"之类的问题的原因时，就往往编造出一些神话和传说，如关于湖南大地上的长沙白沙井、衡阳的醽醁泉、酃湖水，常德白玉泉的崔婆井，邵阳的曹婆井，湘西酒鬼酒的三泉井和岳阳的柳毅井等都有优美动人的传说来说明其水质之好，像这类例子，在湖南酒史上可以说是不胜枚举。另外，粮食和水果是酿酒的主要原料，由于土壤性质的不同，生长出来后有的适用于酿酒，有的则不适用，这在古籍中也有很多记载。

第三是促进了陶瓷工业的发展。酿酒早于陶瓷，然而酿酒的发展确实促进了陶瓷工业的形成，古代陶瓷若不发展，酒就无处存放，在湖南大地上出土文物中陶瓷酒具之多足以说明酿酒业与陶瓷业有着互促互进的依存关系。自东汉至现代湖南主要窑地的分布和发展经历了八大窑系。"岳州窑"是最早的青瓷窑。古代"长沙窑"是世界陶瓷釉下多彩的发源地，长沙窑在酒器酒具的生产工艺上曾创造了三个"中国第一"和中国古代陶器的 14 个"之最"。衡州(衡阳)在唐、五代、宋时酒业极为发达，需要大量的酒器，这在很大程度上促进了衡州窑瓷业的发展。衡州也是当时全国三大优质瓷泥重要产地(景德镇、苏州、衡阳界牌)，这些又为衡州的瓷业生产提供必要的经济条件，衡州窑青瓷创始于唐中期，盛行于五代，南宋后衰败，现在已发现唐宋窑址 80 多处。衡州窑系列青瓷以酒器、茶具、文房类较多，酒器为最典型，酒器品种又为最多和最为独特。茶业的繁盛，酒业的发达，文人雅士的聚集，制瓷工人技术的融会，这也是衡州窑青瓷茶具、酒器品种最多，器形最丰富，釉色水平最高的原因所在。在湖南，其余还有元代益阳窑、明清怀化窑、清代醴陵窑和近现代铜官窑等，均很有特色。

源远流长的湖湘文化，浸润着酒的芳香。酒在湖湘文化的物质层面、精神层面、文学艺术和礼仪制度层面以及民风民俗等诸多方面，都影响深广，值得挖掘弘扬。特别是在当今时代，深入挖掘湖湘文化与酒的文化资源，建立湖南酒业的文化支撑体系和品牌形象，对于促进产业优化升级，构建中部崛起的重要战略支点，是一项很有价值的课题，值得高度重视。

四、从马王堆汉墓出土文物看历史上 湖湘楚族的用酒之俗

楚地地下出土的丰富酒器在一定程度上反映了楚国酒文化的面貌，而有关历史文献资料则进一步表明：楚王族的嗜饮之风，在周代各个方国中是最盛的，在我国数千年历史上也是不多见的。

据考证，楚王族嗜酒，史有实证。《左传》等先秦文献中有关楚人饮酒的记载远比膳食方面的记载为多，其中记载了不少楚族好酒甚至嗜酒如命的事例。春秋五霸之一的楚庄王，在攻打宋国时，也不忘随军携带大量的酒肉，以致"厨有臭肉，樽有败酒"。另一个有名的事例是楚国统帅司马子反因酒招致杀身之祸的故事：公元前575年，晋、楚大战于鄢陵，这是一场楚晋争霸的有名战役。楚晋双方酣战一日，晋军秣马厉兵准备明日再战。楚共王"闻之，召（司马）子反谋。阳竖献饮于子反，子反醉而不能见"。结果，楚军因主将醉酒只得连夜退兵。子反酒醒后受到楚共王和令尹子严厉的责难，不得不引咎自杀。春秋时期因主将醉酒而打败仗的事，仅此一例。此事广见于《左传》、《国语》、《吕氏春秋》、《韩非子》、《史记》等多种古籍，由此可证楚国贵族的嗜酒瘾毒之深。

楚族的嗜酒之风，在《楚辞·招魂》中有十分生动的描述："……娱酒不废，沈日夜些。兰膏明烛，华镫错些。"楚贵族们燃起明烛，奏起编钟，饮酒作乐，日夜不停。这完全活画出一幅如临其境的楚贵族醉生梦死图。

楚族嗜酒的生活心态也反映在他们奉祀神祇的方式上。从《楚辞·九歌》中可以看出，楚族奉祀的诸神不少是爱好酒的。例如，祭祀"上皇"东皇太一，就得"奠桂酒兮椒浆"，这样方可使"君欣欣兮乐康"。《东君》祀主东君为了庆祝"举长矢兮射天狼"的胜利，即"援北斗兮酌桂浆"。在这里，楚人完全把自己的嗜好奉献给了他们敬奉的神祇，这些神祇也个个成了好酒之徒。这完全是楚族嗜酒生活习惯和心态的生动写照。

1972 年 1 月 16 日，随着马王堆汉墓令全世界震惊的巨大的椁室盖板的打开，一个让人惊讶的地下世界呈现出来。在文物的清理过程中，人们发现了一枚印章，上面刻着"妾辛追"几个字，说明墓主人的名字叫辛追。屋里放着一张矮矮的漆案，上面摆着全套的餐具，一共有五盘菜、一碗汤、一碗酒，还有几支烤肉串，似乎正在等待主人用餐，写着"君幸酒"、"君幸食"的器皿光亮如新。另外，在一些随葬器物上，印有"軑侯家丞"和"軑侯家"的字样。根据史书记载，軑侯是西汉初年的一个侯爵，曾在长沙国担任丞相。由此可以基本确定墓葬的年代属于西汉初期。

马王堆出土各式珍贵文物 3 000 多件，其中在漆器、陶器和竹筒中就盛放着种类繁多的食品，很多是经过精心烹调的熟食。这些当时的名菜虽然都只剩下些骨头和残渣，可是仅一号墓遣策中的菜单就记载了近百道当时的时尚菜肴，清蒸烧烤不一而足。而从出土的酒罐和酒具分析，軑侯家每餐总是要喝点酒的，也说明了当时饮酒之风的盛行；客人来了，有歌舞助兴，有祝酒相迎或者摆上棋盘博弈一番。轪侯家的人大概两千年前就意识到，身体是维持他们豪奢生活的本钱，所以他们很注意养生与保健。一不小心病了，除了《五十二病方》的药可以吃，还可以依照《十一脉灸经》做做针灸。在马王堆三号汉墓出土的帛书中，有古医书《足臂十一脉灸经》、《阴阳十一脉灸经》、《脉法》、《阴阳脉死侯》、《五十二病方》、《却谷食气》、《导引图》、《养生方》、《杂疗方》和《胎产书》等十种。三号汉墓还出土竹木简200支，全部是医书，分为《十问》、《合阴阳》、《杂禁方》、《天下至道谈》四种，以上帛书和竹木简医书共计14种。这些都是后世已经失传的古医书。在这些医书所用药方和治疗方法中很多都用到酒为药引或消毒。例如："睢（疽）病、冶白蔹（蔹）、黄蓍（耆）、芍乐（药）、桂、姜、椒、朱（茱）臾（萸），凡七物。骨睢（疽）倍白蔹（蔹），（肉）睢（疽）（倍）黄蓍（耆），肾睢（疽）倍芍药，其余各一。并以三指大最（撮）一入杯酒中，日五六饮之……"在长沙马王堆汉墓竹简《十问》里，通过齐威王与我国名医文挚对话，除了再三强调睡眠的重要之外，又讨论了用酒于饮食的问题。齐威王问睡前该吃什么食物好，文挚回答说"醇酒"和"毒韭"，即美酒与丰茂的韭菜。齐威王进一步提出"子之长酒何邪"，即您为什么要重视饮酒的问题。文挚回答说："酒者五谷之精气也，其入中散流，其入理也彻而周，不胥卧而究理，故以为百药由。"认为酒是五谷杂粮的精气之所化，饮入人体后流散到血液，很快流播到周身百脉，不待睡卧人体就会吸收。正是基于这一点，因而往往以酒为百药之所由，也就是借酒行药势而为百药所用。

这实际上是"酒为百药之长"的一种最早的说法。古代治病离不开酒，繁体的"醫"字从酉，"酉"就是酒，酉字的初文像酒坛之形。从长沙马王堆三号汉墓中出土的一部医方专书，后来被称为《五十二病方》，该书被认为是公元前3世纪末，秦汉之际的抄本，其中用到酒的药方不下于35个，其中至少有五方可认为是酒剂配方，用以治疗蛇伤、疽、疥瘙等疾病。其中有内服药酒，也有供外用的。《养生方》是马王堆西汉墓中出土帛书之一，其中共有六种药酒的酿造方法，可惜这些药方文字大都残断，只有"醪利中"较为完整，此方共包括了十道工序。值得注意的是，在汉墓中显示的远古时代的药酒大多数是将药物加入到酿酒原料中一块发酵的，而不是像后世常用的浸渍法。其主要原因可能是远古时代的酒保藏不易，浸渍法容易导致酒的酸败，药物成分尚未溶解充分，酒就变质了。采用药物与酿酒原料同时发酵，由于发酵时间较长，药物成分可充分溶出。这在我国医学典籍《黄帝内经》中的《素问·汤液醪醴论》还有专篇指出："自古圣人之作汤液醪醴，以为备耳。"这就说古人之所以酿造醪酒，是专为药而备用的。《黄帝内经》中还有"左角发酒"治尸厥，"醪酒"治经络不通、病生不仁，"鸡矢酒"治臌胀等记载。《养生方》中有以醴煮薤，有"恒以旦毁鸡卵入酒中"饮之等药方。这些均表明湖南先人早在西汉以前，运用酒剂治病已经很普遍。

马王堆一号汉墓里发掘出的一具女尸，估计死亡年龄在50岁左右，居然历经2 000多年到现代没有腐烂，外形基本完整，尸体包裹各式丝绸衣着约20层，半身浸泡在略呈红色的水里。经研究，尸体皮下结缔组织略有弹性，纤维清楚。为什么这具女尸经过2 000多年，还能够如此完整地保存下来呢？这件事引起了国内外考古工作者和各方面人士的极大兴趣。2 000多年前，这具女尸是如何埋葬的，墓中没有留下确切的文字记载。据考古所知，当时的酒类，除了"酒"、"醴"之外，还有"鬯"。"鬯"是以黑黍为酿酒原料，加入郁金香草（中药）酿成的，这也是有文字记载的最早药酒，也常用于祭祀和占卜，还具有驱恶防腐的作用。《周礼》中记载："王崩，大肆，以鬯。"也就是说帝王驾崩之后，用鬯酒洗浴其尸身，可较长时间地保持不腐。后来，科学工作者们从各方面进行调查、推测、研究，一致认为马王堆女尸经历2 000多年而不腐烂，除了死者生前似乎曾服用过朱砂（即硫化汞，又称辰砂），而且衣服染料和内棺油漆也含有朱砂一类物质，有抑制一些分解酶的作用；葬在棺中的物资有高良姜、茅香、辛夷等名贵药材也是香料，这些香料中有的也是很强的杀菌剂；汉墓下葬时是用的六层棺椁密封和深埋等条件外，还有一条就是尸体经过了七窍灌酒，以及在衣物上喷洒酒类处理也是重要原因，这样不但有利于防虫蛀，而且有一定的杀菌作用。女尸出土时，在内棺的底部有一些神秘的棺液。从检测的结果看，棺液里含有乙醇和乙酸的成分，pH值5.18，为弱酸性，从理论上说，弱酸的环境确实有助于抑制细菌的繁殖。

楚王族的嗜酒，客观上推动了楚地酿酒技术的发展。酿酒技术的发达，必然有名酒产生。据宋公文、张君先生《楚国风俗志》一书考证，春秋战国时期，楚国出产的名酒、特色酒不在少数。《左传》僖公四年记管仲代表齐桓公与诸侯之师宣布楚罪，其中一条是"尔供苞茅不入，王祭不共，无以缩酒"。两位先生据此考证，当时楚地应该出产一种名为"缩酎"的传统名酒，这是一种低度的茅香酒。从前面已谈及的《楚辞·招魂》中在铺陈美酒时云："瑶浆蜜勺，实羽觞些。""华酌既陈，有琼浆些。"瑶浆、琼浆都是低度的甜酒。《九歌》中云"奠桂酒兮椒浆"。桂酒、椒浆应是加入了桂、椒的清酒。此外，《大招》中还提到一种楚国名酒："吴醴白糵，和楚沥只。""沥"，是一种度数很高的清酒。它冬酿夏熟，色清味浓。用吴国的"醴"，和以楚国的白米与酒曲，酿出

"楚沥"来，其品质自然不同一般。

《招魂》中："挫糟冻饮，酎清凉些。"挫，就是去掉。冻，就是冰镇。联想楚墓出土的青铜酒器冰鉴，可见楚贵族在饮酒方法上是十分讲究的，这在客观上也推动了酒业的发展，从另一侧面也说明湖南早在先秦时期制酒和用酒已经相当发达，并且也达到了较高的水平。

第二章　湖南古今名泉与名酒

　　湖南的地理、气候和物产都对酿酒非常有利。从地理上看，湖南位于洞庭湖之南，有湘江纵贯全省，省内全境东、南、西三面为山地和丘陵，中北部低缓，约成一个以洞庭湖为中心的马蹄形盆地，丘陵与山地合占全省面积80%以上，湘、资、沅、澧四大水系纵横交错构成致密的水网，奔流汇聚于洞庭，然后挹注于长江。在湖南的山地之间，丘陵和台地广布，海拔一般低于500米，向北过渡为洞庭湖平原，沿河谷及丘陵台地之间有许多盆地，地势平坦，堤垸纵横、港汊交织、湖塘众多，为我国最重要的农业区之一，号称"鱼米之乡"，也是酿造的理想之地。更为重要的是在古代湖南所在的楚国，在地理位置上，楚国东南连接吴越，西南沟通西南各民族地区，西边与巴蜀毗邻，西北与秦戎接壤，北边为中原华夏。这样的周边环境对楚文化和湖南酒文化的形成产生了极大的影响，使湖南酒文化取南北之长既具有兼容性、独创性，同时还具有中介性和集成性。从气候上看，湖南属亚热带湿润季风气候，自古有"卑湿之地"之称，年平均气温在16℃~18.5℃间，湖南的气候要素值，从绝对数量上说，在全国居于中等偏上。这里空气潮湿，光照适中，热量充足，雨水丰沛，由于光、热、水资源丰富及各要素值都在每一年同一期间达到最高，从而派生出光、热、水基本同步的特性，特别适合动、植物的生长繁殖和酒的酿制。从物产上看，据《周礼职方氏》记载，湖南远在周代就以"其畜宜鸟兽，其谷宜稻"著称于世。西汉司马迁的《史记·货殖列传》记载："楚地饭稻羹鱼，果隋蠃蛤，不待贾而足。"后更以"湖广熟，天下足"闻名遐迩。湖南的稻作水果和经济作物的产量和质量均居全国前列，这些物产为湘酒提供了极为丰富的原料。

古人云："酒，五谷之精华，人间之瑰宝也。夫五谷者，揽山川之秀，日月之华，承天露，得地气。借光合之作用，物理之升华，凝结为实。而后以香醇酵而发之，蒸而取之，地窖以藏之，乃成；如琼浆玉液，冽以餐人，沁人心脾。"不同的酒用不同的原料，不同风味的酒用不同的酒曲，这无可非议这里要说的就是在酿酒用水上也很有讲究。美酒的精髓，在于得天独厚的酿酒资源。古人云："水为酒之血，曲为酒之骨。""名酒产地必有名泉"，是有科学依据的。

一、湖南古今名井名泉

（一）白沙古井

白沙古井（图 2 - 1），位于长沙市南区回龙山下，一年四季，不溢不枯，清澈如镜，甘甜可口，沁人心脾。早在 1 000 多年前，就以"长沙第一泉"闻名遐迩。《湘城访古录》记载："其泉清香甘美，夏凉冬

图 2 - 1　长沙白沙古井

暖，煮为茗，芳洁不变；为酒不酢不滓，酱者不腐；为药不复其气味。"在湖南长沙市南门外天心阁下白沙街东隅，有井四口，由东而西地排列着，各两尺见方，甘露从井底涌出，终年不断，名曰沙水。据考证此井为明代所掘，距今已有600多年历史，其泉水清香甘美，冬暖夏凉。清《一统志》载，井"在县东南两里，广仅尺许，最甘洌，汲久不竭"，水质极佳，誉为长沙第一井。《长沙府志》说它"汲之，桶底浮于桶面"；清乾隆间学者张九思在《白沙泉记》中描述："其泉清香甘美，夏凉而冬温。煮为茗，芳洁不变；为酒，不酢不滓，浆者不腐。为药剂不变其气味，霍乱吐泻，一饮良已"之说。周围好几里地的老百姓都爱来这里打水喝，用白沙井水酿出的酒自古有名，历朝很多人皆以诗文予以赞赏。如晋代文学家谢惠连赋中即有"饮湘吴之醇酹"之吟，唐朝诗圣杜甫在《发潭州》（长沙唐时称潭）诗中亦有"夜醉长沙酒，晓行湘水春"饮唱。不仅如此，白沙井曾被誉为"长沙第一泉"、"天下第一泉"，也有将其与济南趵突泉、杭州虎跑泉、贵州漏趵泉并称为天下四大名泉的。文人墨客们更将其雅称为"星泉溥润"、"玉醴流甘"。开国领袖毛泽东在诗词中说"才饮长沙水，又食武昌鱼"，长沙水指的都是白沙井之水。民间有脍炙人口的楹联："无锡锡山山无锡，平湖湖水水平湖，常德德山山有德，长沙沙水水无沙。"长沙沙水即指白沙井水，把两地的地名特色分辨明析，形容尽致，惟妙惟肖，湖南山水精美，永远流芳千古。据说旧时在自沙古井旁边还有一龙王庙，庙门上就有此"常德德山山有德，长沙沙水水无沙"的对联。

白沙井的泉源为什么这样丰富？水质为何这样优良呢？据考查证实：白沙井水源出于古城地底处成岩5 000万年的板岩隙缝，历经江西袁州（今宜春市）至长沙回龙山，山石土壤层层浸润、经过地层的沙砾岩层层层过滤，自沙石中涌出，井水无色、无异味、强透明，水温寒冽，是实实在在的万古名泉。要确切弄清这些原因，还得从井口附近的地质和地貌条件说起：原来白沙井一带系由远古时期湘江带来的沉积物的堆积而构成的阶地，井的背后是一列锡山，因唐代王锡隐于此而得名。山可分为三层地层：上层是第四纪中期堆积的斑状红土层，黏性很大，遍布着网纹和裂隙，能够渗透地表的大气降水；中层是第四纪早期堆积的、以石英砂岩为主的砂夹砾石层，透水性强，能吸引和容纳周围的地下水，白沙井正位于这一层上，地质学上称这一层为白沙井层；下层则是比白沙井层更老的页岩和泥质砂岩层，胶结紧密，不渗水，能隔断地下水再往下渗透。每当降雨后，雨水便透过斑状红土层，深入沙砾层。红土层像一层巨厚的滤纸，将固体颗粒、胶体和各种悬浮物质截下来，在沙砾中流动的水进一步澄清过滤，使泉水中泥沙、胶体及悬浮物极少极少，形成"长沙沙水水无沙"。在不透水层以上，积蓄起来，形成天然的地下水库。周围又没有深沟切割，昔时附近有老龙潭，亦有数亩之大，位于锡山之下，又叫锡山塘，塘的东西两岸，冈峦夹峙，有利于白沙井水的补给。正如宋代张南轩在城南书院讲学时，常吟咏"源源锡塘水，汇此南城阴"诗句的写照。经科学检测，白沙泉水质洁净，清冽甘美，不仅透明度很高——水存于泉坑，能见其底，盛于桶内，桶底似浮水面；并且含盐量很低，水味很纯正，水温在 16℃ ~ 20℃之间，总硬度为 5.27 度，水质甚佳。泉水中含有偏硅酸、硒、溴、锶、锂、钾、钙、钠、锌、镁等多种对人体有益的微量元素，有促进人体新陈代谢，治疗高血压、心脏病等作用，入口爽净，风味独特，饮后神怡。泡茶色味殊绝，酿酒芳香醇厚，煎药药味不变，熬汤汤味极佳，洗衣还不伤衣等；泉源甚盛，滔滔不绝，无论冬夏、泉眼不溢，泉井里经常保持同样多的水量，随舀随长，永不枯竭。清代诗人唐仲冕对井水赞咏道："清可'照见洁士心'，洁至'红尘不敢诲'，味似'绝胜斟膏乳'，形可'依此亮千古'！"泉水质量为全市第一，几百年来成为千家万户的饮水之源。清乾隆时，长沙人张久思作《白沙井记》云："泉出阜腹，不溢不竭。"难怪清末长沙名流、史学家王先谦对白沙井情有独钟，做诗二首。其一曰：

寄我新芽谷雨前，呼奴饱汲白沙泉。

怪君诗思清如许，更有庐山活水煎。

好水出佳酿，自古成就美酒之泉，皆秉天生灵气。清代黄本骥在《湖南方物志》中也说："长沙之酒，自古有名。"长沙酒厂生产的色美味佳，深受消费者青睐的湖南美酒"白沙液"，便是使用古井泉水酿成，白沙液酒在继承传统工艺的基础上，吸取我国"八大名酒"的工艺特色，使其香既有泸州大曲的浓香，又有茅台的酱香。清末民初湘阴诗人周正权《白沙泉》诗写出了用沙水酿酒的妙处，诗云：

石罅泻珠泉一勺，千年不竭响玲玲。

番人翊汉沙名国，天阙垂芒井是星。

酿酒最宜浮大白，绘图莫漫染空青。

怪他渔父沧浪曲，鼓棹江潭笑独醒。

1993年白沙古井被列为市文物保护单位，2001年市政府顺应民心在白沙井四周辟为公园，栽种树木花草，保护环境。在新建的公园石坊大门上镌刻着两副对联，其一联云：

高阁仰天心，赍临瀛海三千客；

古城寻地脉，细品长沙第一泉。

（二）贾谊井

贾谊井（图2-2）又名长怀井、太傅井，在长沙市天心区太平街贾谊故宅内，因年代久远，被后人称为"天下第一井"。北魏郦道元撰《水经注》载："湘州郡廨西陶侃庙，云旧是贾谊宅，地中有一井，是谊所凿，上敛下大，其状如壶。旁有一石床，才容一人坐，是谊宿所坐床。又有大柑树一。"魏晋以来，故居已成为官宦名流必访

图2-2　贾谊井

之处。唐大历四年（769），诗圣杜甫初到长沙，正值清明时节，触景生情，写下著名的《清时》诗：

朝来新火起新烟，湖色春光净客船。

绣羽冲花他自得，红颜骑竹我无缘。

胡童结束还难有，楚女腰肢亦可怜。

不见定王城旧处，长怀贾傅井依然。

从此，贾谊井又称"长怀井"。唐元和五年（810），大文学家韩愈调任江陵府法曹参军，途经长沙，遍游长沙名胜后，对贾谊井犹有感触，写下《井》诗：

贾谊宅中今始见，葛洪山下昔曾窥。

寒泉百尺空看影，正是行人渴死时。

诗中葛洪即晋人抱朴子，以神仙养导之法名世。韩愈把贾谊井与洪的丹井相提并论，可谓赞美有加。

贾谊井历经 2 000 多年而不废，至今水清如镜，冰清玉洁。据说贾谊在长沙曾饮之酒——松醪酒，是用此水酿造。汉代贾谊是好饮的，他被贬谪到长沙，住在今长沙市太平街一所较大的宅第里，至今遗址还在，为长沙市重点文物单位。因为这一带地势低洼，湘江泛滥，每易淹没，所以贾谊说："长沙卑湿。"酒不能长生，但可祛湿，相传他就取宅边的井水酿酒，直到现在这井还在。贾谊就是在这醉眼蒙眬之中写了《吊屈原赋》和《鵩鸟赋》。酒是不是缩短了他的生命呢？不得而知，但酒，至少并未使他长生。

此井水质好也得益于历代地方官员的修缮。明成化（1465—1487）年间长沙府知府钱澍复浚，清代又屡有修培，光绪二年（1876）粮道夏献云倡众修贾谊祠，给贾谊井重砌石栏，在井旁修建了一座"长怀亭"，以表敬意。历代诗人歌咏太傅的诗还有不少，但无不把贾太傅的命运与人世的悲凉联系在一起。如清代诗人张隽思作《贾太傅古井歌》云：

> 君不见太傅祠旁有古井，万古风流今未冷。晨昏汲水挈瓶来，辘轳挽断三尺绠。濯锦坊前几人家，春泉似雪趣烹茶。石床柑树凭指点，伊人宛在水之涯。我读贾公政事策，滚滚万言资硕画。　王明受福安可期，只今空忆涕流积。邑可改兮井不改，长沙宫殿竟何在。日暮层阴生芷风，余波挹注浇礧碨。吁嗟乎，潇湘卑湿鵩鸟嚣，苍台绿草恨难消。汉皇宣室岂会骄，胡不食溉且徐招？

（三）柳毅井

在岳阳君山龙口、龙舌山尾部，有一处闻名遐迩的井泉景观，就是柳毅井（图 2－3）。相传为柳毅传书时入洞庭龙宫下水的地方。据《巴陵县志》载："井入口丈许，有片石作底，凿数孔以通泉，石下深不可测。"据《隆庆岳州志》载：巴陵（今岳州市）……井之著者，又曰"柳毅井"。唐代时，井旁有一棵大橘树，故名"橘井"。

醇美甘洌的柳毅井水，享有"宜茶仙水"的美誉。君山特有的银针是我国名茶，叶芽尖有一层白茸毛，用柳毅井泉水冲泡，似一根根银针树立于杯底，令人称妙，饮之一口甘

图 2－3　岳阳柳毅井

醇无比，清心爽神。现在岳阳人用此井泉水与君山上产的奇珍金龟及蛇，制成龟蛇酒，口味醇和，补心养体。人们谓之曰："茶是君山好，中华第一流。龟蛇春酿熟，不醉洞庭秋。"岳阳龟蛇酒是以洞庭香糯米和柳毅井清泉水为原料酿制。

关于此井的来历还有个美丽的柳毅传书的传说，传说源于唐代李朝威的《柳毅传》，其后有元代尚仲贤的《洞庭湖柳毅传》、明代黄说中的《龙箫记》、清代李渔的《蜃中楼》等作品，不断地创作和发展，使得内容更加丰富，流传更广了。有诗云：

牧羊坡上遇青娥，为托传说意若何？

颙望直穷寻橘树，莫道遥隔洞庭波。

龙宫帝子缄方启，尘世朗君祸已多。

留得旧时迹井在，井泉香洌出川阿。

传说古时候，有一位年轻书生名叫柳毅，去京城长安应考落第，郁郁不乐地回家，经过陕西泾阳时，见一个年轻的牧羊姑娘，在冷风中哆嗦着哭泣。柳毅连忙上前询问，牧羊姑娘觉得柳毅善

良、诚恳，告诉他说："我是洞庭龙君三公主，父母把我嫁给了泾阳龙君的次子泾川小龙。谁知他是个无赖，尽干些下流事，公公婆婆又十分凶残刻薄，把我当奴隶使用，受尽欺凌屈辱，叫我一想起来就要伤心落泪。"柳毅非常同情公主，答应替她给她父母送信。牧羊姑娘十分高兴，忙从怀中取出一封家书，一条红丝带子，交给柳毅说："洞庭湖的君山上，有棵大橘树，乡亲们唤它为'社橘'，树下有一口井，从井里可以直达龙宫。"辞别龙女，柳毅千辛万苦好不容易赶到君山，找到那棵大橘树，树下果然有一口井，他赶忙把红丝带系在树上，再用力敲了三下树。顿时井水沸腾，一个身穿铠甲、手持一对青霜宝剑的武士从井里跳了出来，柳毅赶忙把龙王三公主在泾阳受苦的事告诉了武士。武士听后叫柳毅把手搭在他肩上，闭上眼睛，随即柳毅只听两耳边波涛汹涌，流水哗啦，身子轻盈，一会儿便到了龙宫。柳毅睁开眼，看到了一座富丽堂皇的水晶宫。

武士领着柳毅进了龙宫，这时屏风后面走出一位身着紫色蟒袍，手扶龙头拐杖的老翁。柳毅忙递上龙女托付的家书，龙君一边看信，一边哭了起来，龙君一旁的弟弟钱塘君勃然大怒。柳毅只见一条千尺长的火龙腾空而起，鼓起面盆大的火眼，血盆大口吐着浓云乌烟，全身鳞片喷射出熊熊大火，抡起一对大铜锤飞出宫外。钱塘君灭了泾阳君九族，救回了侄女。龙女回到了龙宫，恢复了美丽的容貌。为了报答柳毅传书之情，洞庭君在凝碧宫设宴，愿意将龙女许配给柳毅为妻。憨厚的柳毅心里惦记着老母亲，便婉言谢绝辞归故里，洞庭君送给柳毅许多珍珠宝贝和金子。其实，龙女与柳毅两人早已相互爱慕，柳毅回到家中日夜思恋着龙女，龙女也是整日坐立不安，苦思苦恋着柳毅。后柳毅经媒人介绍，娶范氏独生女为妻。洞房花烛夜，柳毅揭开新娘子的头巾，惊喜万分，这位新娘竟与他日夜想念的龙女长得一模一样。新娘抢先问道：相公还记得请你代为传书的牧羊姑娘吗？自从相公为我千里传书，使我出了苦海，心里已许愿，非相公不嫁。父王见我不肯提婚，便让我化作小女子来和相公成亲。柳毅闻言，恍然大悟。

从此，俩人更加相亲相爱，过上了幸福生活。他俩经常回到龙宫去，每次都从君山大橘树下的那口井进出，后来洞庭君老了就把王位让给了柳毅。后人把君山那口井，取名"柳毅井"。至今君山还留有"传书亭"与"柳毅井"供游人参观。

有诗《柳毅井》一首：

> 此井源流自洞庭，社橘三叩水族迎。
>
> 钱塘震怒泾河苦，柳毅传书龙女情。
>
> 侠义坚辞人神配，仙姝执意伴书生。
>
> 传奇还借李公笔，绿树常荫八角亭。

（四）三眼泉

湘西属喀斯特地貌，群山绵延，森林密布。湘西有最适宜的酿酒气候，湘西有最生态的酿酒环境，湘西有最清纯的三眼泉水。"三眼泉"晶莹在湖南吉首市郊的青山之下湘泉城内，湘泉城四周青山环抱，溪流淙淙，树木茂盛。俗话说：好山出好水，好水酿好酒。好水是美酒的精髓，是得天独厚的酿酒资源。它是一首醉人的酒诗，也是一个动人的故事。湘西"酒鬼"用"三眼泉"（图2-4）水，此三泉为"龙"、"凤"和"兽（寿）"泉，泉水清芬，水质绝佳，泉水周围古树参天，绿阴遮蔽。三泉依山而涌，三眼泉水清芳香甜，水中含有人体所需的多种微量元素，湘泉人采五谷之精华，集山水之灵气，打造出传世佳酿的湘泉酒、酒鬼酒。

所以"酒鬼"酒有"酒瓶一开，胜过茅台"之说。酿酒专家周恒刚撰写的对联更是妙趣横生："湘泉能解黄粱梦，酒鬼犹存钟馗风。"人说号称天下第一、二、三泉的"中冷泉"、"惠山泉"和"观音泉"都坐落于江苏省

图2-4　湘西"三眼泉"

（镇江、无锡、苏州）内，三名泉集于一省，此乃造化之奇观，然湖南三眼佳泉，荟于一市，更是上天之厚赐。

离开了湘西出不了酒鬼酒，酒鬼酒是中国白酒中第一个在最原始、最自然、最生态、最绿色环境中生产出的白酒。

关于"三眼泉"还有美丽的传说，据说这"三眼泉"是龙、凤、兽饮用过的泉水，它们在此处留下了它们的神灵之气。相传很久很久以前，因天经年不雨，气候燥热，大地龟裂，溪河全都干涸了。说也奇怪，振武营这地方，却是山清水秀、鸟语花香，三股泉水从苗山深处流出来，泠泠淙淙，真叫人欢快。龙游来了，凤飞来了，麒麟奔来了，犀牛、野鹿、金丝猴、扁担花等，都跑来了。龙常喝水的那口泉，人们叫它龙泉；凤常喝水的那口泉，人们叫它凤泉；麒麟和其他野兽常喝水的那口泉，人们便叫它兽泉。不知又过了多少年多少代，山寨又流传着新的传说：苗家人喝了龙泉的，勇敢强悍，虎虎有劲；喝了凤泉的，俊美漂亮，能歌善舞；喝了兽泉的，聪明机灵，多智善谋。百岁老人揭晓了个中奥秘：原来这三眼泉流出的是酒，是神酒。三眼清泉，潺潺不息，流的是故事，淌的是神奇。

（五）崔婆井

"崔婆井"位于常德市河洑山南麓的沅水堤边，河洑国家森林公园内，为常德四大名井（其他三井为"四眼井、葵花井、丝瓜井"）之一，据《酒谱》载，崔婆井是五代时武陵崔氏姥汲水酿酒之井，崔氏姥被后世列入"酿酒名家"，其吸水之井也成为湖湘酿酒遗迹，至今已有上千年的历史了。20世纪中期常德市在旧酒坊基础上建成常德市酒厂，利用此井水于1971年投产以古地名为酒名的"武陵酒"，后改为武陵酒厂。

据《明一统志》、《水经注》、《武陵县志》载：河洑山"南麓有崔婆井"，"虚白指宅旁隙地为井，得泉水甘洌如酒，人争食之"。世人称之为仙井。千余年来，当地流传着许多美妙动人的传说。传说之一说在宋朝年间，在古时的武陵镇上，槽坊如林。山下住着一个姓崔的老婆婆，面善心慈，以卖酒营生。相传，她煮的酒绵软甘洌，口味醇和，饮后舒畅，过往行人老远就能闻到一股浓郁的酒香。山下又有一条通往"桃花源"的路，不论古往今来，凡来到武陵的社会名流、商贾、游人都要来此饮酒放歌，寻踪访古，因而崔婆酒店生意特别兴隆。但崔婆无儿无女，她认为是自己"前世"造了孽，"送子娘娘"不肯送子予她，所以在"今世"应多积德行善，以便"来世"有个好的造化。因而，她乐善好施，对讨米的、化缘的，她都肯施舍；有钱的、无钱的都能到店里喝酒；没有钱的可以赊账，少给几个钱也不计较。人人都说："崔婆酒好人也好，有钱的有酒喝，无钱的也喝得到酒。"因此，崔婆方圆百里很有名气。

一天，道士张虚白云游到此，听到人们的议论，便按下云头，想当场试试。于是便化成个衣衫褴褛、鹤发银须的老翁，芒鞋竹杖，径直进了崔婆的酒店。崔婆见老道风尘仆仆，更生敬老助人之心，款待格外热情，并奉上自家最好的酒。菜好酒香，老翁几口吞下，嘴一抹，多谢都不说一声就走了，崔婆也不计较；可谁知这老头好不知趣，后来一连四十多天，他天天准时来到酒店，崔婆照样热情地给他暖壶酒，炒两个菜，可他仍旧照样不说"多谢"，吃了就上山顶的白云洞修炼去了。到了第七七四十九天，这老头进店便要了一斛酒，八个菜，崔婆照样给他办了。这回他边吃边喝还边同崔婆扯起了家常，问崔婆平时有啥难处，崔婆说："万事都如意，就是酿酒要到河里挑水有些不方便。"老头"啊"了一声说："感谢您不厌其烦地招待我，那我就给您挖口井吧，就挖在屋旁好不好？"崔婆连声说："岂敢，岂敢。"老头儿说："我不能白吃您的酒，这口井老夫一定帮您挖好。"说罢，他来到酒店后院，指着一块空坪用青竹杖使劲一戳，对崔婆说："你在这地方挖一口井，其好处你以后自然知道。"并要崔婆找来纸笔，挥毫写下一副对联："玉井积香清泉可酿，武陵春色生涯日佳。"写毕，丢下纸笔，只见老翁跨上了一只白鹤腾空飘然而去。崔婆望着化作云烟而去的道士，颇感惊讶，立即合掌跪拜叩谢，并叫人来挖井。挖不多时，井水就汩汩地流了出来，随着清泉的涌流，紫气上彻于天，浓浓的酒香扑鼻而来。崔婆见了，惊喜非常，马上舀起水来一尝，清醇甘洌，回味绵长，是地道的上乘佳酿，喝者无不啧啧称奇，崔婆自然更是喜不自胜。崔婆再看井旁四周，只见圆井旁还树立了一块石碑，碑的两边都是金光闪烁的字，正面写着"崔婆仙井"，背面写道：

武陵溪畔崔婆酒，天上应无地下有；

南来道士饮一斗，醉卧白云深洞口。

旁边还有一行小字，"宋道土张虚白题"。此后，崔婆卖酒不用煮，只从井里舀，从此以后她每天以此招待过往行人，崔婆家的酒便以"崔婆酒"之名流传天下。

（六）常德白龙井

白龙井（图2-5）位于常德市冲凤峪南口常德市武陵酒厂内，据传谢公外甥白龙居此。每年三月，白龙激风播雨归省谢公。古迹白龙井，每年清明节前后，白龙激风播雨，飞上黄山主峰的谢公庙里，为

图2-5　白龙井

舅父谢公的金身洗涤尘垢。到了清朝道光年间，就泉砌井，深10多米，底装一块石钱，现砖犹在。该井井水清澈干爽，大旱不涸。常德市武陵酒厂兼香型曲酒"白龙井"酒，就是以"白龙井"的泉水研制而得名，该酒具有"浓头酱尾、清澈透明、醇厚绵甜、回味悠长"的特点，1984年获省科委优秀新产品奖，1986年荣获省优质产品称号、湖南省名优特新食品"芙蓉奖"和科技进步奖，系湖南省十大名酒之一。

（七）曹婆井

曹婆井（又名"仙泉井"）位于资水之滨、古城邵州（今邵阳）城中的白公城旁，邵阳北障雪峰之险，南屏五岭之秀，盆地珠连，丘陵起伏，处于三江汇流口，受季风影响较小，气候和温湿条件非常适宜于酿酒微生物生长和富集。20世纪90年代，经邵阳市文物部门考古发掘证实，该井为宋代掘凿，明代重修。井水源自资、邵二水经上游险峻的森林狭谷于邵阳市区交汇处50米花岗

岩之地下，经过层层天然过滤，水质甘洌爽口，经检测分析，水的硬度极低，属于偏硅酸盐含量极高的优质矿泉水，是酿酒的理想用水。明弘治《一统志》载有宝庆人用"仙泉井"井水酿酒的史实。该井四季水清，满井水盈，水质清澈甘美，冬暖夏凉，常年喷珠如涌，终年不竭，现在仍在被湘窖酒业使用。

（八）醽醁泉

醽醁酒亦称酃渌酒、酃酒等，是我国历史最悠久的名酒，至今已有 3 000 年的历史，以"芳香、味和、色醇"闻名，历代文人墨客咏酃酒诗文达 300 首之多，酃酒就是用醽醁泉酿造。

酃醁泉（图 2 - 6），为湖南名泉，炎陵、衡阳和资兴等地均有此泉的记载。炎陵县（古称酃县）其《酃县志》的雅名即为"酃醁泉香"。炎陵县在湘东罗霄山脉中段，也是井冈山西麓的一个

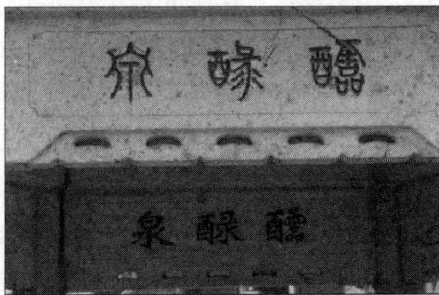

图 2-6 醽醁泉

古老县份，建制于汉，千百年来或属茶陵，或属衡阳，变化不定。现在此井还被列为该县八景之首。此地区颇有几处"醽醁泉"，如炎陵城中有一口古井，俗称龙王井，学名即为醽醁泉。关于它的由来，民间有一个美丽的传说：很古很古的年代，一日山洪暴涨，到处一片汪洋。县东南五十里的龙潭，九龙乘势而出。有一条小龙在途中被高山阻挡，并有留恋之意，水将退尽，无法藏身，只好施展神力，由此穿孔入地，从衡阳酃湖而出，入湘江，与诸龙汇合，同归东海。从此，城东有回龙仙，城内有龙王井。炎陵酃

泉与衡阳酃湖虽相距数百里，也从此地脉相同，同出一源。酃湖之水，明如镜，碧如玉，甘如露，酃酒酿造之水就取自酃湖。关于酃湖水酿酒在衡阳有个优美的传说：从前，有个黄二爹夫妇就在酃湖边开了家小酒店，老两口为人勤恳善良，附近的人们都喜欢来此喝酒和买酒。黄二爹赚了钱，他就常拿出来接济穷困的乡邻。有一年涨大水，颗粒无收，农民吃光了草根和树皮就去逃荒。黄二爹总是拿出酒饭给从酒店经过的荒民，日子一长，老爹家的酒坛子舀干了，米桶也见底了。黄二爹眼看灾民一个个骨瘦如柴，奄奄一息，心里十分难过。他望着一大片瓦蓝瓦蓝的酃湖水连声叹气："唉，要是这湖水能变成酒米救济灾民，该多好呵！"说来也怪，就在黄老爹不断叹息时，一个白胡子白眉毛的老者出现在跟前，笑道："善良的人，成全你吧！我这有七粒米，放到酒缸中便可变成酒。"黄二爹接过老者手中的七粒米，一眨眼，那老者就不见了。黄二爹十分惊奇，连忙将七粒米放进酒缸，加上湖水。才一袋烟工夫，酒缸里便溢出阵阵酒香。黄二爹连忙舀出一杯，喝上一口："哎呀，真是好酒！"黄二爹马上就用这酃湖之水救济过往灾民。从此，酃湖岸边的百姓都学着黄二爹的方法，取湖中水，用糯米酿制酃酒。这酒又香又甜，如饮琼浆，闻名于天下，丕显于皇都。

"醽醁"二字，在汉代小篆字典《说文》中没有。关于"醽"的含义，《玉篇》解释为"醁酒也"，《集韵》解释为"湘东美酒"，《绝朴子·嘉遁卷》中有"寒泉旨于醽醁"的句子。"醁"的含义，唐代《广韵》解释为"美酒"，宋代《集韵》解释为"醽醁，酒名"。

从上述典籍记载的文字可以看出，"醽醁"一词，虽然解释为"酒的名字"，其实专指醽醁古井酿造的米酒。结合《酃县志》的一些资料可以断定，在宋代初年从茶陵分割三个乡成立"酃县"之时，此井早已存在，应该是以井名而定县名，因为"酃"字除了地名，没有其他解释。

值得一提的是，《正字通》中有这样一段文字叙述："通雅曰：酃酴因作醽醁、醽绿。"《广韵》训："醽为酴酒，则以酴为清酒矣。衡阳县有酃湖，今之酃县也，土人取其水以酿，晋武平吴荐醽酒于太庙，荆州记：渌水出豫章康乐县。其间，乌程县有井，官取水为酒，与湘东酃酒年常献之。或曰，酃湖水绿，故名酃绿，加'酉'为醽醁。"从这段文字记载中我们可以看到，在晋代的时候，以此井酿造的酒就曾经是贡品，并且每年都要敬献皇宫了。本来贡品酒名定为"酃绿"，因为属酒，所以当时的人就将绿字的"纟"旁去掉，加上一个"酉"旁，创造了一个"醁"字。这个记载，实际上也从另一个角度说明为什么汉代的《说文》中没有"醽醁"二字的缘故。至于当时进贡的是什么酒，从"酴为清酒"推测，应该属于如今邑人所酿的"酒酿"。汪汪一口清泉，悠悠两千年岁月，养育了一方山民，流淌出历朝历代多少脍炙人口的酒文化。难怪古人饮酒抒怀，乘兴吟下了"羽觞飞醽醁，芳馔备奇珍"的佳句。清人李朝事曾经写下《醽醁泉香》这样的诗句：

醽醁泉源寄市城，澄清不受物嚣嘤。
金望仙露欣同质，玉涧芳流可并声。
受福已知占井汲，濡膏靡尽美渊泓。
个中不减湘兰味，肯教时人识米精。

此井悠久的历史，现已用古朴的篆字书写亭额刻在石亭的亭阁上，也将《醽醁泉香》诗刻在井旁的巨石上（图 2 -7）。

图 2 -7　石刻《醽醁泉香》

（九）芎泉井

　　"芎泉井"古称"芎泉漱琼"，在湖南湘乡市红星村内，现是湖南燕京啤酒有限公司酿酒取水井。据湘乡县志记载，芎泉井已有千年历史。芎泉井"水香如椒兰，酿酒殊胜，南齐以之充贡。齐末贡罢，经板覆之，上起塔，后因涟水泛滥，塔圮，井失所在。宋朝县令黄良辅改凿于昆仑桥畔。明朝永乐年间，立亭其上，后圮。清朝胡国重等复浚，周围石。"清朝李本鹏作《芎泉竹枝词》曰："烹茶酿酒水泉香，齐代曾闻贡上方。亲见浮屠人有几，空留遗址照清湘。"1976 年，"湖南湘乡啤酒厂"顺着这股水源，凿井220 米深，找到了一股储量巨大的地下水层，作为酿造用水。1991 年，国家地矿部、卫生部、轻工部联合评审鉴定确认："该水属于低钠、低矿化度并含锌和偏硅酸、重碳酸、硒、锶等 11 种微量元素的天然矿泉水，水的感观良好，清澈透明，口味甘甜。人体必需的 14 种重要微量元素，该矿泉水含有 11 种。"尤其富含有人类生命与智慧元素之称的锌元素（鉴定证书编号：地环发〔1989〕151 号），全国 30 多位微量元素医学专家、教授评定这股矿泉水是一种营养保健饮料，是自然界中很少发现的地下优质矿泉水。更奇妙的是，该矿泉水不但源远流长，可供长期使用，而且不受地表水的污染，水质纯而又纯，经地矿部国家水质检测中心每年的抽样检验发现，这股矿泉水开采 20 多年来，其水质的各项指标都很稳定，其水质、水量均无变化，是极为珍惜的酿酒水源。新华社 1991 年 8 月 2 日还曾就此向全世界播发了这一消息。1992 年 5 月，时任我国啤酒协会会长的齐志道老先生品尝该水和利用该水酿造的湘乡啤酒后，给予高度评价，挥笔题词"好水酿好酒"。湖南燕京充分利用这一珍贵水源，采用优质原辅材料和先进工艺，获巴拿马国际金奖之"骄阳干啤"，其水即源于此，此水酿造出一批又一批以"燕京"、"骄杨"品牌为代表的优质啤酒，享誉省内外。

二、湖南古今名酒

湖南，山水奇秀，五谷丰茂，有独特的酿酒所需的地理环境和温和湿润的气候，在湘北广阔的洞庭湖平原上，稻浪滚滚，有优质的稻谷和小麦；在湘东、湘南和湘西地区地势起伏较大多山为岭，则盛产包谷、高粱、红薯和杂粮，这些均为酒的酿造提供了丰富肥厚的物质基础，自古以来湖湘人就因此与酒结下了难解之缘。楚湘酒源，根据神话传说，史诗古歌，以及楚汉出土文物来看，可谓历史悠久。湖湘先辈以"喝"为乐，以"品"为韵，以"醉"为趣。今天我们沿着醇香四溢的酒道，步入历史深处，仍能聆听中国酒文化淳厚的古风，品味湖湘各民族文化朴实的神韵，领悟酒鬼蕴含的玄妙意境。

湖南产的酒能够称之为湘酒，湖南早在先秦时期制酒和用酒已经相当发达，人工酿酒从湘乡岱子坪古文化层发现的陶酒具算起已有5 000多年的历史，有了较高的水平（当然这也不是孤立的，与丝织、刺绣、漆器、青铜器等其他工艺水平甚高有关）。经过几千多年的不断积累革新，特别是20世纪80年代以来的大力倡导和精研技艺，因而出现武陵酒、湘泉酒、酒鬼酒和白沙液等名酒，在国内外享有盛誉。这正是"根深叶茂"、"花繁果硕"的发展规律的必然体现。湖南优越的自然环境、讲究的酿造工艺使湘酒品质优良、口感纯正，浓厚的酒香又使湘酒成为真正的"香酒"。

中国当代名酒中的湘酒有：酒魂酒、酒鬼酒、湘泉酒、武陵酒、浏阳河、德山大曲、白沙液、开口笑等，而且酒鬼酒还以"馥郁香"的典型代表使中国白酒版图分成九大板块，湖南以酒鬼酒和白沙液为代表稳居其中。中国白酒中现代评出的"十大文化名酒"中，湖湘酒鬼酒排名居第四位。

（一）湖南古代名酒

元人宋伯仁《酒小史》所列的一百余种酒，大致是从春秋迄元代的历代名酒，涉及湖南的有：崔家酒、魏征醽醁翠涛、安定郡王洞庭春色、段成式湘东美品酒等。李汝珍著《镜花缘》一书列举了50余种酒，大致是清朝中期的名酒，其中湖南的酒有：湖南衡酒、湖南浔酒、长沙洞庭春色酒等。其他还有：

1. 屈原辞赋中的湘酒

湖湘之酒，最早的文字记载见于我国古代最著名的诗人，写过传诵千古的《离骚》、《湘君》、《天问》、《楚辞》等辞赋的屈原，据史料记载说他是不喝酒的，孔融在《与曹丞相论酒禁书》中有"屈原不歠，取困于楚"之说，"歠"便是喝酒之意；另外，屈原自己在《楚辞·渔父》中也说："举世皆浊我独清，众人皆醉我独醒。"这固然是他生不逢世的嗟叹，实际上也是他不饮酒的凭证，史料中从没有描述他喝酒的场景。但他在辞赋中多次提到过桂酒、椒酒、酎、瑶浆、琼浆、楚沥、醴和醹等古代湘酒。

桂酒：以桂花浸制的酒，主要为祭祀活动时饮用。《九歌·东皇太一》："蕙肴蒸兮兰藉，奠桂酒兮椒浆"，《九歌·东君》："援北斗兮酌桂浆"，王逸注："桂酒，切桂置酒中也。"《汉书·礼乐志》载《郊祀歌·练时日》："尊桂酒，宾八乡。"

椒浆：以椒浸制的酒。浆是指尚未过滤的酒，相当于现在湖南的米酒。《周礼·酒正》："辨四饮之物……三曰浆。"以椒置于酒浆中，多用以祭祀神灵。《汉书·礼乐志》载《郊祀歌·赤蛟》："勺椒浆，灵已醉。"汉崔寔《四月民令》中亦有"正月旦，进椒酒，降神毕，各举椒酒于其家长"之说。《荆楚岁时记》："正月一日，长幼正衣冠，以次拜贺，进椒酒。"此俗至唐代亦然，用盘盛椒，饮酒则取椒置酒中。

酎：一种经重复酿造的醇酒。《楚辞·招魂》："挫糟冻饮，酎清凉些，……酎饮尽欢，乐先故些。"《说文》释酎为"三重醇酒也，从酉从时"。意即分三次添加原料反复酿制的好酒，即将酒倾注在插有羽饰的觚（盛酒的器具）中，掺入一些蜂蜜饮用；如果在夏天，则将酒提去糟，放在冰块上使之变得清凉后再饮用。当时蒸馏技术尚未发明，酿酒须经过两个步骤：先在谷物中下能够产生淀粉酶的酒曲，使淀粉分解成简单的糖，再下含酵母的酒母（酒药、小曲）使糖转化为酒精，并产生适量醛和酯，使酒带有香味，酒精度数较如今经过蒸馏的酒为低，是一种浊酒，为入秋时节天子和诸侯饮用。

瑶浆、琼浆：皆指美酒，谓酒的色泽、透明度如玉之清纯、温润。《楚辞·招魂》："瑶浆密勺，实羽觞些。……华酌既陈，有琼浆些。……美人既醉，朱颜酡些。"如此美酒良辰，能不令人一醉方休！美丽的女子饮此美酒，其醉态红颜更显娇艳如花。

楚沥：一种用连续投料法反复重酿多次（四酎）而成的酒，《楚辞·大招》中有："四酎并孰……和楚沥只。"楚沥也称"清酒"（见《大招》），其质地澄澈，味醇而清冽。

醴、醹：即如今所说的甜酒。《招魂》中有："醴酪既陈，有琼浆兮。""醴"酒一般连同糟一起饮用，《楚辞·渔父》中记录了屈原临死前在湖南的汨罗江上徘徊，自言自语地说："众人皆醉我独醒。"这时，有一位捕鱼的老者说："何不铺其糟而歠其醨?" "醨"是一种淡薄的酒，也就是"醴"酒。酒在《本草纲目》中被分为若干种类，如"酒之清者曰酿，浊者曰盎，厚者曰醇，薄者曰醨；重酿曰酎，一宿曰醴，美曰醑，未榨曰醅；红曰醍，绿曰醽，白曰醝"。醨与酒糟同食，并不过滤。渔翁的意思是劝屈原："你也随和一点，吃一点这儿（汨罗江上）的薄酒吧。"这故事也证明了秦汉时代汨罗江是有酒的，且早就为劳动人民所习饮了。

2. 君山酒

君山酒，西汉时湖南地方名酒。洞庭湖中的君山古代又称"酒香山"，宋人王象之《舆地纪胜》引《风土记》云：此山"每春时，径有酒香，寻之，莫见其处"；宋人范致明《岳阳风土记》则载："君山有美酒数斗，得饮之即不死为仙。汉武帝闻之，斋居七日，遣栾巴将童男女数十人往求之。果得酒。进御，未饮。东方朔在旁，窃饮之。帝大怒，将杀之。朔曰：'设酒有验，杀臣亦不死；无验，安用酒为?'帝笑而释之。"庾穆之《湖州记》对此亦有记载。

汉武帝刘彻曾斋戒七日求取"仙酒"的故事给岳阳君山平添了几许传奇色彩，后人就煞有介事地在君山上建了一座亭子，起名"酒香亭"。诗人顾圣少作《酒香亭》以记之：

> 千载相传有酒香，东方曼倩昔先尝。
>
> 愚臣雅抱芹葵意，捧向君王夜未央。

3. 醴酒

"醴"（甜酒）（见《九歌》），《马王堆医书考法》第九部分《养生方》中介绍医治疾病"老不起"的三种方法之一为"醴"，即每天早上饮下用于治疗的醴。醴的制作方法，《周祀·天官·酒正》注："醴，犹体也。成而汁滓相将，如今恬（甜）酒矣。"《汉书·楚元王传》注对"为醴"诠释得更具体："醴，甘酒也。少曲多米，一宿而熟，不齐之。"这使我们得以了解西汉初期长沙一带制作甜酒的原料及其方法。此外，《大招》中还提到一种楚国名酒："吴醴白蘖，和楚沥只。""沥"，是一种度数很高的清酒。它冬酿夏熟，色清味浓。用吴国的"醴"，和以楚国的白米与酒曲，酿出"楚沥"来，其品质自然不同一般。

传说杜甫和纯阳祖师吕洞宾都喝过湖南的醴酒，杜甫因酒而死，吕仙则因酒"三醉岳阳人不识"。

4．镜面酒

唐代汉寿名酒，唐代时龙阳县（今汉寿）毛家滩人口不满百，却有酿酒槽坊十多家，且酒的名声极大并有许多美妙的传说。据说当地有一位姓李的老板，以善酿且贪杯出名，每次出酒时他都从头锅尝到三锅尾酒，发现只有二锅酒好。他便除掉头锅与三锅尾，取中间的二锅酒，每百斤谷只取酒 35 斤，得到了清香纯正的好酒，又把头锅和三锅尾酒掺和，作次酒卖，又得到了好的经济效益。本钱更加充足以后，又扩大作坊，把销不完的二锅酒装成大坛，密封存储，窖存三年的酒清澈可鉴，又香又醇，比窖存两年的好，窖存两年的又比一年的好。他发现了这个窍门，便大量储存后再卖，经船夫们整坛整坛地带走，上销往沅水上游的沅陵、吉首、保靖等地，下销往沿江口岸岳阳。山西汾酒是我国最早的好酒，有人尝了毛家滩的酒后，认为口劲（即酒度）虽低点，但味道比汾酒更纯正，于是湘西北一带人称之为"毛汾"，销路很广，极负盛名于一时。

一日，一位官商携眷贸易至此，船停泊在河码头。他有一位小姐年方二八，生得俊俏美丽，肤若凝脂，面如满月，眼波流转，亭亭玉立。小姐走上船头看风景，不慎跌入水中，被随从救起后在后舱换洗梳头，丫环一时慌了手脚，没有找到镜子，见有主人刚买来的酒，便顺手舀了一碗，给小姐照面。小姐端起这碗酒一看，只见酒面光亮真如镜，晶莹透亮，如实地映出了小姐的月容花貌，主仆不禁大笑。一时满船惊喜，哄传上市，好奇的妇女们也竞相仿效，以酒代镜，时人竞呼此为镜面酒。到了宋代，有好事者上奏朝廷，龙颜大悦，遂钦定镜面酒为贡酒，毛家滩所酿之酒须尽数上贡，民间不得饮用。

5. 浏阳酒

浏阳河酒，唐代便是湖南名酒，在浏阳民间还有"造酒助龙"的传说和低温洞藏的传统。宋高宗著名政治家和理学家、时任浏阳知县的杨时曾赋诗《淮上独酌》赞浏阳河酒，诗云："帘纤晚雨洗轻尘，天淡云浮夜色新。赖有曲生风味好，不需邀月作三人。"明武宗正德年间，浏阳河"曲酒"已远近闻名。清代品质更精，骚人墨客为之赋诗更多。如顺治时史大成吟"秋深村酒熟，露重晓花鲜"、"客思浮云外，人情浊酒中"，唐瑞斌"野火从人烧，村醪聊自斟"，嘉庆时赵嘉程有"饮酣柏子酒，踏遍竹枝春"，同治时更有"遍惹竹林诗酒客，年年来此咏东风"的佳句。1956年浏阳河酒厂继承传统酿造技艺推出浏阳河年份酒，该酒以高粱、大米、糯米、小麦、玉米为原料，历经50年弱酸性百年老窖自然老熟低温洞藏而成，具有陈幽突出、入口绵柔、回味甘洌的特点，堪称百年传承，窖藏经典。

6. 饼子酒

饼子酒，是明代在湖南一带酿制的药酒。李时珍在《本草纲目》中说："古方用酒，有醇酒、春酒、白酒、清酒、美酒、糟下酒、粳酒、秫黍酒、葡萄酒、地黄酒、蜜酒、有灰酒、新熟无灰酒、社坛余胙酒。今人所用，有糯酒、煮酒、小豆麹酒、香药麹酒、鹿头酒、羔儿等酒。湖南、湖北、江浙又以糯粉入众药，和为麴，曰饼子酒。"

7. 姜酒

滋补性药酒。明代湖南盛行饮姜酒，常德古有生子饮姜酒以庆繁衍之俗。据《常德县志》载："生子则邀亲朋聚饮，必用姜酒。"《本草纲目》亦有"用姜汁和曲造酒。如常服之，佳"的记载。现代在常德民间还有用服姜酒治感冒和胃寒的做法，如用生姜150克、白糖120克、白酒1.5千克，把生姜洗干净，晾干后切薄片和所有的原料一起放入容器中密封，在阴凉通风处存放3个月即可饮用。民间有的姜酒除姜外，还加入白砂糖、蜂蜜、米醋等，据说可治偏风和心腹冷痛。

8. 醽醁酒

醽醁酒，又称酃酒、酃湖酒、酃渌酒，该酒是中国黄酒的始祖。商代时在衡阳开始酿造，其酿酒之水取自酃县（衡阳在西汉至东晋时期称酃县）湘江东岸耒水西岸的酃湖而得名。酃酒呈奶黄色或琥珀色，味觉甘甜醇厚，回味鲜美清正，气味芳香馥郁，有琼浆玉液的美誉。在北魏时就成为宫廷的贡酒，而且还被历代帝王祭祀祖先作为最佳的祭酒。公元280年，司马炎建立西晋，举行开国大典，他就把出产于酃县的酃酒荐于太庙，作为国酒来祭祀祖先，犒劳功臣。衡阳因此也号称醽醁之乡，是中国黄酒的发源地之一。据《资治通鉴》、《后汉书》、《元和郡国志》、《舆地纪胜》等史料记载，酃酒曾是中国古代历朝贡品，是中国古代十大贡酒之首（十大贡酒是醽醁酒、古井贡酒、鹤年贡酒、枣集美酒、鸿茅酒、羊羔美酒、杏花村汾酒、五加皮酒、菊花酒和"同盛金"烧酒）。这一史实，在中国很多史籍中多次承载，至今已有3 000余年悠久的历史。

在辞海中,"醽醁"二字是中国古代美酒的名称。关于"醽醁"的含义,见醽醁简介。在当时"醽醁酒"犹如今日之"茅台"、"五粮液",无人不知,无人不晓,且大量出现在唐宋以来的文学作品之中。据笔者所知,酃酒创造了八个"中国之最",历史上赞誉衡阳酃酒的古诗文达 300 余篇之多,为国酒之绝无仅有,堪称中华一绝!这"八个"之最是:"时间最长的年份酒、诗赋记载最早的名酒、赞誉诗文最多的酒、贡品历史最悠久的酒、闻名时间最久的酒、酿酒原料最精的酒、用曲药最少的酒、生产工艺最独特的酒。"辛亥革命时期衡阳八景之一的"青草桥头酒百家",说的就是衡阳酃酒的盛况。在民间有许多关于醽醁酒的传说,如传说在公元 318 年—334 年南岳魏夫人饮酃酒泡制的养生酒飞天成仙;公元 1872 年清大臣曾国荃岐山进香,获仁瑞寺养生秘方"酃酒百子汤"治愈了不育之症;公元 1889 年,衡阳岐山仁瑞寺主持田静法师以酃酒神曲水治愈慈禧太后疑难之症等等。

晋代大文学家张载为皇室贡品美酒——衡阳酃酒写下了 400 余字的《酃酒赋》,这是我国历史上诗赋记载名酒最早的文献资料,酃酒是中国历史上诗赋记载最早的名酒。据文献记载酃酒列为贡品的历史就长达千余年,从西晋太康元年(280 年)起,历经南北朝、隋、唐、宋,酃酒一直列为皇室贡品酒,也是中国历史上贡品历史最悠久的酒,数千年来历代均贡于皇宫,酃酒还是中国晋代的国酒,独领魏晋南北朝三百余年国酒风骚;北魏郦道元《水经注·耒水》载:"酃县有酃湖,湖中有洲。湖上居民,皆入资以给酿酒者,甚美,谓之'酃酒',岁常贡之。"此为正式而具体著录湘酒的最早文献;清代《一统志》所载更详细,其说:"酃湖在衡阳县东,水可酿酒,名醽醁酒。"北朝乐府《三注洲歌》之三,亦云:"湘东醽醁酒,广州龙头铛,玉樽金镂碗,与郎双杯行。"醽醁酒早在晋代即为贡酒。如据《湘州记》载："衡阳县东有酃湖，酿酒醇美，所谓酃酒。晋武帝平吴，始荐酃酒于太庙是也。"即公元280年晋武帝平吴，就曾荐醽醁酒于太庙。《晋书》亦云："太康元年五月丁卯，荐酃渌酒于太庙。"千古一帝的唐朝太宗皇帝李世民酷爱此酒，他赐魏征丞相饮酃渌酒时曾赋诗曰："酃渌胜兰生，翠涛过玉薤，千日醉不醒，十年味不败。"王安石诗曰："自古楚有才，酃渌多美酒。"《康熙字典》载：酃渌，湖南特产，湘东美酒。历史上黄庭坚、欧阳修、文天祥等诸多著名文人墨客均赋诗赞美该酒的品质。

20世纪80年代，美国的《世界日报》在《中国酒香三千年》一文中，还专笔提到酃渌酒是世界上的上等美酒；2003年7月31日《人民日报·海外版》发表署名文章《西汉美酒今犹在》，该文专题报道说："2003年3月在西安市北郊的一个文景时代的大型汉墓中，发现了26公升深埋地下达2 130年之久，出土时其酒精度还有1度的西汉美酒，专家称该酒就是湖南衡阳进贡皇室的酃渌酒。"中国食品发酵工业研究院是我国酒类检测的权威机构，他们受权对西汉美酒进行检测，检测专家之一的胡国栋研究员介绍说，限于技术及时间等各方面原因，对美酒的检测还有大量谜团尚未解开。如科研人员发现西汉美酒中含有十几种奇特的现代酒类不包含的游离子有机酸，至今这些游离子有机酸还无法破译；还令大家惊奇的是，现代酒类中本应有的某些成分它又没有。另外，一般来说，度数低的酒容易酸败变质，但西汉美酒出土时酒精度虽只有1度，但经2 100多年后依然醇香浓郁，这更令人叫绝！不仅如此，第一个品尝西汉美酒的西安酒厂高级工程师仇新印说，也不知道美酒里加了什么成分，除了金属离子的刺激之外，能感觉到酒味很绵柔，香味很浓郁，不像现代很多酒杂味很重。陕西省文物局副局长刘云辉也说，盛酒的青铜壶是目前国内发现的同类器物中最大的，通体鎏金，且铜壶上还立有一含珠朱雀（图2－8），也是极珍贵难得的文物。酒呈碧绿色（图2－9），该酒已被列为国家特种文物保护。鄮渌酒是湖南人的骄傲，是中华民族历史文化的瑰宝。

图2－8　盛放美酒的铜钟

图2－9　铜钟中取出的美酒

9. 桃源酒、桃花酒

明代武陵桃源之酒，在《谈荟》和《遵生八笺》中均有记载，《遵生八笺》中谈到其酿制方法，云：白曲二十两，锉如枣核，水一斗，浸之待发，糯米一斗，淘极净，炊作烂饮，摊冷，投放曲汁中，搅如稠粥，候发，更投二斗米饭，候，又投二斗米饭，酒即成。朱翼中的《北山酒经》对桃源酒亦有记载说：酿此桃源酒必须使用极佳的麴和糯米，并且以"五酘法"（即五次投米）方能酿造而成。该酒"熟后三五日，瓮头有澄清者，先取饮之，蠲除万病，令人轻健。纵令醋酗（大醉），无所伤"。

唐代武陵还有一种桃花酒，据《太清卉木方》载：桃花酒，以酒浸泡桃花而成，饮之而神气清爽，并可"除百病，好容色"。故又被称为"美人酒"。

10. 白露米酒、程酒

程酒，也称程乡酒，古代郴州贡酒，因取程江水酿制而得名，资兴兴宁、三都、蓼江一带历来有每年白露节一到家家酿白露米酒之习俗，"程酒"是白露米酒中的精品。程水乡酿酒史最早可追溯至西汉，至今其酿酒历史已超两千年。《徐霞客游记》记载："程乡有千日酒，饮之至家而醉，昔尝置官酝于山下，名曰程酒，同醽醁酒献焉。"这说明"程酒"也是一种绿酒，可与醽醁酒媲美。但还是有区别，古文献对此亦有记载，如《九域志》云："程水在今郴州兴宁县，其源自程乡来也，此水造酒，自名'程酒'，与醽酒别。"宋代诗人杨億的《此夕》诗云："程乡酒薄难成醉，带眼频移奈瘦何"。明代《谈荟》云："有行千里而始醉者，桂阳程乡酒也。"光绪元年(1875)纂修的《兴宁县志》记载的兴宁八景："程乡醁水：程水源出七宝山麓，以之造酒，色碧味醇，久而愈香。"由此来看，程酒也是一种罕见的绿酒。罗绅作七言律诗《程乡醁水》曰："程乡醪水《水经》传，别派犹存官酒泉。千日醉供高士兴，一盂清祝大夫贤。应从同献知名早，无多钟鼓隔尘凡。凭谁谱入名山记？道是当时一谢岩。"

白露米酒的酿制除取水、选定节气颇有讲究外，方法也相当独特。先酿制白酒(俗称"土烧")与糯米糟酒，再按1:3的比例，将白酒倒入糟酒里，装坛待喝。如制程酒，须掺入适量糁子水(糁子加水熬制)，然后入坛密封，埋入地下或者窖藏，亦有埋入鲜牛栏淤中的，待数年乃至几十年才取出饮用。埋藏几十年的程酒色呈褐红，斟之现丝，易于入口，清香扑鼻，且后劲极强。《兴宁县志》云："酿可千日，至家而醉。"

11. 李群玉诗中的湘酒

花屿酒、桂酒、松花春和椒酒是湖南最早的土著诗人、唐朝澧州(今湖南省澧县)人也是"酒人"的李群玉,在湖南的饮酒咏诗之作中留下的湖南唐代的酒名,如:他在《五律·杜门》诗中提到"花屿酒",诗为"春风花屿酒,秋雨竹溪灯"。李群玉在《五律·腊夜雪霁,月彩交光,开阁临轩》诗中提到"桂酒",诗为:"桂酒寒无醉,银笙冻不流。"当时很多古籍诗词亦提到过此酒,如楚辞《九歌·东皇太一》云:"尊桂酒兮椒浆。"椒浆即椒酒,是用椒浸制的酒,在《荆楚岁时记》中说:"四民月令云,过腊一日谓之小岁,拜贺君亲,进椒酒。"曹植《乐府》:"玉樽盈桂酒,河伯献神鱼。"《花木考》:"博罗有桂,可以酿酒。"苏轼《桂酒颂》:"有隐者以桂酒,方教吾酿成,而色香味超然,非世间物也。"说明当时桂酒名声还较大。

另外李群玉在《送郑子宽弃官东游便归女几》中提到"松花春",诗为:"困醉松花春,追攀紫烟客。"他在《长沙春望寄涔阳故人》中说"依微水戍闻疏鼓,掩映河桥见酒旗。"他在《七绝·寄友二首之一》诗中说:"野水晴山雪后时,独行村落更相思。无因一向溪头醉,处处寒梅映酒旗。"文士员先生撰《湘城访古续录》中说:这"河桥大约是长沙西湖桥",说明长沙那时就有酒肆酒店了。

12. 松醪酒

松醪酒是西汉时代长沙名酒,也是贾谊在长沙时所饮之佳酿,是用松膏酿成的酒。古代很多诗词文献对此酒有载,如:晚唐诗人杜牧《送薛种游湖南》:"贾傅松醪酒,秋来美更香。怜君片云思,一去绕潇湘。"贾傅即贾谊,可见西汉初年长沙出产这种酒。韩愈诗云:"闻道松醪贱,何须吝错刀!"戎昱诗曰:"松醪能醉客，慎勿老湘潭。"李商隐诗曰："松醪一醉与谁回？"刘禹锡《送王师鲁协律赴湖南便幕》诗中也有"橘树沙洲暗，松醪酒肆春"之句，罗隐在《湘南春日怀古》中亦有"松醪酒好昭潭静，闲过中流一吊君"等等。这些诗文足证古称松醪的长沙酒，其价廉、其劲强，令人难忘，说明当时潭州（即古长沙）的松醪酒确有名气。湖南多马尾松，所产松香亦称松胶、松脂。《本草经》云："松脂，味苦温……安五脏，除热，久服轻身不老延年。"酒本身就有驱寒去湿的作用，再用松醪浸泡，药效自然更好。湖南人多好饮酒，包括药酒，与寒湿的地理环境大有关系。

今日在长沙贾谊故居管理处的负责人吴先生，搜阅了群书，进一步认为，松醪酒是一种能祛除风湿的药酒，贾谊有感"长沙卑湿"，故常饮此酒以保健。他对笔者说遗憾的是松醪酒的制作工艺现可能已经失传。

13. 松醪春

松醪春，唐代湖南酒，产地为长沙、湘潭一带。此酒与松醪酒是同一种基本原料酿成的酒，可能是后代在酿造技术上加以改进后，同一种酒在不同时代的称谓，此酒在唐代文献中多有记载。如戎昱在《送张秀才之长沙》中云："君向长沙去，长沙仆旧谙。……松醪能醉客，慎勿滞湘潭。"旧唐书《郑德璘传》亦载："贞元中，湘潭尉郑德璘家居长沙，有亲表居江夏，每岁一往省焉。……德璘好酒，长挈松醪春，过江夏，遇叟，无不饮之，叟饮亦不甚媿荷。"另外从该文中"昔日江头菱芡人，蒙君数饮松醪春。活君家室以为报，珍重长沙郑德璘"一诗，亦可看出当时松醪春的珍贵。苏轼在《东坡志林》中亦载：裴铏作传奇，记裴航事，亦有酒名"松醪春"。

14. 洞庭春色

宋代之酒，以黄柑酿就。宋代苏轼《洞庭春色》诗序："安定郡王（赵世準）以黄甘酿酒，谓之洞庭春色，色香味三绝。犹子德麟得之以饷予（指苏东坡），戏作赋。"这是用柑橘酿酒的最早记录，其诗云："二年洞庭秋，香雾长噀手。今年洞庭春，玉色疑非酒。贤王文字饮，醉笔蛟蛇走。既醉念君醒，远饷为我寿……"宋代晁补之《一丛花·谢济倅宗室令剡送酒》词："应怜肺病临邛客，寄洞庭春色双壶。"亦称作"洞庭春"。金代完颜璟皇帝在《生查子·软金杯》词中有："借得洞庭春，飞上桃花面。"明代张简《醉樵歌》："月里仙人不我嗔，特令下饮洞庭春。"《谈荟》亦说：唐名酒有"洞庭春"。

15. 钓藤酒

宋代湖南湘西辰溪之酒。在古代史籍中，钓藤酒多写成"钩藤酒"。据《遵义府志》和《黔语》记载，咂酒的酿制已经有了两千多年的历史。宋伯仁撰《酒小史》中有"钩藤酒产于辰溪"之载，辰溪乃湖南一县名。钓藤酒又名咂嘛酒、芦酒、琐力麻酒、速麻酒、咂酒等，是用谷物酿造的黄酒，其酒质并非必定上乘，但其饮用方法独特而使人们难以忘怀，在我国许多地区流行，特别是湖南西部、陕西、四川、贵州和湖北西南部等。"钓藤酒"在明代也是酒名，《升庵外集》载："芦酒以芦为筒吸而饮之，今之咂酒也，又名钩藤酒。酒以火成，不酢不筹，两缸西东，以藤吸取。"南宋朱辅《溪蛮丛笑》云："五溪蛮，酒以火成，不酢不筹。"《洞溪纤志》载："钩藤酒，以米、杂草子为主，以火酿成，以藤吸饮。"清初查慎行有《咂酒》诗："蛮酒钩藤名，乾糟满瓮城。茅城轮更薄，桐茗较差清。暗露悬壶酒，幽泉惜竹行。殊方生计拙，一醉费经营。"这些记载把"钩藤酒"的起源制作和饮用方法说得明明白白。其酒质并非必定上乘，但其饮用方法独特而使人们难以忘怀，在我国许多地区流行，特别是湖南湘西的"钩藤酒"是早有盛名。

16. 崔家酒、白玉泉

宋代常德之酒，载《酒名记》。常德古称武陵、鼎州，酿酒历史源远流长。早在先秦时代，人们有摆"春台席"置酒"与之合饮"风俗。五代时，以崔氏酒著名，据《酒谱》载："五代时，有张逸人常题崔氏酒垆云：'武陵城里崔家酒，地上应无天上有。云游道士饮一斗，醉卧白云深洞口。'自是沽者愈众。"崔氏姥被后世列入"酿酒名家"，其所酿之酒称为崔家酒，吸水之井称为崔婆井，此井也成为酿酒遗迹，至今犹存。宋代酿酒业兴旺，以"鼎州白玉泉"酒品列为全国名酒之列，熙宁年间酒课达"五万贯以上"，是湖南产酒两大地区之一。清代民间酿制酒较为普遍，如《武陵竹枝词》中曰："村村画鼓浇春酒。"

17. 曹婆酒

邵阳古酒。邵阳古称宝庆，又名邵州。相传在古代，邵阳城内有一眼古井，泉水清冽甘爽，四季不枯，终年不竭。井旁住一孤寡老妇人，人称"曹婆"，其远祖为当年商周王室酿制贡酒的酒正，"苞茅缩酒"为周王室敬神、祭祖和重大盟誓活动的重要议程。曹婆传承了祖辈的酿酒技艺，取井水酿酒，酒质分外醇甘。后来曹婆将祖传酿酒之法授予邻人，自此邵州好酒名扬天下，北宋诗人彭汝砺在其《邵阳集》中就有"村醪薄滋味，市俗固安便"的吟叹。后人为纪念曹婆，将井命名为"曹婆井"，其所酿之酒亦称为"曹婆酒"。至今，在水井原址的石壁上，仍能看到前人镌刻的对联："曹婆今何在，古酒香犹存。"

18. 祁阳压酒

唐代诗人李白有诗云："风吹柳花满店香，吴姬压酒唤客尝。"清代盛鸣世《题岳阳酒家》诗："巴陵压酒洞庭春，楚女当垆劝客频。莫上高楼望湖水，烟波二月已愁人。"这种千多年以前就很流行的压酒，而今在很多地方早已失传，独在湖南祁阳民间，还原醅原糟保存着，原方原法酿制着，不仅原味原香，而且原名原姓广泛流传着。有人认为它是中国酒文化的"活化石"。

压酒用糯米制作。起初，其糟不烂不碎，颗粒饱满；其色白里带黄，晶莹剔透。一旦酿熟，芬芳满屋；似蔷薇放瓣，如柑橘吐蕾，馥馥郁郁的香气袭人肺腑，闻而口舌生津；撮糟而食，鲜甜可口，似甘似饴，如糖如蜜，满口异香。这种酒糟，老少皆宜，尤其受妇女儿童喜爱。外地人来祁阳，多指名道姓要品尝这种色、香、味俱佳的"甜酒糟"。

甜酒糟掺进——也叫压进家酿的米酒，酝酿数日，即成玉液琼浆——压酒。呷上一口，"香、甜、醇、酽"。它是甜酒糟和米酒的混血儿，比米酒甜，甜得纯正、鲜美，浆黏液稠，压酒也像酒酿，只可现制现饮，不能久放；如天热发酵，则成酸醋。正因如此，压酒至今还是乡村浊醪，难以灌瓶精装推向市场。

19. 蓝山黑糊酒、汉寿黑爷酒

糯米酒。蓝山地处湘南山区，蓝山黑糊酒俗称"牛屎酒"。《蓝山县志》记载，该酒已经具有2 500多年的生产历史，是历代皇帝的贡酒，是蓝山县（属湖南永州市）的一大特产，应该说是蓝山一绝。

"牛屎酒"看上去黑糊糊的，别看它其貌不扬，但酒液特别浓，营养成分丰富，药用价值显著，酒从壶嘴流出，呈黏性的丝线状，掉在桌上不会流走，凝成一小团，盛在杯中光泽翠绿、芳香扑鼻，入喉滋润，清凉甘甜，醇厚无比，饮后觉得余味无穷，有"蓝山茅台"之美称，因其颜色褐黑如牛屎而得名"牛屎酒"。因其名不雅，陌生人听了怪不是滋味的，于是也有人管它叫"黑糊酒"。

通过实践和现代医疗证明："牛屎酒"富含维生素、蛋白质等多种营养成分，具有舒筋活血、醒脑提神、消寒去湿等药用价值。常饮黑糊酒具有强身健体、行气活血、生津止渴、醒脑提神、消滞去湿、健胃补脾和增进食欲等功效，对慢性支气管炎、肺气肿、高血压、痢疾和中暑等病有较好的疗效，当地人用这种酒擦在发烧的病人身上，以帮助病人退烧。"牛屎酒"的制作十分考究，20世纪60年代蓝山县建酒厂，引进这项传统家酿工艺，利用现代技术掌握了黑糊酒的化学变化规律与温度、湿度的关系，设计出陶瓷玻璃罐和蒸气沤制新工艺生产黑糊酒，改变了过去无法常年批量生产的状况，使黑糊酒得以走向市场，以醇香甘美的自然风味赢得了消费者的普遍喜爱。

外地人喝过"牛屎酒"后，便对它有了依依不舍之情。于是，一些人回家纷纷仿效起来，但都没成功。据说，这与蓝山独特的地理条件有关。蓝山县与广东和湖南郴州交界，地处南岭山脉中段北侧，多山区，地形起伏不定，冬暖夏凉，再加上在米质和水质上具有得天独厚的优势，才成就了这绝佳美酿。除蓝山县之外，在唐宋时期湖南常德阴家滩（今汉寿县毛家滩乡境）出产过一种极具常德地方特色的"黑爷"酒。该酒酿成后也要埋在牛粪中贮藏，除此外再没有看到过其他地方有此种酒。

由于制作不便，再加上需要花费的时间较长，因此，这种酒显得极其珍贵。在蓝山当地，也只有家里来了贵客，才会拿出这种酒来款待。

20．屠苏酒

屠苏酒，古代湖湘民间风俗元旦那天所喝的药酒，里面放的是花椒焙成的药末，其实是一种椒酒。屈原在《离骚》、《湘君》、《天问》提到过椒酒，饮屠苏酒也是古代过年时的一种风俗，据唐朝人韩鄂所著《岁华纪丽》的记载，屠苏是一间草庵（茅舍）的名称。据说古时有个人住在这草庵里，每年大年夜便分送给附近的每家一包草药，嘱咐他们放在布袋里缝好，投在井里，到元旦那天汲取井水，和着酒杯里的酒，每人各饮一杯，这样一年中就不会得瘟疫。人们得了这个药方，却不知道这位神医的姓名，就只好用屠苏这个草庵的名称来命名这种药酒。董勋还谈到饮屠苏酒的习惯，是一家人中年纪最小的先喝，依次下来，年纪越大的越后喝。原因是小孩过年增加了一岁，所以大家要祝贺他；而老年人过年则是生命又少了一岁，拖一点时间后喝，含有祝他们长寿的意思。这种先少后长喝屠苏酒的风俗一直传到后代。唐代诗人顾祝《岁日作》诗说："不觉老将春共至，更悲携手几人全。还将寂寞羞明镜，手把屠苏让少年。"宋代文学家苏辙的《除日》诗也说："年年最后饮屠苏，不觉年来七十余。"

21．菖蒲酒

菖蒲酒是一种配制酒，色橙黄微翠绿，清亮透明，气味芳香，酒香醲厚，药香协调，而不失中草药之天然特色。远在汉代已名噪酒坛，距今已有2 000多年的酿造历史，《荆楚岁时记》载："五月五日，采艾以为人，悬门户上，以禳毒气，以菖蒲或镂或屑以泛酒，令人不病瘟。"古代湖南民间端午时节自酿自饮并为历代帝王将相所喜用，并被列为历代御膳香醪。明代武陵人作《饮菖蒲酒》诗云："采得菖蒲届端阳，酿成美酒送异香。角黍蔗浆祝尔寿，何妨纵饮入醉乡！"菖蒲酒具有性温味辛特点，对肺胃均有益, 可延年益寿。明代医学大师李时珍的《本草纲目》说: 菖蒲酒, 主治大风十二痹, 通血脉, 壮阳滋阴; 饮百日颜色丰足, 气力倍增, 耳聪目明, 行及奔马, 发白变黑, 齿落再生, 昼夜有光, 延年益寿, 久饮得与神通 。据《后汉书》记载:"孟陀, 字伯良, 以菖蒲酒一斛遗张让, 即拜凉州刺史。"在《争类统编》一书中也有:"美酒菖蒲香两汉, 一斛价抵五品官"之说。《明宫史》里有"宫眷内臣……初五年时, 饮朱砂、雄黄、菖蒲酒"的记载。到了清代, 每年农历"端阳节", 则"君臣痛饮菖蒲酒"。

22. 雄黄酒

"雄黄"又名雄精、石黄、熏黄、黄金石, 湖南是主产地之一, 雄黄性温、微辛、有毒, 既可以外搽又可以内服, 主要用做解毒、杀虫, 外用治疗恶疮、蛇虫咬伤等, 效果较好。雄黄酒是用研磨成粉末的雄黄炮制的白酒或黄酒, 湖南民间一般在端午节时自酿自饮。民间传说, 屈原投汨罗江之后, 当地人们为了不让蛟龙吃掉屈原的遗体, 纷纷把粽子、咸蛋抛入江中。一位老医生拿来一坛雄黄酒倒入江中, 说是可以药晕鱼龙, 保护屈原。一会儿, 水面果真浮起一条蛟龙。于是, 人们把这条蛟龙扯上岸, 抽其筋, 剥其皮, 之后又把龙筋缠在孩子们的手腕和脖子上, 再用雄黄酒抹七窍, 以为这样便可以使孩子们免受虫蛇伤害, 据说这就是端午节饮雄黄酒的来历。至今, 在湖南不少地方还都有喝雄黄酒的习惯。另外, 在湖南民间老年人的神话故事中还有用雄黄来克制修炼成精的动物的情节, 比如变成人形的白蛇精白娘子不慎喝下雄黄酒, 失去控制现出原形。所以, 从古至今在湖南民间不但有饮用雄黄酒祈望避邪和不生病, 还有把雄黄酒撒在草丛、床下等潮湿阴暗的地方, 以避蛇蝎蚊虫孳生的习俗。

现代科学证明, 雄黄的主要成分是硫化砷, 也是提炼砒霜的主要原料。雄黄含有较强的致癌物质，具有腐蚀作用，即使小剂量服用，也会对肝脏造成伤害。因此，服用雄黄极易使人中毒，轻者出现恶心、呕吐、腹泻等症状，重者出现中枢神经系统麻痹、意识模糊、昏迷，导致死亡。所以，饮用雄黄酒一定要注意，要经医生指导，并遵古法炮制的才能喝，少量饮用可治惊痫、疮毒，多饮则对人体有害。

（二）湖南近、现代名酒

湖南近代名酒很多，主要有龟胶酒、南州大曲酒、状酒、张飞酒、邵青酒、邵阳大曲酒、郴州大曲酒、松鹤补酒、虎骨酒、雨湖青、雪峰蜜橘酒、舜峰酒、湘潭汾酒、蜜橘酒等。这些酒有些还在生产，有的已停止生产，只能凭文献和记忆去寻找其"足迹"了。

湖南省现代主要名酒有：武陵酒、湘酒鬼、德山大曲、瑶王酒、穗丰土酒、男子汉酒、永州异蛇酒系列、蛇鞭神力酒、三蛇酒、蛇王酒、蛇鞭酒、竹香酒、苡米酒、杜仲酒、湘酒王、土司王、土家醇、山鬼、包谷烧、鬼谷酒、南洲大曲、雪峰乌骨鸡酒、甲鱼酒、竹酒、沅陵大曲、沅陵醇、香菇酒、天麻酒、龟蛇酒、宫廷葆春酒、清宫玉液酒、西汉古酒、斑蝥酒、加饭酒、梅花鹿酒、鹿宝酒、鹿茸血酒、狗宝酒、狗鞭酒、狗骨酒、蚁蛇酒、灵龙情酒、曾国藩家酒、屈原酒、湘军王酒、曹婆特曲、骄杨干啤、湖之酒、糯米水酒、猕猴桃酒、男儿酒、九嶷山大曲、锦江泉系列等。

湘酒以强劲的实力名扬天下，白沙液、龟蛇酒、九如斋、酒鬼酒、湘酒王，个个在湘酒中出类拔萃。下面简单介绍几种有代表性的近、现代湘酒。

1. 酒鬼酒

馥郁香型白酒，酒度分 38°、48° 及 54° 三种。由湖南酒鬼酒股份有限公司(前身为湖南吉首酿酒总厂)生产。该酒具有酒色清亮透明、窖香芬芳馥郁、酱香幽雅协调、口味醇甜柔和、酒体丰盈饱满、后味爽净悠长的特点，兼有"泸型之香、茅型之细，浓香带酱、酱不露头"的独特风格。酒鬼酒其馥郁香型在中国白酒界独树一帜，饮用时具有"前浓、中清、后酱"融三种香型为一身的特色，是馥郁香型的典型代表。它依托湘西悠久的民间传统工艺、独特的自然环境和深厚的地域文化资源，综合湘西各民族特有的"满花酒"、"峒酒"、"卫酒"、"陈女酒"、"包谷烧"等传统工艺，以湘西特产的云雾糯高粱和按一定比例配入的香糯、优级大米为"肉"，以千年不竭的龙泉之优质矿泉水为"血"，以陈年大曲、特种药曲为"魂"，并采取清烧、老窖续糟、量质摘酒、地窖陈酿、科学勾兑而成。酒鬼酒具有芳香浓郁、醇和绵甜、后味爽净、回味悠长的特点，尤以净爽绵甜、落口舒适见长，兼具"浓型之芳香、酱型之细腻、清型之纯净、米型之优雅，"享有"湘酒王"的盛誉。1976 年著名画家黄永玉为酒鬼酒定名，还苦心设计酒鬼酒捆口麻袋型紫砂陶瓶的内外包装，使酒鬼酒的内在美与外在美得以非常巧妙地统一。酒鬼酒为湖南省优秀新产品，该酒 1988年 12 月荣获全国首届食品博览会金奖；1989 年北京国际博览会获银牌；1990 年为亚运会指定饮料；1994 年 5 月，获比利时布鲁塞尔世界酒类博览会金奖和北京第五届亚太国际贸易博览会金奖；1993 年 6 月，获法国第七届波尔多世界酒类专业博览会金奖；1995 年 7 月，酒鬼酒又获 1995 香港世界名牌消费品博览会"世界名牌消费品"金牌；1995 年被评为国产精品和世界名牌消费品；2000 年被国家工商局授予中国驰名商标称号；2001 年成为全国五大畅销白酒品牌；2002年被入选中国十大文化名酒。享有诗魔之称的台湾诗人洛夫先生访问湘泉集团之后，有诗云："酒鬼饮湘泉，一醉三千年。醒后再举杯，酒鬼变酒仙。"酒鬼酒现在遍销全球，无人不知其名，是当今湖南的名片，其能大红大紫，实为酒林异数。

在中国白酒界，第一个向"茅五剑"挑战成功的是"酒鬼"；第一个高高举起"文化酒"大旗的是"酒鬼"；第一个单独研制出"馥郁香型"的还是"酒鬼"。20世纪90年代酒鬼酒以高出茅台、五粮液的价格横空出世，并一举打破了茅台、五粮液垄断高端白酒的时代，成为顶级好酒之一，当时流行的一句话是"茅五鬼剑"。后来，由于种种原因，酒鬼酒走了一些弯路，陷入了低潮。几经风雨之后，酒鬼又醒了，2008年3月在成都举行的第78届糖酒会上酒鬼酒又以馥郁香型公开向茅台、五粮液叫板。

2．白沙液

白沙液酒产于古城长沙，兼香型白酒，为湖南名酒之一。1974年12月26日，毛泽东亲自为酒定名为"白沙液"。20世纪70年代初，以工程师肖继岳为首的工程技术人员开始着手研究"白沙液"酒的酿造工作，他们以传统工艺为基础，采用白沙井水为酿造用水，吸取"茅台"、"五粮液"等名酒的先进生产技术，获得成功，并于1972年正式投产。白沙液酒精度数为55%（V/V），以高粱为原料，小麦制曲（高、中温混合曲），兼有"茅台"和"五粮液"的风味。该酒酒液无色透明，曲香浓郁，味醇柔和，后味回甜。1984年白沙液在全国名酒评比中获银牌奖，一跃而成国家级美酒。我国著名酿酒专家周恒刚品尝白沙液后，即席赋诗："莫向牧童问酒家，乘车策马赴白沙。瓮开不晓香几许，蜂蝶飞来误认花。"给予白沙液酒很高的评价。白沙液酒不仅味纯质美，包装也是堪称一绝，乳白色的葫芦形酒瓶富于传统民族特色，十分典雅，具有较高的收藏价值。

3．湘泉酒

浓香型白酒，归属兼香。由湖南酒鬼酒股份有限公司（前身为湖南吉首酿酒总厂）生产。该厂湘泉系列产品有百年湘泉、金湘泉、湘泉168、神鼓酒等。全国著名酿酒专家秦含章评价湘泉说，"该酒有四个独特：用料独特，采用湘西云雾高粱和香糯米为主要原料；用曲独特，大小曲合用，并用湘西少数民族以上百种中药制成的药曲；工艺独特，小曲糖化，堆积发酵、清蒸清烧；包装独特，采用湘紫砂陶，陶瓷含有30多种对人体有益的微量元素。"湘泉酒质地醇厚甘洌、芳香馥郁、酒体和谐丰满、绵甜爽净、回味悠长，具有"闻起来香，喝起来甜，好进口，不上头"的独特风格；有"小茅台"、"湘酒王"之美称。湘泉酒自1981年起连续评为湖南省优质产品、湖南名酒，1988年12月，荣获全国首届食品博览会金奖；第十一届亚运会指定产品，1995年7月，湘泉酒获1995香港世界名牌消费品博览会"世界名牌消费品"金牌等；其产品装潢独特，是著名画家黄永玉设计的紫砂陶瓶。

4．湘窖系列酒

浓香型白酒，湖南湘窖酒业有限公司生产。湘窖酒业的老生产基地是始建于1957年的邵阳市酒厂。湘窖酒的酿造工艺秉承传统的"古遗六法"精髓工艺，追求"人、水、曲、粮、缸、火"融合之完美，精心呵护近百年的老熟泥窖，采用清冽甘爽的"曹婆"泉水为酿造用水，将粮、曲置于低于地面2.5米陈年老窖自然发酵生香，辅以科学合理的手段控制时间、温度，终成好酒。早在20世纪60年代，邵阳大曲就获得地方名酒称号，1979年"邵阳大曲"获得"国家轻工部优质产品"称号；1988年获"中国首届食品博览会"金奖;"邵阳"、"开口笑"于 1998 年获"湖南省名优产品",2001 年获得"湖南省著名商标"称号。2000 年,邵阳市酒厂的产品已经有"邵阳"牌、"开口笑"牌两大系列共 41 个品种,年产酒 8 000 吨,誉满三湘。目前,湘窖酒业又已经成功开发了邵阳老酒、八年酒坊、精品五星开口笑、铁盒淡爽王等一系列新产品,取得了良好的市场表现。特别是高品质的、定位全国一流的湘窖酒一经面市,就获得了全国资深白酒专家的一致好评和消费者的青睐,在竞争激烈的白酒市场开拓出一条品牌发展之路。2006 年,52°开口笑、52°邵阳老酒、52°邵阳大曲获得湖南省酿酒行业优质产品奖。

5. 菩提露酒

菩提露酒由湖南安仁菩提露酒业有限责任公司生产。该酒配方全称为"综合型人体功能调理食疗酒配方",是全国唯一拥有发明专利配方的保健酒。采用当地的中草药资源分"二次发酵、二次分馏"和"生料免蒸"新技术生产,因药效显著,该酒已荣获湖南省科技创新金奖,被湖南省卫生厅列为"健康相关特殊产品",并下发《特殊产品卫生许可》特别批文;湖南省疾病预防控制中心出具的"检验报告"证明,该酒各项指标均优于国家规定标准。

安仁县有着丰富的中药资源,有"南国药都"之美称,全县拥有中草药 910 多种,正式纳入中药入药品种的蕴藏量达 160 吨。相传上古时期,药王炎帝在安仁境内,教民农耕与制作耒耜并尝百草悟药性,《史记神三皇本纪》载:"以赭鞭鞭草木,始尝百草,始有医药。"《神农本草经》也载:"神农尝百草,日遇七十二毒,得茶而解之。"尽管如此,药王神农还是冒死遍尝百草,并发明了医药。据传药王神农在安仁期间,将山上采之百草,置住处旁一池塘中洗净、晒干、配伍、备用。他发现于此塘中洗出之百草,药性特强，治病最灵；且取塘中洗过百草之水洗脸、洗脚、洗澡，能消肿、消暑、止痛、止痒、祛寒；用此塘中之水煮野禽蛋吃，能提神、化痰、止咳、定喘。神农笑对随从说："此塘真乃药湖也。"故此地后来取名为药湖(今安仁县安平镇药湖村)。自此，人们习于三月三用地菜煮鸡蛋吃，于五月五用草药熬水洗澡。平时发病，也"习用草药熬水沐浴，病即愈之"。后来，炎帝在茶乡尾(今炎陵县)尝百草中，误食"断肠草"而殁，葬于洣水江鹿原坡。药王炎帝殁后，永乐江畔人们常聚香草坪(今安仁县城)，望着永乐江，深深哀思。为谢药王，药湖人于香草坪修一庵寺，名"药湖寺"供人祭祀，以纪念药王。同时，人们在香草坪"择社日祭神以祈五谷和求健康平安"，俗称"赶分社"，这已成为全国独有的一道药文化景观。2006年，安仁"赶分社"被列入湖南省非物质文化遗产保护名录。专家高度评价这一独特的民俗活动，认为它源自农耕文化，人们在恒守祭祀神农的同时，追求健康快乐的生活。

6. 龟蛇酒

芙蓉牌龟蛇酒是岳阳市酿酒总厂生产的一种高级滋补营养酒。该酒畅销中外，曾多次获省优质产品奖。岳阳市酿酒总厂独家生产的"龟蛇酒"，集古代酿酒秘方之精华，推陈出新。它除继用古代石甑蒸馏法、祖传酿酒秘方和采用特种香糯米为原料外，并取君山"仙酒洞"中"柳毅井"之泉水，配合特种金龟、眼镜王蛇和当归、杜仲、枸杞等10多种名贵药材酿制。龟蛇酒中含有较高的蛋白质，18种氨基酸，8种磷、钙元素，其中甘氨酸、酪氨酸、精氨酸是人体不可缺少，而自身又不能综合产生的营养物质，常饮有益寿延年之效。龟蛇酒曾多次被评为湖南省优质产品，1984年，在轻工业部酒类质量大赛中，荣获银杯奖。现在，岳阳龟蛇酒行销国内外市场，特别是在日本、新加坡、马来西亚、前南斯拉夫等国颇受欢迎。香港《大公报》曾刊登大幅照片赞扬"龟蛇酒与中国传统之粹太极拳实有异曲同工之妙"。马来西亚、吉隆坡一首歌谣唱道："龟滋阴，蛇去湿。龟蛇酒确不同，饮一杯，周身松。日日饮，乐无穷。常饮龟蛇酒，去风去湿少病痛。"

7. 西汉古酒

滋补性药酒。由清华紫光古汉生物制药股份有限公司生产。长沙马王堆医书研究会会长、湖南省中医学院教授周贻谋与其研究生袁伟，及湖南省中医研究院研究员、名老中医刘炳凡等，根据马王堆汉墓出土的帛书《养生方》中"食松柏，饮走兽泉英，可以却老复壮，宁泽有光"的叙述，研制出拥有多种名贵药材的配方，由马王堆制药厂酿造配制。该酒色泽棕红透亮，天然动、植物芳糅为一体，既可作酒饮，又具滋补功效，一经面世，即深受饮者欢迎，很快便跻身于全国名酒行列。

8. 德山大曲酒

德山大曲，潇湘第一浓香酒型大曲白酒，酒度分38°、55°、58°三种，产于湖南常德。常德古称武陵，地处德山之麓，故名。常德已有千余年酿酒历史，早在唐代，武陵民间即有"贮精粮，甀甘醇"蔚为风习的记述。明嘉靖年间（1522—1566）所撰的《常德府志》则载有崔婆酒很有名气。清代，常德城中以"马万隆"酒坊所产的谷酒最为有名，称"德酒"，以后又有"周恒益"、"陈和顺"等酒坊多家，至20世纪初，城中酒坊多达72家。"德山大曲"创制于1959年9月，由常德市酒厂取当地"莲花池"优质水，以优质糯高粱为原料，小麦制曲生产。该酒具有"窖香浓郁，入口绵甜，甘洌爽净，余味悠长"的浓香型大曲酒典型风格。在1963年、1984年及1989年的中国第二、四、五届评酒会上，均获国家优质酒称号及银质奖章。在 1988 年首届中国食品博览会上获金质奖，1992 年在美国纽约举行的国际酒类饮料博览会上获银质奖。

9. 武陵酒

武陵酒与德山大曲酒同出湖南常德酒厂。幽雅酱香型白酒，酒度分 48°和 53°两种。早在 20 世纪 70 年代就成为中国 17 大名酒之一，也是湖南省唯一的中国名酒，曾与"茅台、郎酒"共执中国酱香白酒之牛耳，它以"酱香突出、幽雅细腻、醇厚柔和、回味悠长、空杯留香、后味爽净"之风格而被世人誉为"酒中君子，酱香将军。"该酒为常德市酒厂借鉴"茅台"酿造技术，于 20 世纪 60 年代推出。武陵酒以优质高粱为原料，高温小麦大曲为糖化发酵剂，采用八蒸七吊等独特工艺精酿得酒后，再经三年以上贮存勾兑而成。该酒酒质清澈透明，微呈黄色，酱香浓郁，酒体丰满，口感幽雅细腻，入口柔和软润，余味绵延，有"醉后头脑清醒，饮后食欲增强"之誉。清末代皇帝之弟溥杰在品尝该酒后，赋诗赞曰："千秋澄碧湘江水，巧酿香醪号武陵。"本酒于 1973 年被评为湖南省名酒；1984 年再获轻工业部酒类质量大赛金杯奖；1979 年及 1984 年在中国第三、四届评酒会上，获得国家优质酒称号及银质奖章；1989 年在第五届评酒会上荣获国家名酒称号及金质奖章；1992 年获美国纽约首届国际白酒、葡萄酒、饮料博览会金奖。曾得到方毅、严济慈、廖汉生、宋时轮、伍修权等国家领导和知名人士的高度赞赏。其包装为古代裤币形，古朴典雅，精美庄重，由著名画家韩美林设计。

2003 年，泸州老窖成功入主湖南武陵酒有限公司后，开创了中国白酒"一个企业、两块金牌"的先河。基于武陵酒幽雅醇和的品质，在原有"酒中君子、酱酒将军"的文化积淀基础上，继续发掘武陵酒的深厚文化内涵，创意塑造现代、时尚，独具文化底蕴和魅力的全新酱香武陵酒系列。现在，全新的幽雅酱香型系列武陵酒又分为上酱祖母绿、中酱景泰蓝、少酱中国红三种产品，构筑并引领中国酱香白酒口感品质与品牌文化的新方向。该酒现已成为中国名酒中酱香型白酒三大王牌之一，畅销神州各地，正积极投入国际市场中。在 2008 年度湖南省酿酒行业酒类产品质量检评会上，53°武陵少酱、53°武陵中酱、53°武陵上酱和 52°洞庭春色被授予"2008 年度湖南省酿酒行业优质产品"称号。专家评鉴：

53°武陵少酱"酒色微黄、清亮透明，酱香幽雅细腻，味纯正、醇厚，酒体丰满，后味悠长，空杯留香好，酱香型白酒风格突出"。

53°武陵中酱"酒色微黄，清亮透明，娇香幽雅细腻，味醇厚，酒体丰满，后味长，空杯留香较好，酱香型白酒风格典型"。

53°武陵上酱"酒色微黄，清亮透明，酱香幽雅细腻，味正，体丰满，后味较长，空杯留香好，酱香型白酒风格典型"。

洞庭春色"清亮透明，浓香好略带脂香，入口绵甜柔和，酒体丰满、后味稍短，浓香型白酒风格较典型"。

10. 百根冰酒

浓香型白酒，酒度 48°。其前身是桑植县生产的"滋补性药酒"，百根冰酒系 20 世纪 30 年代，采用武陵源山中 108 种野生带刺无毒植物根系、天子山下洞歇牛泉水，以其白族秘酿之法精制而成，故名百根冰。该酒由原国际医药研究委员会委员、湖南中医联合协会主席、著名中医师陈策勋于 1940 年在家乡桑植县研制成功。该酒甘香清凉，醉不口干，醉不上头，风味独特。百根冰凭借其独特的生药秘方及其神奇的疗效，曾辉煌一时：1941 年运往前线慰问抗日官兵，对伤病人员具有显著疗效，1941年蒋介石、何应钦、陈诚、湖南省主席张治中等有"平战必备"、"起死回生"、"药中之王"、"济世救人"等匾额题赠。解放前多供达官显贵饮用，因其具有驱风湿、壮筋骨、活血脉的独特功效而畅销港澳等地数十年不衰。

20世纪50年代初期停产，1985年恢复生产。1997年8月成立张家界惊梦酒食品有限公司以来，用高粱、小麦、刺五加等酿造浓香型百根冰白酒，酒度48°。有诗赞该酒曰："天子山下百根冰，酒海竞雄列上品。瓶盖打开尚未饮，清香果然冠武陵。"

11. 益阳小曲酒

白酒。产于湖南益阳。益阳生产小曲酒已有近千年的历史，益阳小曲酒以高粱和大豆为原料，用药曲为糖化发酵剂，酒液无色透明，有小曲酒特有的粮香。饮时劲人、醇厚，余味洁净。该酒品质优良，1974年名列湖南省小曲酒第一名，1979年被评为湖南省优质酒。如今在益阳水运界还流传着益阳人以益阳小曲酒洗汉口码头的故事：那是清朝同治三年，凭益阳小曲酒崛起和富起来的酒界富豪徐志潭因看不惯汉口老板分等级接待长江上、下游货船的礼仪形式，当他亲自用新买的洋船装一船"益阳小曲"到汉口去交货时，汉口的老板们仍按上游木帆船礼仪接待他，既不鸣炮也不铺红地毯。徐老板非常气愤，他借口汉口码头脏，令员工以益阳小曲酒洗码头。从此以后汉口码头的名称就变成了"酒洗码头"；上游的船户们认为是大长了上游人的志气，而且，更令人没想到的是"酒洗码头"也成为了一种无形的商业广告，在徐志潭酒洗码头后，"益阳小曲"在武汉畅销了半个多世纪。

12. 嘉禾倒缸酒

"嘉禾倒缸，美酒飘香。"嘉禾县酒厂生产的倒缸酒，是湖南民间特有的传统名酒，属甜型黄酒类。其制作程序是：先将淘净的优质糯米蒸熟，然后放入药曲糖化成甜糟，再按比例兑水，待贮存若干天后，即成色清味醇的嘉禾水酒。因气温之故，冬至酿制的水酒色更清、味更醇、酒糟化酒率高，故每年"冬至"时节，家家户户将糯米酿酒，直到"春节"才开盖饮用。"冬至酒、舀断手。"嘉禾人爱饮嘉禾水酒，很多农户除过年酿酒以外，常自酿自饮，常年不断。倒缸酒是在提高嘉禾水酒酿造技术的基础上酿制而成的。即将糟烧或水酒倒入未兑水的甜糟中，若干天以后，缸中酒香扑鼻，取出品尝，口味绝佳。因该酒在酿制中将糟烧或水酒倒入糟缸，故名"倒缸酒"。嘉禾酒厂于 1990 年酿造成新产品"嘉禾倒缸酒"，1991 年进行批量生产并通过省级技术鉴定被列入省新产品，同年 10 月在中国食品工业 10 年（1981—1990）新成就展示会上荣获"优秀新产品"奖。1992 年荣获湖南省轻工业厅"科技新产品"奖。该酒色泽棕黄，余香浓郁，入口醇和，酒度22°左右，糖度（以葡萄糖汁）15% 以上，属低度甜型营养酒。经科学测定，富含人体必需的氨基酸达 22 种以上，还含有人体需要的多种维生素、无机盐和碳水化合物，它既香且甜，色黄如金，其营养成分的含量为啤酒的 5 倍，虽酒度低但醇烈而后劲大，具有滋补养身、强力健体之功效。嘉禾人把它比作"茶籽饼闹鱼——冷发作"。嘉禾倒缸酒投入市场后，深受消费者青睐和喜爱，人们对它的评价是："知道不会醉，醉了不知道。"原全国政协副主席、中顾委常委萧克将军称赞"水是家乡甜，酒是倒缸好。"

13. 邵阳大曲酒

浓香型白酒。邵阳历代盛行饮酒，1907 年所撰的《邵阳县乡土志·地理、商务》载："本境销售之货，酒有水酒、火酒之别，火酒以火烤出气水，自贮水锅滴下，性最沉寒，久食多败脾胃。火烧酒以杂粮为主，味更烈。其他如包谷、红薯亦可作酒。"1952年邵阳市政府合并全城八家酒坊，组成邵阳市酒厂，在火酒工艺基础上仿山西"汾酒"的酿造技术，生产出"邵汾"酒，1960年被评为湖南地方名酒之一。此后根据当地消费者对浓香型白酒的嗜好，吸取"五粮液"酿造技术，生产出"邵阳大曲"。该酒清亮透明，窖香浓郁，味道纯正，上市后以价廉物美而广受欢迎，畅销不衰，湖南人昵称为"邵阳大"。

14. 雁峰大曲酒

浓香型曲酒。酒度有54°、48°和38°三种。"雁峰大曲"产于华泽集团2006年组建的湖南雁峰酒业有限公司(原湖南衡阳回雁峰酒厂，该酒原名"回雁峰大曲")，因南岳七十二峰之首峰回雁峰而得名。1935年《中国实业志·湖南省》载："湘酒以衡阳产者为最著。自来有酃湖名酒……晋代用以祀太庙，清初作为贡品，名曰'衡酒'，其质冽，其味醇，为湖南其他各县酒产所不及。""雁峰大曲"以优质高粱为原料，精选小麦制作大曲，采用古"衡酒"传统工艺，参照四川"泸州特曲"的生产技术，结合衡阳地方气候、水质等条件，采用老窖陈酿，定期贮存，精心勾兑的独特工艺而推出的浓香型曲酒，以口感醇厚甜润、酒质清澈透明、窖香浓郁、入口甜绵、回味悠长、饮后余香为特征，深受各界人士好评。该酒自1961年起，历届评酒会上均获省级优质酒的称号，1988年被湖南省经委评为"湖南名酒"，并在1988年中国首届食品博览会上获得金牌奖。1999年，"回雁峰大曲"、"禹文"牌神禹系列酒被授予"湖南省消费者最信赖品牌"。2006年以来，"雁峰"系列产品有"雁峰1958"、"雁峰皇"、"雁峰王"、"雁峰特曲"、"雁峰大曲"5款产品，"老窖原酿，上口不上头"是雁峰酒上乘品质的体现。该系列酒品质和形象均优,上市以来备受消费者的青睐,被选为"衡阳市市委市政府接待专用酒"。

15. 长沙大曲酒

产于长沙市酒厂,属浓香型大曲酒,酒度57°～58°。该酒以优质高粱为原料,白沙古井泉水为酿造用水,以小麦制成中温曲作为糖化发酵剂,采用传统性的泸型混蒸生产工艺,低温入池,发酵期长达两个月,缓慢蒸馏,分质贮存一年再经精心勾兑而成。酒液"窖香浓郁,芳香柔美,入口绵甜,醇厚,风味纯正,回味香甜悠长"是其特色。该酒1979年5月即被正式评为湖南省优质大曲酒,消费者以争饮为快,深受饮用者喜爱。

16. 中华猕猴桃酒

湖南省优质果酒,常德澧县酒厂和浏阳县酿酒厂均生产该酒。

常德澧县酒厂的中华猕猴桃酒自问世以来多次获奖:1985年,中华猕猴桃酒被评为全国轻工业优秀新产品,中华猕猴桃干酒在1985年8月省轻工系统酒类质量检查评比会被评为湖南省名酒并获金杯奖。专家的评语是:"色泽浅黄、清亮,味爽醇和,微有异臭味,稍酸、风格典型。"1986年2月,再获湖南省名、优、特、新食品"芙蓉奖",并被评为"消费者最喜爱的食品"。1987年5月再获"芙蓉奖"。1988年12月,在北京举行的首届中国食品博览会上,澧县酒厂兰江牌中华猕猴桃干酒获金奖,兰江牌中华猕猴桃甜型酒获银牌,专家们盛赞澧县酒厂生产的中华猕猴桃酒质量和风味均处于国内领先地位。是年,该双酒又被评为湖南省优质产品。

浏阳县酿酒厂于1983年也开发了中华猕猴桃酒。该酒酒质色黄,澄清透明,具有果香及陈酿酒香,甜度适宜,味纯爽口。

1984 年 9 月湖南省经委批准其为省优质产品。

17. 浏阳小曲酒

米香型小曲白酒，用优质大米酿造，有 57°、50° 和 38° 三种。浏阳民间历来有以米加小曲酿制烧酒的习俗，称"浏阳烧酒"，以醇香温雅、进口绵软的特色享名，至今尚有民谚流传曰："浏阳河水甜又亮，蒸出美酒百里香。"据目前掌握的资料考证，浏阳小曲酒以私人小酿酒作坊经营酿造始于明朝武宗正德元年（1506 年），20 世纪初浏阳已属全省 23 个重要产酒县份之一，产品行销省内及江西、湖北等地。1952 年，在公私合营的基础上，正式建立浏阳县酒厂，采用浏阳河畔天马山下清泉，以特制的草药小曲为糖化发酵剂，经过固态糖化、半液态发酵、清蒸清烧、掐头去尾、按质陈贮等工序后，再精心勾兑而成。该酒酒液清亮无比，蜜香清雅纯正，入口醇甜爽净，余香回味怡畅，上市即获得消费者的普遍赞誉，1966 年就被评为湖南省优质酒，1972 年被评为湖南省名酒称号，1985 年及 1988 年连续被评为湖南省优质产品。1984 年先获轻工业部酒类质量大赛银杯奖，再于中国第四届评酒会上荣获国家优质酒称号及银质奖章。1989 年，在第五届评酒会上蝉联国家优质酒称号及银质奖章。

18. 永州异蛇酒

永州异蛇酒集饮料与保健于一体，对人体无毒、无副作用，性能稳定，风味独特，被称作湖南一绝。永州异蛇酒在永州民间已有 1 000 多年的历史，千多年前永州人就知道用异蛇制酒、制药，在民间有许多制酒、制药的秘方。唐代文学家柳宗元在千古名篇《捕蛇者说》中称："永州之野产异蛇……可以已大风，挛踠，瘘疠，去死肌，杀三虫。"永州异蛇酒采用永州特产之异蛇，配以多种名贵中草药及陈粮酿酒，在历代民间秘方基础上，采用现代工艺，生浸活蛇精制而成。具有祛风除湿、益气活血、滋补阴阳、强身健体、提高人体免疫、抗疲劳和调节作用。该酒多次被评为国家级金奖产品，湖南省乡镇企业名牌产品，湖南省技术监督局产品质量信得过产品；并被国家卫生部批准为保健食品，异蛇酒及其配制方法已获得国家知识产权局授予的发明专利。湖南省委、省政府将永州异蛇酒列为"湖南省重点扶持的农副产品十大系列名牌产品"之一。

（三）湖南地方特色酒

1. 祁阳压酒

糯米甜酒与家酿白酒的混合酒。为家庭自酿自用或款客饮品，未进入市场。所谓压酒，即将糯米酿制的甜酒糟，掺进（也叫压进）家酿的米酒中酝酿数日而成，饮用时滋味略甜于米酒，酒精度则略高于甜酒。浆液浓稠，芳香馥郁，盛满杯中可以微微凸起而不溢于外，风味极佳。

2. 蛾公酒

滋补性药酒。常德地区的养蚕场里一般都有酿造。该酒以柞蚕雄蛾加上桑椹、山茱萸、茯苓、杜仲等十多种中药材，利用传统的酿酒技术酿造而成，具有补肝肾、壮阳、养精、美颜、抗衰老的功效。

3. 永州双鞭王酒

滋补性药酒。采用永州异蛇的蛇鞭为主料，以纯正的粮酒为基酒，佐以枸杞、海马、西洋参等多味滋补药材，经过长达一年的浸泡而成。具有补精益肾、祛风除湿、强身健体等作用，能治疗手脚麻木、关节炎等疾病，口感亦佳。

4. 张家界竹冰酒

饮用、保健两用酒。将优质曲酒注入正在生长的楠竹中，密封后发酵三个月，砍下楠竹，取出曲酒，再加以调制而成。酒中所含竹叶黄酮可以保护心血管系统及支气管黏膜，并能增强人体的免疫力，故除具有冰凉清爽的特殊口感外，还是国内首创的饮用、保健两用酒。

5. 绞股蓝蜜酒

滋补性药酒。该酒色泽淡黄，晶亮透明，香气协调，滋味纯正，风格典雅，系国内首创，是一种男女老幼皆宜的滋补健身酒。在平江县的崇山峻岭中，有一长寿之乡名叫长寿街。这里的人们，其寿命普遍高于当今世界的人均寿命。在当地，关于此酒的来历还有一段美丽的传说。传说当地曾有一位老人，在当地九岭放牛时，因疲倦而睡在山墈的石头上，睡梦中得以听到两位仙人的对话，其中一位长须仙人说："此乃宝地，生有仙草，绿藤无节，七叶一爪，枝叶鲜嫩，味如甘草，荒年充饥，久食延寿。"语毕，即驾云而去。老人醒后，四周寻找，果见周围生长有七叶的绿藤，遂采入口尝之，味甜如甘草，于是他经常采食，食后身强体健，耳聪目明，一直活到180岁。直到刘伯温来祝寿，才因大笑而死。当地还流传着四句诗："寿高三甲子，眼观九代孙。若问送终子，江西刘伯温。"自此以后，当地人们都仿效此老人，经常采食这七叶草或用它酿制成低度药酒。据文献记载，自唐宋以来，此地长寿老人屡见不鲜。在1979年去世的俞生尧老人就寿高达113岁。现据社会学家和医药保健专家调查研究得之，当地人食用的七叶仙草就是有"南方人参"之誉的葫芦科植物绞股蓝。它含有多种绞股蓝皂甙，其中四种与人参皂甙完全相同，另外11种也十分相似。

据国内外药理和临床研究证明，绞股蓝总皂甙具有提高人体免疫力、抗疲劳、抗肿瘤、防癌抗癌、减肥、防止动脉硬化和促进细胞新陈代谢等多种生理活性。平江县酒厂与湖南省食品工业公司联合研制的绞股蓝蜜酒、白酒和清酒等系列酒，就是以绞股蓝总皂甙和被誉为"蜜中之冠"的山桂花蜂蜜为主要原料精酿而成，深受饮用者喜爱。

6. 张家界杜仲酒

滋补药疗酒。慈利县和桑植县是全国杜仲种植面积最大的地区。根据"三个自然带"理论，湘西处于"气候上的微生物带、土壤中的富硒带、植物群落里的亚麻酸带"，故这里的杜仲富含硒和亚麻酸，对人体健康具有独特效果。用该地生长的杜仲等药材酿成的杜仲酒，色黄质纯，气味芳香，入口绵甜，具有补肝肾、强筋骨、壮腰健身和减肥之功效。1995年3月26日，江泽民总书记来慈利视察工作，在慈利宾馆午餐时喝了少许杜仲酒，称赞说："杜仲酒，蛮好喝嘛！"此后，这一句话成为了慈利杜仲酒的宣传语，人称"金口玉言"。

7. 米酒

米酒，酒酿又名醪糟，是用糯米发酵，类似酒酿的半流质食品，古人称之为"醴"。它是湖南各地民间自酿的最常见的传统风味小吃。湖南民间一般称它为"甜酒"、"米酒"，有些地方也称其为酒酿、酒娘、酒糟、甜米酒、糯米酒、江米酒等。有人认为，《楚辞·招魂》中"挫糟冻饮，酎清凉些"即指长乐的甜酒。长乐属今汨罗市，是一座历史悠久的古镇，当地民间自酿甜酒以汁醇糟甜著称。走遍湖南，米酒的吃法可能是食品中最趋同一致的，最简单的吃法是生吃，一般连糟一起饮用，刚刚发好酵的醪糟有些微温，口感发酸，要等凉透了才好吃。现在一般连盆带醪糟一起放进冰箱，这样既可吃到凉透的醪糟，又可防止因过度发酵而导致醪糟变酸。比较传统的吃法有甜酒加汤圆、鸡蛋、白糖、葡萄干、桃仁、花生、果干等，做法和味道也几乎差不多。对于老百姓来说，甜酒是家家喜爱的小吃，在冬天的早晨或晚上，蹲在小火炉旁，喝着滚烫的醪糟，浑身顿生暖意，是一种享受。特别是在除夕这一天农村祭祀其祖先时，一般人家都是用该年立冬节后所酿制的"甜酒"来祭祀。随后，在农村的正月中，招待亲戚朋友所用之酒，也以该酒为主，俗称"喝新酒"。

8. 谷酒

谷酒是我省古老的传统酒种，湖南各地均酿此酒。谷酒是以稻谷为原料，以纯种小曲或传统酒药为糖化发酵剂，经培菌糖化，在缸中发酵后，再经蒸馏而成的酒。湖南的早籼谷是生产谷酒的好材料，乡间谷酒原汁原味，未勾兑任何酒精、香精等物质。直接饮用具有味道纯、口感好、不刺喉、不伤头之特性；农村还用自酿谷酒浸泡药酒，不会触及药物成分和功效，对药酒性能的发挥具有"药"半功倍之效果；其原料配方一般是每 100 公斤稻谷加酒曲 0.6 公斤～1.2 公斤。工艺流程：稻谷→漂洗→去瘪谷→浸泡→蒸谷→出甑→泡水→复蒸→摊凉→拌曲→培菌糖化→落缸发酵→蒸馏→成品。

9. 荷花酒

荷花酒，是常德、益阳和岳阳等洞庭湖区的特色酒。洞庭湖区湖塘多，湖塘大都长荷花。湖乡的莲和藕是人们熟悉的美食。荷花酒与荷花有关，据说该酒是益阳一养荷莲的老翁首先创造的，老翁每年在夏末初秋时节荷花盛开、新谷进仓之时酿制该酒，且一酿必三坛。该酒清淡爽口、荷香浓郁、回味无穷。酿荷花酒是用当年的新谷蒸煮，加酒母发酵，用冷水催凉后晒至半干，再拌入新鲜的荷花和荷叶，后蒸馏，便酿出了荷花酒。据说，此酒有温中益气的功效，极有洞庭湖区特色，很受饮者喜爱。

10. 金刚刺酒

金刚刺又称爻刺、考刺、山羌，为百合科落叶攀援灌木，在湖南山区资源丰富，多生于山区较潮湿的山坡林下，株高达0.5～2米。金刚刺根状茎富含淀粉，是做酒的原料，"文化大革命"时期，因粮食十分紧缺，在湘西和湘南等部分县市常以此酿酒，每100千克可酿造40°白酒35～40千克。该酒药效显著，具有除风湿、活血、解毒、镇惊息风和抗癌等功效，深受民间喜爱。

11. 稗子酒

稗子生于沼泽、沟渠旁、低洼荒地及稻田中，适应性强，生长茂盛，为常见稻田杂草。饲草及种子产量均高，品质良好，营养价值也较高。其鲜草是马、牛、羊的饲料；干草，牛最喜食。谷粒可作家畜和家禽的精饲料，亦可酿酒及食用。根及幼苗可药用，能止血，主治创伤出血。茎叶纤维可作造纸原料。在20世纪60年代～70年代，在湘北和湘中民间，每到秋季，家家酿酒时，所用原料除玉米、高粱外，还喜用稗子，并以稗子酒最好。酿酒时，先将原料捣碎，蒸煮后放酒药装坛封存，10天后即可启封冲饮，度数不高，淡而醇，有解渴提神之功效，很具地方特色，深受饮者厚爱。

12. 红薯酒

红薯又称地瓜、白薯、甘薯、番薯、红苕等，为旋花科一年生植物，是一种药、食兼用的健康食品，也是天然的减肥"良药"。湖南娄底、郴州、宁远等地家酿酒以红薯酒最为普遍，在宁远有"宁远红薯酒，农民家家有"之说，很有特色。在湖南少数民族瑶寨里每家每户都有一个特制红薯酒的家坊，红薯酒有它的特性：

其一是红薯酒具有色黄、味甜、清香、润喉的口感，酒的度数不高，如清冽的泉水，喝了还想喝，即使酩酊大醉，头也不痛。其二是它是绿色食品，农民种红薯时是不会放任何农药及化肥的。红薯酒具有强身健体、防癌美容和驱风寒去感冒的作用，"小小感冒有何妨，盐酒一杯是良方"。就是说湖南山民感冒头痛时，将粗食盐烧得爆响，然后倒入红薯酒，便兑成了盐酒。这样喝后，感冒之类的小病便会治愈。

13. 苦楝酒

苦楝酒，是在 20 世纪 60 年代三年困难时期馋酒的人发明的，后在常德安乡、津市和益阳南县等均有酿制。苦楝酒是用苦楝树上结的苦楝籽酿制而成的。苦楝酒醇郁味苦，带涩麻口，劲大，极难下口，下口后喉舌有清凉畅快之感。据民间传说，喝苦楝酒还要感谢白头翁鸟。秋天，苦楝籽黄灿灿的一串串挂在苦楝树上的树枝上，白头翁窜上跳下地抢食着苦楝籽。白头翁能吃，人不能吃么？受了白头翁的启发，以后就有人用其熬酒。苦楝籽味苦，但淀粉含量多，有营养。苦楝籽本来是味性凉的药，《药性赋》曰：能杀虫消炎。用其熬酒不知保存这个药性否。据说，苦楝酒压坛时间愈长，酒的口感愈好。

14. 蚩尤古酒

蚩尤古酒是新化县人民为纪念蚩尤，特以其名酿造的美酒。该酒曾获中国湖南(国际)农博会金奖。

蚩尤，上古时代九黎族部落酋长，中国神话中的战神。传说蚩尤有三头六臂，铜头铁额，刀枪不入。善于使用刀、斧、戈作战，勇猛无比。蚩尤被黄帝求天神所杀，帝斩其首葬之，首级化为血枫林。后黄帝尊蚩尤为"兵主"，即战争之神。他勇猛的形象仍然让人畏惧，黄帝把他的形象画在军旗上，用来鼓励自己的军队勇敢作战，诸侯见蚩尤画像不战而降。

近年来的学术研究和田野调查证实：蚩尤部落是一个以冶炼和战斗擅长的部落，蚩尤同样为中国古代文明的伟大缔造者之一。蚩尤为中国的物质文明作出了重要贡献：发明了谷物种植、金属冶炼和金属兵器的制造，他也是建立法规、实行法治的最早创造者和施行者。中国古代南方少数民族首领蚩尤及其部落的发祥地在以新化、冷水江市为中心地域的广阔的古梅山一带，蚩尤被视为梅山教的祖神，是人们顶礼膜拜的对象。湖南冷水江市已被命名为中国蚩尤文化保护基地，新化县是"中国蚩尤故里文化之乡"。

（四）少数民族风味酒

1. 苦酒

又称吊酒，系一种侗家不用烧的酒。通道县牙屯堡、播阳盛行，也酿得最正宗。其方法是：把糯米蒸熟，晾冷放入甜酒曲，置入大坛内酿制。待发酵后，滤去酒糟，纯甜酒水对半掺入侗乡山寨特有纯正洁净的矿泉水存入大坛中密封，半个月后即成。初酿的苦酒，色泽乳白，黏稠带丝，甘甜而略带苦味。最上品为九月初九酿制的苦酒，叫"重阳酒"，可放至过年时饮用，故又称"老酒"。那时其色透亮，倒出时带有丝状，劲力较足，苦味较浓，被人们誉为侗乡的"土茅台"。这种酒，度低好喝，夏饮可解渴，冬饮可祛寒，是侗家待客的上等饮料，有"到侗乡没有喝苦酒，等于没有到侗家"的说法。苦酒后劲大，一般喝不醉，两三碗下肚开始没有什么醉意，一旦过量则醉而难醒，半个小时后开始发作，有的一醉几天才醒。故苦酒又有"醉不醒"、"侗家魔水"之称。

2. 烧酒

侗族家酿低度白酒。其制作方法是用锅将籼米煮熟、放凉，拌入烧酒曲，装入木桶或大缸中密封，待酒发酵后，放入蒸酒锅中蒸。蒸的方法是：将酒糟倒入锅里，架上烧酒架，其架为一圆桶，比锅略小，中间斜放一槽轮，接下漏出的酒并送至桶外。架上放一铁锅盛满水，灶下生火，烧开后蒸汽沿锅底滴入槽内。等盖锅水热后再换一锅浸水。换三锅后，酒差不多收完，再收即为醋。除籼米外，还可用红薯、包谷酿酒，方法相同。

3. 泡酒

苗族糯米甜酒。制法为：将糯米蒸熟后，浇上适量的甑脚水，待水滴完，倒入簸箕中，待温度稍降，即将捣成细末的酒曲撒上拌匀，放入坛中发酵。两三昼夜后，启盖加水即成泡酒。如不加水，便成甜酒。

4. 侗族特酿甜酒

侗族特酿甜酒是用优质糯米酿制而成的一种营养丰富的保健食品，湖南省通道侗族自治县皇都侗族文化村特酿，也是侗族平时待客的一种高级饮料。它含有多种维生素、氨基酸、糖类和少量醇类物质，常饮可增加食欲，改善营养，促进血液循环，给人体提供一定的热量。甜酒冲蛋更是补养身体、催乳驱寒的佳品，男女老少皆宜，经常饮用非常有益身体健康。侗族民间有这样的一句口头禅："不会喝甜酒，不是侗家汉；有客没甜酒，好菜也空有。"可见侗家对甜酒的酷爱。尤其在六月天，客人进屋，主人从缸里舀半碗甜酒，掺入刚从井里打来的泉水献给客人，吃下去又甜又凉，一路的疲劳顿时消失。

5. 烤酒

苗族玉米酒。制法为：将玉米洗净后，入锅中煮，待熟后取出冷却，再用清水洗过，置于木甑上蒸。熟后取出冷却，拌以酒曲，置于晒簟内壅成堆，上用簟子盖好。一星期后，发酵的玉米散发出香气，取出放于甑内，置于一大缸内，以便甑内酒出流入缸中。木甑上端，安一口大锅，锅中装入冷水。水在大火中烤开后蒸汽上升，遇锅底冷气便凝成酒，流过涧槽进入酒坛，即成。酒香醇厚，饮之回味无穷。

6. 瓜篁酒

瑶家特色酒。瑶家多居高寒山区，多岚瘴，平时劳动强度也很大，常须以酒来活血御寒；加上瑶胞好客，亲友来访，无不以酒相待，故大多数男女都爱喝酒，尤其喜爱自酿"瓜篁酒"。瓜篁酒以杂粮为原料，如以玉米粒或碎玉米、小米、旱稻、红薯丝等混在一起蒸熟成饭，将自制的酒曲（以各种药材配制）撒在饭里拌匀，盛入缸中压实，并在饭中开一个小碗深的酒井，加盖保温，两天后即可饮用。如果这时将酒拌匀，盛入坛中收藏，保存期可延长至数月或半年，堪称瑶家的"老窖"。饮用时将酒兑开水或入锅熬煮后，用一个葫芦瓢，即所谓"瓜篁"，将酒舀出盛入碗中饮用，连糟带汁，微苦而甜，风味极美。瑶家用"瓜篁酒"款待客人时，常可听到"苦年，苦年，再来一瓜篁（瑶语，即好酒，好酒，再来一碗！）"的劝饮声，客人无不连连叫好。

7. 灯笼果酒

桑植白族传统保健酒，有数百年历史。当地民谚云："盐豆腐干子灯笼果酒，马合口的草帽四外走。"醇香浓郁，颜色酱红，味道甘香纯正，饮后回甜，性柔不烈，老少皆宜。选颜色鲜果、个大饱满的成熟灯笼果，去刺洗净晾干，按比例配量，置于上等米酒中密实浸泡，经七七四十九天，便可开坛取用。灯笼果，药名金樱子，别名刺果，丛生郊野，表皮有刺，色赤黄，味初涩，红熟时甘甜，形似灯笼。《本草纲目》载："金樱子在处有之"，"气味酸、涩、平，无毒。主治脾泄下痢，止小便利，涩精气。久服，令人耐寒而轻身""活血驻颜""补血益精"，"若精气不固者服之，何咎之有"，"金樱子止遗泄，取其温而涩也"。由于灯笼果"补治有殊效"，用它泡制的酒既是佳酿，又是保健佳品。

8. 金樱子酒

金樱子酒也称阿斑子酒、湘西红，是土家族特色酒。酒度17°～18°，糖分16%～18%，为甜型酒。该酒具有祛风湿、助消化、固精补骨、降血脉、防癌、抗癌等多种功效，体纯正自然，色彩金黄，不加任何色素，口感极佳。该酒以湘西高山野生金樱子为原料，将传统工艺和现代酿酒技术完美结合，酿造了湘西特产湘西红——金樱子酒。每年深秋至霜降时，湘西群山中野生的一种小精灵便红了，乡民们管她叫"阿斑子"，《本草纲目》里管它叫"金樱子"。"金樱子"的性味和功用：酸、甘、涩、平。归肾、膀胱、大肠经。因精缩尿，涩肠止泻。用于肝肾亏虚，腰膝酸软，遗精，滑精，遗尿，久虚久痢，肺虚喘咳，自汗，盗汗，女子崩漏，带下；它不仅是一种好药材，更是一种天然的酿酒好原料。用金樱子酿酒是湘西地区的古俗，在湘西已有两千多年的历史。令人称奇的是：一般添加药材的酒总免不了有一种药味，而湘妃酒厂经过多年研究，采取新的工艺，酿出的金樱子酒却只有一股浓浓的金樱子果香。

9. 南瓜酒

南瓜酒是湘西、怀化毛南族的特色酒，在当地，南瓜酒被美誉为"天浆地露"。《本草纲目》中说南瓜"有补中(脾、胃)益气之效"，明朝《饮食须知》中说"南瓜味甘、性温、入脾气"。现代医学研究证实，南瓜含有多种维生素，营养价值极高，特别是含有降血糖因子，是糖尿病患者的辅助食疗佳品，还有预防心血管疾病、防治动脉硬化、抗癌、抗高血压等功效，故民间有"热天半块瓜、中药不用抓"的谚语。南瓜酒酒色晶莹杏黄，醇厚丰满，芳香独特，留香不息，透出南瓜特有的香气；饮后不上头、不口干，回味无穷，不仅能驱除疲劳，而且还有抗癌、抗高血压、预防糖尿病等辅助功效，深受当地人喜爱；毛南族酿制南瓜酒就用本地产的酒饼来发酵，先把南瓜煮熟，摊在竹席上，晾冷后撒酒饼（研成粉末），投入缸里或坛里发酵。冷天放在暖处或用烂棉被、玉米叶、棕皮盖上保温，待发出酒香味即用微火蒸制即可。南瓜酒既是纯绿色、纯天然的饮宴佳酿，又是保健康的养生白酒，是民族酒类品种中的佼佼者，是中华酒文化中独一无二的稀有珍品。

另外，在常德和益阳乡村还有更特异的酿造南瓜酒的方法，此法就是在 6 斤 ~8 斤重的南瓜顶部掏个直径 2 厘米的小洞，将 5 克左右秘制酒饼"塞"进南瓜，再密封住孔。大约一周后，将南瓜的汁液全部倒出蒸一下以杀菌就可得到甘甜清冽的南瓜酒。

10. 包谷烧

包谷烧是土家族的特色酒，酒度 52°，该酒被称为张家界市市酒。湘西人逢年过节都饮包谷烧。度数高，酒很纯。旧志载："邑，惟产包谷烧。"土家包谷烧以土家山寨无污染山泉、玉米、高粱等为原料，秉承湘西民间酿酒工艺之精髓研制而成。湘西土家人最爱喝此酒，该酒酒味纯正甘绵，清香醇厚，外以张家界楠竹盛装，酒味更醇和、更营养，兼有竹香味，醇而不辛，香而不辣，绵而不涩，深得广大消费者的青睐，人们常说："湘西不可以没有包谷烧！""不喝包谷烧，就不算到过湘西。"土家酒歌唱道："大方美酒包谷烧，土碗装起像混汤；只要弟兄都高兴，管他肠胃伤不伤。"

11. 苦瓜酒

苦瓜酒是我省湘西、湘北等地区多民族的民间自酿保健药酒。该酒具有清热解毒、怡心明目、养血滋肝、润脾补肾等多种功效。常饮苦瓜酒，可促进食欲、清热解毒、泄热通便，而且还具有预防和治疗感冒、扁桃体炎、咳嗽等作用。

湘北常德一带民间传说，该酒是一个高考落榜的农家子弟率先创造发明的。其酿造方式很特别，讲究"瓜在瓶里，瓶在架上"，就是说要把酒瓶子固定在苦瓜架上，让苦瓜在瓶子里长大。苦瓜在瓶子里长成果皮呈青绿色后再把度数较高的白酒灌进瓶里浸泡40天~60天即成。苦瓜有"菜中君子"的美称，其魅力在于苦(即苦瓜甙)，这种苦虽苦尤甜，民间一般采用度数高的白酒浸泡苦瓜，说是因为这样有利于苦瓜甙的溶解。当瓶内的苦瓜条变成土黄色浸渍状，酒液有混浊感时，该酒就可饮用了，品尝时会有味苦爽口之感，是货真价实的绿色饮料，很有特色。

第三章　湖南名士与酒

　　湖湘大地，山川形胜，历史悠久，文化积淀十分深厚，湘人精神代代相传，孕育了一大批杰出人才，形成了灿若繁星的湖湘人才群，近、现代就有人称誉湖南"惟楚有才，于斯为盛"、"一部中国近代史，半部由湘人写就"，纵观青史，方知此言不虚。楚汉以后，湖南在中国历史各个时期都涌现出了各方面的人才，三国名相蒋琬、东晋史家邓粲；唐"翰墨之冠"欧阳询，"狂草醉僧"怀素，诗僧齐己；宋代"獐猿画家"易元吉，理学大师胡宏、张栻、经学名士易袯，元代文豪冯子振，"一代宗师"欧阳玄，明代诗人李东阳、楚史大家周圣楷，"楚陶三绝"陶汝鼐，清代经学"四王"之王夫之、王文清、王先谦、王闿运……不胜枚举。在中国的历史上，湖南人才群体产生于唐代，从清朝道光到中华人民共和国建立的近代，湖南开始人才鼎盛，尤其是近 200 年来，青史留名的湖南人灿若星辰。湖南是中国近代史上政治家、革命家、军事家、战略家、哲学家、文学家的摇篮。在文化艺术方面的杰出英才，湖南就更是"惟楚有才"了，湖南的山山水水，确确实实是一块孕育伟人的热土。正如今日学者罗福惠先生所云："从三国到清末一千余年间，著家不下五千，著作近十万种，这昔年的屈子贾谊伤心之地，成了人文荟萃之区。"

　　20 世纪下半叶，三湘大地又崛起了一个令世界瞩目的人才群体，这就是湖南院士群体。早在 1948 年 3 月，中央研究院首次选聘院士81人，湖南就有六人当选。中华人民共和国成立后，自1955年中国科学院选聘学部委员（1994年改称院士）和中国工程院1994年选聘院士以来，全国的两院院士只有1 000多人，其中湖南院士达百余名。不少湖南院士在国际上享有很高声誉，在国际科技的某一领域创下了许多第一，或成为某学科的创始人和开拓者。1992年邮电部发行一套四枚的《中国著名科学家》纪念邮票，湖南就占去两人：一位是世界上第一个分离出沙眼病毒依原体的微生物学家汤飞凡；一位是中国骨肠病学创始人之一的医学家张孝骞。还有在国际上首先提出粒子旋转态振幅的理论物理学家周光召，有被誉为"杂交水稻之父"的农学家袁隆平，有"地洼学说之父"美誉的地质学家陈国达等。像这样享有国际盛誉，在某一领域有开拓性创新的两院院士，湖南不下数十人。正如毛泽东的老师杨昌济先生所说："湘省士风，云兴雷奋，咸同以还，人才辈出，为各省所难能，古来所未有。……自是以来，薪尽火传，绵延不绝。"著名史学家谭其骧更是一语中的："清朝以来，湖南人才辈出，功业之盛，举世无出其右。"

湖南在中国的古代被称为楚地，虽然秦始皇征服了楚地，统一了中国，但是，还是楚国的农民陈胜、吴广揭竿而起的农民起义推翻了秦政府的暴政。"楚虽三户，亡秦必楚"，象征了湖南人敢于斗争、敢于为自己命运和他人的命运而拼搏的精神，后来成为了湖湘文化中一个不可或缺的重要组成部分。"楚虽三户，亡秦必楚"一典出自《史记·项羽本纪》。此典一出，即被视作为楚人必胜信念的强烈表达，据说，湖南人的霸蛮精神就发源于此。"若道中华国果亡，除非湖南人尽死"杨度的这句诗也弘扬了湖南人一种更高境界的"牺牲精神"。此精神即"不怕死，不惜死，舍生取义，敢于杀身成仁，拼命苦干，至死不息，奋斗不止，鞠躬尽瘁，死而后已"。湖南人中自己主动"求死报国"的人数之多，是别的省份无法相比的。1905年，湖南人陈天华不满日本人横蛮对待中国人，为激励中国人的斗志自沉于日本海，以死惊醒中国人。不久后，湖南人姚宏业也自沉于海，希望在绝望中以血刺激、扎痛中国人麻木的神经。与此同时，湖南人杨毓麟在英吉利海湾自杀，又给风雨如晦、鸡鸣不已的国家增加了血红的亮色……湖南人不怕死不是放在嘴巴上，而是放在行动上。先说宋末潭州、湖南安抚使李芾的壮烈殉难就是气贯霄汉，感人心魄者，他用血与火照亮历史；再说湖南人和日本人殊死血战的四次长沙会战，虽湖南人付出了极大的代价，但湖南屡败敌军，给敌以重创，有力地配合了全国范围内的正面作战并在战略上配合支援了敌后战场的反扫荡斗争，为抗战最后胜利作出了巨大的贡献。湖南人在最危难关头，宁可舍生取义，也决不苟且偷生，表现出了视死如归之气概。"宁为玉碎，不为瓦全"，决不允许"黄钟毁弃，瓦釜雷鸣"，关键时刻，冲锋在前，生死关节，决不后退—— 这就是湖南人！"砍头不要紧，只要主义真。杀了夏明翰，还有后来人。"湖南人夏明翰的诗揭示了湖南人的死士精神的底蕴；"为有牺牲多壮志，敢教日月换新天。"毛泽东的这句豪气冲天的诗则道出了湖南人牺牲精神的内核。

从现代湖南人的很多俗话中也可看出我们湖南人的这种性格，如湖南人喜欢逆向思维，敢说"不"。20世纪50年代末60年代初，天灾人祸，人民生活遇到了很大困难，但谁也不敢议论决策失误者，都噤若寒蝉，只有湖南人彭德怀站出来说"不"，洋洋万言书直谏毛泽东。湖南人一般都是服弱不服强，你强他更强。毛泽东说："人不犯我，我不犯人；人若犯我，我必犯人。"这实际也是湖南人最爱标榜的一句话，末尾原本还有一句："一犯到底!"湖南人不抱团结伙，喜欢帮忙。好帮忙的湖南人的典型代表就是由毛泽东亲自树立的湖南省望城人雷锋，雷锋精神的核心就是乐于助人。雷锋精神不但影响了新中国一代人的道德情操观，也漂洋过海影响了外国人，据说美国西点军校还将雷锋精神作为军事战略思想来研究。

湖南人喜欢吃辣椒，也喜欢喝酒。辣椒和酒，代表了湖南人的性格特征：凡事要么不做，要做就做得最好，敢闯敢干，敢为天下先的精神和倔强性格！湖南人正以推广湖湘文化，传播湖湘精神——"心忧天下，敢为人先；生生不息，奋斗不止；创新不断，成功无限"，走出了一条新的道路。湖南人刀钢火辣的性格特征十分鲜明，与辣椒和酒的性格非常相似，归纳起来，有以下几个方面特点：质朴，务实而不务虚；倔强，又谓"霸蛮"，头撞南墙而不回；傲岸，不拘细行琐德；吃苦耐劳，如同骡子负重行远；坚韧执著，屡败屡战，不胜不归，打脱牙齿和血吞；刚健，勇于任事，锐意进取，敢为天下先；自信，天降大任，舍我其谁，当仁不让；好学，虽武将亦能折节读书，求知欲旺盛；任侠，路见不平，拔刀相助，疾恶如仇，锄强扶弱；特立独行，具有独立自由的思想和坚强不磨的志节，喜欢别出心裁，标新立异。

湖南古今名人中，多慷慨睿智之士，胸襟开阔，心怀天下。下面从酒的角度，看看古今湖湘名士（包括寓湘名士）与酒的故事。

一、古代湖南名士与酒

（一）长沙太守张仲景，借酒为民除疾病

"官随民愿守长沙，心涵包与万千家。兴亡盛衰同祸福，坐堂行医惠无涯。"这是湖南民间流传颂扬汉代医圣张仲景的诗。

张仲景（约150—219），名机，河南南阳人，当过长沙太守，所以有张长沙之称，是东汉末年与华佗齐名的著名的医学家。张仲景幼年时就对医学产生了浓厚的兴趣，后来从师于同郡名医张伯祖。由于他刻苦努力，很快就把老师的本领学到手，而且青出于蓝胜于蓝，年纪很轻就成了一名医术高超的医生。他青年时期曾被举过孝廉，但他对做官没有太多的兴趣，而是把主要精力献给了医学事业。

汉献帝建安年间（196—219），张仲景任长沙太守，这时期连年发生了全国性的瘟疫大流行，到处是一片凄惨的景象："昔年疾疫，亲故多罹其灾。""家家有僵尸之痛，室室有号泣之哀，或阖门而殪，或覆族而亡。"张仲景的家庭也遭到灾疫的严重摧残，10年间全族200余口就死亡了2/3。目睹这幕人间惨剧，张仲景万分悲痛，忧心如焚。在太守府大堂上，他利用处理政务之余，常常废寝忘食地为老百姓诊脉治病，拯救了许多重危病人。他还精研汉以前古代医学理论，广泛收集有效方剂，参证自身的诊疗实践，著成了《伤寒杂病论》（即今之《伤寒论》与《金匮要略》），为我国古代医学经典之一。对湖南境内医药的发展，影响极大且深远。一郡长官如此关心民众疾苦，自为人民爱戴。所以，题首的颂诗起句"官随民愿"四字，说得很贴切。省内历代医家服膺其书并有笺疏、阐述著作者，多达数十种。长时期里，湖南各地医师收徒弟，都必行"拜仲景先师礼"。

汉代医生，没有什么社会地位。张仲景身为太守，并不觉得行医就降低身份，而是充分利用已之所长，急民之疾，为民做好事，办实事。张仲景逝世后，老百姓自发出钱出力，在他的故乡河南南阳建立医圣祠，墓碑上书"汉长沙太守医圣张仲景墓"。

张仲景生活在中国的汉代，那时的人们都认为酒的药用功效是非常神奇的，当时流行的一个故事就可以说明人们的这种心理。有三个人早上起来冒雨行路的时候，有一个人饮了酒，有一个人吃了饭，有一个人也没饮酒也没吃饭，空腹。结果是：空腹的人死了，而吃饭的人病了，而饮酒的人很健康。这说明因酒是水谷之精气和精华成分形成的，所以它对人体正气和阳气的补充作用要大于一般的食物，所以饮酒的人很健康。这个故事也从另一个角度说明了张仲景所处的时代人们对酒已经很崇拜，老百姓非常关注酒的药用价值。酒既可以单独药用，也可以当药引或载体，还能和药材一起相辅相成发挥作用。张仲景在治病救人的同时，对灾疫进行全面认真的研究。他发现，死亡者中有70%得的是伤寒症（外感热病）。为了找到根除的良方，从根本上解除人民的痛苦，张仲景夜以继日地潜心研究。他"博求古训"，广采众方，在前人丰富的医学成果上，结合自己长期的医疗实践，认真探讨，深入研究，经过不懈的努力，终于在晚年写成了《伤寒杂病论》一书。这部医学名著集前代医学成就之大成，又有无数重大的发明与创造，将我国医学提高到一个前所未有的新高峰。张仲景的著述除《伤寒杂病论》外，还有《辨伤寒》十卷、《评病药方》一卷、《疗妇人方》二卷、《五藏论》一卷、《口齿论》一卷等等，可惜都早已散失不存。张仲景用酒治病和对酒的论述也大多保存在他的这些书籍中，清代著名医家王清任的一些临床方剂就是受到了他的启发。如《张仲景方》说："年年有邪气伤人，不幸遇上邪气就会身亡。用大豆十四颗和鸡蛋、白麻子、和酒吞服（可以预防）。"这样看来，陈设麻豆和酒服的风俗，应当是从《张仲景方》中开始记载的。张仲景在治疗疾病的过程中，对药方的施用及药物的炮制、服用、禁忌都作了明确的规定。他的配方简单适当，用药以廉价易得为先，往往收到显著疗效，颇便于生活困苦的劳动人民。为了充分发挥药物的疗效，他还改进了剂型，仅《伤寒杂病论》书中所记即有汤、丸、散、膏、栓、洗、浴、酒、熏、滴鼻、灌耳、灌肠等剂型，扩大了药物的使用范围。张仲景的《伤寒杂病论》和《金匮要略方论》被后人奉为经方，其所列方药，备受后世尊崇，习用常取捷效。在所述 232 经方所用药物中，其用酒者计 27 方之多，占全书方 11.83％，用酒之法分为五种，有以酒煎药（方有下淤血汤、红蓝花药酒、麻黄醇酒汤、瓜蒌薤白白酒汤、瓜蒌薤白半夏汤）；以酒水合煎（方有炙甘草汤、当归四逆加吴茱萸生姜汤、芎归胶艾汤）；以酒送服（方有薯蓣刃、肾气丸、九痛丸、赤丸、大黄蟅虫丸、天雄散、侯氏黑散、士瓜根散、当归芍药散、当归散、白术散）；以酒浸药，借酒以加强药效（方有防已地黄汤）和以酒洗药（方有大承气汤、小承气汤、调胃承气汤）。经方用酒颇有深义，纵观其方中酒的治疗作用，可概括为活血通脉、祛风散寒、温中助阳、行势纠偏等功效来给民众治病。故汉代班固在《前汉书·食货志》中就称酒为"百药之长"。

张仲景有句名言："进则救世，退则救民；不能为良相，亦当为良医。"他无心做官，却以救死扶伤为己任，他的高超医术为很多人解除了病痛。他在长沙和湖南地区的医疗实践，取得了巨大的成功，治愈病人甚众，湖南人民非常感激他，直至清代，长沙人为纪念他的不朽功绩，还"于贤良祠西"建有张仲景祠，其遗址在今湖南中医学院第二附属医院内。

为了纪念张仲景，由北京中医学院副教授翁健根据张仲景学术思想和用药组方设计、南阳酿酒厂研制成功了一种以其名命名的"张仲景补酒"，又称"医圣补酒"。该酒的主要成分有：白人参、山萸、地黄、红花、蜂蜜、冰糖等二十多种，呈浅琥珀色，透明，酒香纯正，药香爽悦，微甜适口。具有无病健身、有病治病、抗衰老、提神解乏的作用。

（二）龙标县尉王昌龄，借酒赋诗沅溪滨

王昌龄（698—755），字少伯，京兆长安（今陕西西安）人，唐代著名诗人，人称"七绝圣手"、"诗家天子"，与李白齐名。他一生诗歌创作成就颇高，尤以五、七言绝句为长。他的七言绝句以写边塞、从军为最著名。如《从军行》、《出塞》等，意境均开阔明朗，情调激越昂扬，文字精练，音调铿锵。被誉为是"继承建安风骨、扭转齐梁风气"的大诗人。王昌龄于开元十五年（727）登进士第，任秘书省校书郎。开元二十二年，又应博学宏词科登第，授汜水县尉。开元二十七年因事被贬岭南，次年被任命为江宁（今南京）县丞，世称王江宁。在江宁数年，因为人正直，敢说敢为，又不愿巴结权贵而屡遭诽谤，于天宝七年（748），以"不护细行"的空洞罪名，被贬为龙标（今湖南黔阳县）县尉。"昨从金陵道，远谪沅溪滨"就是他记录自己被贬龙标之事。李白有《闻王昌龄左迁龙标遥有此寄》相送。在龙标期间，作《宦楚诗二十九首》。

王昌龄到龙标后，清正廉洁，从不接受别人赠送的金钱礼物，生活非常清苦。他爱喝酒，每每想到自己所受的打击，心中便闷闷不乐，于是他常到洪江的一石头上抚琴饮酒，借酒消愁，后人为纪念他，便称此石为"醉酒石"。

王昌龄在龙标生活了七年，在这七年中，他写了不少诗篇，其中大都抒发自己被贬穷乡僻壤之后种种孤寂苍凉的情绪，如："沅溪下晚足凉风，春酒相携就竹丛。莫道弦歌愁远谪，青山明月不曾空。"（《龙标野宴》）"青水清辉远，俱怜一逐臣。"（《武陵田太守席送司马卢溪》）"醉别江楼橘柚香，江风引雨入舟凉。忆

君遥在潇湘月，愁听清猿梦里长。"(《送魏二》)等等。

王昌龄在龙标，非常同情老百姓的艰苦生活，与贫民群众打成一片，在当时百姓中是有口皆碑的，如今在黔阳民间还津津乐道地流传着他醉书"王皮也"的故事。

传说有一天，王昌龄醉酒之后信步走出衙门，路过一个皮匠铺。姓王的皮匠师傅看见王昌龄穿的靴子有些破损了，就执意要免费给他修补。一双旧靴经过王皮匠的精心整治，变得跟新的一样。王昌龄非常高兴，非要给钱不可，王皮匠又不肯收，两人争执不下，后来皮匠的妻子出来圆场，说是请王昌龄为他写个店名就行，钱就不要了。王昌龄认为行，皮匠妻便拿出笔墨，王昌龄趁着酒意一挥而就，写了"王皮也"三个字。皮匠不识字，第二天早晨早早地他就把此三字挂在了店铺门口。过路人一看招牌是王昌龄写的，都满口称赞字写得好，只是大都看不懂这三个字是什么意思。原来，王昌龄把"王皮匠"写成了"王皮也"。从此，当地人都非常亲切地称王皮匠为王皮也。名声一传出去，其生意还兴隆了好多。

同时，当地有个州官修建了一座花园，园内有个池子，取名"玉波池"。州官附庸风雅，很想请王昌龄题一块匾额。州官差人到龙标来请王昌龄题字，被王昌龄断然拒绝。官差无可奈何，想回去，又怕交不了差，正在进退两难之际，忽然看见在皮匠店前围着一堆人在指手画脚，议论纷纷，挤进去一看，原来大家正在看王昌龄给皮匠店写的招牌。官差喜出望外，好说歹说，花了300两银子买下"王皮也"三字招牌回家交差去了。

王昌龄回到衙门后，醉意清醒过来。他恍惚记得把"王皮匠"写成了"王皮也"。第二天，他又来到王皮匠的店铺里，准备给他重写一块招牌。当王昌龄得知官差花300两银子买走这三个字之后，他又在纸上写了七个"·"，然后交给王皮匠说："那个买走你招牌的官差，过几天他肯定还得来买你这7个'·'。他再来买时，你每一个'·'开价100两银子，少一两也别卖。这1 000两银子就算我付给你的补靴钱吧。"果然不出所料，第二天，官差骑着快马花了700两银子买走了这7个"·"，"王皮也"加上7个"·"变成了"玉波池"三字。后来皮匠夫妇用这1 000两银子为过路人修建了一座凉亭，称"王皮也"亭，还拿钱救济了不少穷人。

王昌龄在龙标，最喜欢去城西的临江楼喝酒散步。临江楼南临沅江，西傍舞水，北边有一口池塘，是龙标城里最清雅幽静的地方。传说临江楼里有个狐狸洞，洞里有个千年狐狸精。王昌龄和爱妻都非常喜欢芙蓉花，他被贬为龙标县令时，其爱妻刚刚去世，悲痛欲绝的王昌龄就将爱妻生前亲手种在屋下的一棵芙蓉花连根带土移来龙标，连同许多芙蓉树一起栽在"临江楼"下，每到夜深人静之时，王昌龄就在"临江楼"上对月抚琴，把酒当歌，与芙蓉相伴。王昌龄的一片痴情感动了狐狸精，每到夜晚狐狸精就变成他的爱妻来陪伴他，也有人说来陪伴他的不是狐狸精而是芙蓉仙子。王昌龄为官江宁时，常到润川（今镇江）芙蓉楼游宴，并写

图3－1　洪江玉壶碑

有《芙蓉楼送辛渐》一诗，后黔阳人为纪念王昌龄，把临江楼改名为芙蓉楼。清嘉庆年间，黔阳县令曾钰在风光秀丽的黔城西香炉岩也修建了一座"芙蓉楼"，清道光年间，本地知县状元之子龙启瑞还将王昌龄的"一片冰心在玉

壶"篆写成一"壶"形碑,称"玉壶碑"(图3-1),该碑现存列于芙蓉楼内,以纪念这位贬谪龙标的"诗家夫子"。今天,芙蓉楼依然屹立在黔阳县的沅水之畔,很有特色。

天宝十四年(755),安史作乱,王昌龄离开龙标返回故里,行至亳州(今安徽亳县),为刺史间丘晓杀害。

(三)李芾以酒送忠魂,殉节潭州浩气存

李芾(? ~1276),南宋末潭州(今长沙)守将,抗元民族英雄。字叔章,衡州(今衡阳市)人。为人刚直,办事公正,不畏强暴。他在湖南几处地方当过官,总是勤政为民。任祁阳尉时,赈荒即有声名;到永州做官时,有一伙盗寇为患乡里,李芾亲率1300人捣毁其巢穴,并将匪首蒋时选父子擒拿,肃清余党。湘潭县多豪族大家,他们骄横跋扈为霸一方,以前的县官均对此束手无策,李芾到任后,他不避权势,平均赋役,受到群众的拥护。由于李芾能抑制豪强,整顿吏治,办事又能干,受到各方器重,朝廷还将他调到当时的都城临安(今杭州)当知府。当时的南宋政府由宰相贾似道当权,他将一切事权据为己有。李芾因不附和贾似道,被诬以贪污,免职为民。

1274年,元军攻陷鄂州,为了保护自己的政权,朝廷重新起用李芾为荆湖提刑,以加强地方防备。贾似道兵溃芜湖后,李芾被任命为潭州知州,兼任荆湖南路安抚使。当时的荆湖北路州郡都沦陷在元军手中,潭州的形势非常危险。

德祐元年(1275)七月,李芾携全家老少来到潭州时,元朝大将阿里海牙率领数万大军南下,其先头部队已经抵达湘阴、益阳等地。李芾为了抵御元军的进攻,积极储备粮食,整修器械,加固城墙,修筑防御工事。同年九月,元兵直抵潭州城下,李芾身

先士卒，率领诸将分兵把守各处城门，城中的百姓全部自发地组织起来，编成队伍，协同作战。箭用完了，就将废箭磨光，再配上羽毛，继续使用；盐吃完了，就将盐库中的盐席焚毁，取灰再熬，以分给兵民食用；粮食吃完了，就抓雀捉鼠充饥。士兵百姓负伤，李芾亲自上门抚问，送去医药。他坚持日夜巡视城堡，加筑防御工事；每天深入民众之中，用忠义勉励部属，和元军作殊死搏斗。元兵派人来招降，被李芾抓住，当场处斩，以示坚贞。

李芾和他的将士们苦苦坚守达三个月之久，大小数十战，最后终因兵力悬殊，弹尽粮绝，潭州城被元军攻陷。与李芾一道守城的长沙人尹谷，授官衡州不能去上任，被李芾聘为参谋，共筹防御之策。长沙城陷之时，他将自家屋旁堆满柴草，全家人坐在一起，举火自焚。邻人闻讯来救，只见尹谷正冠端笏危坐于烈焰之中，全家老少葬身火海。李芾得知，感叹不已，摆坛以酒祭奠，叹道："尹谷是好男儿，先我就义了！"这天正是大年除夕，以酒祭忠魂后，李芾坐在熊湘阁上，双眼望着自己曾经战斗过的热土，泪流满面。他召来他的部将沈忠，给他一些银两，令他去处死自己的家人，沈忠无奈，只得借酒宴将李芾全家人灌醉，然后逐个杀死，共杀 19 人，李芾也自刎而死。沈忠又积薪焚尸，放火焚烧熊湘阁，再回家杀了自己的妻子，最后他自己也纵身跳入火海中，英勇殉国。

李芾借酒祭忠魂为国尽忠的消息传出后，全城官兵居民为李芾的精神所感动，纷纷杀身殉国，誓死不做"亡国奴"。衡阳人杨霆，在除夕城陷后，他跳水自尽，其妻妾奔救无及，也一道殉难。在岳麓书院读书的几百学生，在元军的铁蹄践踏下，英勇无畏，城破后，大多自杀殉国。潭州百姓在城破后，亦坚强不屈，誓死不为元军俘虏，"多举家自尽，城无虚井，缆林木者，累累相比"。

激烈而悲壮的潭州保卫战虽然失败了，但是李芾率领长沙军民死守潭州的壮举，表现了崇高的民族气节和湖湘人不怕死的精神，在长沙灿烂辉煌的历史上写下了不朽的一页。明成化年间，人们为了纪念李芾，在他殉难的熊湘阁修建了忠节公祠，主祀李芾，兼祀同时殉难的尹谷、杨霆等。大学士李东阳并为此作记，还在《长沙竹枝词》里称颂李芾的气节：

马殷宫前江水流，定王台下暮云收。

有井犹名贾太傅，无人不祭李潭州。

潭州军民抗击元军的战斗长达三个月之久，使元军遭受重大伤亡，元诸将十分恼怒，准备屠城报复。后来潭州的宁乡人欧道不顾安危，只身前往阿里海牙大营进行劝说，阿里海牙被他的勇气和言辞所打动，答应不再掠杀，长沙城终于得以保全。欧道的学问胆识与李芾等人的道德节操一样有口皆碑，传诵千古。

（四）梅花学士冯子振，借酒咏梅流千古

冯子振（1253—1348），字海粟，自号怪怪道人，又号瀛洲客，元代散曲家、诗人、书法家。湘乡人，一说为攸州（今湖南攸县）人。一生性豪嗜酒，每于酒酣耳热之际，诗兴大发，伏案即作，不论案存纸张多少，必一气写完而后止。后学称颂："海粟冯公，当酒酣气豪，横厉奋发，下笔一挥万言，少亦不下千言，真一世之雄。"《元史·儒学传》谓："天台陈孚其为诗文大抵任意即成，不事雕琢。攸州冯子振其毫俊与孚略同，而孚极敬畏之，自以为不可及。子振于天下书无所不记；当其为文也，酒酣耳热，命侍史二三人洞笔以俟，子振据案疾书，随纸数多寡顷刻辄尽。"他著有《居庸赋》，首尾五千言，雄浑正大，闳衔钜丽。扬州《汉寿亭祠碑记》，由苏昌龄起句，冯子振脱草，赵孟頫书写，后世誉为

"三绝"。《中国文学史》列举的元代前八位著名散曲作家，子振是其中之一。能入选《四库全书》《古典文学大观》等书的，在现今湘乡范围内，仅冯先生一人，就是在全省可与冯先生比肩的亦是凤毛麟角。清代黄文王介曾断言："湘之人能传数百载者，在宋为王公南强，在元为冯公海粟。"饮誉之高，由此可见。

元至元二十四年（1287）夏日，冯子振应召入大都（今北京），开始了他的仕途生涯，他的诗、文、曲创作也一步一步走上巅峰。

在冯子振应召入大都五年后的一天，他到同为集贤院学士书画家赵孟洮家饮酒，已有几分醉意的冯子振抬头望见赵宅壁间有宋代的咏梅诗画，隐隐约约掩映于碧纱，便触景生情诗兴大发，此刻，赵宅庭院中正有寒梅数树迎风斗雪，于绿纱窗间疏影横斜。泥炉炭火吐着艳艳火苗，温着的酒壶已换三巡，赵孟洮正趁酒酣，展纸提笔挥洒丹青。才思敏捷的冯子振心中已是诗海翻腾豪情奔涌。赵孟洮见子振诗兴蓬勃于胸，便向内高呼：纸笔伺候！俄顷，室内匆匆走出书童二位，抱来一叠厚厚的纸。冯子振醉眼迷离，脸色酡红，起身，长袖一拂，拈笔，据案疾书《古梅》一首：

> 天植孤山几百年，名花分占逋翁先。
>
> 只今起草新栽树，后世相看亦复然。

此刻，冯子振已满脑梅花纷飞、宦海沉浮、人生冷暖……翻江倒海，惊涛拍岸，卷起千堆雪——老梅、疏梅、孤梅、瘦梅、蟠梅、新梅、早梅、鸳鸯梅千姿百态；寒梅、腊梅、绿萼梅、红梅、粉梅、青梅、黄梅色彩纷呈；半开梅、乍开梅、全开梅、落梅争辉斗艳；忆梅、探梅、寻梅、问梅、索梅、观梅、赏梅、评梅、歌梅激情奔放；友梅、寄梅、惜梅、梦梅浮想联翩；钓矶梅、樵径梅、蔬圃梅、药畦梅……可以肯定，冯子振此刻的思绪定在家乡的田畴山水间跋涉。沙、沙、沙，冯子振笔走龙蛇，风生水起，文思像一匹脱缰的野马，一挥而就写下《矮梅》：

> 不放冰梢几尺长，怕分春色过邻墙。
>
> 大材未必难为用，禹殿云深锁栋梁。

梅，在中国古代文人学士中，只是视为孤傲芳洁，谁又知道，梅树还能作栋梁之材呢？博学的冯子振就是这样高明：那高耸云天的大禹庙中不是有梅梁吗！冯子振系集贤院学士，终日为皇宫王室吟唱，由诗索想，冯子振绝对胸怀安邦治国平天下的鸿鹄之志。如今却吟吟唱唱身不由己，即使是栋梁之材也英雄无用武之地，无可奈何徒叹："怕分春色过邻墙！"

金鸡唱晓，东方发白。冯子振不知喝了多少杯酒，此刻，拈须，拨指，后陆续写成《忆梅》、《梦梅》、《友梅》、《寄梅》等，心中细想，这咏梅诗也许快百首了吧。但是豪情未减。此刻，他一定想起了千年前悲悲切切游吟于湘江之滨的屈原。他把兰、蕙、蓉、菊等名花异草谱入《离骚》而传唱千古。现在，我冯子振呢，把梅花吟成百咏是为了什么呢？于是一首《红梅》喷薄而出：

> 若有人兮湘水滨，冷香和月浸黄昏。
>
> 自怜不入离骚谱，待把芳心吊楚魂。

冯子振曾自称"楚伧父"，那心早已与屈原贴得很紧很紧，诗人自叹"家是江南友是兰，梅花于我最相欢；人生离合阋友谊，珍重清春为岁寒"，一时脍炙人口。他同高僧中锋共析此作，到钱塘时，中锋也乘兴步韵写成咏梅一百首。赵孟頫读后，赞赏不已，题为《百梅双咏》，托人刻印发行。

在冯子振近一个世纪的人生旅程中，长期以诗文词曲为伴，与笔墨丹青结缘，"当酒酣气豪，横厉奋发，一挥万余言，少亦不下数千"。以超人的才华、惊人的速度创作了大量文艺作品，堪称"一世之雄"。但由于种种原因，保存留传下来的为数极少。然而，我们洞穿其文，烛照其心，仍然可以看到冯子振无论居庙堂之高或处江湖之远，他始终保持着一颗忧国忧民的心。

作为名声远播的"词臣"，冯子振难免要与那些达官显贵唱和，少不了"奉命之作"。这种官场应酬，本来就是一种对创作天才的扼杀。但是冯子振自有他的清高孤傲，正如他自己诗云："文焰逼人高万丈，倒提铁笔向空题。"正因如此，冯子振不同于一般的散曲家。他的笔墨不在男欢女爱、离愁别恨，而是火辣辣地描绘着下层劳动人民的日常生活。

有一天，冯子振喝过三杯薄酒，抬头望着那喷火般的炎炎烈日，看看满脸憔悴如枯田的农夫，他端着酒杯的手在微微颤抖，双眉紧皱，泪眼模糊，他不是为了自己被罢官而忧虑，而是望着干枯的禾苗而揪心！农夫们躬耕如老牛，种植的禾苗正在孕穗，天却久晴不雨，禾苗像怀胎十月遇上难产的农妇。一年的收成啊，系着多少人的性命！如今夕阳斜照下的晚霞，在诗人的眼中已不再美丽，而是"恨残霞不近人情，截断玉虹南去"——那片无情的火烧云啊，为什么要炙烤着农夫的心？他把盏问天，随口吟成一首散曲《农夫渴雨》：何时才能飘来一片雨云，为人间降下三尺甘霖？！可以肯定，不熟悉农民，不理解与同情农民是绝对不可能产生如此共鸣！冯子振最为著名的散曲《正宫·鹦鹉曲》，共有百首，现存40首中，茶农、花农、菜农、樵夫、渔夫、船夫、种田人、牧羊人、驾车人在他笔下个个栩栩如生，诗文词曲句句知疼知痛连着劳动人民的筋和骨而传唱千古。

冯子振近一个世纪的人生，两进京城，两次罢官，可谓仕途艰险。他隐居林泉，醉卧诗章。他只想当个"忒老愚父"，"东家西舍随缘住"，"烂醉不教人去"。官场倾轧，白浪滔天。他在《醉东风》中写道："缘洁来生净果，从他半世蹉跎。冷淡交，唯三个……明月清风共我。"冯子振第一次官场跌跤，便是他的好友陈孚告发的。官场啊，真是险恶。于是，他"笑长安利锁名缰，定没个身心稳处"。离开那身心无法安放的官场，来到百姓中间，看到淳朴的樵夫、渔父、船翁，难道不是明月清风吗？这就是冯子振的人生境界！

（五）苗族先贤满朝荐，借酒除蟒斗奸相

满朝荐（1561—1629），字震东，苗族、明朝时期湖南麻阳人。在湘西，他是妇孺皆知的明末传奇人物。他曾任西安咸宁知县、南京刑部郎中和太仆少卿，他爱好喝酒和诗文，为官清廉，秉性刚正、嫉恶如仇，为人诙谐风趣，其特立独行的性格成就了大量民间传说。他跟皇帝也敢戏言，他认为想做好官就得比奸臣还要"奸"，湘西当地百姓称他为苗族的先贤和苗乡的"刘罗锅"和"阿凡提"。清道光年间当地乡民修满公祠来纪念他，此祠后改为满朝荐书院，坐落于麻阳兰里镇。下面简要介绍他借酒杀巨蟒、斗奸相和劝皇帝的故事。

1. 酒后为民杀巨蟒

满朝荐任西安咸宁知县时，其上任途中路过一个小山镇，傍晚时分，满朝荐看到一个妇女抱着孩子在街上哭得十分伤心。他以为是那个孩子生病了，过去一看那个小孩却很健康。一问别人才知道，小镇的后山有一个神仙洞，说是里面住着一个妖怪。每年春天小镇上的人们都要献上一对金童玉女，否则的话，那妖怪就要经常出来伤人。今年刚好轮到这个妇女献童男了，所以她抱着儿子哭。

满朝荐一听，觉得这事有点稀奇。就在店里喝了几碗酒壮

胆，手提着朴刀，一个人往神仙洞走去。到了洞口看到洞壁十分光滑，洞门口有一些脱落的鳞片，断定有大蛇在里面。他连忙回到小镇上喊人去打。但小镇上的人十分害怕，都不敢去，满朝荐只好装神弄鬼，说："我是天上的太白金星，到你们这儿来就是捉拿这条大妖蛇的。"镇上的几个胆大的青年人信以为真，拿起刀枪跟着满朝荐来到洞前，只见满朝荐在洞口拿着香烛和美酒朝着洞里作法，然后将一只公鸡放到洞内。大家看见那只公鸡刚朝洞里走几步后就调头往外飞奔，后面跟着一条小水桶大的巨蟒，那蟒追出洞外，满身酒气的满朝荐一刀砍向蟒头，几个年轻人也刀枪齐上一顿乱打，将那条巨蟒砍死在洞外。这时小镇上的居民拥了上来，欢呼着送酒给满朝荐并将他连人带酒抬下山来，那个妇女则带着孩子跪在满朝荐的面前，连连叩谢满知县的救命之恩。

2．朝中借酒斗奸相

满朝荐在朝中当太仆寺少卿时，正是太监总管魏忠贤在朝中结党营私，势力最盛时。当时明朝皇帝朱由校只有16岁，年少不懂事。魏忠贤虽为宦官，实际上并未阉干净，经逐年调养，恢复了一定的性功能，通过与皇帝的奶妈私通逐渐接近了皇上。魏忠贤在朝中逐渐掌握了权力后，外树党帜，朝廷上充满了他的爪牙。内结妇寺，宫廷中布满了他的密探。一天，为了试一试明熹宗的鉴别力及大臣们的反应，好为他发动宫廷政变、篡取最高权力铺平道路，他指示一个太监在早朝时向皇上献上一对鎏金桶，并说道："启禀万岁，这一对金桶，一只盛寿，一只盛福，祝皇上寿福双全，万寿无疆。"皇上看到这一对金桶，听到这一番话高兴得眉开目笑，根本就没察觉有什么阴谋，其他大臣有的没反应过来，有的本就是魏忠贤的爪牙，看到皇帝高兴也跟着附和，一时朝中欢呼之声雷动。

魏忠贤在旁边看着动静，见只有满朝荐在那儿含怒而立，就故意问道："满大人似乎看法略有不同？"皇上也问道："满爱卿，你看这对金桶如何？"满朝荐连忙答道："只怕不是真货。"皇帝要人拿一只桶给满朝荐看看。只见满朝荐接过金桶顺势朝柱子上一砸，当时砸得粉碎。满朝文武当时吓得目瞪口呆，皇帝顿时龙颜大怒，对武士们喝道："拿下满朝荐。"魏忠贤也大喊道："推出去斩了。"满朝荐连忙喊道："陛下，慢来，让臣说完话再斩未迟。"皇帝怒气冲冲地说："你藐视朝廷，罪该万死，还有何话可说？"满朝荐高声说道："臣死何足惜，只是大明江山从此要改姓他人了。"皇帝不解地问道："这话从何说来？"满朝荐笑了笑答道："启禀万岁，自古只有一统（桶）江山，哪兴两统乾坤。这人送上两只金桶，其本意是要分裂大明江山，应将此人治罪，查明主使之人。"皇帝这才恍然大悟，连忙命令殿前武士放了满朝荐，将献桶太监关押盘查。

由于满朝荐戳穿了魏忠贤一伙的阴谋，魏忠贤对满朝荐恨得要死，千方百计要想办法陷害他。但他自己出面，满朝荐不上他的当。魏忠贤就收买了两个进士，他们是满朝荐的老乡，一个姓史，一个姓牛，要他们寻机会加害满朝荐。

当时，皇帝的御花园是满朝荐同史、牛两位进士负责看管。满朝荐是三个人中负责的，御花园中出了问题，满朝荐受的惩罚也最大。两位进士同魏忠贤来往情况满朝荐也是有所耳闻，因此对他们两人也有所防备。

一天晚上，史、牛两进士商量好一条缺德的计策后以老乡身份邀满朝荐到御花园喝酒聊天。三人在花园天心阁中摆宴后，史、牛两进士直劝满朝荐饮酒，不知不觉满朝荐就有了醉意，史、牛两进士对满朝荐说："满进士，人人都说你才高胆大，我们三人在这天心阁屙一堆屎，你敢不敢?"满朝荐装着不知他们的坏心，借酒醉满口答应。三人在御花园里做了不雅之事后就回家了。

第二天，皇帝到御花园里游玩，发现了天心阁中的三堆屎，大为恼火。把三位管御花园的进士找来询问当夜是谁查园。史、牛两进士忙说该满朝荐当值。满朝荐也走上前去说道："昨晚是臣同史、牛两进士一同查园。"皇帝气呼呼地说："三人查园还出如此大的纰漏，均属失职，当受惩罚，你们自己说怎么惩罚。"满朝荐说："三人之罪，各认其是，我把那堆最大的屎吃下去。"皇帝笑说："满进士的说法很好，你们就各认其是吧。"只见满朝荐走上前去，用手抓起中间最大的一堆大口吃了起来。史、牛两进士没有办法也只好吃了起来。满进士吃得畅快，几口就吃完了，他一边擦手一边说道："君要臣死，臣不得不死;为了陛下，连性命也肯献出，何况只是吃一堆屎呢!"皇上一看，赞道："满爱卿真是一个忠臣。"而史、牛两进士却在那儿皱眉愁脸，呕吐不已，皇帝一甩袖子，厉声说道："屎不吃完，砍头示众。"史、牛两进士只好捏着鼻子，忍着恶心将各人面前的那堆屎吃完。

其实，满朝荐拉的那堆屎他自己早已扫去，然后用蜂蜜和着小米饭用竹筒挤出后盘成屎的模样，当然他吃起快了，只是那两个可怜的进士害人不成反而自己受了一场大罪。

3. 借酒"抱扫(嫂)"劝皇上

满朝荐在朝时的皇帝是一个色鬼，他拥有七宫八院还觉得不够，经常要地方官员替他到民间选妃子，而且还同皇嫂鬼混，常住在深宫，不理朝政大事，大臣们找他禀告事情，经常吃闭门羹。而奸相魏忠贤却把持朝政，残害忠良。满朝荐忧国忧民，对这件事非常着急，但为了皇上的面子，又不好明谏，如果明谏的话会丢小命的。

一天，皇帝要去花园游玩，要满朝荐先去花园查看并安排好御用助兴酒食，满朝荐到了御花园并安排酒食水果后，见园中有少许落叶，他就想自己先打扫一下地面也想着怎样在花园劝劝皇帝。说干就干，他拿起扫帚边扫边想，可一直没想出好办法来。他拿起准备给皇上喝的酒替自己倒了一杯，想借酒想法来劝皇上，他端着酒杯抱着扫帚喝酒时，见一些酒液滴在扫帚上，这下触动了他的灵感，"抱扫（嫂）"喝酒！这不正好可以劝劝皇帝吗？想到皇帝就要来了，于是，他放下酒杯，连忙找来好几把扫帚扎在一起，他怀抱住大扫帚，使劲地扫着地。

皇帝在宫女的陪同下，来到了花园，见满朝荐怀抱扫帚，干得十分卖力，就走了过来说道："满爱卿，你用小扫把扫不是省力得多吗？"满朝荐忙回答："禀皇上，臣抱着扫帚扫还轻松一些。"皇上一听，感到奇怪了，非要亲手试一试不可。满朝荐连忙说道："使不得，使不得，陛下是一国之主，龙体尊贵，万万不可抱扫（嫂），一则伤风败俗，二则伤损龙体，三则延时误国，望陛下珍重。"皇帝一听，满朝荐的话中有话，想起同皇嫂的那些苟合之事，实在有些不雅，满朝荐这是借扫地之事在劝谏自己，不禁满脸通红，连忙打了几个哈哈走了。不久，皇帝听了满朝荐的劝诫，慢慢地疏远了皇嫂。

这就是满朝荐，这就是在湘西这块土地上出生的睿智的苗族先贤！

（六）陶澍慧眼识俊才，借酒劝婿终成器

陶澍（1778—1839），清代两江总督，湖南安化县人，字子霖，号云汀，自称桃花渔者，印心石屋主人，晚岁自称髯樵，现在安化县有其墓（图3－2）。他是中国由古代向近代转变时期的杰出

人物，是中国近代地主阶级改革派核心，清嘉道年间经世思潮的倡导者和力行者。他积极推行改革，为发展生产、繁荣经济、整理财政，特别是开发两江地区，做出了巨大的贡献，堪称中国近代经济改革的先驱。

图3-2 安化县陶澍墓

这里说一个他以酒劝女婿胡林翼立志奋发最终成大器的故事。

说起陶静娟与丈夫胡林翼(湖南益阳县人)的姻缘，还是她父亲陶澍牵线缔结而成的呢！那是陶澍担任朝廷给事的时候，一次奉圣命视察川东，顺道返回湖南安化故乡探亲，随后取道益阳入蜀，顺便拜访老友胡显韶。陶胡两家原系世交，胡显韶高陶澍一辈，陶澍以子侄之礼去拜见闲居益阳的胡老伯。胡显韶有个孙子叫胡林翼，当时才五岁，陶澍登门时，他正在庭院前玩耍，突然发现有客人来了，而且是坐着八抬大轿、侍卫前后拱卫的贵客，知道自己应该回避，可是客人已跨入了院门，若在客人面前跑开，实是有失礼敬。小林翼正犹豫时，祖父已走出房门迎客，趁祖父与来客揖让寒暄之际，他就近把一只靠在树上的大木盆放倒，把自己小小的身躯扣在里面，一直等到祖父把客人请进了客厅，他才悄悄地溜出来。

其实，小林翼的一举一动都被陶澍看在眼里，他心里暗想："这孩子倒机警过人，小小年纪就会顾全礼节，而且耐性可嘉，将来一定大有前途。"待与胡老伯叙及家庭情况时，胡老伯让人把孙儿林翼叫来见过陶世伯，小林翼大大方方地走进客厅，十分周全地给陶澍行过礼。陶澍问起他的名字、年龄及学习情况，小林翼恭恭敬敬地一一回答，举止十分得体，陶澍对他更加喜爱，忍不住对胡老伯要求道："可否将贤孙配与我家小女。"他居然想起了为年方两岁的七女儿陶静娟做媒，只因为他舍不得错过这个可爱的小男孩。既然世侄开口，胡老伯当然是满口答应，于是一对小儿女的婚事就在这样的叙谈中订了下来。

道光十年春天，安化山区繁花竞艳，依山傍水的陶家大院宾客如云，热闹非凡，在鼓乐喧鸣和亲朋好友的祝福声中，陶澍将16岁的女儿陶静娟嫁于19岁的胡林翼披红挂彩，拜了天地。此时胡林翼的父亲胡达源担任贵州督学之职期满，被朝廷调任为翰林院侍讲，有意让婚后的儿子随他到京城读书。而此时陶澍正担任两江总督，生活比较安定，准备接一家老小到任地金陵同住。他们一家到达金陵后陶澍亲自写信给亲家翁胡达源，征得同意后，陶静娟夫妻就暂时留在了金陵。

金陵是江南名城，又是六朝金粉之地，年轻心奇的胡林翼被金陵胜景迷住了，带着妻子游历了玄武湖、清凉山、胜棋楼、燕子矶等名胜古迹，继而又对粉香脂艳的秦淮河发生了兴趣，于是撇开了新婚妻子，开始流连于灯红酒绿的风月场所，豪酒贪杯，征歌逐色，千金买笑，整日出入于歌楼妓院，乐而忘返。

有人将胡林翼的放荡行为报告给陶澍，陶澍却宽容道："此子日后将担当大任，忧国忧民，无闲游乐，现在让他玩一玩吧！"而且交代家中账房，凡是女婿支钱，务必如数照付，不必大惊小怪，也不必过问他的用途。

于是又有好事者劝陶静娟对丈夫的行为加以管束，陶静娟则淡淡地说："他总有觉醒的一天，对风月之地不再新奇，能敛心聚意，致力于大业。"所见与她父亲如出一辙，可谓是卓具远见和大量。

胡林翼在金陵荒唐了整整一年，花掉了陶家上万两白银，陶澍并不心痛，但丈母娘却心痛丈夫的钱，又心痛女儿被冷落，更愤慨女婿的没出息。她不免向丈夫叽咕。

当然，陶澍也绝不会容许他的女婿长此以往这样荒唐风流。一天，他突然在大堂设宴请客，所有在南京城内自布政使以下的重要官员全体被邀，陶氏也通知胡林翼到时也需出席，胡林翼以为这不过是一场普通的应酬，自己既非在职的僚属，又很讨厌这种官场的应酬，当面虽然答应，到了宴请之时，他还是待在妓院里。

到了时间，陶澍见女婿不到，就一面让宾客诸人就座而暂不开席，一面派中军骑马到妓院里把他找来。中军找到他后费尽唇舌把他请出妓院，扶上马背，疾驰到督署。

胡林翼进了督署，发觉气氛有点不同寻常，大厅上高朋满座，灯烛辉煌，然而静寂无声。更奇异的是自他的老丈人起，全是穿着官服，不像是普通的宴客。胡林翼一到，除了他的老丈人，全体都起座恭迎他入席。更使胡林翼吃惊的是他的座位，竟是第一贵宾所坐。以胡林翼的行辈身份，逢到这种场合，按礼是席次很低的。胡林翼起初以为他们搞错了，要求更改。但作为第二贵宾的布政使亲自携着他的手入座，并说明是由于总督的亲自安排。胡林翼入了席，心里却十分不安，偷眼望他的岳丈，岳丈却吩咐侍候鸣炮奏乐，倒酒上菜开席。

酒过三巡，音乐停奏，陶澍起立，座中贵客也全体起立，陶澍向着胡林翼双手举起酒杯说："贤婿，你我且先同饮下这一杯酒，酒后我有话说。"

陶澍说完后就先把自己杯中的酒一口喝尽，胡林翼只有依照岳丈的话，把自己杯中的酒也喝完，他非常惊讶于岳丈今天的反常举措。

喝完酒后，陶澍先请宾客们坐下。然后对胡林翼说："贤婿，你来金陵已一年多了，想必南京也玩够了。你既年轻，又有才干，国家正需要你。温柔乡是不可以长住的，希望你从明天起，把已往的生活结束，从头做起。今天我是专门为你饯行的，现在在席的世丈们可以佐证我的诚意。"

胡林翼听丈人说话后全身直冒冷汗，羞惭得难以抬起头来。好不容易熬到席散、溜回自己的房间。夫人陶静娟仍像往常一样，微笑迎了上来，端茶递巾，服侍得熨熨帖帖。此时的胡林翼见此情此景越发浑身内疚，泪眼双流。

第二天，胡林翼便带着妻子启程进京，在父母的庇荫下，开始埋头发愤读书，陶静娟则红袖添香，殷殷相助，两年后参加会试，一举及第，中进士入翰林，从而以进士的身份跨入仕途。后来，胡林翼得其岳翁陶澍道德、实学之真传，求学、进德不已，在夫人陶静娟的服侍扶助下，文武双全，成为了湘军的重要首领与湖南人曾国藩、左宗棠一起成为晚清著名的"中兴三名臣"，也成为了同辈官僚"鞠躬尽瘁"的楷模。他在湘军领袖中最具政治智慧，也最具官场和战场的战略战术与协调能力，无论御将、察吏、荐才、和友、理财、养民、睦邻等无不精绝。清朝钦差大臣、湘乡人李续宜说，曾国藩是由圣贤而成豪杰，胡林翼是由豪杰而成圣贤，此语甚当。

世人称胡林翼是圆通练达、大柔非柔的政治家。"中兴三名臣"之老大曾国藩赖他而壮大，"中兴三名臣"之老二左宗棠也因他的三请四接才登上历史舞台而保全生命，他功高而不自居，乐于推让功名，苦心扶持部属。如他当得知湘军水师的杨岳斌和彭玉麟这两位"司令官"不团结，彼此反目成仇之时，他就设宴宴请两位"司令"，并屈巡抚之尊跪地敬酒而进言，请两位和衷共济，于国危难之际共同支撑危局，说完还放声大哭。在他的撮合下彭、杨当即捐弃前嫌，从此同舟共济。当时主政湖广的总督是满族人官文，为搞好满族和汉族官员间的关系，身为巡抚的胡林翼也是费尽心机。有一次，总督官文广发请帖邀同僚下属给自己心爱的小妾祝寿，官员们来到府上得知总督是给其小妾办寿酒时都想转身出去，因当时的社会风俗是"同僚下属给总督太太拜寿是当然之礼，但给小妾拜寿则是一种侮辱"。哪知胡林翼来后，他还是满面春风地按常规礼仪给总督小妾敬酒祝寿。巡抚屈尊，其他官员没有说的，一个个也就跟着作秀，这样给足了总督官文面子。官文对胡林翼感激不尽，从此以后，胡林翼在湖北呼风唤雨，为湘军、为战事，总督均与他团结共事，这也成为当时各省总督和巡抚和谐相处的榜样。胡林翼不仅为官清廉、温良实干，还能诗能文，且重视教育，生前曾倾其所有，在益阳石笋瑶华山，修建了箴言书院"以公邑人"，培育人才，造福桑梓。后人蒋介石、蔡锷等特别崇拜胡林翼的军事才能，把曾国藩、胡林翼的治军用兵之道编成《曾胡兵法》，作为黄埔军校学生的必读教材，并签名题词赠给学生。

（七）湘军首领曾国藩，家教诫酒美名传

"名儒、名将、名相，贤兄、良师、益友；霸得蛮，不怕死，有血性；中兴功臣，理学宗师。"这些溢美之辞说的就是中国近代史上的一个湖南人——曾国藩。

曾国藩(1811—1872)，清朝大臣，湘军首领。湘乡县荷叶塘乡(今属双峰)人。字伯涵，号涤生。1838年(道光十八年)进士。选庶吉士。曾任乡试正考官。30岁后供职京师，历任礼、兵、工、刑、吏部侍郎。1852年(咸丰二年)奉命帮办团练，创建湘军。1854年2月率湘军攻打太平天国。晚清政府在平定了太平天国后，皇帝和太后曾于同治九年正月十六在乾清宫办了一次满汉全席大宴群臣，以显示"中兴"气象，曾国藩作为汉族大学士领班出席盛宴，以往均由首座满族大学士领饮御酒，曾国藩因为立了大功，当日被太后破例钦命代表群臣向皇帝敬酒，这种领班敬酒的待遇是清朝人臣所能享受的最高礼遇。

曾国藩虽位高群僚，但在个人修养上尤为严格，他非常欣赏王羲之题联"把酒时看剑，焚香夜读书"的豪情，"把酒焚香，武而看剑，文以读书。"曾国藩称他每日静坐，反思己过。他认为"把酒知今是，观书悟昨非"，在军旅征战生涯中，不仅坚持读书，不断完善充实自己，而且不忘文人本职，坚持每天写日记，著书立说，几十年如一日。他的一副自题联则更加展示了曾氏暮年，壮怀不已，恬淡自适之中蕴含着的伟大抱负。联云："酿五百斛酒，读三十年书，于愿足矣；制千丈大裘，营万间广厦，何日能之？"还有他以书和酒为张锡荣故居题联："消磨岁月书千卷，啸傲乾坤酒一樽"，更能看出曾国藩的暮年之壮志。他生活俭朴，两袖清风，克勤克俭，从未有丝毫骄奢。他早起晚睡，布衣粗食，平时吃饭每餐仅一荤，如果没有客人，不会另增一荤，当时人称他为"一品宰相"("一品"者，"一荤"也)。他在两江总督任上时，每有访客，则令身边的马弁去酒店打几斤廉价绍酒、买一包花生米相与小酌，交谈至通宵达旦。当时，中等以上的家庭多尊奉孔子"市酒不沽"之训，饮酒讲究自酿，而曾国藩位极人臣，却以街市作坊生产的廉价酒自用和款客，其日常生活俭朴可见一斑。

曾国藩告诫家中妇女要注意酒食等事，其理由他在同治五年六月二十六日的家书中说："斯干之诗，言帝王居室之事，而女之重在酒食是议。家人卦以二爻为主，重在中馈，内则一篇，言酒食者居半。故吾屡教儿妇诸女，亲主中馈。"曾国藩教育子女不要傲慢待人，而要谦虚谨慎，温顺孝敬。曾国藩教育儿女们"待人要恭，酒饭要松。"因家中后辈子弟个个体弱，他于咸丰十年三月在至诸弟的信中说："平日太劳伤精，唢呐伤气，多酒伤脾，以后戒此三事。唢呐、吃酒二事须早早戒之，不可开此风气。"在长篇历史小说《曾国藩》第二部《野焚》中也记载有曾国藩一则故事，他微服视察湘军驻防时，发现部分湘勇官兵在驻地醉酒嫖娼，他非常气愤，严令其弟曾国荃撤除或关闭壕外所有酒楼烟馆妓院以整顿军威士气。

"俭而不奢，居官清廉"、"读尽天下书，无非一'孝'"这是中国的古训，也是曾国藩谆谆告诫子弟的重要内容之一。曾国藩的一生都在强调"忠、孝"二字，为国尽忠，为家尽孝。他治家有方，兄弟多有建树，子孙也人才辈出，家中一团和气，尊老爱幼，子孝妻贤，世世代代广为流传。

二、近、现代湖南名士与酒

（一）借酒结义立华兴，黄兴驱胡等割鸡

黄兴（1874—1916），原名黄轸，字廑午，又字克强。湖南善化（今长沙）人，22岁中秀才。近代中国的资产阶级民主革命以

1894年孙中山建立兴中会为嚆矢，其发展的一个显著特点是首先从国外开始，然后再向国内渗透发展。而开"中国内地革命之先声"的则是长沙华兴会。华兴会的领导人就是后来成为辛亥革命领袖人物的黄兴。黄兴善饮、豪爽，还善于以酒作联，"腰间宝剑冲霄起 座上阴符对酒看"是黄兴赠邓贤才的酒联。在辛亥革命史上流传着关于黄兴借酒宴成立华兴会、凭杯酒与马福益结义、举酒杯庆贺与孙文相识和借酒施计求郭人漳接济枪弹等故事。

1. 借酒宴成立华兴会

在上海，黄兴遇到刚从日本回国的湖南老乡胡之俵。胡之俵当时任长沙明德学堂校长，来上海招聘教员。黄兴就应他的邀请，到明德学堂做教师。他白天教书，晚上从事反清革命活动。1903年11月4日，他借过30岁生日为名，在长沙西区保甲局巷彭渊恂家办了两桌酒席，借酒宴为掩护，邀请陈天华、宋教仁、刘揆一等20多位革命同志聚会，在酒席上商量成立秘密革命团体华兴会。他被选为会长。华兴会对外称华兴公司，以办矿业作掩护，并且用"同心扑满，当面算清"两句话作为公司、也就是华兴会的宗旨。"扑满"是贮钱罐，贮满了就打破（扑）。扑满、算清，谐音有推翻清王朝的意思。这两句生意人的行话，被他们巧妙地用作反抗清王朝的口号。华兴会虽然没有以文字的形式留下过正式的纲领、章程，但"驱逐鞑虏，恢复中华"始终是他们的口号。华兴会成立后，黄兴便积极着手筹划武装起义。他主张联络各界反清力量，首先夺取长沙，光复湖南，然后争取各省响应，再向清王朝老巢北京进军。

2. 凭杯酒与会党结义

辛亥革命与会党有着不解之缘，会党对辛亥革命的发生和发展起了不可低估的作用。在黄兴的革命生涯中，同样与会党有着密不可分的关系，这种关系可以说是始于黄兴与打过"反清复明"旗帜的哥老会首领马福益的杯酒"结义"。而且，与马福益共谋大事，也是黄兴从事武装革命的第一个壮举。

哥老会是清代流传在湖湘民间的秘密组织，首领是马福益（1865—1905），他比黄兴大八岁，原籍湘潭南乡人，靠租佃过活，后因生计所迫举家迁至醴陵西乡瓦子坪，仍以租佃过活。长大后的马福益"形甚魁梧，且有胆略，擅口辩，性明决，遇邻里有争端及不平事，辄出而干预，处断公平，众畏而敬之。"当时他已加入会党，"且为首领"。哥老会是一支重要的反清力量，黄兴组织华兴会时采纳刘揆一（辛亥革命元勋，湖南衡山人）的提议联络会党，因以前刘揆一有恩于马福益，黄兴就先派刘揆一的弟弟刘道一与另一名华兴会会员，带着黄兴的亲笔信，去见马福益。

当时，马福益还不懂革命是什么，也不知道黄兴是哪方神圣，反应很冷淡，颇有点轻视的味道。刘道一见状，就以民族大义说服他，马福益最终明白了刘道一的真意，对黄兴和他的事业也有了初步的了解。他觉得很合自己的志趣，随即表示同意与华兴会合作。黄兴听到刘道一回来后的报告，也非常兴奋，决定再亲自去会晤马福益。

在一个雪夜里，为避清吏耳目，黄兴在刘揆一的陪同下，步行30里，到湘潭茶园铺去见马福益。在矿山的一座岩洞里，黄兴与马福益两位豪杰终于坐到了一起。晤谈时，大有相见恨晚之慨，谈得十分投机。"柴火熊熊，三人席地促坐，各倾肝胆，共谋光复。"燃起木材取暖，马福益命众徒挖了一个地坑，埋着几只雄鸡，上面用柴火煨烤；马福益从瓦壶中倒了少许烧酒把手洗了，又给各人斟了一碗酒。客人也就学着马福益的样子，洗手之后，撕着鸡肉，痛饮狂飨起来，三个人都成了豪放之客。"平生未尝如此之佳味矣！亦未得如此之佳遇！哈哈哈！"黄兴乐而忘忧，放声大笑，还借酒即兴赋诗一首，云：

> 篝火照六面，四外风雪急；
>
> 狂客逢佳遇，慷慨道胸臆；
>
> 结义凭杯酒，驱胡等割鸡；
>
> 大鹏奋飞时，一翔冲天翼。

马福益当即伸出大拇指赞赏，"好！好一个结义凭杯酒，驱胡等割鸡。待到明年此时，那真是刀光剑影，杀贼如杀鸡了，哈哈哈哈！"……

这一夜各山路都有马福益的党徒警戒，十分安全，三人尽情欢叙，丝毫不用担心。黄兴也是个豪爽之人，平时也许是久居长沙城中，随时要防耳目之祸，今日得宽余，黄兴也就随意大叫大笑，以一泄胸中的郁闷。他们大口地喝着酒，啃着鸡，用此方式代替会党的喝血酒的仪式，坦诚相见，边谈边喝，结义联盟，商量起义的计划，这样"各自痛饮狂餐，乐至天晓"。大事议定后，三人又重新斟酒，直至天明才尽兴而别。黄兴随后又与新军联络，新军答应参加起义，遗憾的是后来因多方原因起义遭夭折，清廷立即派人四处搜捕革命党人。马福益逃往广西，华兴会和哥老会的不少成员被逮捕。

3. 与孙文举杯共庆两人会晤

长沙起义失败后，黄兴于 1904 年底到日本避难。1905 年 7 月，孙中山为发动革命，亦从海外来到日本。经老友宫崎寅藏的介绍，次日，孙中山就赶到黄兴寓所。黄兴把孙中山领到一个名叫凤乐园的中国餐馆，短暂寒暄之后，他们就转入革命的话题。将近两个小时孙黄两人既不吃菜，又不饮酒，推心置腹地谈话。最后，他们共同举杯庆贺他们的愉快会晤。不久，他们共同主持了中国同盟会的正式成立，并分别被推举为同盟会的总理和协理。孙中山与黄兴在长期革命斗争中，建立了深厚的革命友谊，这两个人的名字也成了中国近代史上两个最光辉的名字。孙中山是革命先行者，黄兴是革命实干家。1916年10月31日，黄兴因积劳成疾，与世长辞，享年仅42岁。孙中山闻讯悲痛欲绝，第二天即发函海内外，哀告黄兴逝世的消息。按照传统习惯，讣告是由死者的亲属发布，而黄兴逝世的讣告则是由孙中山单独署名发布。从这里也可以看出他们之间生死与共、唇亡齿寒的深情厚谊。1917年4月黄兴归葬于长沙岳麓山。

（二）蔡锷施用花酒计，窃国大盗终被骗

蔡锷（1882—1916），中国军事家。原名艮寅，字松坡，湖南邵阳人。1913年二次革命失败后，窃国大盗袁世凯控制了大半个中国，力所不及的只剩下云贵、广西一角。袁世凯窃取政权之后，妄图称帝的野心暂时没有暴露，蔡锷对他抱有很大幻想。由于云南地处边陲，蔡锷感到难以施展抱负，便给梁启超写信，希望调出云南。袁世凯因蔡锷拥有很强军事实力并与梁启超、孙中山、黄兴等人关系密切，对他始终存有戒心，见蔡锷有此念头，正中下怀，发布命令将其调到北京。蔡锷到京后，袁世凯只是给蔡锷委任了一大堆虚衔之职，而在暗中对其严加监视。同时，袁世凯企图登基称帝的阴谋正在紧锣密鼓地进行，使蔡锷的幻想彻底粉碎。蔡锷多次悄悄乘火车到天津，与梁启超等人秘密集会，商量抵制袁世凯称帝。他们设定的方案是：一旦袁世凯公开称帝，云南立刻宣布独立，然后依靠云贵及广西的力量攻下四川、广东，争取三四个月后在湖北会师，"底定中原"。

此后，蔡锷积极准备，同时做出种种假象迷惑袁世凯。他把

自己装扮成一个浪荡之徒，打麻将、吃花酒、逛妓院，与云吉班的妓女小凤仙整日厮混。假装沉湎于酒色，由此而生出"艳遇小凤仙"的"桃色新闻"。蔡锷家在棉花胡同，妻子、母亲都在身边，对他逃出北京十分不利。他有意利用和小凤仙的关系，制造家庭不和的舆论，甚至请袁世凯的亲信为自己找房子，声称要"金屋藏娇"。同时，他还经常公开和妻子吵架，妻子趁势带着母亲回了湖南。袁世凯最初将信将疑，多次接到密报证实后，他才放下心来，觉得蔡锷堕落成性，昏然无能，认为"蔡锷胸无大志，整日声色犬马，不足为虑"，因而放松了警惕，并戏称他为"风流将军"。

蔡锷成功潜逃后，小凤仙也曾对梅兰芳说起过当时的情况。小凤仙说蔡锷本来是利用她作掩护的，但相处日长，便有所信任，向她吐露了真情。小凤仙借掌班过生日那天人多杂乱的机会，先是有意把窗帘挑起，让外面可以看见屋里的情况。蔡锷装作去厕所，衣服、怀表都没拿，使监视的人以为他不会走远。此时小凤仙又让人把卷帘放下，外面无法判断蔡锷是否还在屋里，蔡锷就此从容逃走。

当袁世凯得知蔡锷逃出北京后即东渡日本，后经上海、香港，越南河内沿途躲过数次暗杀，最终于当年 12 月 19 日返回了自己的大本营云南的消息后，不由得仰天长叹：我一生骗人，不料竟被蔡松坡骗过了！

蔡锷于 1916 年客死东瀛。蔡锷逝世后，小凤仙题有二联以挽英雄，其一联云：

万里南天鹏翼，直上扶摇。

哪堪忧患余生，萍水姻缘成一梦；

几年北地燕支，自悲沦落。

赢得英雄知己，桃花颜色亦千秋。

（三）诗人统帅毛泽东，巧对酒宴显神通

毛泽东（1893—1976），湖南湘潭人。伟大的马克思主义者，无产阶级革命家、战略家和理论家，中国共产党、中国人民解放军和中华人民共和国的主要缔造者和领导人。

毛泽东嗜烟是出了名的，无论什么人劝说也难以戒掉，而对于酒却不如烟那样嗜好，平时很少饮酒。毛泽东主席饮酒与众不同，其一是以酒当安眠药帮助入睡，每当安眠药用完的时候，他为了睡觉，就要喝一杯酒，喝一杯就可以晕，喝三杯肯定躺倒。而且还不用白酒，只用葡萄酒或白兰地就行；其二是在处理重大问题时饮点酒来提神。所以，酒对毛泽东来说既能提神又可以安眠，关键是掌握好用量。毛泽东平时喜欢吃辣椒不擅饮酒，但因工作关系也常请人或被人请来饮酒，从而留下不少佳话。

1. 饮酒划拳，巧与百姓同欢乐

在延安至今还流传着毛泽东与老百姓喝酒划拳的美谈，那是中共中央设立在延安后，中央机关和当地群众结下了鱼水之情，每逢过年以毛泽东为主，朱德为辅的中央领导人"拜年"队就会穿越在延安的大小机关和附近的乡村里，他们从大年三十就开始挨家挨户地到老乡家拜年，祝贺新春。有次中央机关宴请机关所在地杨家岭村庄的群众，农户基本上是一家来一个代表。毛泽东领导的"拜年"队成员分开坐在几个桌子旁。宴会开始时，农民兄弟很拘束，他们认为桌面上的人都是大官，不像咱农民土里土气、胡喝乱吃、胡说乱动的，到这里来就要守礼仪规矩。所以，酒席开始好长一段时间了，乡亲代表们还是不敢像在自家那样放得开。

毛泽东看看气氛不对，不由笑了起来，他端起酒杯，用浓郁

的湖南口音说:"我这里等于是一次乡村聚会,我也是一户人家的代表,只是我这个户是大户,人多。乡亲们!你们把我们看成是杨家岭的一户人家、一位乡亲,大家就不会生疏了。来、来、来,喝酒!不要抹不开么,喝!喝!"在座的乡亲一听毛主席这么说,情绪松快多了。毛主席也是咱们杨家岭的乡亲,咱还有啥抹不开的呢?喝!

大家捧起大碗相互碰撞起来,然后一仰脖子,碗底朝天。乡亲们酒一下肚,胆子大起来,喉咙也就大了,有人开始划拳,谁输了谁喝!农民们豪爽,一喝上酒,觉得老是乡里乡亲自己喝,不算有多大能耐,要灌就得把大官官们灌倒才是真本事。于是,大家开始分头寻找目标,他们第一个看上的是朱德,想和他在酒量上较量一番。可不知是谁悄声说,你们和谁喝酒都可以,可别和朱老总喝,他的酒量可是海量哟,无量的,老总喝酒当喝水!

再看朱德,只见他含而不露,跟前摆着一个大酒坛,一副随时准备"迎战"的模样。其实朱德根本不会喝酒,但他那沉稳的样子着实让乡亲们摸不到底。大家以为遇到了强劲的敌手,没有人敢上前"宣战",连忙捧着大酒碗调转方向,看着主席文静书生样,大概没有啥酒量,咱们不如和主席喝!于是,把目标又指向毛主席。

毛主席看老乡用大碗向他敬酒,连忙说:我喝酒不行,喝酒不行。老乡们可乐了,找的就是要喝酒不行的人,行的人那咱就不行了!他们紧紧盯住了毛主席,一直看着他也用大碗把酒喝下去,然后,挨家挨户的代表开始走到主席跟前,将一碗碗酒敬献给主席。

"你们这是搞车轮战呀!我一个人怎么喝得过你们这么多人啊!"主席说。老乡们想想也是,这样对主席好像不太公平,有人就提议和毛主席行划拳酒令，以胜负决定喝酒多少！

这一下主席的警卫员不乐意了，这更不公平啦！主席哪会划拳呀？划不过，就要多喝酒，主席肯定会醉的。警卫员想上前阻止这些"胆大包天"的老乡们，可是毛泽东摆摆手说，"不要扫老乡的兴，划拳就划拳么。"

"主席，划输了可是要喝酒的哟，一口一碗！"老乡把大碗伸到主席眼前。

"那当然啰！"主席面色通红，没有一点讨价还价，挽起袖子准备划拳，老乡们也派了一个划拳老手上场。这时，别的桌上人都围了过来，第一次看到主席划拳，不知他到底会不会划？大家都捏了把汗。

划拳不仅要出手快、嘴里报数快，更要反应快。没有想到主席划拳反应极快，几乎没有划错一次。他那只大手在人们眼花缭乱中，十分敏捷地伸出指头，大家还没反应过来，他又速战速决赢了一把，引来旁观者阵阵喝彩声。结果那些自认为划拳高手的老乡们，连续上场几个人，均以失败醉得东倒西歪而告终。

大家一片惊讶，问主席，这划拳绝招是什么时候学的？主席哈哈大笑，说是瞎懵的，划拳就是不能和别人报的数字相同，两个人两只手，有十个指头，数字也在十个数以内，最好是出一个指头或者出五个指头，这样报数相同的机会就少得多。大家不解，问：我们见你也经常出好几个指头，并不都是 1 和 5 呀。主席狡黠地眨眨眼："这就叫心理战术哟，我出了一次小数，对方下次就会叫小数，如果我再出小数，不是正好撞在人家的枪口上吗？要变幻莫测，划拳行令就像打仗一样。"听到主席这样一分析，大家都心悦诚服了。从此以后，乡亲们再和主席同桌共餐时，谁也不敢和主席比酒量，更不敢划拳论"英雄"了。

2. 个性幽默，常以战争与酒比

毛泽东个性幽默，常以战争与饮酒相比。1947 年他在指挥沙家店战役时，因此战役对西北战局有决定意义，毛泽东十分重视，战役计划是他想好并与周恩来研究后向彭德怀下达命令的。他对卫士长李银桥说："这是一场大战，敌我双方主力都集中在这里，困兽犹斗呀。何况钟松刚受过蒋介石的嘉奖，气焰正盛。刘戡与他相距不到一天的路。打得好，是个转折，万一打不好，我们就得继续走。"在战斗即将打响时，他忽然对李银桥说："银桥，还有酒吗？你给我拿一瓶来。"李银桥知道毛泽东平时不喝酒，遇到几天几夜睡不着觉时就会要酒提神。他问道："拿葡萄酒吗？"毛泽东轻轻摇头，很幽默地说："不行！钟松还是比葡萄酒辣一些，不像葡萄酒这么好喝！""那就拿高粱白？"毛泽东又摇头说："那又高抬他了，他也辣不到 60 度，没那么难喝。还是拿瓶白兰地吧！"毛泽东的手指头敲在地图上，敲在被红箭头包围的蓝圈里，就像敲打钟松的脑瓜壳：看你有白兰地的水平吗？毛泽东这一风趣的比喻，引得周恩来、任弼时及周围的人都放声大笑起来。最后这次战役以彭德怀全歼钟松的 123 旅作为序曲，全歼敌整编 36 师作为结局。战斗结束后，毛泽东挥毫给彭德怀写下了 12 个字：谁敢横刀立马，唯我彭大将军！他放下笔晃了晃那瓶还未喝掉三分之一的白兰地，敲了敲酒瓶风趣地说："还是不那么英明，从一开始就拿错酒了。"周恩来也开心地说："什么敌人一碰到主席，就只剩下葡萄酒的水平了。"

3. 敬酒尊师，尊老敬贤天下传

在湖南还流传着许多毛泽东敬酒尊师的故事。受毛泽东尊敬的老师中，众所周知的有杨怀中老师和徐特立老师，这些老师思想进步，德高望重，对他的学业和思想很有影响。还有些老师不免有些缺点，毛泽东也能从大方向去看人，也很尊敬他。如1914年毛泽东在湖南第一师范读书时的校长张干，因青年时代的毛泽东反对过他，张干一怒之下要开除毛泽东的学籍，此事经杨怀中和徐特立老师周旋后，虽没有开除，张干还是给了毛泽东一次记大过的处分。时隔30多年后，毛泽东记起此事说："张干这个人还是好的，很能干，他向上爬并不难但他没有向上爬，解放前后一直是吃粉笔灰，难能可贵！"当得知张干家庭人口多且生活十分困难时，毛泽东曾两次致函湖南省政府要求省委对张干生活予以照顾，1952年9月毛泽东还亲自邀请张干到北京出席国庆三周年庆典，在北京多次单独设宴，举杯向张干敬酒；当年10月1号张干还登上了天安门城楼同毛泽东一道观看国庆阅兵盛典，国庆节后毛泽东还派专用飞机送他去游览长城并邀请张干到北京中央文史馆工作，张干从北京回家时毛泽东又送了钱和很多日常用品给他，包括葡萄酒、朝鲜的苹果和金日成送给毛主席的野山参等。晚年的张干在生活上更是得到了毛泽东的无限关怀，这些事情一直被张干记在心里直至逝世。

另外，1949年初冬毛主席还接湖南第一师范的黎锦熙教授一家到中南海家中赴宴。在1959年6月，毛泽东回到故乡——韶山，他又邀请自己读私塾时的老师毛禹珠等一起吃饭。席间，毛泽东为老师敬酒，毛禹珠感到不胜荣幸，感慨地说："主席敬酒，岂敢岂敢！"毛泽东则举杯说："尊老敬贤，应该应该。"毛泽东尊敬老师的这些故事将永远铭记在湖南人民心中。

在1962年1月毛泽东还专设家宴宴请末代皇帝溥仪，关心他的婚姻和生活。当得知溥仪每月只有180元薪水时，毛泽东当即表示太少并拿自己的稿费通过章士钊先生给溥仪改善生活，令溥仪非常激动，从此以后也非常配合改造。

4．平易近人，凭吃辣椒比喝酒

毛泽东平时平易近人，与属下同乐。有一次，正值毛泽东生日，卫士长李银桥想为他庆贺一下，绕着弯子对主席说："主席，今天是您的生日，大家辛辛苦苦又跟您干了一年，您也要有所表示啊！"毛泽东笑着说："银桥，你这不是变着法子敲我的竹杠吗？"毛泽东向来反对为领导人祝寿，但李银桥这么一说，他想了想觉得也应该有所表示，于是他破天荒地主动提出要备些酒菜，李银桥欢天喜地领命而去。李银桥本来能喝几杯酒，自从跟随毛泽东以后，很少有机会喝酒了。毛泽东也想到这一点，便主动提出上酒。

卫士们拿来了白酒和红酒，红葡萄酒是为毛泽东和女服务员准备的。毛泽东举杯敬大家："诸位跟我干了一年，我借这杯酒感谢大家。"他轻轻地抿了一口，便放下酒杯。姚淑贤见状忙说："不行不行，主席这杯酒一定要喝掉。"毛泽东说："你们知道我不能喝酒。这样吧！咱们订个君子协议好不好？你们喝酒我吃辣椒。"小姚不同意，说："主席，酒和辣椒不是一回事呢！"毛泽东笑着说："白酒再辣但也辣不过辣椒，你不同意吗？那你吃一个辣子我喝一杯酒，行不行？"毛泽东晓得小姚吃不得辣便故意将军，小姚当然不会"上当"。毛泽东见大家都不饶过他，就认真说："还是吃辣子吧，多吃辣子能成事，酒喝多了会误事。"刚说完，他也许觉得不妥，又马上说："今天例外，你们尽兴喝，误了事不怪罪！"毛泽东毕竟是主席，他坚持不喝，大家也不好过分勉强他，最后大家还是只好同意他多吃辣椒少喝酒。结果毛泽东没少吃辣椒，同志们没少喝白酒。这次卫士长李银桥还喝醉了，摇晃着，笑着，张大嘴巴呕吐，后来又抱起痰盂吐。吐完又呵呵笑，笑过了又吐。毛泽东毫不怪罪，还亲自张罗着与众人一道给他打水、递毛巾。他与毛泽东的十几年接触中也就醉过这么一次。

在湖湘民间还流传着毛主席在重庆谈判时生平大醉鲜英家和开国盛宴上以茶水代酒示"海量"招待前来参加国庆典礼的前苏联等国贵宾等故事，毛泽东平易近人的伟人风度，从这些小故事中体现得淋漓尽致。

（四）贺龙巧用酒宴计，筹饷组建独立军

贺龙（1896—1969），湖南桑植人，原名文常，字云卿，乳名常伢。伟大的无产阶级革命家、军事家，中国人民解放军的创始人和主要领导者之一。在此，说说贺龙巧用酒宴计，组建讨袁独立军和智筹军饷的故事。

1. 巧用酒宴计，组建独立军

1914年，当时只有19岁的贺龙经同乡——中华革命党川黔湘鄂联络使陈图南介绍加入了中华革命党，他的戎马生涯也由这里起步了。1915年冬，袁世凯复辟帝制，激起全国人民的极大愤慨。云南都督蔡锷宣布独立，亲率护国军挺进四川南部，向北洋军阀开战，拉开了护国战争的序幕。为策应蔡锷起义，早在湖南开展讨袁斗争的中华革命党人，也在湘西酝酿举兵，并授命贺龙在石门泥沙组织军队，准备发起反袁暴动。当时邻近桑植的石门县政府在泥沙镇设立了一个团防局，由湖南省督军警察队长唐荣阳的弟弟唐臣之充当团防局长，有枪八十多支。唐臣之仗着自己有权有势又有枪，伙同地方黑势力开赌场、设烟馆等，干尽了坏事，南来北往的商旅和骡子客，常被敲诈勒索得身无分文，远近的群众对唐臣之的所作所为恨之入骨，却又无可奈何；贺龙以前与马帮赶骡马经常来往于泥沙镇，也遭到过团防局的盘剥、勒索，他早就有心要敲掉它。

　　1916 年腊月，以交游广、性格豪爽、愤世嫉俗、仗义疏财、敢于同恶势力相抗争而闻名乡里的贺龙，与大姐夫谷绩廷带领一批志同道合的乡友，以赶骡马作掩护来到了泥沙镇，与大庸的中华革命党人罗剑仇派来到泥沙镇搞枪支的吴佩卿汇合，商量部署夺枪计划。他们共同商量了三个方案：一是引蛇出洞，由大庸的吴佩卿、田子荣等在河滩开赌场，招引团防局的士兵出来赌钱；二是瓮中捉鳖，由桑植的赵卜然包一个烟馆，请来团防局士兵，然后一举抓获；三是劝说归附，由贺龙在饭馆里请客喝酒，同士兵结拜弟兄，连人带枪拉过来，一起参加暴动。

　　腊月十七这天早晨，寒风凛冽。吴佩卿与田子荣等带着一些人在泥沙镇集市一头的河滩上摆开了赌场。只听吴佩卿一阵吆喝，看热闹的人很快便围了上来。果然不出所料，几个团防局的家伙远远看见人都往这边涌，赶紧凑过来，一看是赌场，马上叫嚷着要抓赌，田子荣看透他们的心思，赶紧塞了几个钱。他们一见到钱，马上也兴冲冲地赌了起来。一连几把，输少赢多，很快招引来了更多在集市上晃来晃去的团防士兵。

　　贺龙这时也按计划在"张本纪面馆"摆下了四桌酒席，请来了30 多个团防局的旧友新交喝酒，正当这一群人喝酒行令在兴头上之时，只见谷绩廷匆匆跑来，低声对贺龙说："好戏开场了！"贺龙一听心领神会，让谷绩廷陪客，自己拱手一声"失陪"转身疾步走进厨房，顺手拿了一把锋利的菜刀别在身上，神态自若地走了出去。

　　贺龙一出大门，早已等候在门外的谷彩之立即迎上来对贺龙说："现在机会正好，团防局已经空了，门口只有一个哨兵，唐臣之和一个姓王的队长正在里头抽大烟，板壁上有二十支枪！"

　　"走！"贺龙一挥手，拿着菜刀带着谷彩之等十人奔到团防局大门口，很快下了哨兵的枪，活捉了毫无反应的局长、队长两个大烟鬼。就这样，一枪没响，一人没伤，就缴获了二十支"汉阳造"步枪。

与此同时，面馆里那三十来个士兵在谷绩廷宣传和鼓动下，对天发誓，表示要跟着贺龙干；河滩赌场上的吴佩卿等人也顺利得手，活捉了一批团防兵，缴获了一些枪。

贺龙砸了团防局，夺了枪，泥沙镇上顿时炸开了锅。贺龙来到集镇中心，跃上石凳，大声喊道："父老乡亲们，刚才是我们提了团防局的枪，抓住了作恶多端的唐臣之，杀了王队长。想出头的就跟着我贺龙去打倒袁世凯和湖南那帮耀武扬威的狗腿子。我知道你们中间很多人都很恨姓唐的，我劝你们跟着我贺龙一起干大事去，不愿意干的，我劝你们尽早离开泥沙镇，到外边去谋生路。不然，姓唐的哥哥从省里来了，他一准会报复的，到时候就会是'野猪还愿——一拱而光！'"

贺龙话音刚落，整个泥沙镇顿时沸腾了。众多穷汉拥到贺龙跟前，一个个兴高采烈地叫嚷着要跟着贺龙揭竿而起，兴兵讨袁。接着，只见贺龙一声大喊，大手一挥，带领众人乘胜冲入泥沙镇附近的南北镇和皂市两地团防队驻地，又夺取了四十余支枪。就这样，贺龙利用一把菜刀和酒宴为计，几天内，在未发一枪一弹的情况下缴了团防局的全部武器，发展组织起了一支三百多人的农民武装，打出了"湘西讨袁独立军"的旗号。

2. 巧用酒计，智筹军饷

1934 年秋天，贺龙为了筹备红军长征时所需的军费，来到石门县。这一天，贺龙刚到街口，就听见人们议论纷纷，原来该县黄石镇的大地主吴保初次日就要娶儿媳了，大家正议论着如何去送礼。贺龙觉得这是个难得的机会，眼睛一眨，肚里来了主意。

　　第二天，贺龙把自己打扮了一番，他剃掉了自己的八字胡，头戴一顶青色呢礼帽，身穿一件深蓝色长袍，叫跟随而来的三名战士扮成了家里的仆人，抬着礼盒去吴家道喜。刚到吴家门口时就碰到了出门接客的吴家老爷，吴老爷对出现在面前的这位高大的汉子和丰盛的礼品感到十分茫然，怎么也记不起什么时候有这样一位亲戚或朋友。贺龙说自己是老爷儿时的朋友，今天特来贺喜，吴老爷也当真把他当成了贵宾。

　　喜宴开始的时候，贺龙自然坐上了贵宾席。吴家老爷亲自提壶向贺龙斟酒，并且提议大家吟诗作对行酒令助兴，来庆贺儿子的吉日良辰。当时，一位乡绅模样的人即席起身，出了上联："盛世文章迎彩凤"，坐在乡绅旁边的是一位秀才，他听了上联，觉得"凤"需要"龙"才能对上，正在沉吟间，猛觉脚背被人踩了一下，扭头一看，好熟悉的面庞，细想，这不就是贺龙吗？又见贺龙朝他眨了两下眼睛，心里一愣，于是胆战心惊地对了下联："满堂宾客怕贺龙"。猛听"贺龙"二字，在座的个个都吓得脸黄手抖。贺龙见了，不觉暗暗发笑。吴老爷也听说了下联中的"贺龙"，愣了一下，眼睛四处一瞧，没有看见贺龙的影子，又壮起胆来说："哪个怕贺龙？"宾客见主人声音严厉，大家都说不怕贺龙。

　　这时，贺龙陡地站了起来，把帽一掀，扯开蓝布长袍，拔出两只乌黑的驳壳枪，大声吼道："我就是贺龙！"

　　大家定神一看，四座皆惊！只见这汉子一副方正的脸庞，剑眉倒竖，豹眼圆睁，上唇虽然没有了八字胡，但留有两撇铁青的颜色，认识他的人"啊呀"一声叫了起来，跪下了双膝，口里连连喊着饶命。接着满堂宾客一个个都跪了下来，只听得酒筵厅里的一片"饶命"之声。贺龙听了哈哈大笑，笑得宾客个个魂不附体。吴保初呢，听说此人是贺龙，更是吓得直打哆嗦，还哪敢收他的礼盒，反倒乖乖拿出银圆相送。

从此，贺龙利用酒宴智筹军饷的故事，传遍了沅水左右，澧水上下。

（五）陈赓借酒杀叛徒，巧计营救李维汉

陈赓（1903—1961），原名陈庶康，湖南省湘乡县人。中国人民解放军高级将领，军事家。陈赓性情直爽敢直谏，在1947年解放战争期间，陈赓曾在毛泽东的窑洞里，在毛泽东和周恩来为他洗尘的酒桌上因觉得毛主席的军事安排不妥而借酒直谏毛主席，惹得主席拍桌案。事后周恩来告诉陈赓："主席就是要你把话全讲出来，告诉你吧——中央已经改变计划了。"陈赓这才长长地出了一口气。陈大将军曾在组织特工科时用酒鸩杀叛徒巧救李维汉。

陈赓从小机智聪颖，有较强的模仿才能，似乎天生有从事秘密工作的本领。他是湖南人，但可说出几种方言，有时达到了以假乱真的地步。他经常改换各种打扮，有时一身短衣旧装；有时一副长袍马褂；有时一身西服革履。他穿工人服装像工人，穿上西服像绅士。南昌起义时，陈赓不幸左腿三处负伤，按党组织要求他回到上海家中养伤。伤势好转后，他按中央的指示开始了一项颇为神秘的工作——建立中央特工科，与敌人进行秘密斗争。这个特工科当时在周恩来的直接领导下，是中国共产党最早建立的隐蔽战线。当时特工科的领导为顾顺章（顾顺章于1931年叛变革命），陈赓被指定为顾的副手，顾不在时，陈赓负责。

1929年农历新年上午，宋再生（陈赓领导的打入敌人内部的特工科人员）在淞沪警备司令部的办公室里接待了同仁王铁铮领进的个子瘦高的年轻人。王铁铮指作身后的年轻人对宋再生说他

叫黄岐，湖南人，有重要情况要向老宋报告。待王铁铮走后，宋再生热情地招待黄岐落座，并给他泡了杯浓茶。黄岐喝了口茶，将双手贴在杯沿，怯怯地对老宋说："我可以帮助你们抓到共产党的重要人物罗迈。"

"罗迈？"老宋听罢，大吃一惊，不觉失口叫出了声。他知道罗迈是李维汉同志的化名。旋即，他镇静地说，"是罗迈呀！他可是鼎鼎大名的共产党头目。据说他现在是共产党江苏省委书记。我们出了五万元的悬赏缉拿他，就是一直抓不到他本人！"

黄岐点了点头："正是此人！我跟他同乡，湖南长沙人。"又急忙追问："你晓不晓得，这五万元有无回扣？""十足照付，不折不扣！"宋再生眉毛一扬，淡淡一笑，接着加重语气说道，"不过，你举报的事要实在、稳当。若有半点不实的话……""您放心，我愿以性命作担保！"黄岐生怕老宋不相信，赶紧拍胸口赌咒。

"那好！"宋再生略沉吟片刻，建议地说道，"眼下就要过年了。这事再急也急不过度春节吧，再说明天我就要回诸暨老家陪父母过年。我看这样吧，过完春节，正月初五吧，我们在长乐茶社碰头。你的意见呢？""好倒是好，不过……"黄岐嘴中嗫嚅，右手从杯沿松开，做了个数钱的动作。宋再生一下子就明白了他的意思，遂笑了笑，径直问道："手头紧了，是吧？好，你开个价！"黄岐脸刷地涨得通红。他略带羞赧地说："反正我做人做到这步田地，也就无所谓了！不瞒您说，这年关将至，我什么都不缺，就缺一样东西：钱。您看，您要是方便，我就向您讨个三十块钱吧！"宋再生当即取出一沓钞票，点给黄岐，并说："这是三十块！你收好。这钱算是我送你的，不用从五万元里面扣回了！不过呢……"

黄岐接过钱，立即眉开眼笑，他未待宋再生说完，就点头哈腰地发誓："请您一百个放心！正月初五，长乐茶社，我一定给您准信!"说完，黄岐乐颠颠地走了。

宋再生当晚就将这一情况悉数告诉了陈赓。陈赓当即找来陈养山同志，三人凑在一起商量应对之策。陈养山建议由他连夜通知罗迈（即李维汉）同志，要他尽快搬家。宋再生问："那，怎么对付这个姓黄的？"陈赓想了想，答道："长乐茶社人多嘴杂，到时我们不好下手。这样吧，不如到时……"陈赓遂向宋再生、陈养山说出了一个万无一失的办法。

转眼到了正月初五。这天上午，黄岐果真到长乐茶社来找宋再生的人了。

这时，正是茶客盈门的时候，宋再生这天一大早就候在茶楼里了，他点了一杯普陀绿茶边喝边等黄岐。喝到第二杯茶时他见黄岐探头探脑地进来，即示意他到面前落座，抱拳作个揖，说道："新年好！瞧你满面红光的，你今年肯定要时来运转，行大运了。"黄岐慌忙回敬一揖："祝老宋您官运亨通，连升三级！""不敢，不敢！"宋再生即凑在黄岐耳畔，嘀咕道，"此地人多嘴杂，我怕走漏了风声，我看还是换个地方的好。"

黄岐两边瞅瞅，一想也是，遂点头同意，随宋再生走出了茶馆。出了茶馆，宋再生叫了两辆黄包车，说声"大东旅社"，两人遂一前一后相随着走了。

车到了大东旅社，宋再生也不发言，径自带着黄岐走到一楼尽头的一间客房。那是一间装饰华丽的套房，一名身穿黄贡呢上校军服的军官悠闲地坐在沙发上，听着广播匣子。那广播正在播评弹调，那军官边听，边附和地哼唱着。一见宋再生带黄岐进来，那军官身手利索地扭掉了广播匣子的开关。

宋再生遂郑重地给那军官介绍："这位就是我给你提到过的黄岐先生。"那军官马上伸出双手，同黄岐握手，笑脸盈盈地说：

"看你年纪还不大，就肯效忠党国，真不愧是热血青年!"黄岐嘴里忙应酬:"过奖，过奖!"宋再生又给黄岐介绍道:"他是我们司令部的王参谋长。"

黄岐未等宋再生介绍完，即连声不迭地说:"王参谋长，久仰! 久仰!"宋再生吩咐并交代黄岐:"是这样，王参谋长听我提到你的事情以后，已报告了熊司令。熊司令说很有兴趣见见你，你就快随王参谋长去见熊司令吧。"黄岐一听是熊司令要亲自召见他，顿如抽足了鸦片的瘾君子，一时不知云里雾里了。

其实，那名军官就是陈赓假扮的。陈赓遂带上这名钱迷心窍的人，离开大东旅社，坐上一辆出租轿车，开往英租界威海卫802号的一幢石库门房前。

令黄岐始料不及的是，他去的地方早有顾顺章及三名假扮成佣人的"红队"队员在恭迎他去往"黄泉"路。在石库门房前，陈赓和黄岐刚下车，顾顺章的声音就从乌漆的大门里传出来了:"王参谋长好! 这位小兄弟想必就是黄先生了吧!"说着，顾顺章从大门疾步迎出，将他们热情地请进客堂，在一张八仙桌旁落座。"来来来，我们先在这里喝喝酒，合计合计，再去见熊司令也不迟。"顾顺章大大咧咧地说。

那些"红队"队员立即从灶房间捧出上等酒菜，摆放在八仙桌上。然后，给三人的酒盅一一斟上白酒。那名斟酒的队员说:"这是有名的'千里香'酒，请二位客人尽管放心地喝，这酒喝下肚千杯不醉人!"顾顺章遂举杯相邀:"二位不必客气，咱们先干这一杯，预祝今年鸿运长久、财源滚滚!"

陈赓随即附和，一口饮尽了酒盅里的酒。黄岐先是犹豫，见陈赓一饮而尽，便也爽快地饮干酒盅。喝完，他扭转头看着顾顺章，问:"这酒怎么这么苦?"顾顺章脸色一变，"嘿嘿"干笑两声，说："这是送你去往黄泉路见阎王爷的迷魂汤！"果不其然，顾顺章的话音未落，黄岐怪叫一声，即一把倒掀在地，捂住胸口，呼天抢地地打起滚来……

原来，顾顺章这名上海滩上较有名气的魔术师早已按陈赓的意图在酒壶里耍了名堂。这个酒壶本是变魔术用的道具，中间设有隔断装置，可以同时装灌两种不同的酒。倒给他和陈赓的酒的确是"千里香"，而倒给黄岐的却是预先掺了迷魂汤的"千里香"酒。

（六）王震酒宴掀酒桌，借酒痛斥何绍南

王震（1908—1993），湖南浏阳人，1929 年参加中国工农红军，是唯一可带枪见毛泽东的将军，1955 年被授予上将军衔。

一提起王震，人们自然就会联想到他的火暴子脾气，他最痛恨的就那些贪生怕死、意志动摇、叛变革命的人。王震敢于斗争、不畏强敌的精神，不仅体现在枪林弹雨的战场上，在与国民党顽固派面对面的斗争中，也表现出大无畏的气概。在此，我们说说王震酒宴掀酒桌，借酒痛斥何绍南的故事。1940 年初，359 旅奉命调回陕甘宁，担负保卫党中央和边区的任务。王震兼任了绥、米、佳、吴、清警备区司令员，驻防绥德。当时，这一带仍由国民党控制，各县都设有他们的县党部和政府，绥德设有专员公署。国民党专员何绍南是个有名的"摩擦专家"，一贯消极抗日，积极反共，制造了不少事端。王震旅长面对何绍南一小撮顽固派破坏统一战线的卑劣行径，展开了针锋相对的斗争。

有一次，王震与何绍南在酒宴上相遇。何绍南端起酒杯对着王震致辞说："今天幸会王大旅长，真是人逢知己'万'杯少，为了两党精诚合作，共同干了这一杯。"

王震的脸一下子拉得很长，用颤巍巍的右手端起酒杯："且慢！"

警卫员一看王震要发火的架势，连忙在后面拽了拽他的衣襟。王震用左手狠狠地甩了一下警卫员的手，"拽什么拽！何专员的话我不敢当，我倒是觉得人逢'摩擦专家'一杯就多！"

何绍南不识趣地来了一句："岂有此理！"一听这话，王震将酒杯高高举起，使出全身的力气往地上摔去："谁岂有此理？我看，就是你何绍南！"

宴会厅里本来是嘈嘈杂杂的，随着王震酒杯的一摔，大厅顿时寂静得掉根针都能听得见。

王震扫了一眼大厅，更觉得是个机会，用手指着何绍南的鼻子："你还算个中国人吗？一看你就是汉奸的料子。有本事你到前方去和小日本拼，在后方跟共产党要横算什么鸟本事！从今往后，你何绍南胆敢对共产党使一点小脾气，我王震说到做到，非让你吃不了兜着走！"话音未落，王震将酒桌掀了个底朝天，随即连头都没回大步流星地走了。

何绍南吓得如筛糠，让人搀着回到署上，没过几天，便跑得无影无踪了。

王震对那些贪生怕死、意志动摇、叛变革命的人是火暴子脾气，但他对部下特别是对战士是关心备至，更多的时候是一位和蔼可亲的长者。在王震部下的脑海里，至今不仅仍留着在红军长征时王震在连队伙房"偷拿"锅里的锅巴被炊事员误敲了一锅铲、在战斗间隙和战士们打扑克偷"大王"被战士追要的美谈，还留着他在建国初期对大吃大喝深恶痛绝的故事。

那是20世纪50年代物资匮乏时期，当时王震宣布了一条纪律：机关人员一律不准在外面大吃大喝，违者受军法处置。有一天，王震和刘开江一起去买毯子，刚到商场就听到下面十分嘈杂。王震把头伸过去一看，是三个海军军官在那儿旁若无人地喝酒猜拳，帽子放在桌子上，看军衔是一个大尉和两个中尉，周围的群众都看得撇嘴。王震说"回去"，刘开江懵了，毯子没买到就回去？没想到首长回转身走到餐馆里，一屁股坐在那大尉身边，轻轻地问了句"同志，你们是哪个部队的?"大尉看了他一眼，没有理他，继续划拳喝酒。

将军又轻轻地问："同志，你们一个月发好多钱?"大尉一下冒火了，他"腾"地一下站了起来："你管我们呢？你是谁呀？关你什么事啊?"首长笑笑说："坐下坐下，我是王震。你看你们在这里大吃大喝，对老百姓的影响多不好，又造成多大的浪费?"

几个军官听说他就是赫赫有名的王震将军，都不做声了。他们认识到了自己的错误，写下了深刻的检讨。这事处理完后，他又在部队宣布，要是再出现这种情况，坚决撤职处分。

（八）胡耀邦以酒寄情，生活平易传佳话

胡耀邦(1915—1989)，出生于湖南省浏阳县中和乡苍坊村一个贫苦农民家庭。据族人回忆，在家乡的怀抱里，胡耀邦是一个顽皮的孩子。根据乡人的回忆，童年的胡耀邦喜欢在正月里跟随兄长们耍龙灯，10 岁时已可以加入到龙灯队里去了。胡耀邦生前对自己小时候的一次恶作剧也记得很清楚。那次，是胡耀邦隔壁邻居办喜事，胡耀邦和几个七八岁大的孩子，见到大人喝酒喝得那么高兴，不知道为什么酒竟有这般神奇。于是他们上前偷了一壶，躲起来一顿痛饮，结果一个个全醉倒在天井沟里，被大人们发现后，均挨了一顿打骂。从那以后，胡耀邦对酒有了认识，从此终身不再多喝酒。

1962 年 11 月，时任团中央书记处第一书记的胡耀邦带职下放，担任中共湖南省委书记处书记兼湘潭地委第一书记，主持湘潭地委工作。在湘潭工作的近两年时间里，他经常轻车简从，直接深入到田间地头和群众家里，面对面地做调查、摸情况、解难题，掌握了大量第一手材料。在湘潭，在湖南，至今传颂着胡耀邦同志求真务实、艰苦深入、平易近人、关爱群众、不搞特殊的好作风。

1963 年冬，胡耀邦与秘书第三次来到浏阳大瑶考察，中午在区公所吃午饭时共开两桌，没有酒，也没有鱼肉，只有黄豆、芋头、萝卜、白菜等几个小菜。胡耀邦习惯性地先观察一下，发现两桌伙食标准一样，区公所并未给自己搞特殊，很高兴方才安心入座，边吃边称赞蔬菜含维生素多，营养丰富。

另外，据"棋圣"聂卫平回忆胡耀邦生前送给他的一瓶茅台酒，这瓶茅台酒还与中国足球有关。一瓶酒怎么会同中国足球有关呢？这也还得从头说起。

据说当年茅台酒厂发现了两瓶最古老的酒，一瓶送给了邓小平，一瓶送给了胡耀邦。送给邓小平的那瓶酒老爷子已经喝了，送给胡耀邦的这瓶酒就成了名副其实的孤酒，显得更加珍贵。胡耀邦舍不得喝，他知道聂卫平很喜欢喝酒，便把酒转送给了老聂。这么名贵的酒，又是中央领导人送的，老聂当然更舍不得喝，就珍藏起来。

一次聂卫平和戚务生、徐根宝等足球界的人在一起吃饭，谈到世界杯出线问题，大家都挺感慨。聂卫平也是个足球迷，对中国队总是冲不出去很着急，于是乘着酒兴说，如果中国队能冲出亚洲，参加世界杯，我就拿出这瓶茅台酒来为中国队庆功。戚务生他们听了特别高兴，表示一定要冲出亚洲。可惜多年来，一次次冲击世界杯未果，这瓶酒至今仍然保留着。

后来有人听说此事后，要出 100 万买这瓶酒，聂卫平没有答应。他认为这瓶酒的价值绝不是 100 万所能买的。聂卫平后来将此事告诉了胡耀邦，胡耀邦大声说道："好!"当时，胡耀邦见聂卫平把茅台酒留给了中国足球，便又送给他一瓶虎骨酒。据聂卫平回忆说这瓶虎骨酒也颇有来历：那是 50 年代初，高岗还在当"东北王"时，曾亲手打死一只老虎。他用老虎的骨头泡了一坛酒，并将这坛酒送给了毛主席。不知出于什么考虑，毛泽东当时叫人把这坛酒埋在了地下。几十年来风云变幻，这件事似乎也已被人遗忘了。直到粉碎"四人帮"后，在清理毛泽东的遗物时才发现这坛酒。酒封得好好的，上面还有个说明，这样人们才得知这坛酒的来历。后来酒被分成了十几瓶，分别送给了当时中央的老同志，胡耀邦也分得一瓶。然而，平易近人的胡耀邦又把这瓶酒转送给了聂卫平。

聂卫平说，现在胡耀邦已经去世了，但愿有一天我能拿出这瓶酒，代表胡耀邦和我自己为中国足球队庆功，了却我们的这片心意。

胡耀邦还在中国外交舞台上首次以家宴款待日本首相，世界舆论称之为"通往 21 世纪的旅行"。那是 1984 年 3 月，胡耀邦在担任党的总书记期间访日时受到时任日本首相中曾根的家宴款待，在中曾根应邀回访中国时，胡耀邦一家三代以家宴回应。无奈因胡耀邦家中太过狭窄，总书记亲自在瀛台设家宴，并和夫人李昭及子女在客厅门口迎接日本首相中曾根一家的到来。中曾根首相十分高兴，他说："国与国的领导人之间似乎还没有这种家庭式的交往，我感到很荣幸。""我在这里吃饭、喝酒感到很舒适，就像走亲戚一样。"两家人相聚，亲切的话语，欢乐的气氛，举杯相贺，把中日友好推向了一个新的高度。

第四章　湖南古代酒具

　　"男女饮食，人之大欲存焉。"随着社会的进步，生活的改善，作为人类基本需求的饮食，其方式和内容出现相应的变化。而饮食习俗的改变，又将导致饮食器具的变化。茶酒为中国古代的两大饮料，分别代表两种不同的文化符号，并行不悖。《唐才子传》："茶铛酒杓不相离"；白居易："看风小榼三升酒，寒食深炉一碗茶"，"举头中酒后，引手索茶时"。酒是一种重要的物质文化现象，自古以来，酒就与中国人的日常生活密不可分。各种酒器因此成了重要的礼器，其中尤以青铜爵、尊、彝等酒器象征身份等级。饮酒须持器，古人云："非酒器无以饮酒，饮酒之器大小有度。"中国人历来讲究美食美器，饮酒之时更是讲究酒器的精美与适宜，所以酒器作为酒文化的一部分同样历史悠久，千姿百态。酒具不仅是酒的载体，也是历史文化的一个重要体现，酒具的发展是与社会生产力发展水平相联系的。

　　湖南饮酒用的器具最早究竟出现于何时，至今尚无确切的记载，现已发掘的文物中，经考证发现，湖南的旧石器时代即原始社会前期的文化遗存，在湘西北的澧县、津市、石门和湘西的慈利、新晃、怀化以及湘江流域的长沙、永安等地发现了100余处。打制石器的发现，证明了几十万年至一万多年前，在湖湘大地上就有人类繁衍生息。当时用石器进行狩猎以获取野兽，采集和加工果实，过的是一种《礼记·礼运》中所记载的："未有火化，食草之食，鸟兽之肉，饮其血，茹其毛"的原始生活。最早用来专门饮酒的器具是新石器时代河姆渡文化古迹中的陶器带把钵，距今大约 7 000 年。用陶制作的酒具，较之石器有很大的提高，外形美观，内外壁光洁，并带有钵把，陶器的出现进一步推动器具手工业的发展。新石器时代中期的仰韶文化和大汶口文化是这一时期文化、生产力发展的高峰，出土的这阶段的酒具，品种增加很多，酒具的制作也较前期更加细致，造型更加美观，有三足的规鬲，有高足的觚形杯、球胆杯等。材料有红陶、黑陶等，风采各异。龙山文化时期出土的双耳陶杯，造型更加优美流畅，质地光滑细腻，证明当时陶制工艺发展速度是很快的。到了商周时期，酿酒工艺有所发展，饮酒爱好更加普遍，出现用青铜材料制作的酒具。青铜酒具不仅在坚韧耐用方面有很大的改善，而且克服石料、陶土器具不易雕琢、易碎、形体很难一致的缺陷，在青铜酒具上设计雕刻出许多精美的图案，造型上也出现许多新的变化，使酒具更加美观。奴隶主阶级（诸侯、贵族）用精美纹饰图案铸刻各种酒具，爵、角、觚、觯、昭觥、卤、酒樽、壶盛行于商、西周时期，有的一直延续到战国、汉代。在长期的历史发展过程中，在制作原料上，酒具经历了从自然材料到陶、青铜、漆木、瓷和各种名贵材料的不同演变；在形制上，酒具品名繁多，造型各异，呈现出绚丽多彩的画面。明、清以来烈性酒的出现，使原来只适于饮用米酒和果酒等形体较大的酒具不适用了，酒壶、酒杯的形体就变小了。从现代来看，酒器的种类按质料来分，有陶、铜、漆、瓷、玉、金银、象牙、犀角、玻璃、竹木等；按用途来分主要有用：酿酒、储酒、盛酒、温酒、冰酒、斟酒、饮酒、挹酒等。

酒瓶，特别是湖湘陶瓷艺术酒瓶，不仅是酒的载体，也是湖南酒文化的一个重要组成部分。它是无声的诗、立体的画、凝固的音乐、含情的雕塑，使人未醉于酒而先醉于瓶。

20世纪70年代以来，湖南考古工作取得了举世瞩目的成就。旧石器遗存的发现，填补了湖南省远古人类历史的空白。新石器时代稻作遗存和古城址的揭示，有力地说明了湖南省是中华文明的发祥地之一。商周青铜器、秦代简牍、西汉王室墓文物和三国吴简的问世，都曾轰动一时。这些惊世考古发现，凸显出湖南省深厚的历史文化积淀。这些重大考古发现中，已有七项被评为当年全国十大考古新发现之一，这七项中又有三项被评为20世纪百项考古大发现之一，其中的龙山里耶战国秦汉城址的发掘，更是被誉为21世纪我国最重大的考古发现之一。

湖南古代酒具或说中国古代酒具，从社会发展史的角度来看，学者认为可分为五个阶段：第一个阶段是新石器时期，这个时期的酒具以陶器为主；第二个时期是夏、商、西周，这个时期的酒具主要以青铜器为主，同时陶器依然存在；第三个时期是东周和秦、汉时期，这个时候最美的酒具是漆器，流光溢彩，做得非常漂亮，同时，在这个时期瓷器也已经萌芽了。第四个时期从魏、晋、南北朝一直到隋、唐，随着瓷器的发展，瓷质酒器也同时逐渐壮大；最后一个阶段即宋、元、明、清时期，可以作为一个大的历史时期，在这个时期，金银器退居次要地位，瓷器已占到了主流地位，同时也还有一些自始至终没有成气候的酒器，如玻璃器、木器、竹器，这些一直就没有占到一个主流地位。我们从现在看酒器的历史的发展脉络，它实际是跟中国古代社会的发展一直是一脉相承的，可以说是同步的。酒具随着社会时尚、经济和科学技术的变化而变化。可以说，酒具它也是我们认识中国古代社会的一个窗口，你看到酒具变了，那社会也变了。

在湖南，酒具的发展变化在各个朝代都非常令民众注意，湖南民间有一句谚语："酒好无好杯，好酒难生辉"，这也是湖南各少数民族普遍认同的一种酒文化观念。少数民族民间酒具有木制酒具、竹制酒具、金属酒具、玻璃酒具等，制作就地取材，造型因材因地因文化而异，具有浓郁的地域特色和民族特色。1949年前后在湖南省出土的酒器不仅以数量品种之多令人震惊而更以酒器的巧丽大气而闻名于世，如在湖南醴陵出土的商代青铜盛酒器"象尊"就是一件艺术性较强的珍品。也因此说明商代的奴隶主们对酒有特别嗜好，对酒器制作也非常考究。此"象尊"由富有艺术才能的工匠奴隶们，把它设计为一个很有趣的长鼻大象，使饮者在品酒之余，还可以悠然地欣赏这件雕刻艺术品。象尊的形象写实而生动，为了加强其艺术性，作者不厌其烦地在象身各部雕饰出商代最多见的以云雷细纹作地的夔纹，饕餮纹浮雕，并在象的头额、鼻端雕有小鸟作陪饰。这件象尊，体高仅23厘米，可谓小巧玲珑，如此精美的雕塑艺术珍品，便是出自3 000多年前奴隶之手。

　　1992年以来，澧县城头山遗址相继发现距今5 000年～6 000年的城墙，使湖南成为迄今为止发现了中国文明史上最早城池的省份之一。夏、商、周时代，湖南在中国文明前行的列车中落在中原地区后面，但20世纪50年代以来，宁乡、湘潭、株洲、衡阳、岳阳、长沙等地发现的大批商周青铜器，无论是造型还是铸造工艺均显示出与中原争辉的气势。楚汉时代，是湖南文明发展史上一个辉煌的时期，楚帛画、缯（帛）书向现代人展示了战国时代湖南人高度文化素养与艺术才华，证明湖南不愧为人文荟萃之地，而绝非中原正统观念支派下所鄙夷的野蛮之邦。在湘西酒鬼酒的故乡，在著名的酉水流经的白鹤湾和清水坪古墓中出土了战国时期和汉代的彩陶壶、扁铜壶等多种酒器。汉代的湖南，由于马王堆的发现更加光彩夺目，以致学者们在研究汉代早期历史文化时，撇开马王堆就不敢轻易下笔，墓中出土文物的丰富与完整性，使这次发现在 20 世纪世界重大考古发现中拥有不可动摇的一席之地。三国到南北朝是战乱时代，无论是史学家还是考古学家，无论是国内学者还是国外学者，历来都对这一时期的历史面貌有难以深究之叹，1996 年长沙走马楼的发现，使湖南荣幸地成为补写三国孙吴历史的地区，这一发现也被列为当年全国的十大考古发现之一。早在这次发现之前的 1991 年，安乡发现的西晋镇南将军刘弘墓，以大批精美玉器的出土轰动一时，使人们见识了不为史学家重视的魏晋时代工艺水平精美绝伦的一面。隋唐以后，古代文人为我们留下了大量翔实的文史资料，但同样遗漏了众多无名英雄的光辉业绩。长沙窑，这个个性鲜明的古瓷窑，它以产品纹饰的丰富多彩、烧制工艺的锐意创新，向现代人显示了由老百姓创造的湖南盛唐酒文化风姿……

一、历史悠久的陶质酒具

中国是世界闻名的陶瓷古国，陶瓷是我国古代劳动人民对世界文明的伟大贡献。陶器的出现具有划时代的意义，它使人类的物质文化生活向前大大推进了一步，是人类文明发展的重要标志，是人类第一次利用天然物，按照自己的意志，创造出来的一种崭新的东西。关于陶制酒具起源的年代据考古证实可追溯到 6 000 年前，我国劳动人民便已学会了制陶。我们知道，火的使用不仅使人类学会了熟食，而且促使人类进一步学会了制陶。古有"神农耕而作陶"的说法，在公元 6 000 多年前的新石器文化时期，已出现了形状类似于后世酒器的陶器，陶器是用陶土或单一或多种混合一起作原料，利用陶土的可塑性，塑造成适合生活的容器，经高温焙烧而成的各种器皿。根据陶器的颜色来分，泥制陶可以分成灰陶和红陶、黑陶或褐陶。以装饰来分，陶器又有素面陶、彩陶、彩绘陶和釉陶等品种。

1. 湖南陶器历史

陶制酒器则始于原始社会末期的父系氏族社会，陶制酒具经过了一段漫长的发展历程。从新石器时代的细泥陶、夹砂陶、红陶，到灰陶、黑陶、白陶、彩陶、铅釉陶、唐三彩、辽三彩，再到今天的优质陶瓶，工艺水平达到了相当的高度。据现代考古学研究表明，距今约1万年前，生活在中华大地上的中华民族先民，便学会了制陶术，能制出简单的陶器。湖南地区目前发现最早的陶器，要算道县寿雁镇玉蟾岩（俗称蛤蟆洞）遗址发现的十分原始的陶片，1996年3月3日《中国文物报》向全世界宣布其年代在距今有1万年之前；另外在澧县彭头山遗址中出土的陶器，据测算，其年代也距今约八九千年，这是长江中游地区发现最早期的陶器之一。在洪江高庙遗址发现了距今7 800年前的精美陶制酒器，器表上有许多戳印的纹饰，显示出浓烈的艺术特色和宗教氛围，在此遗址中发现的祭祀场也是迄今为止全国最大的，高庙遗址使现代的人看到了7 800年前古人类的精神世界。陶器在先民们中生活上的使用，意味着人类饮食文化生活的一个重大突变，它标志着人们的饮食生活由"食草木之实，鸟兽之肉"，向蒸煮熟食生活的演变，从而对人类的进化有着重大的意义和深刻的影响，起着不可估量的作用。

陶器的发明，人们把黏土加水混合后，制成各种器物，干燥后经火焙烧，产生质的变化，形成质地不坚、吸水率高的陶器。它揭开了人类利用自然，改造自然的新篇章，具有重大的划时代的意义。陶器的出现，标志着新石器时代的开端。陶器的发明，也大大改善了人类的生活条件，在人类发展史上开辟了新纪元。在三湘大地上出土的主要陶制酒具有盉、斝、尊、壶和杯等。陶盉是古代温酒与调酒的器具，特点是有三足；陶斝是古代的盛酒器具，特点是圆口三足；陶杯是古代的饮水、饮酒器；陶壶是古代的盛水盛酒器具，特点是圆口大腹、无柄无嘴；陶碗是古代的盛饭、盛水、盛酒器等。这些酒具的早期特点是食、饮兼用或饮酒、饮水兼用，还有用作温酒与调酒的，其用途多有相通之处。这些陶质酒器的出土也向世人证明在新石器时代的湖湘大地上已有酿酒、饮酒之习了。

湖南是陶瓷的故乡。陶瓷书写了中国古代文明最辉煌的篇章，虽湖南古代陶瓷业以民间陶瓷为主，见于文献记载者不多，只有唐代陆羽的《茶经》和《全唐诗》中提到过"岳州窑"和"湘州窑"。岳州窑为湖南最早的青瓷古窑址，它始烧于东汉，经两晋，至隋唐时期。窑址分布在湘江下游的湘阴地区，主要有湘阴青竹寺窑（东汉）、湘阴城关镇窑（简称"湘阴窑"，晋、南朝、隋至盛唐）、铁角嘴窑（即"岳州窑"。东汉、唐）。湘阴青竹寺窑位于湘阴县南郊安静乡的青竹寺一带。器形以罐、钵（碗）、釜为主。此外还有坛、瓮、碟、洗（盆）、锅、酒、壶、盏、盂、网坠和蛙形器等。瓷胎白中微灰，釉色以青绿为主，青黄次之。但现在的考古发现湖南在这一篇章中占有的分量是越来越重：世界上已知形态最原始的陶片在湖南发现、世界上最原始的白瓷在湖南出土、世界上最早的釉下多彩瓷器在湖南烧制成功、古代长沙窑是世界陶瓷釉下多彩的发源地，瓷器釉下多彩开启了陶瓷历史新纪元，它以釉下褐绿彩、模印贴花和书法题记装饰为主要特征，特别是书法题记，这是一种创举，也是其他瓷窑所望尘莫及的；2007年湖南保靖发掘西汉古墓，出土了青铜剑、在 2 号墓发掘出西汉陶鼎（图 4-1）、钫壶、陶盒、陶壶、陶罐等文物 41 件，为研究汉代酉水河流域古建筑及汉代少数民族的生活和丧葬习俗提供了重要的实物资

图 4-1　西汉陶鼎

料。2007 年 12 月在湖南安乡汤家岗遗址又以艺术神器白陶的发现闻名于世，这次不仅发现了带有彩绘的白陶，而且同时还发现了制作白陶的原料白膏泥层……湖南范围内新石器时代遗址，从最近几年开展的全省文物普查成果统计，达近三千处之多，分布在三湖四水，其中尤以洞庭湖地区最为密集，经考古发掘的重要遗址有龙山县里耶遗址，澧县彭头山、宋家台、丁家岗、三元宫遗址，石门县皂市遗址下层，安乡县汤家岗、度家岗遗址，华容县车轱山遗址，临澧县胡家屋场遗址，长沙市郊南宅遗址以及平江县舵上坪和湘乡县岱子坪遗址等

等，在这些文化遗存中，出土了大量饮食器具和与饮食有关的陶器，它为我们今天湖湘饮食器具和饮食生活的探源提供了形象化的资料。在湖南道县玉蟾岩遗址中还发现距今 1.2 万年至 1.4 万年的世界上最早的人工栽培稻，玉蟾岩遗址中的陶片是中国目前最原始的陶制品之一，1995 年专家将道县玉蟾岩遗址出土陶片复原就是一个陶釜形酒器（图 4-2），

图 4-2　玉蟾岩遗址陶釜

是旧石器时代至新石器时代的饮酒（水）器，距今约 1.2 万年，高
29.8 厘米、口径32.5 厘米，也可用作煮食物的炊器，是迄今所见
最早的陶质酒器，对探讨中国制陶工艺的起源与发展有重要价
值；湖南洪江高庙遗址使我们走近 7 800 年前人类的精神世界，
该遗址发现了距今 7 800 年前的精美陶器，器表上有许多戳印的
纹饰，显示出浓烈的艺术特色和宗教氛围，该遗址中发现的祭祀
场是迄今全国最大的，而且是距今 7 000 多年前的大型原始人祭
祀场所，遗址位于怀化洪江市岔头乡岩里村，是沅水一级台地上
保存完好的新石器时代贝丘遗址。有关专家认定，这是我国目前
发现的最早的原始社会正规祭祀场所，并称从中找到了原始社会
用活人做祭品的有力证据。祭祀场所人祭坑中发现的两具遗骸头
部均有被利器猛烈击打的迹象，这是原始人拿活人做祭品的有力
证据。这一发现说明，在我国古代用活人做祭品的做法始于原始
社会而不是阶级社会。自东汉至现代湖南主要窑址的分布和发展
经历了八大窑系，它们是以岳州窑为代表的早期青瓷窑系、五代
北宋以衡阳窑为代表的晚期青瓷窑系、唐五代以长沙窑为代表的
早期釉下多彩瓷窑系、宋元以衡山窑为代表的晚期彩绘窑系、元
代以益阳窑为代表的白瓷窑系、明清以怀化窑为代表的青花瓷窑
系、清代以醴陵窑为代表的釉下五彩窑系和近现代以铜官窑为代
表的综合性陶窑系等。

　　新石器时代是磨制石器使用的时期，湖南新石器时代遗址中
出土有大量长条形、有肩的石斧，长条形石锛，扁平穿孔的石铲
和石刀等，它不仅磨制甚精，而且在制作上注意了力学原理，工
具的改进为农业生产的发展创造了条件。现在距湖南省会长沙
30 公里的望城县铜官镇，素称"十里陶城"，是我国古代五大陶都
之一，长沙窑古称石渚窑。长沙马王堆西汉古墓中出土的陶器证

明，早在数年前的西汉，长沙一带就有陶器生产。长沙窑是我国唐代外销瓷的重要生产基地，其产品质地坚细，融书法、绘画、雕塑于一体，首创世界制瓷工艺釉下彩的先河，远销日本、朝鲜、东南亚、中东、北非及欧洲10多个国家，为传播中国文明，沟通中外关系做出了重要的贡献。广告文字直接烧在瓷器上也是长沙窑的首创，如在伊朗出土的长沙窑瓷器上有阿拉伯文书写的"真主最伟大"字样，在朝鲜出土的长沙窑瓷器上有"郑家小口天下第一"等广告。由此可见，湖南铜官陶器很早以前就是外贸出口商品。

陶器的作用，是古代人们定居生活的反映。由于陶器耐烧，不易被火烧裂，而又有传热的优点，而且制作上也比较方便，因此被人们当作主要的生活用器，用它来做炊器、盛食器。陶器不仅体现了各个原始民族的特征，也体现各个时期社会发展的特征，也是各个时期社会发展的反映。湖南新石器时代各个阶段饮食器具中的陶器，有着明显的不同，它不仅体现在器形上的变化，也反映在陶质、纹饰上的不同。

2. 湖南陶质的酒器精品欣赏

印纹白陶盘（图4-3）：新石器时代祭祀用的酒器，1978年安乡县汤家岗出土，高7.3厘米、口径19厘米，这是人类早期祭祀用的神器，

图4-3　印纹白陶盘

这件陶盘是迄今发现最早的白陶之一，距今6 500年~7 000年。盘敛口，腹部斜收，圈足外撇，与腹部造型呼应。器外布满纹饰，

戳印 X 纹、圆圈纹、三角形纹、S 纹等组成的环带装饰，外底在两圈 S 纹组成的环带内，戳印十分规整的八角星图案，并在八角星图案中心的方框之内戳印旋转状的十字纹，使整个圈足形成以八角星为核心，颇似一幅光芒四射的画面。从制作精细及装饰手法看，这件白陶盘不是普通的日常用品。白色是一种包含光谱中所有颜色光的颜色，通常被认为是"无色"的白色，象征洁净、神圣。以白陶祭祀神灵，能通灵性，也能体现对神灵的尊崇。八角星被认为是太阳放射形图案。在万物有灵的史前时期，原始先民对光的崇拜，集中表现为对太阳的崇拜。内敛的盘口，用于祭祀时盛酒或堆放食物。细审花纹的装饰部分，只有将白陶盘举到高于平视线之上，才能见到全貌。这也可以理解供奉时，必须把白陶盘高举头顶，见到八角星，才显得虔诚，才有通灵的效果。

红陶鬶（图 4 - 4）：新石器时代的温酒器也作炊器，高 28.3 厘米，1980 年在湘乡县岱子坪出土，此物的出土反映了当时酒和饮宴已进入了人们的日常生活。该器造型别致，长颈、袋足、口部有一手捏的流，后有一个带形把手，以便提拿。深腹下面连着

图 4 - 4　红陶鬶

三只如袋状的足。鬶（guī）的足有空、实之别，这只鬶的足是空的，与腹足连为一体，除能作饮酒器外还可在器下燃火给袋足中的水加热。同时，三足与地面接触处尖细，既保持了器物较好的稳定性，又减少了器底与地面导热的接触面，延缓器内食物的冷却时间。此鬶是石家河文化的典型器，与东南沿海地区的卧式鬶造型有别。此鬶通体呈红色，这是因胎中含铁较高，焙烧时经过

氧化所致，其表面光滑，是成型后经过精心打磨、抛光，说明陶工对器物外表进行了二次加工，以避免在不施彩的情况下表面显得粗糙。以圆图形相接，缀联组成多种联珠纹图案，南北朝时期通过中亚传入西域和我国中原地区，成为隋唐时期盛行的丝织纹样的一种流派。

长沙窑青釉褐彩诗文执壶

（图4－5）：唐代盛酒器，执壶，斟酒之用，高19厘米，1983年于长沙窑址出土。以诗歌为饰是长沙窑装饰的重要特征，这件壶的诗文爽口、书道遒劲。壶为瓜棱形腹，粗颈短流，背部装有一执手。以褐彩在流下腹部题写诗文

图4－5　凤凰纹陶执壶

一首："去岁无田种，今春乏酒财，恐他花鸟笑，佯醉卧池台。"这是晋州人张氲（yūn）的一首酒诗，是其《醉吟三首》之一《春天饮》。唐代的酒有水果酒及粮食酒两大类。北方胡人经营的多为葡萄酿的果酒，南方则流行粮食酿的春酒，寒冬酿造，故名《春天饮》。长沙窑执壶有书"美春酒"、"陈家美春酒"者，表明其功用为酒壶。"雌声吐款要，酒壶缀羊腔"（韩愈《病中赠张十八》）。"柳影含云幕，江波近酒壶"（杜甫《江亭送眉州辛别驾升之（得芜字）》）。但这种壶有时也作茶壶之用。用中国古老的书法艺术把唐人喜爱的诗歌和哲理名言作为陶瓷装饰，则是长沙窑产品的一大特色，也是中国陶瓷史上一个全新的起点。据统计长沙窑的诗歌已发现过百首，绝大多数书于这种瓜棱壶，反映唐代文人好酒、好茶成风，同时也说明茶酒与文化、瓷艺的结合。换言之，是茶酒上升到文化的体现，是湖南唐代酒文化的表现。

邢窑白釉碗(图4-6)：唐代酒器和食器，高7厘米，口径8.1厘米，足径3.8厘米。此碗唇口，腹壁斜出与水平面呈45°角，玉璧形底。釉质白润莹厚。玉璧底碗始出现于唐代，以底足像玉璧而得名，当时的南北方瓷窑中普遍烧制，如河北的邢窑、定窑，

图4-6 邢窑白釉碗

河南的巩义窑，山西的浑源窑，陕西的耀州窑，浙江的越窑，湖南的长沙窑等都有实物或标本传世。外国的很多古城、古遗址中也出土有中国出品的玉璧底碗。这种碗的品种主要是白瓷和青瓷。口边有唇口和不带唇口的两种；碗壁有的直壁斜出，有的微带弧度；足一般宽而浅，中心凹处有的施釉，有的无釉。

褐绿彩山峦纹陶壶(图4-7)：唐代盛酒器，高22.8厘米、口径7.8厘米，长沙窑窑址出土。这件执壶，唇口，曲颈溜肩，腹部下重，前有管形流，后有执鋬(pàn)。施青釉偏典，所饰褐、绿联珠纹绘成的重叠山峦，璎珍形纹，是西亚文化风格的纹饰，成为唐代中外文化交流的一种见证。

图4-7 褐绿彩山峦纹陶壶

青釉褐绿彩飞凤壶(图4-8)：唐代酒器，高23厘米、口径10.7厘米、底径12.3厘米，1983年于长沙窑址出土。长沙窑以釉下彩绘见长。这件瓷壶飞凤色彩鲜艳，神态生

图4-8 青釉飞凤壶

动，是釉下彩绘精品。龙凤均是中国古代的神话动物，是吉祥的象征。凤又多寓意女性，唐朝女性几度预政，对凤尤为信奉。武则天当政后便将权力最重的中书、门下省改为凤阁鸾台。唐代为皇陵看风水时，"见到金粟山冈有龙盘凤翥（zhù）（翥，即向上飞之意）之势"，便认为是理想的墓地。唐诗歌中描写飞凤的诗文也很多。壶上的图案画成飞凤正是一种时尚。现藏湖南省博物馆。

酱釉双鱼陶壶(榼)（图4-9）：唐代轻便酒壶，高25.5厘米、口径5.7厘米、腹径13.8厘米，1978年长沙窑址出土。双鱼瓷壶，是一种轻便酒壶，造型奇特。由两条鲤鱼相对合抱，两鱼张嘴合成为壶口。腹部隆起，鱼尾自然下垂，收成平底。眼、鳞、腮、鳍，雕刻细腻，形

图4-9 酱釉双鱼壶(榼)

象逼真。整器线条匀称，玲珑别致，加上酱釉深沉，既显得鱼体丰满，又使造型凝重。壶的两侧有直穿式的扭，可以系绳，携带方便。这种异形瓷壶，不能接拉坯而成，制作工序复杂，难度较大，却能如此规整，实不失为长沙窑的精品。

这类酒器，今人称为壶，是按照现代考古学上的通常命名，唐人则称为榼（kē）。榼是古老的名称，公元前500多年，湖湘就已有"执榼承饮"的说法。当时的榼，盛水也盛酒，先是木质，以后才有陶瓷、金属制品。据说白居易外出会友、游山玩水常带这种酒器，在他的诗句里曾多处提到这种酒器。唐代的酒榼做成鱼形主要是因为"鱼"谐音为"余"，民间流传着"吉庆有余"、"丰收有余"的种种吉祥语。双鱼，更表示或象征着富有和昌盛。

青釉褐绿彩"竹林七贤"诗文罐（图4-10）：唐代酒器，高

17.5 厘米，1983 年长沙窑址出土。这件罐饰诗书画于一体，在长沙窑瓷中仅见，也是至今见到的唐代瓷器中唯一的一件。罐直颈，口唇外卷，腹部外鼓，平底。腹部有两个对称的半圆形系，饰褐绿点彩两周，腹部一面以褐彩绘两高士相对而坐。高士头戴高山冠，身着宽衣长袍。另一面书

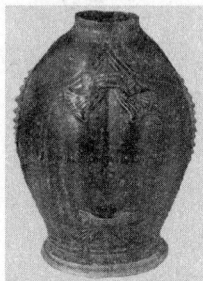

图 4-10　青釉褐绿彩诗罐

七言诗一首："须饮三杯万士（事）休，眼前花口四枝叶。不知酒

是黄泉剑，吃入伤（肠）中别何愁。"画与诗之间题有"七贤第一组"5 字。底部施釉，长沙窑壶、罐类产品底部一般不施釉，这件施釉，可见当时就已对此器相当看重了。

　　塔纹四系壶（图 4-11）：唐代酒器，衡阳市一口唐代水井中出土，此壶高 14.5 厘米，筒形小口，溜肩，瓜棱形，深腹，大平底，整体如竖立鸡蛋状。肩上安八边形短流，流两侧靠后和腹近底处有对称穿带式系两对。通体施青黄色釉。壶身用绿彩绘七层方宝塔，塔下有方形塔座，塔上有檐角上翘的屋顶，屋顶上饰四颗宝珠组成的塔顶；右侧为立狮，前面为一着紧身衣、披长飘带的人正在蒲席上翩翩起舞，似写意画风格。该壶造型新颖，长沙窑制品中少见的优秀贴花产品。

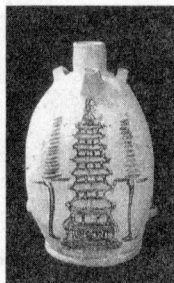

图 4-11　塔纹四系壶

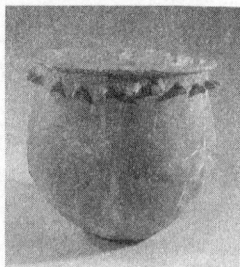

图 4-12　红陶瓮

　　红陶瓮（图 4-12）：新石器时代陶器，1974 年于湖南醴县出

土。该器高 28.5 厘米，口径 35.6 厘米，造型别致，泥质红陶，口微侈，折唇，鼓腹，小平底。口沿下饰制钉一周，共 23 个，现藏湖南省博物馆。

其他湖南陶质酒器欣赏见图 4 - 13。

图 4 - 13

二、华贵高雅的青铜酒具

湖南是中国南方发现商周青铜器最重要的地区之一，出土地点遍及三湘四水。宁乡炭河里遗址是南中国的青铜文明中心；宁远玉琯岩遗址使舜帝南巡从神话走向现实；在石门皂市商文化遗存中，发现了相当于商代早期的小件青铜器；本省商代晚期至西周时期的青铜器，主要出自窖藏，一部分青铜器具有中原文化风格，而大型铜铙等，则具有明显的地方特点，这些青铜器如四羊方尊、人面纹方鼎、豕尊等，造型诡异奇特、精美绝伦，是中国古代青铜艺术宝库中的精品；春秋、战国时期，湖南省青铜器以楚、越文化风格为主导，楚、越、巴等多种风格器物并存，反映了多种文化的交流与融合。

1. 湖南青铜酒器简史

有人说，想认识两三千年前湖南先民的艺术才华，就得从青铜器开始。青铜器起于夏，现已发现的最早的铜制酒器为夏二里头文化时期的爵。夏商周三朝，尤其是商周两朝，由于酿酒业的发达和青铜器制作技术提高，是我国青铜器发展的鼎盛时期，此时期中国酒器的发展达到了前所未有的繁荣，现代出土的青铜酒器大部分都是这一时期的产物。商周的酒器的用途基本上是专一的，据《殷周青铜器通论》，商周的青铜器共分为食器、酒器、水器和乐器四大部，共50类，其中酒器占24类。按用途分为温酒器、盛酒器、饮酒器、贮酒器，此外还有礼器。形制丰富，变化多样。但也有基本组合，其基本组合主要是爵与觚，或者再加上斝，同一形制，其外形、风格也带有不同历史时期的烙印。其中，比较重要的有斝、爵、卣、罍、觚、觯、觥、角、缶、壶、尊、卮、杯、斗、勺、瓢和盉等，其种类繁多，也充分说明它在当时发达的程度，青铜器没落于春秋。湖南地区出土的青铜器年代主要为商代晚期，也有极少量属西周早期。关于湖南出土商代青铜器的来源，目前主要有两说：一说是从北方带来的；二说是本地铸造的。因湖南出土的商代青铜器在造型、纹饰、铭文等方面与中原商器确实有许多相同之处，有的甚至如出一辙，这就很容易看成是在中原铸成后，因某种原因带到湖南来的；但只要再仔细观察和分析一下，就会发现湖南出土的商代青铜器在造型、纹饰、冶铸方面仍有不少地方特点，不完全同于殷墟文化，所以，相关学者认为除个别器物外，大部分都是在湖南本地铸造的。从当时巧匠留给我们的青铜珍品中，我们能领略到人神的殷殷顾盼、动物的嗷嗷嘶鸣以及巨型乐钟传递的千年音符，千年风霜洗不尽青铜器蕴含的智慧与创造力。

青铜器，是用红铜（纯铜）与锡或铅的合金制造的器物。青铜硬度大、铸造性能好、耐腐蚀，适于制作工具、武器、日用器具及雕塑艺术品，是人类最广泛使用的金属器，在人类历史上促成了继石器时代、金石并用时代之后的青铜时代。依现在观点来看，所谓青铜时代就是指人类技术发展到使用青铜器和工具的时代，我国的夏、商和西周就处于这一时代。

湖南地区目前所见最早的青铜器出现于岳阳铜鼓山和石门皂市遗址，距今约 3 500 年。商代晚期出现冶铸精良、造型新颖的青铜酒器和容器，形成既有中原特点，又有地方特色的青铜文化。西周中晚期至春秋，湖南地区青铜文化的地方特色进一步发展，形成了自己的特点，春秋至战国，楚式青铜器逐步南徙，形成楚式青铜器为主、多种青铜文化并存的格局。湖南古代青铜器在国内享有盛誉，不仅是其数量之多，而且关键在于它的质量之优而取胜，尤其在商末周初时期，湖南使用青铜酒具讲究配套，最简单的青铜酒具组合是爵、觚和斝；湖南历史上较大的青铜器酒具组合则还包括了尊、卣、壶和罍等饮具和容具，最高级的则有方彝、兕觥、牺尊等，当时的职业中还出现了专门以制作酒具为生的氏族。此时湖南的酒器达到前所未有的繁荣，也是青铜器发展的顶峰阶段，它不仅形成了一个完整的系统，而且达到了登峰造极、举世无双的程度。此时的青铜酒器——尊，盛行以动物造型为酒器的形象，制作精美，如醴陵狮形山出土的象尊，湘潭九华船形山出土的豕尊，长沙县跳马涧出土的两羊尊，衡阳市包家台子出土的牛尊，等等。这些尊是我国商周青铜酒器中少见的珍品，其造型逼真，形态生动，器身纹饰精细繁缛，均配有一盖。在现存的青铜器中，宁乡出土的四羊方尊以其是最大的方尊而闻名遐迩。它形体宏伟外观庄严；湖南桃源的皿天全方罍器身，以其在拍卖时得924万美元的最高价而令人称奇，也体现了中国古代青铜铸造技术的高超水平；湖南安化县出土的虎食人卣又是一件不可多得的艺术珍品，器身作虎踞坐形，以虎后爪与尾为器的三个支撑点，而虎的前爪正有力地攫着一断发跣足的人，张口作噬食人首状，造型十分逼真生动，充满着神秘恐怖的气息，是一件令人惊心动魄的青铜器杰作。1990年9月，津市涔澹农场发现一商代铜器墓，挖出一觚一爵两件相当于商代前期偏晚阶段的铜器，觚高体束腰，喇叭口，下腹饰弦纹及两组饕餮纹，圈足自上而下饰弦纹、十字镂孔、云雷纹、十字形带纹及四组目雷纹，通高23.7厘米。爵上部已残，下部为圜底深腹，三角力形足，菌形双柱，器身饰云雷纹和饕餮纹，通高14.2厘米。两件青铜器的造型风格和纹饰作风均与中原同时期同类器具一致。这一时期，除饮酒器具增加以外，其他盛酒容器、温酒器也逐渐多起来。所以，有人说青铜器不同于甲骨，它复杂的形制，多彩的花纹，增加了艺术的欣赏性。湖南在周代饮酒风气虽然不如商代，但酒器基本上还沿袭了商代的风格。在周代，也有专门制作酒具的"梓人"。

2. 湖南青铜酒器精品欣赏

四羊方尊(图4-14)：商代晚期饮酒酒器，于1938年在宁乡县黄材乡月仙铺转耳仑的山腰上出土。商代的青铜方尊中，四羊方尊其形体的端庄典雅是无与伦比的，也是我国现存商代青铜方尊中最大的一件，被誉为商朝青铜工艺最杰出的代表和中国"十

图4-14　四羊方尊(宁乡)

大国宝"之一，也是国家博物馆的四大镇馆之宝(青铜器司母戊大方鼎、青铜器四羊方尊、唐三彩骑驼乐舞俑、金缕玉衣)之一。该尊通高58.3厘米，重34.5千克，通体漆黑发亮，器物的肩、腹、足以大卷角羊的正面造型表现，四隅四羊，细部还饰有蕉叶、龙纹、兽面、长冠鸟。全器充分运用线雕、浮雕、圆雕的表现力，使器物的造型与动物自身特点和谐统一。首饰高浮雕蛇身且有爪的龙纹，龙首探出器表从方尊每边右肩蜿蜒于前肩的中间，造型动静结合，寓雄奇于秀美之间，可谓巧夺天工。尊的四肩、腹部及圈足设计成四个大卷角羊，增加了变化，在宁静中突出威严的感觉。羊角是事先铸成后配置在羊头的陶范内，再合范浇铸的，因为技艺高明，使全器有浑然一体的感觉。四羊方尊集平面纹饰与立体雕塑于一身，体现出威严的气氛和华丽精美的装饰风格，表现出了极其成熟的金属加工技巧和出色的艺术感染力，不愧是古代青铜艺术最杰出的珍品之一。湖南省博物馆原馆长、青铜器研

究专家熊传薪先生认为：湖南出土的以四羊方尊为代表的相当一部分商代青铜器（包括人面方鼎和大型铜铙等）应该是由商代中原南下移民至宁乡的贵族携带的青铜匠师所造。四羊方尊是商晚期的王室重器，羊在古代寓意吉祥，四羊方尊以四羊、四龙相对的造型展示了酒礼器中的至尊气势。尊的四角雕铸着盘角羊头，无疑是期盼着四方平安吉祥，这些肖生的珐琅器以精湛的工艺、优美的造型表达着祝福平安的吉祥寓意。尊为四方形，大口沿外敞，腹部鼓起，方形圈足。整个器皿漆黑发亮，纹饰繁褥，绚丽多姿，颈部装饰着精美的蕉叶纹和夔龙纹，肩部的四边各有蟠龙一条，其双角龙头探出方尊的表面；自肩至足的四隅，立雕着四只卷角绵羊，那微张的嘴巴，温柔的眼神，自在的形态，把绵羊温顺宁静的性格刻画得淋漓尽致。羊的背部和胸部饰有鳞纹，腿上饰有凤鸟纹，圈足饰有夔龙纹、云雷纹，纹饰的线条刚劲光洁。方尊的工艺设计新奇，匠心独具，集线雕、浮雕、立雕于一体，把平面图像和立体雕塑结合起来，使动物形象和器皿有机地融合为一体。2007年3月该尊"回湘探亲"，现藏于中国国家博物馆。

人面纹方鼎（图4－15）：商代礼器和酒器，湖南宁乡出土，这件三千多年前铸造的世界级重宝，是1959年湖南省博物馆从长沙废铜仓库拣选入藏的。

图4－15　人面纹方鼎（宁乡）

该器通高38.5厘米，口长29.8厘米，宽23.7厘米。器身略呈现矩形，口部略大于底部，两直耳，四立柱状足，器身外表四周各有一大而醒目的半浮雕人面，颜色碧绿，晶莹如玉。经过化学分析，它的合金成分为：铜占76.06%，锡占 12.66%，铅占 11.94%，这是目前世界上唯一一件以人面为饰的青铜器。方鼎的四面各浮雕了一个大而醒目的人面做主题纹饰。人脸宽而方，双耳肥大，颧骨凸起，双唇紧闭突出，表情严肃，与现在的中国人的脸没有什么区别。鼎腹的内壁有铭文"禾大"二字，故又称"禾大方鼎"或"大禾方鼎"，器中"禾"字象形，是谷子成熟时谷穗沉甸甸下垂的形象，故此鼎可能是为庆祝丰年或者祈求丰年而铸造的酒礼器；也有可能是铸器者的名字，即物主标记。在世界上，现存的商周青铜方鼎中，有四面鹿头纹的，有四面兽纹的，但就是没有四面饰人面纹的。不仅未见实物，就是历代的金石著录中也未见记载。它是当今世界上唯一的一件人面纹方鼎，是我国青铜器中独一无二的酒礼器物，绝无仅有之国宝。"人面方鼎"现藏于湖南省博物馆。

青铜象尊（图 4 – 16、图 4 – 17）：商代酒器，图 4 – 17 象尊于 1975 年出土于湖南省醴陵县仙霞乡狮子山，乃湖南出土的一件重要的肖形青铜酒器。尊为一种酒器，在商、周时期比较流行，此尊融实用性与观赏性于一身。该尊大象的整体形象饱满，象体浑短，四肢粗壮，圆实，肥耳，短颈，垂尾，门齿外露，长鼻上扬，作静立状，活生生一个亚洲象的

图 4 – 16 青铜象尊

神态。它为早期动物雕塑的代表作，通高 22.8 厘米，长 26.5 厘米，重 2.775 千克，器表碧绿色，全器为象形，象背上有椭圆形尊口，象腹中空以纳酒，象鼻中空以斟酒，结构极为巧妙。象尊的纹饰也极为华美，通体遍布云雷纹，象鼻尖上饰一长喙猛禽，另有一虎伏于象鼻顶端拱曲处，虎尾搭在猛禽身上，虎口正咬住

蟠伏在象鼻背侧的一条小龙，在象鼻的侧面另有龙垂附，象额有蟠龙一对，象耳正面饰云雷纹，背面雕凤鸟，象耳下有小龙，象身各处装饰有兽面、虎、龙、凤、鸟等，动物个体图案达20多个。布局紧凑，组织和谐，巧夺天工。现藏于湖南省博物馆。

图4-17　青铜象尊(醴陵)

　　在湖南发现的商代青铜礼器，往往出土于山岭岗坡之上，一般无伴出物，距地表仅15厘米，孤零零仅此一物。据考古专家推测，包括象尊在内，湖南出土的这类青铜器，很可能是当初在用这些铜器祭祀山川、天地、日月之后，就地掩埋的。目前所知，海内外珍藏的中国古代青铜象尊至少有五件。还有一件象尊亦出自湖南，如图4-16示，其形制、大小、花纹等都与图4-17象形铜尊极相似，不同之处是尊盖上铸有一头小象为盖钮，遗憾的是此器现已流失国外。

　　青铜动物纹提梁卣(图4-18)：卣(yǒu)为酒器。商代盛酒器，盛行于商代和西周，其作用是祭祀时盛放一种用香草泡过的酒。一般来说，商代多椭圆形的或文形的卣，西周多圆形的卣。1988年衡阳渣江赤石村出土。盖腹以写实手法饰满水鸟、蛙、蝎等动物，风格表现出强烈水乡特

图4-18　动物纹提梁卣

色。卣通高50厘米，口径24.4厘米，是一件商代青铜提梁卣，盖微隆，盖沿略向内斜，垂腹，盖顶有四阿形方钮，并有四条镂

空棱脊，颈部两侧置龙首提梁，提梁饰细密的鳞纹，盖面以棱脊划分为四区，每区内饰相对的两条卷体蛇纹，肩饰蛙纹或小蛇纹，腹在宽条的几何云纹上饰有对称的卷体蛇纹，蛇尾上翘，高出器身，中有一横置的蛙形纹饰。从总体上看，此卣的纹饰主要是由蛇、蜴、蛙构成。蛇纹、蜴（四脚蛇）形动物是湘江流域青铜器装饰艺术中一道独特的风景线，蜴，在越人的观念中是龙子。该器纹饰显然表达了这样一个神秘而清晰的主题，蛇纹的尾部翘起，增加了铸造的难度。现藏于衡阳市博物馆，是国宝级文物。相同形制和相似纹饰的铜卣在湘潭荆州乡金棋村出土一件，其他地方目前还没有发现，应是湘江流域古代越人的一种产品。

虎食人卣（图4-19）：商代酒器，通高35.7厘米，出土于湖南省安化、宁乡交界处，现藏于日本泉屋博物馆。这件虎食人卣的造型取踞虎与人相抱的姿态，立意奇特。虎以后足及尾支撑身体，同时构成卣的三足，虎前爪抱持一人，人朝虎胸蹲坐，一双赤足踏于虎爪之上，双手伸

图4-19 虎食人卣

向虎肩，虎欲张口啖食人首。虎肩端附提梁，梁两端有兽首，梁上饰长形宿纹，以雷纹衬地。虎背上部为椭圆形器口，有盖，盖上立一鹿，盖面饰卷尾夔纹，也以雷纹衬地，与器体一致。虎两耳竖起，牙齿甚为锋利。虎食人卣是中国商代晚期的青铜器珍品，共有两件，都流失国外，一件藏于日本泉屋博物馆，一件藏于法国巴黎市立东方美术馆，图4-19此件为日本所藏，是流失的国宝。该酒器表面大部分呈黑色，局部留有很薄的绿锈，它和许多出土于湖南的商代后期的青铜器一样，纹饰繁缛，以人兽为

主题，表现怪异的理想。关于虎食人卣的装饰功能，对其看法不一，目前主要有五种看法：其一，认为表现统治者的专横残暴，以此造型威吓奴隶。虎是奴隶主阶级的象征，人是奴隶的代表。其二，认为是古人将人兽关系看作人借助动物的力量沟通天地。其三，认为是象征人的自我与具有神性的动物的统一，以便获得动物的保护。其四，认为虎食人实际反映了"虎食鬼"的神话，即古人以威猛的虎驱逐恶鬼，取避邪之用。其五，认为虎代表自然界，象征人对自然的恐惧，但又必须附着自然，表现出古代人性的软弱。

青铜牛尊（图4-20）：也称青铜牺觥，商代青铜牛尊是1977年11月在衡阳包家台子出土的，埋藏处距地面深约1米，周围是黑褐色土，未见其他遗物。此尊小巧精致，重仅776克，通高14厘米，长19厘

图4-20　牛尊

米，宽8厘米，呈碧绿色。尊由器身和器盖两部分组成，形似水牛，嘴部稍残损。器盖的前半部为牛首，圆形穿孔嘴与腹腔相通，两目圆睁，小耳，双角扁平后曲。器盖的后半部上立一虎为盖钮，虎长尾，四肢伫立。牛的躯体浑圆健壮，全身饰云雷纹底，四肢粗壮，蹄足，全身以云雷纹为地，腹部为卷尾夔龙纹，颈部有长尾凤鸟纹，颈下和臀部饰兽面纹。器盖为鳞片纹，其纹饰十分华美精细，以传说动物为主，集飞禽走兽为一身，纹饰虽多，却并不杂乱，显示了高超的设计构想水平。这是已知的时代较早的铜水牛尊。牛尊既是实用酒器，又是精美的青铜艺术雕塑。此器现收藏于湖南省衡阳市博物馆。

青铜猪尊（图 4 - 21）：商代酒器，湘潭县出土，其整体造型如一威武有力略带野性的公猪。该尊是目前中国唯一的商代青铜器猪形尊，也是世界上唯一以猪造型的器物。1981年年初，当时的湘潭县九华乡

图 4 - 21　猪尊

桂花村村民朱桂武盖新房时发现的。后来经过文物部门鉴定，专家确认这是一个商代猪尊，而且是当时出土时间最早的猪形尊。一直到现在，它仍然保持着在出土的猪尊中最古老的纪录。因为保存完好、装饰精美，青铜猪尊很快被视为国宝，并到海外展出。该猪尊全长 72 厘米、通高 40 厘米，重 19.75 千克，实测容积 26 升，表面纹饰格外精美。头部阴刻兽面纹，腹背为鳞甲纹，四肢和臀部为倒悬的夔纹，并以云雷纹衬底。器物外观逼真，有栩栩如生之感。器身呈巧立姿势，整体比例关系与细部结构都比较精确，面比较长，猪嘴部的犬齿尖长，明显呈现野猪的特征，具有很强的写实性，追求形似。周身纹饰复杂多变，又和谐统一。其头部施云状纹，四肢为倒立的纹，以云雷纹为地；颈部、腹部则是面积胶大的鳞甲纹。各种纹饰的变化与配合，处理得恰到好处，整个花纹精美而不繁琐。另外，猪尊最引人关注的要数它的盖子。这是个蓄势待飞的小鸟，静静地站在猪背上。鸟踩在猪的身上究竟有什么意义，对此，目前没有很清楚的解释。有专家说把尊做成猪的形状，很可能代表了当时人们的宗教观念，是人们接近神灵的媒介，起着巫术般的祈佑辟邪的作用。

皿天全方罍（图 4 - 22）：盛酒器，在湖南桃源出土。该罍有我国青铜器"方罍之王"之称，但现在仅有盖子收藏在湖南省博物

馆。器身(图4-23)却流落海外,2001年春天,在纽约佳士得艺术品拍卖会上,漂泊海外近80年皿天全方罍的器身,创下了924.6万美元的亚洲艺术品拍卖纪录。

图4-22 皿天全方罍之器盖

图4-23 皿天全方罍之器身

"皿天全"整器通高84.8厘米,器身高63.6厘米。器盖铸有"皿天全父乍尊彝"七字铭文,器身则铸有"皿父乍尊彝"五字铭文。整器以云纹为地,肩、腹分别以大兽面纹为主纹,并间以夔纹;前后两面正中,上下排列两立体兽首;左右两面肩部各有一兽首衔环。通器饰八道粗壮扉棱。整器雄浑庄重,富丽堂皇。

春秋蛇纹铜尊(图4-24):尊为酒器。通高21厘米,口径15.5厘米,衡山霞流出土。此尊上的蛇纹细小,似常见的蚕,尊腹部又有似叶形凸起的纹饰,所以又称桑蚕纹尊,但湖南、广西等地发现的同类纹饰都称为蛇纹,此尊也应称为蛇纹尊。此尊的形制,在中原地区常见于西周时期,但

图4-24 春秋蛇纹铜尊

尊上的纹饰,与中原地区常见的纹饰不同。此尊最有特点的是尊

口部装饰一周蛇纹，蛇头昂起，两头相对，其中有一处为三头相对，显示出较高的铸造工艺水平。形制相同的尊在广西恭城出土一件，纹饰稍有不同，都属于古代越人的产品。

饕餮纹纹瓿（图4-25）：商后期酒器，湖南宁乡寨子山出土，高42.5厘米。器为圆体，有盖。通身遍饰饕餮纹，亦呈一定的变化，主纹底部加刻一层细纹，浮面则细刻阴线，形成三层纹饰，亦称"三层花"。整体效果比前期更为精致，颇具威严神秘之感。

图4-25　饕餮纹纹瓿

周朝时因认识到酿酒会浪费大量粮食且饮酒易伤人误事，商代统治者就是因为沉湎于酒色而导致亡国；周武王伐商时，历数殷纣王的罪状，其中之一就是酗酒，周武王以其为鉴戒，严禁周人酗酒，所以周朝的酒具比商朝简单了许多，青铜酒器也逐渐衰落。秦汉之际，在中国的南方漆制酒具流行。漆器成为两汉、魏晋时期的主要类型。

双羊尊（图4-26）：商代盛酒器，长沙跳马涧出土。该尊由相背且抬头相望的两只羊组成，形态生动，器腹内盛酒。据考古学家推测此盛酒器是贵族在祭祀时，用于盛一种有香味的酒的酒器。现存于英国大英博物馆。

在湖南出土的其他青铜酒器欣赏：

酒器名称及出土地点简介见图4-27至图4-41。

图4-26　商代双羊尊

图4－27 青铜冰鉴酒缶
（可置冰贮酒，故又称为冰鉴）

图4－28 新宁
飞仙桥瓠壶

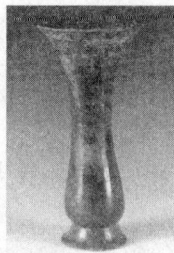

图4－29 湘潭青山桥
高屯觯（西周晚期）

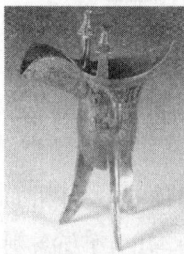

图4－30 湘潭青山桥
高屯父乙爵

图4－31 宁乡炭河里
龙凤纹戈卣

图4－32 旅父甲尊

图4－33 双峰
金田月龙鸮卣

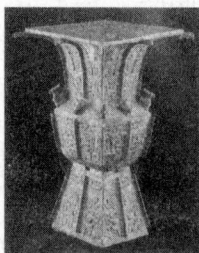

图4－34 常宁
牺首兽面纹方尊

图4－35 宁乡黄材
兽面纹瓿

图 4 – 36 长沙东山
宝堤垸鸮卣

图 4 – 37 华容牺首
兽面纹大口圆尊

图 4 – 38 宁乡月山铺
出土商周时期的盉

图 4 – 39 湘阴
夔龙耳罍

图 4 – 40 平江浯口
牺首兽面纹罍

图 4 – 41 岳阳
鲂鱼山鱼纹尊

青铜酒具种类繁多，形状各异，在酒文化史上写下了独具异彩的一页。但在长期的实践中，人们发现了青铜酒具的致命弱点：一是毒害性，用它盛酒，往往引起铜中毒；用它温酒，会产生大量有毒的盐；与二氧化碳、水蒸气一起，又可生成有毒的铜绿等。所以，历代医家就有关于"铜器盛饮食茶酒，经夜有毒"（《本草纲目》）的论断。二是制作青铜酒具，冶炼成本高昂。这样，青铜酒具在风靡一时之后，到春秋战国时期就逐渐衰落，终于被漆木酒具代替了。

三、庄重典雅的漆器酒具

商周以后，青铜酒器逐渐衰落，秦汉之际，在中国的南方，漆制酒具流行。漆器成为两汉、魏晋时期的主要类型。用漆涂在各种器物的表面上所制成的日常器具及工艺品、美术品等，一般称为"漆器"。漆器一般髹朱饰黑，或髹黑饰朱，以优美的图案在器物表面构成一个绮丽的彩色世界，展现了一个人神共在，奇伟诡谲、流动飞扬、变幻神奇的神话般的世界。

1. 漆器酒具的历史

漆木酒具在我国的起源发展，最早可追溯到约 7 000 年前的河姆渡时期，那时我国便已有了漆碗。但那时的漆碗，还不是专用的酒具，而可能主要是食具，仅兼作酒具而已。夏商周三代，我国髹漆工艺虽得到了迅速发展，漆器品种渐多，却还没有发展出专用的漆木酒具，因为那时主要使用青铜酒具。在春秋战国时期，漆器业独领风骚，形成长达五个世纪的空前繁荣。战国时漆器生产规模已经很大，被国家列入重要的经济收入，并设专人管理。漆器生产工序复杂，品种繁多，不仅用于装饰家具、器皿、文具和艺术品，而且还用于乐器，丧葬用品和兵器等。此时的漆器昂贵，但新兴的诸侯不再热衷于青铜器，而把兴趣转向光亮洁净、易洗、体轻、隔热、耐腐、嵌饰彩绘五光十色的漆器。于是，漆器在一定程度上取代了青铜器。

汉代湖南的漆器是以黑红为主色，制作精巧，图案内容包含自然资料和人文资料两方面，构思独特，用笔着色无不恰到好处。马王堆汉墓就像一部内容丰富、深邃的百科全书，涉及政治、经济、文化、宗教、风俗等方面，是了解 2 000 多年前汉初社会的窗口。1973年湖南长沙马王堆1号汉墓出土了一批保存完好的漆器184件，其中耳杯就有90件，3号汉墓出土漆器316件，总共500件，是汉代的代表作。漆器光泽鉴人，完好如新，而且大多配套成组，如一号汉墓中出土的漆案（图4－42），其案上陈设有五个小漆盘，一个漆耳杯、两个卮，耳杯上置竹箸一双，这件漆案上的

图4－42　马王堆汉墓出土的漆案

陈设展现了两千多年前贵族宴饮时分餐制的情景，对研究我国古代饮食用餐习俗具有非常重要的价值，该漆案也是我国目前发现的年代最早和最完整的一套宴饮设施。在盛酒或盛羹的漆钫和漆钟中出土时器内还残有酒类、羹类残渣，实属难得。马王堆出土的漆器中大部分是酒器，如大漆锺（钟）两件，简文说它是盛酒的，可容一石。又有4件容"四斗"的方壶和6件漆壶是盛米酒的，还有酒器卮杯7件，酒杯40件，可见漆器中酒具数量之多。汉代是漆器的鼎盛时期，漆器的品种又增加了盒、盘、匜案、耳环、碟碗、筐、箱、尺、唾壶、面罩、棋盘、凳子、卮、几等，同时，还开创了新的工艺技法，如多彩、针刻、铜扣、贴金片、玳瑁片、镶嵌、堆漆等多种装饰手法。1982年12月，德山夕阳坡战国墓出土一对讴鸟纹方耳漆耳杯光泽如新。1987年8月汉寿县株木山战国墓出土一只奔鹿纹漆耳杯，手法细腻，图案精美。漆器由于轻便耐用成为战国及汉代有代表性的酒具形式。在酒具造型上，汉代时人们饮酒一般是席地而坐，酒樽放在席地中间，里面放着挹酒的勺，饮酒器具也置于地上，故形体较矮胖；魏晋时期

开始流行坐床, 酒具变得较为瘦长。

古代漆器往往也一器多用, 重要漆木酒具如漆碗, 就是饮水、饮酒之器。再如漆勺, 从楚墓出土文物中我们知道, 早在我国漆器生产鼎盛的战国时期, 尤其是楚国, 便有漆勺。汉代以后, 漆勺更普遍。《周礼·考工记》有"梓人为饮器, 勺一升"的记载, 说明勺既是饮器也是量器。秦代的饮酒器还有漆卮。汉代还有漆耳杯和漆壶。漆耳杯或称羽觞, 是一种木胎髹漆酒杯, 椭圆形, 浅杯身, 两侧各有一耳形或新月形杯把的饮酒器。漆壶则是盛酒器。对漆的利用, 不仅是我国劳动人民认识自然、改造自然的智慧的体现, 也是社会生产力发展的一种标志。将漆涂于竹木器具表面, 附着力强, 遮盖性好。在湖南出土的漆木酒具大多外涂黑漆、内涂朱漆, 上用朱漆绘制花纹, 显得庄重典雅、美观大方。漆木酒具还防潮、防腐、易清洗和质量轻等特点, 比起青铜酒具来, 具有很大的优越性, 是酒具使用历史上的一大进步。

汉代以后, 中国漆器工艺不断发展, 达到了相当高的水平。中国的戗金、描金等工艺品, 对日本等地有深远影响。漆器是中国古代在化学工艺及工艺美术方面的重要发明, 也是中国古代珍贵文物的重要组成部分。漆木酒具对酒文化的发展, 从一个特定的角度, 起了激发人们创作灵感的作用。颜色绚丽, 花纹多姿, 造型雅致, 这是楚汉漆木制品带给现代人的感受, 它们既是壶、盆、盒、杯, 又是彩画雕塑, 生活和艺术在漆木制品中被完美和谐地融为一体。东晋时, 著名的有关"曲水流觞"、饮酒赋诗和叙怀的描写, 南朝时关于"三月三日, 土民并出江渚池沼间, 为流杯曲水之饮"的记载, 都是伴随着漆耳杯的使用而产生的。不过漆木酒具比较贵重, 从一开始便主要为上层统治阶级和文人雅士使用; 一般平民百姓用得很少, 主要仍使用陶制酒具以及不涂漆的木耳杯等。

2. 湖湘漆器酒具精品欣赏

"君幸酒"漆耳杯（图 4 - 43）：此杯 1972 年出土于湖南长沙马王堆一号汉墓中，马王堆一号汉墓出土 90 件形状相同、大小略异的漆耳杯。其中，有 50 件题款为"君幸食"，40 件题写"君幸酒"。"君幸酒"杯均为木胎斫制，椭圆

图 4 - 43　"君幸酒"漆耳杯

形，侈口，浅腹，月牙状双耳稍上翘，平底。内壁朱漆，外表黑漆，纹饰设在杯内及口沿和双耳上。这 40 件耳杯可分成大、中、小三种型号。中型杯有 20 件，杯内红漆衬地，上绘黑卷纹，中心书"君幸酒"。"君幸酒"系劝酒用语，意思是"请您饮酒"。漆耳杯其杯口及双耳以朱、赭二色绘几何云形纹，耳背朱书"一升"。器形线条圆柔，花纹流畅优美；大、小型杯各 10 件，大杯无花纹，小杯两耳及口沿朱绘几何纹，大小杯皆有"君幸酒"字样，大杯耳背朱书"四升"。东周时期的楚国，就非常流行漆羽觞，羽觞是饮酒器。古时也把羽觞叫做杯，现在人们习惯把这种酒器叫做耳杯。

漆画钟（图 4 - 44）：1972 年出土于湖南长沙马王堆汉墓中，为旋木胎，圆体，小口，细颈，扁圆腹，有圈足。弧顶盖上有云状三或。钟内髹红漆，器表髹黑漆，并绘红色或灰绿色花纹。

图 4 - 44　漆画钟

口沿和圈足饰红彩波折、水点纹，颈绘红彩岛形花纹，腹部用红

漆和灰绿漆绘制卷云纹。盖面绘红色卷云纹，底正中朱书"石"字，经实测能容 19 500 毫升，通高 57 厘米。现藏湖南省博物馆。

　　漆画钫（图 4-45）：1972 年出土于湖南长沙马王堆汉墓中，木胎斫制，方口，体有方棱，方圈足。器表绘朱红或灰绿花纹。盖上四钮为橙黄色，盖顶朱漆绘云纹组成的米字形图案。口沿上绘朱红色鸟头纹，颈绘朱红色宽带纹和勾云纹，上腹部为朱红、灰绿相结合的云气纹，下腹饰红勾云纹，圈足上饰一道

图 4-45　漆画钫

宽带纹和一周鸟头纹。器底朱书"四斗"二字，即可容酒"四斗"，经实测能容 7 850 毫升。马王堆一号汉墓中出土许多简策，其中 172 号竹简记载"漆画钫二，有盖，盛白酒"，173 号竹简写有"漆画钫一，有盖，盛米酒"，174 号竹简说"漆画钫一，有盖，盛米酒"。经查验出土文物，漆画钫内确还留有酒滓。这说明，"漆画钫"确为酒器，原器内盛有白酒和米酒。

　　凤漆羽觞（图 4-46）：饮酒之器物。系木胎斫制，椭圆形口，双耳上翘呈新月形，浅腹，小平底。器表和口沿内侧髹黑漆，杯内髹暗红色漆。花纹系用朱黄、浅黄、金黄四色绘成，口沿内侧、耳面及耳外侧绘变形凤鸟，杯两

图 4-46　凤漆羽觞

端外侧绘变形凤纹、卷云纹，器内底部正中饰金黄色花纹。

　　漆布小卮（图 4-47）：在漆卮中，最为精美珍贵者应属"漆布小卮"。所谓"漆布"指在麻布胎上刷漆制器，汉代把布胎称做夹

料胎。漆布小卮的把和盖钮
上均有鎏金铜环，器内红漆，
器表黑漆，在盖面和卮壁上
针刻云气纹，云气间隐约显
露两个怪兽。该卮高 11 厘
米，口径 9 厘米。

图 4 -47　漆布小卮

　　由于漆木酒具工艺复杂，
周期长，造价高，一般人使用不起；加上漆木器具忌盐、蟹等物；
经常接触，又会引起部分人皮肤过敏；所以到南北朝时，漆木酒
具就逐渐衰落、而被新兴的瓷酒具取而代之了。

四、轻盈俏美的瓷质酒具

　　我国是世界上最早发明瓷器的国家，瓷器是中华民族的伟大
发明之一，英文中国 CHINA 与瓷器是同一个词，西方最早源于瓷
器认识中国，瓷器遂成为中国的代名词。中国古代瓷器以其精美
的图案造型、坚实细密的胎质，五彩纷呈的釉质，犹如一朵绚丽
的奇葩，盛开于世界艺术之林。瓷瓶方面，白瓷、青瓷、金彩瓷、
斗彩、粉彩、珐琅彩、釉上彩、釉下彩等，品种繁多。最近，湖南
陶瓷研究所研制出一种自释釉瓷，这种瓷成坯烧成后，即成釉
色，光亮色美，减少了上釉工序，节约了成本，成为一种受人喜
爱的新品种。中国的瓷质酒瓶，有着厚重的质感，这种质感是玻
璃瓶和水晶瓶所无法达到的。它不渗漏，不挥发，对酒液有着良
好的保护作用。

1. 湖南瓷质器具的历史
　　大约在公元前 16 世纪，即商代中期就有了原始的瓷器雏形。

当时已有一种青釉器，烧制的温度可达 1 200℃ 左右，釉下刻有各种纹饰，如云雷纹、水脉纹、圆点网纹等，器形则有尊、瓮、罐、钵等。这种原始青瓷在江南及北方多有出土。春秋战国时期，由于发明了胎置的轮制成型法，胎壁较薄，其器物的形体也更均匀、规整。

秦汉时的瓷器，仍属原始青瓷，东汉以后，基本形成了现代意义上的青瓷。当时的青瓷窑主要在浙江上虞、余姚、绍兴等古越国一带，因此青瓷也称为越窑器。三国、两晋时，这里成了全国烧瓷业的中心，大量烧制碗、碟、罐、壶、盆、盘、杯等，并少量用于文房用品。瓷器在人们生活中逐渐取代了金属和漆器而成为日常器皿的主流。

到了隋唐时期，南、北方都有了青瓷的烧造，越窑瓷无论从胎釉、纹饰、种类和形式都远远超过了以往。经过隋唐长达三百余年的统一，中国古代文化形成了自己独有的特色。此时的酒文化也得到了长足的发展，并形成了以瓷酒器为主、金银酒器为辅的新的历史时期。唐王朝也是我国历史上的三彩酒器、瓷酒器和金银酒器发展的黄金时代。其中长沙窑烧成了釉下彩绘的瓷器，开了以后彩瓷的先河，是唐代瓷器工艺中一颗绚丽夺目的明珠。长沙窑瓷器创烧于安史之乱之际，盛行于唐朝中晚期，而衰于五代。唐代茶、酒饮具也常常共用。当时最为常见的茶酒饮具是碗，不仅有瓷碗，还有金、银、玉碗，李白《客中行》："兰陵美酒郁金香，玉碗盛来琥珀光。"一般平民多用瓷碗，长沙窑址出土瓷碗上有书"岳麓寺茶碗"、"茶碗"、"酒盏"、"美酒"、"国士饮"等字，《长沙窑》一书中壶有 9 型 20 余式，主要有三大类。

第一类为盘口细颈型，也有撇口者。考古发掘资料表明，境外出土的长沙窑瓷多属于此类，如在伊朗、泰国、菲律宾、斯里兰卡、伊拉克等地出土的壶均为贴花壶，且多以褐斑或贴花褐斑为饰。印尼勿里洞岛海域发现的"黑石号"沉船出土长沙窑瓷有57 000件之多，壶有700余件，以褐斑小颈壶及背壶居多。

第二类为小口细颈型，分有流、无流两种，形制又分双鱼形、扁形等。为便于携带，壶两侧装有直穿式系、绳压处凹进。为使液体不易溢出，壶皆深腹、小口。这种壶原被认为是受北方游牧民族背壶影响出现的新器具，实际是一种很早的酒具，《左传》上即有"使行人执承饮"之记载。唐代时应用仍很普遍，唐诗中也有许多记载，如白居易的《香醪小瓷》："何如家酝双鱼，雪夜花时常在前"，即指这种双鱼形瓷壶。双鱼壶在唐三彩及越、邢等瓷窑等产品中都有发现，同时也见于金银器，双鱼的出现与唐代尚鲤鱼习俗相关。唐代为李氏皇帝，鲤、李谐音，对鲤鱼保护有加，同时也与古代"鲤鱼跳龙门"之传说有关。此类酒壶便于外出携带，也适合居家、酒肆斟酒之用。唐代后期商品经济繁荣，都市及商贾要道兴起了许多酒肆，"斜雪北及何处宿，江南一路酒旗多"，皮日休《酒中十咏·酒旗》："青帜阔数尺，悬于往来道。多为风所飐，时见酒名号。"当时不仅酒旗上有酒名号，酒壶上也有酒名号。这种带流的酒壶也称注子，宋高承约《事物纪源》中载："注子，酒壶名，元和间（806—820年）酌酒用注子。"与此配套使用的还有碗或盏托等。五代南唐画家顾闳中《韩熙载夜宴图》中有注壶及注子，宋代便演变为注壶及注碗。

第三类为撇口粗颈型。此类壶在长沙窑瓷壶中所占的比例最大，其特征是粗颈，短流，喇叭口，瓜棱腹或圆腹。"黑石号"沉船上打捞的长沙窑瓷器，有一件碗心书"茶盏子"，同一窑址出土的相同器形，分别有书茶、酒字样，证明当时茶酒具并没有明确的区分，混用可能更是常事。长沙窑的陶瓷器极富艺术创造性，从类别而言，器物的种类有壶、瓶、杯、盘、碗、碟、砚、盂、坛、熏炉、脉枕等等；从形态而言，则有菱形壶、莲花型碗、葵花型高足盂、羊型灯、锭型枕、镂空熏炉等。还有许多人物、禽兽、鱼类等造型的儿童玩具，其中一些设有三眼吹孔，可以作口哨，能吹出简单的音节。众多的动物造型富有变化，几乎没有一件雷同，都表情传神，栩栩如生。

古代长沙窑是世界陶瓷釉下多彩的发源地，它以釉下褐绿彩和模印贴花装饰为主要特征，有出色的釉下装饰技法使瓷器更为美观，再则在器具上书写诗文谚语，更富于生活气息和文化意味，这在中国瓷窑史上也是绝无仅有的。长沙窑瓷器曾在全国其他 12 个地方发掘出土。有人赞颂唐代瓷器曰："大邑烧瓷轻且坚，好似美玉天下传。君家白碗盛霜雪，急送茅斋也可怜。"可见唐代瓷器的制作工艺已达到相当高的水平。唐代的瓷制酒器品类较多，样式也极为新颖奇特。主要有联体壶、执壶、盏、注子、杯、碗、盅、双耳瓶等。湖南醴陵陶瓷的历史也十分悠久，经考古发现，醴陵陶瓷生产可上溯至东汉时期，至今已有近 2 000 年的历史。1907 年至 1908 年，湖南瓷业学堂研制出草青、海碧、艳黑、赭色和玛瑙红等多种釉下颜料，运用国画双勾分水填色和"三烧制"法，生产出令人耳目一新的釉下五彩瓷器，被业内人士及国内外舆论赞为"白如玉、明如镜、薄如纸、声如磬"。当时，醴陵生产的釉下彩瓷还当作贡品进献给慈禧太后。1915 年 2 月，在加利福尼亚州旧金山举行"巴拿马太平洋万国博览会"。参加博览会的湖南醴陵釉下彩瓷"扁豆双禽花瓶"，因瓷质细腻、画工精美、五彩缤纷，和茅台酒一同夺得最高金牌奖。直到现在醴陵釉下五彩瓷的烧制配方仍然是绝密！湖南醴陵被称为红色官窑，专制国宝主席瓷，主席瓷也是当今"湖南八绝"之一。"衡州窑"

因散布在今衡阳市南郊东洋渡乡的高山村蒋家祠一带，在1981年文物普查时将它定名为"蒋家窑"。该窑生产茶具、酒器、文房用品三大系列，其中，高足杯、高足盘、燕尾茶壶、彩下粉彩瓷在唐、宋、元瓷器中具有鲜明的时代特色和地方风貌，其中粉上多彩高温瓷器为宋代衡山窑首创，也是我国宋元陶瓷史上的一朵艺术奇葩。衡州窑系列窑场自唐中期创烧，到五代时极为兴盛，南宋后逐渐衰落。唐代酒器除三彩酒器和瓷酒器外，金银酒器亦是异常丰富，器形有金杯、金碗、金铛、银杯、银碗、银铛、银盘、银执壶、银羽觞等。

宋、元时期则是我国瓷器发展的高峰期，制作工艺不断提高，花色种类也不断增多，使得酒具世界更加丰富多彩。明、清时期是我国瓷业全面发展和总结的时期，同时，这时的玉器制作也达到鼎盛。常德出土的玉质双龙耳杯，玉质美丽，雕琢精细，是酒具中的珍品。明清彩瓷可以看成是我国数千年陶瓷工艺的一个集大成的时期。清朝末年至民国初年，醴陵瓷业进入到一个新的发展时期，现在其产品已风靡欧美，畅销全世界，占据出口创汇的大半壁江山，且发展势头强劲，正成为湖南标志性陶瓷产业的排头兵。

瓷酒具因取料方便、造价低廉，而且耐酸碱、耐温差，弥补了青铜酒具和漆木酒具的弱点，所以受到了普遍欢迎。但最初，在东汉盛行青瓷酒具的年代，如耳杯、盏、尊、鸡头壶、扁壶等，还主要不是平民百姓的消费品。到了隋唐两代，陶瓷酒具呈现出绚丽多彩的局面，新品种不断增加，造型上也多有创新，而这时的平民百姓饮酒仍多用粗陶器、竹筒和木杯。然而，就在唐代，也开始出现了一些物美价廉的瓷酒具。近年从长沙窑瓷出土的酒壶上，题诗、题联和绘画，是中国古代瓷器上仅有，长沙窑瓷与诗书画结合的媒介，由于唐代文人的推动，使酒文化在唐代大放异彩。诗人往往"兴酣际会"、"笔落成诗"。他们借助酒酣，让思维摆脱现实中的束缚，超凡脱俗，任其在艺术的最高境界中驰骋，写出不朽的篇章，故曰"酒催诗兴"、"酒助艺事"。长沙窑瓷器上所见诗歌大部分是通俗易懂的五言诗，其内容包括宫体诗、闺情诗、开悟诗、和诗等。如刻有"富从升合起，贫从不计来。五文"的字样的壶，既高雅以诗的语言鼓励人们勤俭节约，又实惠售价仅五文；其销售对象显然是平民百姓。唐宋两代，民间已较普遍使用瓷酒具了，但瓷酒具真正在民间普及，达到贵贱通用，还是明朝的事。当时，瓷器生产大发展，各种瓷器品种多，数量大，质量高，销路广。瓷酒具也不例外，在其中占有重要地位。

从湖湘大地上出土的酒器、茶具等瓷器，不论是艺术上还是数量上，不仅仅代表一个地域的水平和特色，它还代表一个时代的特色，反映了当时王朝的兴衰演变。由于饮酒成风，加上文人的推波助澜，都市中兴起大量的酒肆，悬挂酒旗，招揽顾客。武陵人李群玉《江南》："斜雪北风何处宿，江南一路酒旗多。"张籍《江南曲》："长于午日沽春酒，高高酒旗悬江口。"酒宴酒会成为人们的重要社交场所，文人酒会中往往以诗助兴，而酒兴又助诗兴，思如涌泉，激发创作灵感。那些不会赋诗的人也趁着酒兴吟诵几首耳熟能详的诗歌，这便是长沙窑壶上题诗的社会氛围。据统计长沙窑瓷上的酒诗所占比例最大，约与李白、杜甫诗中的"酒诗"所占比例相同，从另一侧面为酒与诗结合提供了佐证。

2. 湖湘瓷质酒器欣赏

湖南衡州酒罐(图4-48)：有双系、三系、四系罐，青釉较多，也有褐釉、黑釉罐。有一定特色的为三系花釉罐，该器高14厘米，腹径25厘米，黄褐釉饰白团釉，并有芝麻点白釉装饰，器形饱满大气，前为单系，后为并排双系，设计巧妙，平衡感强。

图 4 - 48　衡州酒罐

唐花釉器系大酒瓮（图 4 - 49）：该器高 49 厘米，腹径 39 厘米，器形在古时酒器中显得非常肥大，难得一见，施黄、褐釉，芝麻点白釉布满全身，腹部蝶形双翅白釉彩绘，釉不及底。

图 4 - 49　唐花釉器系大酒瓮

青釉贴花舞蹈人物纹瓷壶（图 4 - 50）：唐代瓷酒器，1973 年于湖南衡阳司前门出土。此壶高 16.3 厘米，为短颈注壶，曲柄，八棱短流，柄、流之间壶肩置双系。体施青釉，但圈足露胎，有细碎纹片及褐斑。壶腹贴花，流下为在圆毯上的舞伎，其右

图 4 - 50　舞蹈人物纹瓷壶

是一吹奏的乐师，左为一宝塔。整个壶体造型及贴花很有特色，反映了当时的社会生活背景。

青花双鱼莲纹折沿盘
（图 4 – 51）：元代瓷器。此盘高 7.9 厘米，口径 45 厘米，底径 25 厘米。盘折沿，圈足。瓷质细白，盘足无釉。盘边沿面绘青花海水纹；沿背面绘缠枝石榴和莲花；盘中心绘有异样双鱼嬉游于莲

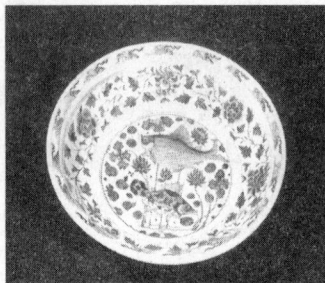

图 4 –51　青花双鱼莲纹折沿盘

花盛开的荷池中，大概是取年年有余之意。盘外腹部绘制艳开的缠枝牡丹六朵，约取富贵同春之意。整盘构图紧凑，笔墨酣畅。

春字诗执壶（图 4 – 52）：唐代瓷质酒器。此酒壶在长沙出土，喇叭形口，长颈，短流，后有执柄。腹体有五言诗："春水春池清，春时春草生，春人饮春酒，春鸟哢春声。"春字诗执壶的器形和施釉方法，均为唐代长沙窑瓷执壶的代表风格。这类长沙窑瓷执壶不但彩画罩在一层透明釉之下，连诗词题记亦在釉下，观之在

图 4 –52　春字诗执壶

目，触之不及，文字通俗易懂，多有与酒相关的诗文，如"莫慢愁酤酒，怀中自有钱"、"自入新峰市，唯闻旧酒香"、"酒温香浓"、"美春酒"等，也正可证明这些瓷器皆是酒器。壶腹所题诗句出处不明，但颇有几分意境。古人往往拿"春水"与酒相比，如太白诗"遥看汉水鸭头绿，恰似葡萄初泼醅"，放翁诗"山花白似雪，江

水绿于酿",晁冲之诗"我家溱洧间,春水色如酒"等皆以酒色比春水,清澈碧绿。

凤凰纹瓷执壶(图4-53):此执壶1983年出土于湖南省望城县古城村,口沿外侈,筒状粗长颈,溜肩,长圆腹,平底假圈足,肩部一侧置八棱形短流,对称一侧置曲柄与颈相连。如此造型,端庄古朴,是典型的长沙窑执壶形象。通体施青釉,釉色青中闪黄,釉面开细小的开片纹,壶流下方的腹面有褐绿彩

图4-53　凤凰纹瓷执壶

绘飞凤纹样,凤凰作回首展翅飞翔状。壶体纹饰用笔简洁,线条流畅,神态生动逼真,可见晚唐时花鸟画技之高超。在望城县古城村还出土一件与此壶形状相同的执壶,腹两侧绘红、绿彩写意纹样,被淡雅的青釉衬托,宛如空中的彩虹一般,煞是好看!

衡州瓷执壶(图4-54):执壶又称注子,"偏提",衡州窑兴出土了大大小小40个~50个品种的执壶,是衡州窑最富代表性的器形。唐代的执壶一般器形硕大、稳重,而五代、宋时期执壶更为典雅、匀称、协调,文人气十足,釉色十分鲜亮,有玉质感。大的高达29厘米,腹径22厘米,口径13厘米,可装酒20斤以

图4-54　衡州瓷执壶

上，而小的高不到 12 厘米，腹径小到 8 厘米，只能盛 2 两酒左右。与同时期著名窑口出土的执壶相比较，为不多见。

衡州高足杯、高足碗（图 4-55）：衡州窑还出土了不少高足杯、碗，而文献也有记载，周羽中《三楚新录》中"高从诲时，荆南瓷器皆高足"，碗的圈足高 7 厘米，口径 8 厘米，高足杯的圈足高 6 厘米，口径 8 厘米。唐、五代、北宋都有衡州窑高足杯产品，器型略有不同，这是有文献记载的我国最早的瓷高足杯，与有的学者认为高足杯是元以后因蒙古族等草原牧民骑马牧酒才产生的说法不相符。同其他窑系瓷器相比较，这些高足杯、碗应是年代很早了。酒碗也有一定特点的为云集窑口所产的花卉纹、水波纹饰"金玉满堂"、"嘉庆福寿"碗了。

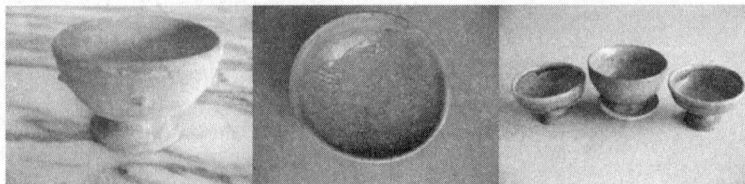

图 4-55　衡州高足杯、高足碗

其他瓷质酒器欣赏见图 4-56 至图 4-63。

图 4-56　清代"对饮图"杯　　图 4-57　神兽青瓷尊　　图 4-58　青釉龙柄鸡首壶

图4-59　黄釉瓷扁壶　　图4-60　彩色釉凤首壶　　图4-61　飞鸽青瓷杯

图4-62　青釉弦纹瓷尊　　　　图4-63　影青莲花瓣注碗

五、精工雕琢的名贵酒具

　　除上述各种材料制成的酒具外，湖南古代还有用玉石、金银、象牙、景泰蓝等名贵材料制成的酒具，自商代以来，多为富有阶级使用。中国俗语称金银铜铁锡为五金，而五金是被最广泛使用的金属材料了。由于其质地坚硬，同时又具有可塑性，因此在古时候金属主要是用来制作工具或战争武器的。随着加工技术的不断提高以及材料来源获得渐渐变得相对容易起来，金属制礼器及装饰用品开始出现了，而且很快就流行起来。

1. 名贵酒器的历史简介

　　中国至迟在商代(距今3 000余年前)出现了金制品。黄金性能稳定，在自然界中多以游离态存在，获取较易。其外表漂亮，机械加工性能好，延展性强，因此黄金一出现就被定为装饰用品的首选金属，在这一点上中国和外国都是一样的。春秋战国以后，中国就出现玉器、金器和银器。

唐代是金银器酒具发展史上的繁荣时期，与青铜器具相比，金银器酒具不论是在造型还是在色泽、外观品质上都有很大提高，没有青铜器那样笨重，更趋精巧，容量也较小，说明这时的酒度已渐高。

白银在自然界中不是以游离态存在，而是以化合物形式存在的，提炼出来技术要求较为复杂，故而其出现比金饰要晚。目前我们所能看到最早的银饰，大约是春秋时代金银的铜兵器，其实这还不能算是真正意义上的银饰，以银制成器应始于战国。两汉时期，金银制品的数量增多，品种增加，工艺也趋于成熟，基本上已脱离青铜工艺，走上了独立发展的道路，但是大多数金银制品仍为装饰品，金银器皿比较少见，直到唐朝以后才有较大发展。唐朝是中国金银器发展的繁荣鼎盛阶段。这个时期不仅金银器数量剧增，而且品种丰富多彩，其器型与纹饰的风格都发生了很大的变化。大唐在汲取外域文化并融入本民族文化的基础上，金银器制作终于形成了独立的民族风格。此外，银器的数量及其制作工艺尤为瞩目。

据考古资料表明，人类使用玉的历史可追溯到史前。据说古埃及人在公元前 5 000 年至公元前 4 000 年，就已经使用玉了。我国也是世界上用玉最早的国家之一，至今已有 7 000 多年的历史。因为我国玉的产地分布较广，所以玉在我国便成为最普及的珍贵装饰品，又因为玉的质地高雅光洁，故而更被赋予了神圣的色彩，作为吉祥或权力的象征，赢得了历代王公贵族和平民百姓的喜爱。中国玉雕工艺精湛，在世界上久负盛名。几千年来或出土或传世的玉器，数量之多，品种之繁，可谓举世无双。在我国古代，玉这一概念所涵盖的范围较广，包括所有美丽的石头。因此起码在周代以前，玉、石是基本不分的。直至后来，有关玉的分类才逐步精细，除玉之外的其他美丽的石头也就有了各自的名称，如水晶、玛瑙、绿松石等。玉石酒具有玉卣、玉角、玉觥、玉觯、玉爵、玉瓒、玉卮、玉尊、玉芙蓉、玉东西、玉舟、玉船、玉斗、玉壶、玉杯、玉缸等，历来被视为酒具中之珍品。最早的玉石酒具多用于宗教祀神活动。商、周两代的玉卣，是祭祀用的酒具。《国语·周》中有"玉卣，卣酒之圭，长尺二寸，有瓒。所以灌地降神之器也"之说，玉瓒是古代裸祭时酯酒的礼器。它以玉为饰，故称玉瓒。《汉书·高帝纪》中有"瓒者器名，以圭为柄，圭以玉为之。指其体谓之瓒。……瓒者盛卣酒之器，以黄金为勺，而有鼻口，卣酒从中流出"的记载，这说明，早期的玉石酒具非常神圣，也非常珍贵。后来玉石酒具也用作礼物互相馈赠，如《史记·项羽记》中有"我持白璧一双，欲献项王，玉斗一双，欲与亚父"之载。玉石酒具也用作祝寿礼器，"九年冬十月，淮南王、梁王、赵王、楚王朝未央宫，置酒前殿。上奉玉卮为太上皇寿。"玉石酒具有极高的艺术价值。元朝广寒殿里有一只可贮酒30余石的黑玉缸，黑玉中间夹杂着一些白纹理，被巧妙地依形雕琢成许多鱼兽和波涛，在酒中游弋浮现，光彩夺目。

金银酒具系指以金银制作或饰以金银的酒具，如金罍、金爵、金卮、金觯、金斗、金尊、金杯、金觥、金壶、金斛、金荷叶杯等。商、周时有金罍，尊形，饰以金，刻为云雷之象。《诗经》中有"我姑酌彼金罍"之句，据《韩诗》说："金罍，大夫器也。天子以玉，诸侯大夫皆以金，士以梓。"《毛诗》也说："金罍，酒器也。诸臣之所酢。人君以黄金饰尊。"在那时，使用金银酒具是等级与身份的一种象征。

1982 年 12 月在湖南通道侗族自治县的银器窖藏中，出土了37 件蟠桃银杯，这些银杯以枝叶衬托桃杯，结合巧妙自然，既美观又实用，皆为不可多得的艺术珍品。长沙风篷岭汉墓出土金饼、金缕玉衣，包括金、银、铜、铁、玉、水晶、漆器、陶器等创下长沙乃至全国考古界数个"第一"，即第一次在长沙地区发现玉圭、第一次在湖南出土大量汉朝金饼、第一次在长江以南发现金缕玉衣等。特别重要的是，一些漆器采用了铜扣（器物口缘围着一圈铜条）、"平脱金饰"等工艺。"平脱金饰"工艺的具体做法是在漆器素地上贴以金箔片裁成的花样，再于上面髹漆数重，然后研磨打平，直至金箔花纹露出。长沙市文物考古研究所介绍，这种在漆器上贴金箔的做法很奢华，马王堆汉墓里都没有发现过，说明墓主身份很高，也很富有。

1974 年以来，常德相继在武陵区发掘汉代墓葬数百座。出土的器物有铜器、铁器、金器、银器、玉器、琉璃器、玛瑙器、滑石器、瓷器、陶器等数千件，其中青瓷罐、玉猪、滑石面具、三层陶楼、院式陶屋、滑石印章等均为国家珍贵文物。1991 年在安乡县黄山头镇林场，发现南禅湾墓群，出土有金质"镇南将军章"、"宣成公章"龟钮官印；龙纹金带扣、发钗；玉器有"刘弘"印、樽、杯、璧、佩饰等；铜器有错金弩机、刀、剑；铁器有刀、剑、戟；青瓷器有灯、罐、碗、盘、壶、耳杯、虎子、多子盒等。墓主人刘弘，字和季，卒于西晋光熙元年（306）。爵封宣成公。官至荆州刺史、镇南将军等职。墓中出土的许多文物被鉴定为国家一级文物。湘西龙山县里耶古城不仅出土数万枚秦简，"复活"了秦代历史，而且在位于战国古城遗址旁的麦茶战国古墓群中，考古工作者还从一大墓葬中发掘出了琉璃酒器。据悉，这在湖南省考古史上尚属首次。据介绍，琉璃用品在战国时期相当稀有和珍贵，战国时期的百姓一般使用陶壶，富裕一点的使用铜壶或玉壶，能够使用琉璃壶的必然是一个部落或大型区域的首领人物。

2. 金银和玉质酒器欣赏

金银和玉质酒器欣赏见图 4 - 64 至图 4 - 75 所示。

图 4 - 64　明代金壶　　　图 4 - 65　宋代银杯　　　图 4 - 66　唐代金杯

图 4 - 67　银龙槎　　　图 4 - 68　狩猎纹高足银杯　　图 4 - 69　宣徽酒坊银酒盏

图 4 - 70　镶金牛首玛瑙杯　　图 4 - 71　舞马衔杯银壶　　图 4 - 72　玉盏

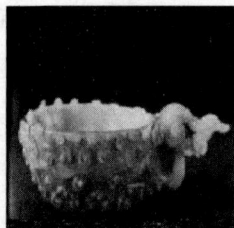

图 4-73　白玉杯　　　　图 4-74　云形玉杯　　　　图 4-75　八仙执壶

六、古朴简易的自然酒具

　　自然酒具系以自然材料制成。有以动物的角、骨、蹄、爪、皮、壳等制成的，也有用植物的大叶子、花、皮、根等制成的。前者如角杯、禽爪杯、畜足杯、皮酒囊、鹦鹉杯等；后者如荷叶盏、酒杯藤、山樽、咂酒器、桦皮酒具和用葫芦、椰壳及竹筒等制作的酒具。湖南是多民族的省份，在历史生活的长河中各民族都有自己的特色酒具。

　　彝族的漆器闻名，漆酒具也变化多样，这是彝族同胞用鹰爪施漆做成的酒杯(图4-76)和皮质漆器酒碗(图4-77)，现在要保护生态，杀生自然要节制，用动物器官部分做成的酒器也就少了。角杯是一种用兽角或畜角制成的酒杯，有牛角杯、羊角杯、犀角杯等，大小不一，种类繁多。我国古代有一种兕觥，"腹椭圆或方形，圈足或四足，有盖，成带角兽头形。初用木头刻造，后用青铜铸造。盛行于商代、西周前期"。但最初它极可能是一种角杯，因为，与牛、犀一样，兕也是一种带角的动物。《辞源》中说："古书中常拿兕和犀对举，《尔雅》认为兕似牛，犀似猪。《山海经·南山经》也将兕犀分为两种动物。或说兕就是雄犀。"所以从直接用动物的角制作，发展到仿其形、用木头刻制，再到用青铜铸造，是完全合乎逻辑的，反映了人们的一种仿古和崇古的审美意向。《诗经》中"我姑酌彼兕觥"、"跻彼公堂，称彼兕觥，万寿无疆"都是说人们在聚饮时，举着兕角做成的大杯敬酒。历史上的兕觥今已不存在了。但民族学资料告诉我们，至今，角杯仍流行于我国北方和西南地区的一些少数民族中，在湖南湘西的苗族、土家族和彝族等均有。彝族的角杯很讲究，常漆饰彩绘或镶嵌玉石，美观精致，是其民族艺术的一种体现。角杯多成双成对地使用，在角的尖端也常钻孔或留有突结，以便用绳拴系和携带。彝族牛角酒杯有牦牛角酒杯，为一等；犏牛角酒杯，为二等；黄牛或水牛角酒杯，为三等；绵羊角酒杯，为四等；系经水煮，抠尽角内血肉，表面刮削匀净，髹漆彩绘而成，是他们曾经历长期游牧生活的反映。彝族还使用鹰爪酒杯或禽爪杯，其上部为竹、木或皮胎的酒碗，下部再加禽爪状高足而成。

图 4-76　鹰爪酒杯

图 4-77　彝族皮质漆器酒碗

　　畜足杯即将牛、猪等家畜的蹄子除去肢骨，刮净内皮，装入木质杯模，并经阴干修整，以其撑开的蹄为杯足，杯口和杯身依畜足的形状向一方自然倾斜。流行于我省西部、北部许多少数民族地区的皮酒囊，系将揉制过的整羊皮去头和四肢，除留一腿为囊口外，其余孔眼皆扎住即成；也有用木、石等做成酒具模型，再将泡制好的牛皮或其他较厚的兽畜皮紧紧绷在模型上，然后取出内模，打磨修整而成，其表面还可上漆，做成漆皮酒囊。这些既反映了少数民族就地取材以制作工具的特点，也反映了他们的审美观，是其生产、生活的一个侧面的真实写照。

图4-78　湘西竹制酒具

图4-79　透雕荷叶螳螂犀角杯

鹦鹉杯即用海螺壳做成的海螺杯。李白有"鸬鹚杓，鹦鹉杯。百年三万六千日，一日须倾三百杯"和"凤凰楼上罢吹箫，鹦鹉杯中休劝酒"的吟咏，可见其历史是悠久的。鹦鹉杯由南海所产鹦鹉螺壳制成。"鹦鹉螺状如霞，杯形如鸟，头向其腹，视似鹦鹉，故以为名。"鹦鹉螺壳，其外有暗紫色或青绿色花斑，其内光莹如云母。制成鹦鹉杯时又经精细琢磨，金银镶嵌，珍贵异常。鹦鹉杯不仅用作一般酒具，也用作祭祀的礼器。"奠霍山，盛酒当以蠡杯。"蠡杯即螺杯，也就是鹦鹉杯。鹦鹉杯传入中原，成为上层社会宴席上的珍贵酒具，并登上了神圣的祭坛和庙堂，是我国历史上汉族和少数民族酒文化融合和交流的结果。公元4世纪以后，交趾两广地区不断得到开发，与中原地区的文化交流加强了。东晋初，做过广州刺史的陶侃曾献给成帝（公元325—342

年)鹦鹉杯一只。"孝武又致螺杯杂物，南土所珍。"这些都说明，当时鹦鹉杯来自南方少数民族地区。至今，我省湘西一带少数民族仍保留着用大田螺或海螺壳作酒杯的习俗，也能说明问题。

荷叶盏是我国魏朝正始年间(齐王曹芳年号，公元240—248年)郑公悫用大莲叶制作成的一种酒杯。其制作方法是用簪子扎透莲叶，使莲叶与茎相通，从茎而饮，取名为"碧筒杯"。剪取荷叶制成酒杯或酒盏以饮酒，给人以清新、潇洒之感，颇富诗意。如《长安客话》中有"共君曾到美人家，池有凉亭荷有花。折取碧筒一似酌，争如天上醉流霞"咏"荷花酒"之诗。又如戴叔伦的《南野》诗中亦有"茶烹松火红，酒吸荷叶绿"之句。古代文人喜用荷叶盏，描写得是多么生动和富有意境。其实现在，在湖南洞庭湖区的岳阳、常德和益阳等地，民间善以荷叶盛装茶、酒和食物。与此相类似，唐·昼朴子和宋·苏轼还曾用芭蕉叶做过酒杯，称做"蕉叶杯"。

咂酒器是用酒坛、酒瓮、酒壶等作盛酒器，再用竹管、麻秆、藤枝、芦管、禽翎管等作吸管，饮酒时将吸管插入盛酒器吮吸。咂酒是一种比较特殊的饮酒方式，又称钩藤酒、竿竿酒等。杜甫有"芦管多还醉"、白居易有"薰草席铺座，藤枝酒注樽"的诗句，在《秘传花镜》卷四中还有"钩藤产自梁州，今秦、楚、江南、江西皆有……长一二丈，大如指，用致酒瓮封口，插入取酒，以气吸之，涓涓不绝"的记载，这些都说明，早在唐时，这种特殊的饮酒器和饮酒方式就已盛行。还有许多简易的酒具，如桦皮酒具、葫芦酒具、椰壳酒具和竹筒酒具等饮酒器，也都是各族人民就地取材制成的植物性的自然酒具。湖南是一个有名山名水的多民族省份，以上所说的酒器酒具，现在仍十分流行，特别是位于湖南省湘西、湘南的苗族、土家族、彝族、羌族、藏族、普米族、纳西族、佤族、景颇族、壮族、侗族、黎族等少数民族中在日常生活和请客宴宾中，还每日不离这些酒具，也是一道十分美丽的旅游风景线。

通过以上分析，我们可以知道，湖南酒具有两个显著特点：其一是饮具与食具最初是不分的。只是随着社会的发展变化，后来饮具才慢慢从食具中分化出来。而且，在饮具中，饮水器具又在酒具和茶具之先。古代，在社会生产力发展水平极其低下的情况下，人们连盛水、喝水的工具都没有，当然不可能有专用的饮酒和饮茶工具。后来的一些酒具，其开始有的也是食具。其二是酒具具有明显的民族性。酒具都具有民族性，是民族文化中一个重要的组成部分。从原始的陶制酒具到青铜酒具、竹木酒具、漆饰酒具、瓷酒具以及用玉石、金银、象牙、景泰蓝等名贵材料制成的酒具等，形成了湖南省或我国以汉族为主体的各民族在酒具使用上的民族风格，其形制与用法都是民族的；其原料均系就地取材，反映了各族人民的聪明才智；其质地不断演进，反映了各民族历代生产力发展水平逐步提高的进程。同样，当代用兽角、畜角、畜足、兽皮等制作的酒具，反映了游牧民族社会生产的特点；用海螺、椰壳、葫芦、竹筒、木等制作的酒具也反映出南方民族生活的地理环境特征及物产面貌。把这些酒具排列起来，既显示出历史上各民族物质文化的不同风采，也是各族人民现实生活某一侧面的写照。在我省民间的有些酒具在造型上既保留了北方游牧民族皮囊酒具的特点，如北齐黄釉扁酒壶，其扁扁的壶身，双肩有孔，便于骑马时拴绳、提携之用；又融会了自隋唐以后，我国南方一些少数民族用南海所产的大海螺壳做成的海螺杯的风格，成为人们喜用的一种别具韵味的酒具。这些也反映了湖湘不同民族间酒文化交流的情况。

近代玻璃制品的出现，开创了酒具的新领域。玻璃制成的酒具晶亮透明，玲珑剔透，轻巧适用，是以往各种材料无法比拟的，还因为它成本低廉，制造简便，因此得到广泛使用，更因为杯子透明可以展示出不同酒品的色泽、风格，因而更受饮酒者的喜爱，而瓷杯具则以其传统风格保留至今。随着酿酒工业的发展，酒品的种类越来越多，而各种酒品的风味、风格也越来越突出。在湖南城乡，人们更注意选用适当的酒具，更好地配合酒品的风味、风格，以提高饮酒的情趣。白酒杯、葡萄酒杯、啤酒杯，纷纷进入人民群众的生活领域，规格、品种繁多，异彩纷呈，美不胜收。

七、唐代长沙窑酒具与诗酒文化

位于湖南省望城县丁字镇古城村的长沙铜官窑，又名长沙窑，此地很早以前便名为石渚，或写作石潴，二十四史中的《晋书》、《魏书》中都有提到。唐"安史之乱"后，从北方迁来的窑工大量聚集于此，与当地居民共同烧造陶瓷，称之为石渚窑。印尼勿里洞岛海域"黑石号"沉船共打捞出 57 000 多件长沙窑器，其瓷碟上书有"石渚盂子"，湘籍诗人李群玉在描述其烧造盛况时，也称之《石潴》。该窑盛于中晚唐、终于五代，前后有 300 多年的时间。长沙窑的一个重要创新，就是在青釉下面绘有彩色纹饰，而在此之前的瓷器釉色全部都是单色青釉。其产品覆盖面广，当时只有长沙铜官窑根据国外市场需求而设计、制作、包装（装饰）产品，其产品不仅畅销于国内，而且还远销东亚、南亚、西亚地区，最远抵达非洲东北部，被誉为第一个外销型瓷窑，将异域文化元素融入产品是长沙铜官窑掘得海外第一桶金的秘诀，唐代海上陶瓷之路的开辟，长沙铜官窑可谓功不可没。长沙铜官窑产品以青釉为主，其突出成就是创烧了釉下彩绘装饰新工艺，揭开了世界釉下彩瓷发源地之迷。现仁立长沙铜官窑窑址区，面对广袤的窑址废墟，厚厚的历史文化堆积层，自然会使你联想起诗中描绘的情景，"古岸陶为器，高林尽一焚。焰红湘浦口，烟浊洞庭云。迥野煤飞乱，遥空爆响闻。地形穿凿势，恐到祝融坟。"遥感当年窑场之繁忙。该窑现在是全国重点文物保护单位，文物工作队先后对此遗址进行了四次科学发掘，获得彩瓷标本和陶瓷器物近万件，实物证明，长沙铜官窑开创世界釉下多彩先河，堪称陶瓷史上里程碑。

该窑具有诸多中国之"最"：它是最早发明釉下多彩、最早对外开放的口岸、面积最大的古文化遗址、保存最为完整的唐代古龙窑、最早发明铜红釉烧制、最早的釉下彩绘、最早开创模印贴花、最先涉足商业广告语、最先创釉下彩诗文题记等。长沙窑瓷壶的型式很多，1996年紫禁城版《长沙窑》将其分为9型20余式，瓜棱壶(以壶的腹部有4条凹进的瓜棱而名)是其中最常见的壶式之一，彩绘和诗文、题记多见于瓜棱壶。长沙窑有点彩、条彩、斑彩、绘画、题文等之不同。彩饰中最具文化、艺术价值的是绘画、诗歌和题记，而饰以绘画与诗文者又往往仅见于少数几种器形，绘画题材很多，有花草、飞禽、走兽、建筑、云气、龙凤、摩羯等图案；题诗也多见于瓜棱壶，据长期从事长沙窑诗文研究的萧湘先生统计，在目前发现的103首诗文中，其中91首书于瓜棱壶，那些警句、联语等题记也基本上见于瓜棱壶。另外还有一种圆腹形壶，器形与瓜棱壶相同，只是腹部没有瓜棱。施乳白釉者，多饰随意涂画的釉上绿彩、红绿彩；施青釉者，或饰彩绘图案。关于瓜棱壶的功用，从"陈家美春酒"、"美春酒"、"好酒无深巷"等铭文可以得知，这种壶就是用于斟酒的酒壶。春酒即冻醪，是一种寒冬酿造、以备春天饮用的酒，在《传》、《诗·豳风·七月》、《酒经》和《唐国史补》等古文籍和诗词中均有记载。"春水"诗文壶上的"春人饮春酒"，既表明壶的功用，又指明所饮的酒类。

长沙窑的诗文与彩绘装饰绝大部分用于茶酒具。喝茶饮酒，本身是个体生理或娱乐的需要，唐代茶酒具上大量出现诗文、绘画装饰，表明茶酒普及后升华到文化的层面。在唐代文学中，诗歌最为光彩夺目。由于唐代文人的推动，饮酒延伸出酒文化，使湖南酒文化在唐代大放异彩。民间饮酒成风，加上文人的推波助澜，都市中兴起大量的酒肆，为文人聚会赋诗提供了理想场所，所以酒肆一出现，便受到文人的关注，成为人们的重要社交场所。文人酒会中往往以诗助兴，而酒兴又助诗兴，思如涌泉，激发创作灵感。那些不会赋诗的人也趁着酒兴吟诵几首耳熟能详的诗歌，这便是长沙窑壶上题诗的社会氛围。壶上的诗文皆书于流下，正是斟酒时便于饮客朗读的，这与朝鲜半岛出土的褐斑贴花壶在錾下面书写"郑家小口天下有名"、"卞家小口天下第一"广告语的书写位置明显不同。据统计，长沙窑瓷上的酒诗所占比例最大，约与李白、杜甫诗中的"酒诗"所占比例相同，从另一侧面为酒与诗结合提供了佐证。

唐代与酒文化堪以比肩的是茶文化。"开门七件事，柴米油盐酱醋茶"，唐代饮茶之风之盛，到了"比屋皆饮，举国之饮"的地步。如果酒能让人亢奋，富于激情，给人灵感，使诗书能一气呵成的话，茶则给人以宁静、高雅、深邃，并在心灵的镇定下给人以智慧和理性，有助于陶冶情操、去除杂念、修炼身心。这与提倡"清静、恬澹"的东方哲学思想很合拍，也吻合佛道儒的"内省修行"思想。长沙窑出产的茶酒壶上题写的那些劝人行善、教人处世、规范礼仪方面的警句、劝语，如"仁义礼智信"、"罗网之鸟，悔不高飞"，"悬钓之鱼，悔不忍饥"，"羊申跪乳之志"，"慈乌反哺之念"，"牛怀舐犊之恩"，"富从升合起，贫从不计来"等等。这些题记有的在民间流行已久，"蓬生麻中，不扶自直"，就出自荀子名篇《劝学》之中；有的则是人生经验的总结，富有哲理。说明茶酒聚会不全是一种休闲，也有抒情言志，互相劝导、勉励之意，特别是长辈对晚辈的训导。酒酣茶浓，其乐融融，在这种氛围之下，劝勉、训导往往有事半功倍之效。至于那些绘画，大量出现于茶酒器上，也是茶酒文化的延伸，人们在茶酒之时，欣赏绘画就如赏诗清谈。绘画其实是诗的另一种直观艺术形式，唐代艺术家追求诗画相通，诗中有画，画中有诗，如宋苏东坡说王维"味摩诘（王维字摩诘）之诗，诗中有画；观摩诘之画，画中有诗"。这正是文人一直提倡的"诗为无声画，画为有形诗"，"诗画本一律，天工与清新。"所以绘画也是画师对人生的禅悟。长沙窑壶上那些鲜活、形态各异的莲花，或许就是供人们品茗之时，净化心灵的圣洁之花，与品茗在功用上形成了互补。这些莲花可与当时石窟中的莲花媲美，但已离开了寺院，植根于世人的日常生活之中。对于一般文人或世俗人士而言，茶酒在很多时候是相通并且互补，人们对二者皆嗜好，所以在长沙窑瓷中常可以看出茶酒具共用的现象，二者在形制上看不出严格的区别。其诗书画大部分亦没有严格区分是专为品茗还是饮酒时欣赏的。

长沙窑瓷器上的釉下彩题记，是在瓷胎上书写，然后再施釉烧造而成。字体以楷书、行书为主，书法流畅，布局大方，既有观赏趣味又有装饰特点；其内容不追求古老与风雅，开门见山，通俗易懂且有些还带有几分俗气，却又不失粗犷、质朴。据湖南省文物考古研究所周世荣专家介绍，据不完全统计，已发现的长沙窑诗句有 70 多种，联句、单句约 30 种，诗歌在 100 首以上，长沙窑的题诗，部分见于《全唐诗》，其作者有王梵志、韦承庆（或曰杨师道、于季子所作）、张氲、高适、刘长卿、朱彬、贾岛、白居易等；另外有 90 多首不见于《全唐诗》，这些诗文又来自何处呢？有学者从题诗、题记的广告含义分析，提出当出自窑工之口，也有学者根据其通俗性认为这些诗源于民间。依笔者拙见，当时这些诗文、题句并非窑工创作，作坊书手是抄录而已，他们手里应有唐诗抄本。这一观点的首次提出是萧湘先生，20 余年前长沙窑题诗在《全唐诗》中仅找到两首时，他就曾断言："值得注意的是唐代诗人的诗铜官窑瓷器上很可能不只这两首，也不一定就只这两位诗人的作品，但它说明瓷器上所题之诗或采民间传抄之作，或为有兰（蓝）本的诗。"所以，也有人认为长沙窑瓷上的诗应当来自两方面：其一是来自书手（工匠）的知识储备，即书手心中的诗。题诗中有些是书手求学时就早已耳熟能详的"通俗诗"。其二是书手手里应当有一些文雅的讲求音韵的"文人诗"的手抄本。唐代文人创作的诗，当时便有人收录，还有人抄录卖于市井，"炫卖于市井，或持之以变酒茗者"。正因有这种交换，长沙窑作坊主便不难求到名人的诗歌作品。文人在瓷器上题诗作画，对于瓷器装饰而言，无异于一次飞跃，对后世影响深远。由于唐代瓷器质量的精进，文人开始赏瓷、咏瓷，并开始将他们所擅长的书画艺术导入瓷器，高雅的文人艺术与"下里巴人"的制瓷业实现了结合，使瓷器书画艺术化，而书画艺术在瓷器上也变为图案化、工艺装饰化。这些书画是通过中国特有的书写工具——毛笔绘制、书写出来的，不仅具有中国书画特有的线条艺术，也蕴含文人特有的意境、风格、笔墨、书法、才情、人格等因素，具有独特的艺术魅力。这种结合自长沙窑开始，参与者虽只是下层文人，书法没有上层文人优美，绘画线条不如专业画家"曹衣出水"、"吴带当风"，但他们所书所绘都饱含对生活的切身感受，另有野逸情趣，是一种有别于御用文人的艺术风格，带有浓郁的民间色彩，这从另一侧面和层次上也反映了唐代的艺术风尚。而促使长沙窑与文人书画艺术结合的契机，则是茶酒。书画艺术融入瓷器之后，瓷器装饰的根便深深植入高雅文化的沃土之中，与中国文化艺术紧紧连在一起，其品质得到升华，手工业品变成了艺术品，登上了大雅之堂。诗以载道，画以美器，对于作坊主而言，这起到了促销的效应。对于文人而言，又找到了一种新的情感寄托的载体。所以，随着时间的推移，文人与制瓷的结合日趋紧密。

唐代以前，在陶瓷器具上很少有题字的，也有仅是在胎体上刻画年号、简单的吉祥语或工匠的名字。只有唐代湖南长沙窑的工匠们寄情于陶瓷，用心良苦，将自己对社会、对生活的各种感受用文字书写在瓷器上，在国内外瓷器史上是绝无仅有的，这也是长沙窑釉下彩装饰的三个特征之一。这一伟大的创举也是其他瓷窑望尘莫及的，这也从另一个角度反映了湖南在唐代时民间茶酒文化之普及。

长沙窑瓷器借酒和诗文、联句表现的感情层次很多，有人统计了一下，大概可分为七个层次来欣赏：

（1）借酒描绘平凡美丽的田园风光和幸福安乐的田园生活

其一（见图4－80）：

春水春池满，春时春草生。

春人饮春酒，春鸟哢春声。

其二：

去岁无田种，今春乏酒财。

恐他花鸟笑，佯醉卧池台。

其三：

> 主人不相识，独坐对林泉。
>
> 莫忧愁酤酒，怀中自有钱。

（2）有借酒赋诗描写开怀痛饮、一醉方休

其一：

> 终日醉如泥，看东不看西。
>
> 为存酒家令，心里不曾迷。

其二：

> 自入新峰市，唯闻旧酒香。
>
> 抱琴酤一醉，尽日卧垂杨。

其三（见图 4-82）：

> 八月春风酒，红泥小火炉。
>
> 今朝天气好，能饮一杯无？

其四：

> 须饮三杯万事休，眼前花发四枝叶。
>
> 不知酒是龙泉剑，吃入肠中别何愁。

（3）有关于学习、生活和做人的警句

其一：

> 凡人莫偷盗，行坐饱酒食。
>
> 不用说东西，汝亦自涤直。

其二：

> 白玉非为宝，千金我不须。
>
> 忆念千张纸，心存万卷书。

其三：

> 圣水出温泉，新阳万里传。
>
> 常居安乐国，多报未来缘。

(4)描写宫中嫔妃孤独寂寞的生活和民间男女聚散依依之情

其一:

> 自入长信宫,每对孤灯泣。
>
> 闺门锁不开,好酒无人饮。

其二:

> 君生我未生,我生君已老。
>
> 君恨我生迟,我冤君生早。

其三:

> 客人莫直入,直入主人嗔。
>
> 叩门三五下,自有出来人。

图 4 −80   图 4 −81   图 4 −82   图 4 −83   图 4 −84

(5)描写亲人离别和独处闺中的少妇对丈夫的相思之苦,以及缠绵无尽的爱缕情丝

其一(见图 4 −85):

> 一别行千里,来时未有期。
>
> 抱酒望明月,无夜不相思。

其二:

> 夜夜挂长钩,朝朝望楚楼。
>
> 可怜孤月夜,举杯客心愁。

其三：

我有方寸心，无人堪共说。

斗酒遣风去，托杯与君饮。

其四：

世人皆有别，此处泪痕多。

送客醉南酒，是令听楚歌。

其五：

只愁啼鸟别，恨送古人多。

去后看明月，风光处处过。

（6）描写在社会动荡不安的情况下，商贾为开辟市场而劳碌奔波、顽强进取

其一：

人归千里外，意在一杯中。

莫虑前途远，开航逐便风。

其二（见图4－81）：

买人心惆怅，卖人心不安。

题诗酒瓶上，将与买人看。

其三（见图4－88）：

男儿大丈夫，何用本乡居。

明月家家有，黄金何处无。

（7）描写边塞征战，流露出人们对统治阶级穷兵黩武、连年进行战争的不满情绪

其一：

一日三场战，曾无赏罚为。

将军马上醉，将士雪中归。

其二：

去去关山远，行行胡地深。

早知今日苦，多与画师金。

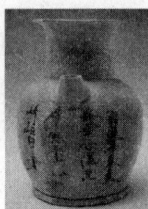

图4—85　　　图4—86　　　图4—87　　　图4—88　　　图4—89

此外，长沙窑瓷器上还有为数较多的联句、单句，大多为谚语、成语和俗语。如：

（1）联句

蓬生麻中，　不扶自直。

罗网之鸟，　悔不高飞。

悬多久之鱼，悔不忍饥。

君子喻于义，小人喻于利。

富从升合起，贫从不计来……

（2）单句

仁义礼智信。

言满天下无口过。

行满天下无怨恶。

牛怀舐犊之恩。

酒醅香浓……

总之，长沙窑瓷不仅反映了唐代长沙地区制瓷业的高超技术，增加了绘画吟赏品味的艺术魅力，扩大和延伸了瓷器装饰艺术所要表达的意境,而且还从画面和所描题的诗句中表达出那个时代的社会习俗与民间审美观念,这一切都使它在中国文化历史上占有了一个独特的位置。长沙窑为瓷器上题诗开了先例,宋朝以后,在瓷器上题诗的风气更加普遍,这种艺术一直延续到今天。遗憾的是,到宋代,长沙窑就渐渐衰落,江西的景德镇成为了全国陶瓷生产的中心,湖南的衡山窑、岳州窑和益阳窑则取代了长沙窑在湖南陶瓷业的地位。直到清代,长沙铜官窑才得以复苏,并逐步发展为湖南的陶业中心。

有趣的是,现代湖南的酒瓶上也有配画和题诗的,如湘西"猛洞河"酒,其瓶上有"幽幽猛洞河,清香醉当歌。玉碗盛美酒,在此会嫦娥"一诗;"齐公酒"是为纪念齐白石而研制的白酒,其酒瓶上有齐老的一幅国画:一只酒壶,一个酒杯,一只白瓷盘中盛着螃蟹。配有齐老的一首"老夫今日喜开颜,赊得霜蟹大满盘。强作长安吟咏客,进门持盏把诗删。"长沙出品的"丹竹红酒",其酒瓶造型像古时油灯,瓶上有诗云"翠羽红缨醉夕阳,丹竹两宝结鸳鸯。山盟不以风霜改,处处同心岁岁香"。湘西"酒鬼酒"瓶上有黄永玉的一幅画:酒鬼蓬头垢面,背着麻布袋装的美酒,步履蹒跚。旁边配一诗,诗云"酒鬼背酒鬼,千斤不嫌赘。酒鬼喝酒鬼,千杯不会醉。酒鬼出湘西,涓涓传万里"。在品尝美酒之时又欣赏惬意之诗,那是一种独具特色的美妙体验和感受。现代湖南酒的广告词就更加具有文化品味和当代湖湘特色,既朗朗上口,包含人生哲理;又幽默生动,给人以启发和智慧。使人闻其名如品其酒,令人难忘,从这些广告词汇的演化也可看出社会的进步。例如:

"人生百年,难忘湘泉。"(湘西湘泉酒)

"人生无悔,因有酒鬼"、"神秘湘西,传奇酒鬼!"(湘西酒鬼酒)

"人生在世，包谷烧致。"（人们对湘西包谷烧酒的传诵词）

"畅饮白沙液，敢为天下先！"（长沙白沙液酒）

"唱中国民歌，喝中国名酒。""想唱就唱，想喝就喝。"（长沙浏阳河酒）

"同根同源，同饮炎帝圣泉。"（炎帝圣泉酒）

"畅饮老爹酒，广交天下友！"（吉首老爹酒）

"人美桃花女，酒香桃花液。"（益阳桃花液酒）

"饮酒七分醉，健康八千岁！"（株洲八千岁酒）

"尿频莫跳楼，神酒解君愁。"（浏阳葆春酒）

"人生旅途，伴君湘福！"（吉首湘福酒）

第五章　湖南当代酒具

　　酒瓶，不仅是酒的载体，也是酒文化的重要体现。酒瓶是一种特殊的工艺品，它集酒艺、酒史、陶艺、瓷艺、考古、文物、绘画、书法、诗词、雕刻、民俗、礼仪、医学和风景名胜等为一体。有人形容酒瓶的韵味是"无声的诗、立体的画、厚重的书、凝固的音乐、含情而流动的雕塑……"足见酒瓶的文化品位已经逐步形成。我省自古就是酒和陶瓷艺术的重要发祥地，经过数千年的嬗变发展，随着酒的发明和社会生产力的提高，酒器的生产也不断发展变化，产生了种类繁多、璀璨瑰丽的各种酒器，足以形成一个独特的造型艺术门类。我国酒器之多，种类之繁，造型和装饰之美都居世界之首。特别是中国改革开放以来，酒瓶的发展飙升到了鼎盛期，过去让人不屑一顾的酒瓶，如今"异军突起"，酒瓶终于摆脱了长期保持的"酱油瓶式"、玻璃材质、信息量少、不重装饰的简单样式，现在的酒瓶出现了百花争艳的繁荣景象，并作为一种文化景观，登上了大雅之堂，成为酒文化的重要组成部分。现代酒瓶的造型，归纳起来有下列几种类型：仿古酒器、动物造型、名人塑像造型、古典文学人物造型、民俗吉祥物造型、名胜景点造型、生活用具造型、乐器造型、古代钱币造型、军事用品造型，以及似是而非，给人一种广阔的想象空间的现代派造型等，而这几类造型的酒瓶湖南均有。

　　在酒瓶收藏界有一个共识，在湖南出土的青铜酒器和陶瓷酒器均是最为贵重的，先不说从湖南出土的有国宝之称的青铜酒器"四羊方尊"和"皿天全方罍"，单说湖南本土长沙窑烧造的釉下陶瓷彩酒壶，就是令世人赞不绝口的珍品。从唐代起到以后历代，长沙窑烧造过大量陶瓷酒壶，这些酒壶具有令世人汗颜的两大工艺特点，在工艺技术上还曾创造了3个"中国第一"和中国古陶瓷器的14个之"最"，堪称陶瓷史上的里程碑。它率先在人类历史上首次烧造了釉下彩酒壶；率先采用了模印贴花，使瓷器更为美观；率先在酒壶上开题诗文谚语之先河，更富于生活气息和文化意味。如长沙窑酒器上有"上有东临水，下有好山林。主人有此宅，日日斗量金"，"人归千里去，心画一杯中。默虑前途远，开航逐便风"等祝贺诗，这些器物看来特别适合购来作贺礼用。长沙窑的酒坛上还题有："好酒无深巷"、"醉乡酒海"、"酒坛香浓"、"春人饮春酒"、"上沽采石江，还饮岳阳楼"和"买者心惆怅，卖者心不安。题诗安瓶上，将与买人看"的诗等，这也是古陶瓷上以祝福形式最先涉足商业广告的诗句。现代在酒器收藏界一件长沙窑真品酒壶按其生产年代的早晚其价格在数万至数十万间，即使是现代仿品也可达数百元，由此可见湖南酒器的珍贵。

湖南气候湿润，河网纵横，土地肥沃，盛产稻米，"可饭可酿"，百姓乐酒，传承数千年。酿酒当有盛器，存酒必备封盖，桃源酒坛集雕镂彩绘和民俗民风于一绝，堪称中国之"醉"。每逢喜寿佳庆，亲朋好友乡党同仁必备礼拜贺，礼酒为必备之物，酒坛盖高踞其上，为第一印象，亦成为人们精心包装的对象，图案设计俱为理想祥物或自然吉物，富贵吉祥，寓意深长。形式上讲求圆满、和谐、平衡，具有强烈的地域文化特征，散发着独特的民俗艺术气息，一时争奇斗妍，至清末民初已登峰造极。民间甚至有"宁赔十担谷，不输一对盖"之说。民间讲究"图必有意，意必吉祥"，极大地促进了酒坛盖艺术的发展。湘楚木雕则重写意，简练概括，整体大气，刀法粗犷泼辣，极富雕塑快感，湘人热情率直、快人快语的天真秉性一览无遗。至鼎盛期，桃源酒坛盖已超越自身作为酒文化附件的从属概念，独立为财富与艺术有机结合的富贵饰件、吉祥

图5-1 人猴戏金瓜酒壶

镇物，成为当年桃源一道奇特的礼仪风景，别具一格的民俗文化现象，一朵独步中国雕刻艺术百花园的奇葩。不少人还将自己的商号堂名或姓名刻上酒坛盖，彰显身份地位，踌躇之态跃然盖上。如人与喜鹊、猴子环绕金瓜嬉戏的桃源酒坛盖（图5-1），小小一个金瓜，夸张成庞然巨物，喜鹊、猴子和人物环绕其下玩耍，和谐、奇诡的想象力令人叹服，也显示出桃源酒坛盖对雕制讲究吉祥，画面讲求圆满，与中国画的"散点透视"有异曲同工之妙。

现代，随着社会上酒文化热的升温，各个地方的酿酒企业越来越重视酒产品的文化蕴含和文化品位。这种文化蕴含与品位，比较集中地体现在酒产品的包装上。酒的内包装——酒瓶的造型就是这种文化的重要体现之一。这里主要说说湖南的酒瓶，可以

图5-2 葫芦型酒壶

说在全国各地林林总总的诸类酒瓶中，湖南酒的酒瓶造型是很有特色的。其特色就是它们从一个特殊的角度充分体现了湖湘文化

的鲜明特色，表现出了浓郁的湘情楚韵。有的学者在谈到湖湘文化时，将湖湘文化分为三个方面的构成：先楚文化、湘楚民间文化、现代湖湘文化。如果以这种分析为据，吉首大学的游俊教授认为，我们今天所论述的湘酒酒瓶造型与湖湘文化的联系，主要是体现在它们与湘楚民间文化的联系上，且是从以下几个方面来体现其内在联系的。

一、湘酒瓶形与湖南地域文化的联系

任何文化的产生都有它产生的具体时空，任何文化现象也必然带上它所产生的时空特征。从时间上来说，就是这种文化所具有的历史时代特征；从空间上来说，就是这种文化所具有的地域性特征。这些特征既有物质的，也有精神的。从酒瓶的造型来说，更显著的是它的地域文化特征。因为酒瓶是形象化的东西。由于设计者有时采用仿古造型，使它的历史特征变得复杂，至少不能一望而知，但是它的地域性特征却往往很明显。湘酒酒瓶造型的文化韵味首先表现在它的地域性特征上，湖南酒瓶造型与地域文化的联系有这样几个特征。

湖南酒瓶造型与地域文化的联系特征之一：体现在具有鲜明地域特色的仿地形和仿生造型上。俗话说"一方山水养一方人"，其实这句话也包含了一方山水养一方地形地貌和生物的含义。如张家界特曲，造型为张家界景点金鞭岩；张家界夫妻酒壶以张家界绝景之一的"夫妻岩"山形设计而成；湘泉集团的梵净山酒瓶造

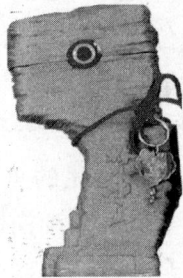

图 5－3　梵净山形酒瓶

型(图 5 – 3)即依武陵山脉主峰佛教圣地梵净山的地形设计而成；张家界索溪酒瓶造型即依张家界索溪峪主峰山形设计；衡阳廻雁峰大曲酒壶(图 5 – 6)依雁峰山形设计，均很有地域特色；南岳寿酒瓶以南岳寿鼎造型，上铸万个"寿"字。由于人类所具有的巨大的能动性和创造力，人类除了适应环境，还可以改造环境，所以一方之人也可以由另一方山水来养育，世界各大洲之间人口的迁移，甚至大规模的长途迁移就是明证。其他的动植物却基本上只能被动地适应环境，它们的这种适应性不能不说是极其有限的。所以《周礼考工记》序目中言："桔逾淮而北为枳。"《晏子春秋·内篇杂下》中也有这样的话。我国著名的科普作家贾祖璋先生曾说："荔枝性喜温暖，成都、福州是它生长的北限。"汉武帝曾筑"扶荔宫"将荔枝移栽到长安，结果没有栽活，他迁怒于养护的人，竟下令把养护者杀了。这说明一种动植物，尤其是植物只能在一个较为固定的地理环境中生活，若改变它生存的环境，就会改变它原有的性质，有的甚至无法生存。这说明地域性更是其他生物的特征，因此一个地方酒瓶造型的仿生特点，就能够鲜明地体现一个地方的地域特征，从而使这种物质文化的产品带上明显的地方特色。

图 5 – 4　包谷形酒瓶　　　　图 5 – 5　南瓜形酒壶　　　　图 5 – 6　雁峰山形酒壶

　　湘酒酒瓶的造型设计主要是以湘楚地域的动植物形象为依托的，有时在其中还能透视到某些历史文化的特点。如历史上的湖南湘西地区，水稻生产是不发达的，由于山区地形的限制与水源不足，较大面积种植的是耐旱性较强的包谷(玉米)，也因为大米的宝贵，所以湘西过去酿酒很少用米，而主要用包谷甚至南瓜，所以这里过去出产的酒有一个通名叫做"包谷烧"。这种"包谷烧"档次虽低，历史却很长。由于包谷的大面积长期种植，包谷的形象也就成为人们心目中最普通最深刻的印象，所以湘西某酒厂的瓶形之一，就有一个包谷的造型(图5-4)和南瓜造型(图5-5)的酒壶，长沙白沙液酒瓶的葫芦酒壶(图5-2)等均很有地方特色。而且其中所装的酒，也是低档的普通酒，酒质与瓶形相配，充分地体现了这种酒来自湘西大地、湘西民间，与湘西民众朝夕相伴、密切相关的特点，表现出了浓郁的地方文化特色。

　　竹子是南方普遍生长的植物，它与酒本来没有必然的联系。但是湘竹在全国却有它特别的著名之处。从远古时代娥皇、女英为舜之死痛苦而泪洒斑竹的传说，到毛泽东所写的"斑竹一枝千滴泪"，湘竹、湘妃竹已经驰名全国乃至世界。湘竹也就成为湖南的一大名产。又由于竹是天然的容器，所以自古以来湘人就用它来装各种饮食品，酒即其中之一，竹筒盛酒(图5-7)也就成为湖湘地方的一种习惯。张家界的竹冰酒还是将优质曲酒注

图5-7　竹筒形酒器

入正在生长的楠竹中，密封再发酵三个月，砍下楠竹，取出曲

酒精心调制成冰竹酒，其酒中所含竹叶黄酮还可以保护心血管系统及支气管黏膜，并能增强人体的免疫力。故冰竹酒除具有冰凉清爽的口感外，还是国内首创的"饮、疗"两用酒，人说"常饮竹冰酒，健康伴你走!"外包装采用竹编工艺，犹如一件精美的艺术品。

　　岳阳的一家酒厂也采用了这一古老的竹筒盛酒方法，他们就曾直接用竹筒经过加工来做酒瓶，当然，以现代科学的观点来看，竹筒直接用来做酒瓶，毕竟有它的明显缺点，所以后来他们改成了仿竹筒造型的陶瓷酒瓶。这样既显示了地方民俗的特点，同时又利用了现代陶瓷工艺的技术，比较科学地解决了这一问题。而且这种仿竹筒造型的陶瓷瓶的外包装盒仍然是竹制的，这相对于一般的纸盒外包装来说，就有了它与众不同的独有风格。竹盒上还绘了几竿翠竹，这种特殊的外包装分外引人注目。正因为湘竹驰名中外，所以湘酒的瓶装造型以竹为模仿对象的仿生造型也就很多。如竹笋形酒瓶、竹桩形酒瓶、竹节根形酒瓶、竹烟斗形酒瓶等等。湘西老爹酒壶其造型是一根弯长的竹蔸形(图 5 - 8)很像烟斗，在实际生活中湘西人也常以竹蔸作烟斗。

图 5 - 8　老爹酒竹蔸形壶

山区树多，因此有个酒厂还有一种树桩形的酒瓶，如张家界是森林公园，森林大帝酒的酒瓶就以圆锥形的树冠造型，切合保护森林的主旨，这些酒壶造型给人一种返璞归真的美感，很有民族特色。除了仿植物造型的酒瓶外，也有仿动物造型的酒瓶。如田螺就是湖南农村最常见的软体动物。田螺姑娘的美丽传说，也是广泛流传于湖南的民间故事，加上螺壳又是一种天然的容器，所以这一形象便很自然地被湘酒酒瓶的设计者相中,田螺酒瓶(图5-10)便堂而皇之地被请上了各个商场的酒柜。乌龟在中国的传统文化中是长寿的象征。所以称人长寿,常有"龟寿"、"龟龄"之说。魏晋时代曹操与鲍照的诗中都用过"龟寿"(《龟虽寿》)、"龟龄"(《松柏篇》)的词句。一般的乌龟寿命都较长,那么龟王之寿就更长了。南唐刘崇远在《金华子杂编下》中曾描述龟王的形象说:"龟直中纹,名曰千里。其近首横纹之第一级,左右有斜理皆接于千里者,龟王之纹也。今取常龟验之,莫有也。"湖南历来就是乌龟的产地之

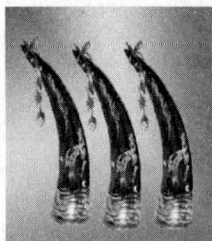

图5-9 牛角形酒器

图5-10 田螺酒壶

一,湘西"龟王酒"的酒瓶,就是一只乌龟的造型(图5-12),还有牛角形酒器(图5-9)和酒壶(图5-21)。

图5-11 小背篓酒瓶

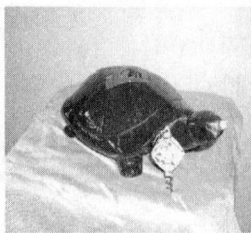

图5-12 龟形酒器

图5-13 万寿鼎酒壶

上述的仿动植物酒瓶造型,在制作上一般利用紫砂陶,可塑

性较好，取法自然，形态逼真生动，造型精美，体现出了古老的湘楚文化中崇尚自然、回归自然的审美取向。浏阳河小曲酒瓶的太极图酒瓶(图5-20)，演绎了"万物生阴阳，阴阳生四象，四象生八卦"的道家思想，给人以美妙的联想。衡山南岳还有个"万寿大鼎"的标志性建筑，笔者在南岳就得到了一个一斤装的南岳寿酒瓶，酒瓶的造型十分独特，为古鼎造型(图5-13)，鼎的四面及顶部铸有花纹图案，龙凤呈祥，各种书体"寿"字，雕刻其上。鼎的一面铸有"寿酒"两字，另一面为"寿岳衡山"四字。寿鼎金黄颜色，虽是陶质酒器，整个造型古朴稳重，雕刻精美。衡山有"寿岳"之称，平常人们祝寿时，常称"寿比南山"，其来源即如此。湘西还有一种寿辰酒，其酒壶造型是寿桃形(图5-15)，并有寿星献桃的彩画，彩画两侧有寿联：寿比南山不老松，福如东海长流水。瓶形古色古香，喻示于寿辰之日畅饮寿辰酒，福寿更长久，备受消费者青睐；还有的直接用龙凤和"福"字造型(图5-14)和长寿仙翁造型(图5-16)和笑面佛造型(图5-17)，预示龙凤呈祥，福寿无疆。

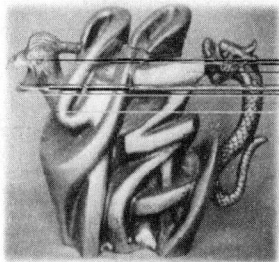

图5-14　"福"字酒壶

图5-15　寿桃酒壶

图 5 – 16　长寿翁酒壶

图 5 – 17　笑面佛酒壶

　　湘酒酒瓶造型的地域文化特征之二：体现在具有鲜明的仿少数民族器物的造型方面。各地域的人们在生产劳动中，由于生产劳动的对象不同，生活条件不同，所使用的劳动工具也就不相同。这些劳动工具、生活用具，既包含了人类的普遍智慧，同时又能体现出它们各自所蕴含的地域文化特点。尤其是少数民族地区有着许多与汉族地区不同的工具与用具。例如湘西地区由于山路崎岖，一般不像平原地区那样多用箩筐、扁担，而较多地使用麻袋、背篓等。当然这些劳动工具并非湘西独有，但它们是湘西少数民族人民日常生活中最常用的。湘西少数民族的许多劳动工具就突出地显示出了地域物质文明的特色，个性化十分突出，具有"万木丛中一点红"的强烈视觉冲击力，特别是湘西的背篓，其编织的精致、花纹构图的美丽令人赞叹。著名歌唱家宋祖英早已在中央电视台把《小背篓》唱遍了全中国，这本身也已经是一个很成熟的广告。该造型在用作茶杯、酒杯——特别是旅游业宾馆里的茶杯、酒杯方面，可以说是一炮打响，一发难以收拾。该造型也避开了在包装领域的单调、雷同等现象，其特点是：容器由两部分构成，器身是由小背篓作基调，因为小背篓是土家族沿用至今的最古老的最主要的运输工具，因此，该容器富含土家文化的底蕴。器盖是由小斗笠作情调，小斗笠也是土家族沿用至今的最古老的遮雨具，该容器就是把土家族这两种独特的最主要的劳动工具来一个高度的艺术提炼，湘西各少数民族能歌善舞，正因为如此，湘酒的酒瓶造型就有了一些模仿这些器物形象的设计。例如酒鬼酒瓶的麻袋形（图 5－18），小背篓酒瓶（图 5－11）、神篓酒瓶的背篓造型；老爹酒瓶的竹节烟斗造型；神鼓酒的苗家双面鼓（图 5－19）和鼓架的造型；筒车鬼酒瓶模仿少数民族的灌溉生产工具"水筒车"的造型（图 5－22）；在湖南农村（特别是山区），斗车是农民主要的载物工具，于是酒壶造型中便有了土斗车造型的酒壶（图 5－23）。株洲是我国主要的火

图 5－18　麻袋形酒壶

图 5－19　腰鼓稻穗酒壶

车制造地，同时在湖湘乡间重要节日里乡民有以点神灯敬神的习俗，于是在湖南酒器造型中又有火车型（图 5－24）和神灯型（图 5－25）等等，株洲市著名酒器收藏家黎福清先生的"梦瓶斋"家庭收藏馆中就有这三类酒器实物。这一类酒瓶主要以少数民族传统的生活、生产文化为据，融传统性、地方性为一体，既能给当地群众一种熟识感、亲切感，也给外地人一种奇特感、新鲜感。这些酒瓶造型充分体现出了艺术来自生活、生活即美的审美追求。如果说前面的仿生物的酒瓶造型比较突出地体现了湘酒模仿自然地域的特点，那么这一类酒瓶的造型就体现了湘酒酒瓶造型依托社会地域的特点。

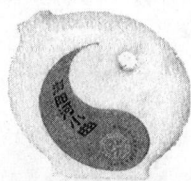

图 5 – 20 　太极图酒壶

图 5 – 21 　牛角形酒壶

图 5 – 22 　水筒车酒壶

图 5 – 23 　土车斗型酒壶

图 5 – 24 　火车型酒壶

图 5 – 25 　神灯型酒壶

二、湘酒瓶形与湖南历史文化的联系

湘酒酒瓶的瓶体上不光留下了具有空间特点的地域文化的痕迹，而且还不可避免地显示出具有时间特点的历史文化的痕迹。这种痕迹体现了湘酒酒瓶的造型具有趋向表现湘楚文化历史渊源的特点。这些瓶形依据源远流长的湘楚文化来构思创造，直接以湘楚古文物的形象作为模仿的对象。

1．仿古物的酒瓶造型

中华民族是一个重视历史的民族，具有追慕历史、崇尚渊源的普遍心理趋势和文化情怀。因此，好古物、赏古玩绝非只限于考古学家、古文化研究者，许多有一定文化修养的普通文化人亦具有这样的爱好。一些文人学士，在装饰自己居室的时候，总喜欢弄点古玩、古物来点缀出一定的文化氛围。因此湘酒酒瓶的设计者根据人们这种深层次的文化心理和审美情趣设计制造了不少的仿古物酒瓶。例如古代楚国的编钟是现今出土文物中著名的古乐器。楚编钟为圆柱形长甬，上窄下宽，口部呈弧形，钟体上刻饰有龙兽样的花纹。这套出土编钟共一套64件，为目前所发现的东周时期最大最完备的一组编钟。正因为楚地出土的这套编钟在全国有着巨大的影响，所以湘酒的酒瓶设计就有好几套这样的仿编钟造型。古代的打击乐器是比较发达的，除了编钟、锣、鼓、钹、磬等外，近圆台或圆锥形的钟也是常见的乐器。这种打击（或撞击）乐器在我国古代各种举行祭祀的场所，如祠堂、寺庙、道观等地方是常见的。唐代张继的《枫桥夜泊》中的"姑苏城外寒山寺，夜半钟声到客船"里的"钟"，就是说的这种古钟。它在造型上有一种古朴厚重、庄严神圣的气度，从它的形体上也能够传递出古代释道文化的多种信息。所以湘酒中有一种乌龙王酒（图5－26）的瓶形，就是仿照古钟形象的。瓶为铁黑色或黄铜色，瓶口做成古钟的悬挂器的样子，瓶体呈钟形，上下有两排凸起的圆点，中间是规则的云纹图案，瓶的下端呈波纹状，看去就像佛寺的一口古钟。除此之外，在湘酒的酒瓶造型中还有一些其他的仿古物瓶形，如酒宝酒的古代陶罐形酒瓶，鬼酒的农家水筒车形（图5－22）造型，酒桶酒的木桶造型（图5－27）酒壶，还有白地青花的仿古瓷瓶。由中央美术学院韩美林教授设计的武陵酒裤币

图5－26　编钟酒壶

图5－27　木桶造型酒壶

型包装等，这些酒瓶的质地与它们的造型，都无不透出一种深邃悠远的历史文化情韵，它们的造型也在较深的层次中契合了人们返璞归真、追慕历史、崇尚传统的文化心理。

2．反映地方历史文化的酒瓶造型

　　这类酒瓶的造型往往与一定的历史生活或故事传说有密切的联系。例如湘西地区就有许多关于酒的传说，"八仙"与湘西酒的传说就很普遍，尤以铁拐李的传说为多。传说神仙中有两个醉鬼：一个是吕洞宾，另一个是老醉头。民间传说老醉头是东岳庙东廊下的，模样像种田的老头，他脚下总放着酒坛子。别小瞧那酒坛子——那是个宝贝，能盛下五湖三江那么多的酒。据说，老醉头心肠热，有求必应，到东岳庙上香的人总给他带点好酒。为喝老醉头的酒，吕洞宾没早没晚地总爱往东岳庙溜达。

在湘西吉首市北郊7公里处有座山就叫"吕洞山"，相传吕洞宾与其他七仙到过山下。那里有个洞，当地人称"八仙洞"。这里还流传着铁拐李向玉帝献酒的故事，铁拐李酒葫芦来历的故事，等等。所以，湘西酒瓶中就有一个铁拐酒仙满面笑容，背上背着个大酒葫芦的造型（图5－29）。又例如湘西有好几种牛角形的酒瓶设计，这就鲜明地反映了具有湘西少数民族历史特点的民俗。湘西农家的牛是宝贵的牲口，这不仅表现在生产中牛有重要的作用，同时在苗家重大的祭祀活动中，牛是不可缺少的，苗族向来有椎牛大祭的盛典。牛死后，牛头、牛角、牛皮都会在苗家生活中派上大用场。在苗区人们可常见苗民将带有牛角的牛头骨加工后悬挂在家里，以示崇敬。牛角在苗家的酒礼中还是一种重要的器物，如拦门酒中，就有饮牛角酒的习俗。牛角是尖的，它盛满了酒送到客人手中，客人接下来就得喝完一角酒，不喝完就无法放下这牛角杯。湘西少数民族地区过去是由土司统治的，这些土司虽然是这块土地上的实际王侯，但是在形式上也必须得到朝廷的认可。因此，土司在一定的时期就得向朝廷上贡，以示臣服，并求得朝廷丰厚的赏赐。土司向朝廷上贡的贡品中少不了酒。湘西的酒瓶中于是有了表现土司上贡酒的瓶形。这种酒瓶的造型采用的是湘西土家酒坛子的造型，但上面镌刻了盘龙图案，上书"土司贡酒"四个字。从而将偏远的湘西与神圣的朝廷联系了起来。其他在湖南还有太极图酒瓶、扇形酒壶和财神造型酒壶等，这些酒瓶的造型都充分地表现了与湖南地区各民族人民的历史生活密切联系的特点。在湖南民间具有"文化大革命"时期特色的饮酒、盛酒的酒器就更多了，在笔者一亲戚家中就有"文化大革命"时期的"忠"字酒杯（图5－30），其特性装饰也表现了当时如火的激情。

图 5 – 28　长命锁酒瓶

图 5 – 29　铁拐仙葫芦瓶

　　湖南各民族几千年悠久的民族生活传统文化形成了独有的东方文化风格，同时也孕育了深厚的包装文化。湖南丰富的自然资源为包装材料的取材多样化提供了条件，特有的材料体现了中华民族独到的民间传统工艺特色，如草、藤、竹、柳、棉、麻、宣纸等特色的包装材料，体现出一种古朴的包装形象，产生了浓郁的传统文化特色，也形成了湖南包装独有的视觉形象。湖南省石鼓文化艺术传播有限公司的鄙酒酒瓶设计有中国福、中国旺、中国

图 5 – 30　"文革"忠字酒杯

图 5 – 31　鄙酒酒瓶设计

红三大主题，其中国福"竹简酒瓶"（图 5 – 31）体现了浓厚的地方历史文化特色。该酒瓶以秦汉竹简为素材，以书卷圆筒为外观造

型，镂刻晋代著名文学家张载的《酃酒赋》于其上，酒标为中国印"酃酒"石刻，瓶口盖为汉代封泥，主体颜色是竹黄色，寓意深刻。其寓意主要体现在四个方面：其一，竹简之"竹"与《酃酒赋》之"赋"合起来为"赋竹"，谐音"富足"，体现了"竹报平安，富足有余"的美好愿望。其二，秦汉竹简、汉代封泥、晋代《酃酒赋》，凸现了酃酒起源于秦代，兴起于汉代，闻名于晋代，并从晋代起开始成为皇室贡品的历史文化底蕴。其三，圆筒外观造型有"吉祥、团圆"之意；主体竹黄色，体现了酃酒富丽堂皇和高贵典雅的品质。其四，"赋"、"竹"、"圆"融为一体，包含了中华民族富贵、平安、团圆的传统理念，即"中国福"。中国福"竹简酒瓶"已申报国家专利。

图 5 - 32 黄龙玉液酒瓶

图 5 - 33 湖之酒酒瓶

衡阳"黄龙玉液"（图 5 - 32）和"湖之酒"（图 5 - 33）的包装曾在世界设计领域博得好评，并于 1988 年被法国巴黎国立博物馆选为永久性收藏品。"湖之酒"以陶、竹、笋壳、布料为包装材料，外包装由竹简相串而成，竹简由两绳子捆扎，酷似古代用于纪事的典册。解开绳子，一方印有手书体的古酒配方及历史的黄色布显现眼前，神秘地蕴涵着一种幽远的文化氛围。更让人产生共鸣的设计是一原色坯状的陶瓶，古拙的陶瓶，呈半坡陶外观，文字刻于瓶体之上，以笋叶外包，并系以中国古代所使用的铜钱，象征着酒的淳美和古典。"黄龙玉液"瓶体用陶泥制成，造型取意于中国唐代凤尾壶原型，从外形来看，黑釉流挂，风嘴高昂，龙头低饮，古拙灵风。瓶上酒名及文字说明，朴实厚道，展现一幅炎黄文风。"湖之酒"和"黄龙玉液"的包装中运用了中国传统的包装材料，体现出古朴的视觉形象。

3. 自觉追求雅文化色彩的酒瓶造型

这一种类型的酒瓶造型，主要体现在由湖南省乡镇企业局在湘西开发的一种系列酒产品中。其产品以"翰墨胆"酒为中心，整个系列以清代人唐宴《饮酒》诗中的"酒为翰墨胆，力可夺三军"的诗句作为基点来设计。有人说"酒为翰墨胆，能消万古愁"，在瓶形方面以古代"文房四宝"的形象及其艺术变形作为文化设计的基本思路，让美酒与诗、书、画这些文学艺术结缘。所以设计者就以笔、墨、纸、砚为酒瓶设计的构想依据，形成了一个很有雅文化特色的酒瓶系列。如翰墨胆酒瓶是一个六边形的笔筒状，翰墨春酒瓶是一个书桌上装饰摆设的小花瓶状，翰墨香酒瓶是书籍状，而且翰墨香酒瓶既有古代简牍卷成圆形的书卷造型，也有现代书籍的精装本造型。"书卷"上古拙的魏碑字体镌刻出来的诗歌与书卷的造型相配合，再加上外包装上李白、杜甫相逢的饮酒图，从而形成一种诗歌、书法、国画、美酒融为一体的情境，使翰墨香酒透出浓郁的文化情韵，充分显示出了一种历史文化的蕴含。

三、湘酒瓶形与湖湘文化精神的联系

湖湘文化是一种地域性十分鲜明的文化。湖湘文化中古老的湘楚民间文化在风格特点上主要表现为具有鲜明的浪漫情韵；在内容特点及精神上主要表现出崇尚与亲近自然、崇神信巫、尚武慕勇、唯情尚情等显著的特色。湘酒酒瓶的造型设计，从各方面都充分体现了它们与湖湘文化上述精神的密切联系。

1．充分反映了湖湘文化亲近自然的特质

关于这一点已在前面有过阐述，这里只作提及，恕不再论。总之，湘酒酒瓶造型设计中较多地取法自然，借民众之智，撷自然之魂，模仿天工造物的艺术追求，是湘人热爱自然、崇尚自然精神的必然体现。

2．充分反映了湖南民间崇神信巫的文化特点

在古代，湘楚大地上民间对鬼神崇拜是很盛行的。这种民风习俗在20世纪70年代末期和80年代初期宗教信仰解禁之后，在民间又有复苏与发展。湘酒酒瓶造型与湘民间巫鬼文化联系的鲜明特点，最突出、也最集中地体现在湘西地区酒瓶的造型上。湘西是湖南少数民族集中居住的地方，这里山重水复，地理环境相对闭塞，历史上就是湘楚崇神信巫的民间文化发达的地方。时至今日，这里也是湘楚古老的巫鬼文化保存最原质、最完整的地方。这里的土家人和苗民大多有鬼神崇拜的宗教信仰，这些宗教信仰和鬼神崇拜，虽然有着形式上形形色色的不同，但是，所有的这一切活动无不贯穿着趋利避害、远祸求福的终极目的。与这种文化相联系，所以湘西的酒不仅在取名时较多地表现出与巫鬼文化联系密切的特点，如"酒鬼"、"湘神"、"筒车鬼"、"酒魁"、

"酒魂"、"燕魂"、"苗魂"等等；湘神酒瓶是在一块褐色"石头"上，雕刻着一尊神像：双眼圆鼓，义嘴唇紧闭，眉毛上挑，脸部的表情复杂，"石头"背后书有行书"湘神"二字，侧面有红色标签。据古书记载，湘神是屈原所作《九歌》《湘君》篇中的湘君。湘君为湘水之神，相传帝尧之女蛾皇，女英均为舜之妃。舜巡视南方，二妃没有同行，后追至洞庭，闻舜死于苍梧，二妃也即投湘水而死，遂被百姓尊为神。在湖南的少数民族，如苗族、土家族、布依族、侗族、仡佬族等民族中还都有流行唱傩堂戏。傩堂戏是一种宗教祭祀色彩很浓的戏剧，演出前要举行复杂的法事。首

先，傩师在堂屋或堂屋外的院坝精心布置傩堂神案。堂屋正面或院坝正对堂屋的一面布置竹子编扎的彩楼牌坊，称为"三清殿"。"三清殿"前置一神案桌，桌上供奉司傩大神——傩公和傩母的木雕头像（图5-34），摆放令牌、神卦、司刀、玉印、牛角、牌带、马鞍等法物及水果、酒、肉食品。牌坊正面悬挂"三清图"和"师坛图"。"三清图"是绘在纸上的三轴彩画，每轴画上有众多神祇。"师坛图"是历代傩坛祖师神位图，其上写着傩坛历代祖师传承表。法事施行的全过程充满着森严、肃穆的气氛，使人感到已进入一种神秘、恍惚的"神化"境界。这些祭祀演出活动在少数民族心中已根深蒂固，所以在湘西的酒瓶造型也明显地表现出了与这些巫鬼、傩神文化密切联系的特色，这些酒瓶中最鲜明地表现出湘西傩文化特点的是湘酒王酒瓶的造型。其造型是傩神双面脸谱头像：一面为傩公头像，他龇牙咧嘴，双目圆瞪，好像在斥退一切鬼怪妖孽、灾殃邪恶，从傩公的这一形象中也可以体现出古代湖湘文化中尚武的特点；另一面为傩娘头像，她神态安详，面目可亲，好像在默默地为人们祈求福祥。"炎帝神酒"其酒瓶就是仿株洲炎陵县炎帝塑像而制（图5-35），其身后的药篓是倒酒的

图5-34　傩公傩娘木雕头像瓶

图5-35　炎帝神酒瓶

　　口子，炎帝肩背药篓，手执稻穗和工具，双眼凝视前方，形象丰满持重。还有一种名为"酒神酒"的酒瓶，其主体是一座山，山体上刻有一个面部表情严肃，剑眉倒竖，双眼圆睁，驱除邪恶、尽忠职守保一方平安的山神头像。邵阳开口笑酒（图5-37）、溆浦的杜仲酒壶（图5-17）和酒鬼酒的瓶形更是一大肚笑面佛的造型；常德民间一温酒器就是仙翁与小子嬉戏的造型（图5-36），体现了民间期望与仙界同寿同乐之意境；湘西的"湘福"酒瓶以长命锁为造型（图5-28），还有以财神造型（图5-38）的其意直接明了；土家族的文化的遗存中把女性生殖器作为图腾崇拜，在今天的土家族摆手歌舞"毛谷斯舞"中，就是由男人全身裹着稻草或茅草，围着一个女性生殖器图腾的代表物边歌边舞，以取悦于女神。酒鬼酒瓶乍看粗犷豪放，有男性象征，但从侧面看，它造型曲线优美、细腻柔和，又具有女性特征，称得上阴阳合一、天人合一，酒鬼酒因此而具有生命。这种深刻的民族文化内涵，像谜一样隐藏在酒瓶的外观中。从这些酒瓶的造型中，我们可以看到湘酒酒瓶的造型设计充分地体现了与湘楚民间巫鬼文化相联系的特点，也充分显现出了湖湘文化想象丰富的浪漫精神。

图5-36　仙翁戏子温酒壶　　　图5-37　开口笑酒瓶　　　图5-38　财神酒壶

3.融会了湖湘文化中尚武慕勇的精神

　　在少数民族过去的历史生活中，为了抵抗外敌的侵犯，他们传递消息，集合人众，往往通过吹响牛角来进行联络。那些为头的勇士则一手握着刀枪，一手举起牛角，屹立山头，英姿飒爽，充满豪气，表现出一种勇敢尚武的精神。所以湘酒中"君豪酒"的酒瓶就制成牛角瓶形，前面已谈过的湘酒王的傩公、湘神酒瓶的山神也具有尚武之特色；特别值得一提的是湘西"土匪酒"（图5-21），后称"剿匪酒"的

图5-39　炮型酒瓶

酒瓶造型，呈牛角形状，旁有一捆扎的小布袋，可用来装烟丝或钱等，还配有一支老式手枪；湘西炮形酒瓶（图5-39）把整个瓶形设计成一门大炮，这当然更是尚武的直白。这种酒从命名到瓶形的设计制作都明白地表现湖湘文化是慕勇尚武，只不过太过直观了一点而已。酒魂酒（图5-40）、武陵王（图5-41）、秦井酒（图5-42），不论是从造型和整体的设计无不显示出王者的气

派，相信拥有如此精美包装的产品其内在实质也绝对是百里挑一的美酒佳酿。新版武陵酒瓶更是王者气质跃然桌上，在幽静酱香武陵酒的上将、中将和少将系列酒（图5-43）中，武陵上将酒其伟岸的翡翠绿的陶瓷瓶身，傲然独立，独特醒目的将军令牌居中稳重，犹如大将

图5-40　酒魂酒瓶

军无视风云的禀性，堪配王者气度；武陵中将酒则以景泰蓝陶瓶展现卓然沉稳的将军形象，气度不凡，加上手工装裱的外盒，其高贵典雅的王者之气也经典独创；武陵少将酒以中华红塑造的将军形象气宇轩昂，其色泽鲜艳宛若英姿勃发的少将军，充满着无限的力量，展现着勃勃朝气。

图5-41　头盔型酒瓶　　　图5-42　秦井酒　　　图5-43　武陵上、中、少将酒

4. 反映了湖湘文化尚情重义的特点

"湘人好义，湘女多情。"这是早已闻之于世且已被世人接受的湖湘人的性格特征和性格气质，在湖湘酒瓶的造型中也直接或间接地反映了湖湘文化的这种精神。如湖南"老爹酒"的酒瓶造

型就非常明显的蕴含这种意义。"老爹酒"酒瓶的设计就是以《后汉书》中记载的秦昭王与土家先民老拔铺老爹以酒会盟的故事为根据，瓶形制成土家山民用竹节根部做成的烟斗形状；烟斗上系着的一枚钱币，则是取秦昭王与板楯蛮首领老拔铺老爹会盟时所许的"黄龙"（玉璧）的变形象征物。这一酒瓶造型就因此将民族之间的源远流长的深厚友情，予以充分地表露。人们认为，此酒瓶的设计形式不仅是人们崇尚历史渊源的有意之作，而且更是湖南人重情重义的自然体现。

再看"湘花酒"的酒瓶，其形状本取法于苗族双面鼓的变形，在酒瓶上可以看到有大、小两个同心圆，赋予了人们内外同心、两情相契、花好月圆的象征意义，把吉祥之兆和喜庆之气尽显其中。还有一种叫"哥俩好"的湘酒，其酒瓶由两个划拳的拳头构成，两个拳头的大拇指翘得高高的，虽然它受到行划拳酒令的影响，因为在行划拳酒令时，不论你出几，均必须包含大拇指在内，因竖起大拇指是表示"您好"的手势礼义语；而且在此酒瓶上不书"五魁手"，也不书"六六顺"，而大书"哥俩好"三字，其尚情重义的含义就不言而喻了。

湖南还有一些具有特殊意义的酒瓶，如张家界惊梦酒业继把竹文化、酒文化和旅游市场结合，生产的竹筒酒推向市场获得了巨大成功，成为了张家界具有重要意义的旅游纪念品后，2006 年公司又隆重推出新品五款专供酒：婚宴专供酒、寿宴专供酒、贵宾专供酒、地区专供酒、酒店专供酒。该系列产品集竹木酒瓶、荧光酒罐、音乐酒罐三种实用新型专利包装于一体，新颖别致，富贵豪华，极有纪念和珍藏意义，也是各种场合款待各类宾客的佳品。婚宴专供酒：为新婚燕尔的新人设计的产品，当酒瓶打开，甜蜜的婚庆音乐随之响起，洋溢着幸福、吉祥、美满。寿宴专供酒：是专门为下辈给长辈摆的寿宴设计的，打开酒瓶，祝福的音乐或者话语飘出瓶外，让人备感温馨。贵宾专供酒：专为贵宾设计，酒瓶打开，客人先听到的是美妙的音乐，然后嗅到酒的清香，未饮就先醉了。地区专供酒：在某个地区，听这个地区的民族音乐，感同身受主人的热情，会让每一个来宾有回家的感觉。酒店专供酒：酒店拥有"酒店专供酒"，不仅让客人觉得酒店服务的周到，而且树立了酒店的品牌。

　　至此，我们对湘酒酒瓶造型进行了一次简单的巡礼，从各式各样的酒瓶形体中可以清楚地看到湘酒酒瓶造型确实鲜明地体现了湖湘文化的基本精神、彰显了湖湘之地域特色，也蕴含了湘楚文化的许多因素，通过酒瓶造型也充分体现了设计者有意借酒瓶弘扬湖湘传统文化和民间文化的良苦用心。这些酒瓶的造型或撷自然之魂，或用人间之巧，来自生活，来自民间，来自于设计者穷力追新的不断创造，说明湘酒酒瓶造型的根本已深植于湘楚之域的文化厚土之中，它们是饱汲湖湘文化的雨露精华所开放出来的艳丽花朵。

　　湘酒酒瓶精心的文化设计，大大提高了湘酒的文化品位和文化价值含量，随着整个社会文化水平的不断提高和对酒文化研究的不断深入发展，湘酒酒瓶的造型设计一定会具有更浓、更高的文化品位，一定会有更加灿烂的前景。

第六章　湖南酒标与酒名

湖南清代以前，卖酒的商店或饭馆在店前挂一个布做成的幌子，上书"酒"字表示有酒卖，这种幌子就是"酒望"，也称"酒帘""酒旗"，如唐代武陵诗人李群玉在《江南》诗中有"斜雪北风何处宿，江南一路酒旗多"，张籍的《江南曲》诗中也有"长于午日沽春酒，高高酒旗悬江口"之句就是此意；有的酒店在盛酒的坛子上贴"酒"字，其作用和"酒望"差不多，是卖酒的标记。清光绪二十四年（1898），桃源县邱紫珊在桃源县城开办邱德姜酒厂，专门生产、经营米酒，其产品采用"邱德姜"招牌，以区别于其他同类产品。清宣统三年（1911），桃源县城又有一家"阜康"招牌的酒厂开业。1913年澧县津市镇（今津市市）田凤梧的"群益公司"开业，也生产经营谷酒。这些酒厂的"招牌"是为让消费者识别而起名的，是商品经济社会中商品竞争的必然产物。这些"招牌"酒标是今天酒类商标的原始雏形。

1953年到1956年，国家对企业商标注册与否，采取自愿原则。湖南地区各县、市地方国营酒厂在20世纪50年代相继成立，但当时都只有生产权而没有销售权，实际上没有商标。1957年，湖南省商业厅转发国家工商行政管理局"关于全面实行商标注册的意见"，从此，商标注册工作全面铺开。这时登记注册的商标正式出现在酒类标签上，成为某种酒独特的识别标志。

"文化大革命"期间，商标注册停止，商标使用出现混乱。

1979 年 l0 月，国家工商行政管理局发出"关于恢复全国商标统一注册工作的通知"，决定从 1979 年 11 月 1 日起开始统一办理全国商标注册工作。全省各地酒厂开始注册登记，仅以常德为例，同年，常德市酒厂的"岳阳楼"牌酒类商标，汉寿县酒厂"汉寿"、"龙阳"，津市酒厂"澧水"，安乡县酒厂"荷花"，桃源县酒厂"桃花源"，常德县酒厂"白鹤"等商标登记注册。截至 1988 年 10 月 30 日，仅常德地区酒类注册共达 249 个。

　　如今不少人开始养成定期购酒、适量喝酒的习惯，特别是红酒和黄酒，有些人甚至在家中收藏了不少颇为昂贵的红酒留待特别时刻饮用。现在，有人在喝完名酒之后，如集邮般将酒瓶上的标贴揭下来作为纪念品收藏。他们说，一来这些所谓的酒标本来就是出色的艺术品，在法国甚至有专门的学校讲授酒标的设计；二来酒标收藏在海外尤其是日本、东南亚等地非常流行，有众多的酒类爱好者支持和参与。其实，将酒标收藏起来更主要的是可以让人很快从酒标上辨别出酒的口味。不同的酒或不同国家和地区的酒的酒标也不一样，但其主要内容大体上应该包括产地、年份、等级、酒庄(厂)以及酒精度、甜度、酒瓶容量等要素。据说 1915 年，巴拿马国际博览会上，中国选出茅台酒去参展。但当时茅台酒的设计十分简单，酒标用土纸制成，仅木刻了"贵州省茅台酒" 6 个字。当时不少外国人根本看不起这样包装的酒。当时，因为不甘茅台酒被冷落，参展人员中有人故意将一瓶茅台打烂，现场立即酒香四溢，吸引了在场所有人。结果茅台酒被一抢而空，还被评了奖。酒标能对酒本身产生决定作用的说法有点绝对，但不可否认，工艺精湛、印制精美的酒标将全面提升酒产品本身的价值，并为其附加更多的消费文化意义，使消费者做到因酒标而"买椟还珠"。

一、湖南酒的酒标

酒标，是一种独特的艺术品，是企业文化及产品包装的缩影，是酒的脸面。作为文化艺术创作中造型艺术的产物，酒标与酒瓶，广泛吸收与融会着书画文化、雕塑文化、民俗文化与广告文化；而作为一种实物载体，酒标与酒瓶在中国酒文化的形成与发展过程中，又起着无可替代的重要作用。因此，正确认识酒标和酒瓶的价值，是研究湖南酒文化的重要内容之一。湖湘酒瓶造型的特色在上章已经谈过了，本章主要谈酒标与酒瓶的价值。

其一，具有科学与研究价值。因为，不同的酒标和酒瓶，都从不同的侧面，生动地记录着历史的发展和进程，从一定意义上来说，作为实物，酒标与酒瓶比任何文献资料都更具体、更生动和更真实地"记录"着人类社会发展的过程。加上酒标与酒瓶又有着高文化附加和高科技含量，因此它们具有较高的科学与研究价值。

其二，具有历史和文物价值。严格地说，酒标与酒瓶不仅仅是酒文化的载体，它更是人类历史长河中直观而具体地历史见证与实物记载，是各个历史时期历史一个方面的凝聚与再现，人们可以由此推断出一个时期经济繁荣、科技发达和文化昌盛的程度。

其三，具有艺术与欣赏价值。酒标和酒瓶，虽然只是酒类产品的包装物，但经过设计和制作者的匠心独运，多数都充分体现了中国传统书法、绘画、篆刻和雕塑等艺术门类，并将其完美统一的结合。人们常常能从一张酒标、一个酒瓶上欣赏到中国龙飞凤舞的书法艺术、意境深远的国画艺术、斑驳古朴的篆刻艺术和形象传神的雕塑艺术，领略到独特的美的享受和高雅的艺术气息。

湖南酒标具有浓郁的地方特色，从炎帝陵到岳阳楼，从张家界到南岳衡山，从常德德山到郴州苏仙岭，从韶山到花明楼，从天子山到洞庭湖，各种酒标五彩纷呈。在此，选择20世纪80年代前部分湖南白酒的酒标图版，以展示湖南酒文化园圃中那风景独特的一角。从这些酒标图版中就可以看出湘酒的酒标是非常有特色的。

第一，湖南与酒相关的传世佳作。图6－1，是唐代的斟酒侍俑；图6－2，是唐代长沙窑青釉褐彩诗文壶，上题诗云："买人心惆怅，卖人心不安。题诗酒瓶上，将与买人看。"这也是酒壶上最早的广告词。图6－3，是元代的捧酒注侍俑。图6－4，是清代的牙雕"渔乐笔筒"，上面还刻有乾隆的酒诗一首，诗云："网得鱼儿是酒钱，醒来蓑笠伴身眠。漫言泛宅曾无定，一曲渔歌傲葛天。"

 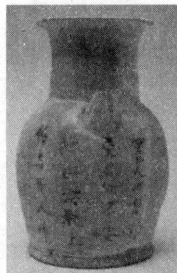  

图6－1　　　　图6－2　　　　图6－3　　　　图6－4

第二，湖南20世纪80年代前部分白酒的酒标见图6－5至图6－26。

图 6－5

图 6－6

图 6－7

图 6－8

图 6－9

图 6－10

图 6－11

图 6－12

图 6－13

图 6－14

图 6－15

图 6－16

图 6－17

图 6－18

图 6－19

图 6－20

图 6 – 21

图 6 – 22

图 6 – 23

图 6 – 24

图 6 – 25

图 6 – 26

　　笔者收藏有两套湖南"文化大革命"期间的酒标，酒标上还印有"最高指示　抓革命促生产"和"为人民服务""农业学大寨"等字样。看到如此熟悉的酒名和酒标，笔者相信，从那个时代走过来的湖湘人，不管你平时爱不爱喝一口酒，都一定会由此想起往年与己有关和与此酒有关的值得回味的人生故事。

二、湖南酒命名的特色

　　我国酿酒历史悠久，品种繁多，古人不仅创造了品种繁多的名酒，也创造了宝石般晶亮的酒名。酒的命名历来是以酒的产地、原料、水源、配方、香型及名人典故确定的。上下数千年，中国历经演变而形成了一个洋洋大观的酒名王国，这也从另一个侧面反映出中国酒文化的源远流长。俗话说"好的命名是成功的一半"，湖南酒的命名具有浓郁的湖湘文化特色，人们在饮酒赞酒的时候，好的酒名确实可以让人感到亲切，感受到一种文化、一种韵味、一种享受、一种回忆、一种亲和力。在古代，酒自产生之日开始，就受到先民欢迎，古代的许多文人墨客都与酒结下了不解之缘，也流传下来了许多有趣的故事；同样，在今天，很多名人也与酒有着千丝万缕的联系，古今文人雅士还给所饮之酒起了很多饶有风趣的雅号或别名。这些名字，大都由一些典故演绎而成，或者根据酒的味道、颜色、功能、作用、浓淡及酿造方法等而定。中国酒的雅名很多，在民间流传甚广，在诗词、小说中常被用作酒的代名词，例如：欢伯、杯中物、金波、秬鬯、白堕、壶觞、壶中物、青州从事、平原督邮、忘忧物、扫愁帚、钓诗钩、狂药等等，这也是中国酒俗文化的一个特色。

现代酒的命名讲究要体现特征，简洁明了，构思独特，响亮上口，简单易记忆，容易产生正面联想。特别是随着酒界竞争日趋激烈的今天，消费者的眼球成为了稀缺的资源，从"消费者请注意"的时代到了"请消费者注意"的时代，要求酒业的命名既要吸引广大消费者的注意力，也要尽力塑造出酒名个性，缩短与消费者之间的距离，因此主打"文化牌"、"情感牌"、"健康牌"成为酒类命名的关键。好的酒名容易在消费者心目中留下深刻的印象，容易打开市场销路，增强品牌的市场竞争能力，正如孔圣人所说："名不正则言不顺，言不顺则事不成。"

酒的命名，如果将其进行分类，主要有以下十个方面：以地名或地方特征命名、以生产原料和曲种命名、以生产方式命名、以诗词歌赋和历史故事命名、以帝王将相和才子佳人命名、以佛教道教和神仙鬼怪命名、以历史年代命名、以时代特征和场所命名、以动物和植物命名、以情感命名等。

就湖南之酒来说，美酒多且美酒之名天下传，湖南美酒以它们独特的风味享誉全国，蜚声海外。湘酒命名与湖南文化间的联系，吉首大学的游俊教授进行过专题研究并进行了很好的归纳总结，湘酒不仅香型特异，甘醇爽口，而且也以较高的文化品位树立了它们的集体形象。湘酒的文化品位及其特色不仅在它们的瓶形制作、外包装设计等方面充分地体现出来，同时也在湘酒的命名方面体现出来。湘酒各类产品的命名上述十个方面兼而有之，虽然是五花八门、各有称谓，但我们从游俊教授的研究中可以看到，湘酒的各种命名中却能清楚地看到一个共同的特点——湘酒的命名与湖湘文化有着种种紧密的联系。

1. 湘酒命名与湖南山水文化

人类的生息从根本上来说是离不开人们所赖以生存的水土的，人类文明的起源与发展与水土有着密不可分的关系。人们很早就认识到了山水与文化、山水与艺术、山水与哲理等诸多精神文化现象的联系。所谓的"仁者爱山，智者乐水"就是说的山水与人类精神文化的联系。湘楚山水也不例外，它们同样是湘楚一切物质文明与精神文明的母体。湘楚大地的山川奇秀、幽洞清泉在湖湘人民心中激起了种种特殊的美感。在给湘酒命名的时候，就很注意酒的命名与湘楚山水的联系，将自然之精魂撷入酒产品的命名中，这样不仅使产品命名与湘楚山水文化发生了联系，同时也使这类命名本身也成为湘楚山水文化的一部分。湘楚山水自有其个性，它不同于我国西北地区的横空巨岭，也不同于我国东南部地区的低缓丘陵，它们属于我国地势第二级阶梯向第三级阶梯过渡的层次，海拔一般在1 000多米到数百米之间，山非雄伟，但却峻峭。湘楚之水，不像北方河流那样水涨时野性狂发，泥沙滚滚，有沧海横流之势，它们也不同于东南平原，一马平川之上那长年平缓，一派温柔的碧水清流；湖湘山水是野性与温存兼有，阳刚与阴柔并具。从湖南的整个地势来看，它的东、南、西三面环山，由湘中至湘北为四水中下游延伸至洞庭湖的大平原。这样的地势在整体上也是峻高闭锁与坦荡开放相结合。这样的地理环境也就会对湘楚大地上生息的湘人产生气质性格和文化发展方面的深刻影响。我们常说湘人的气质整体上倾向于浪漫，浪漫主义是湘楚文化、湘楚文学的基本特征，而湘人及湖湘文化这种艺术特质的形成与湘楚的地理环境是分不开的。他们面对奇姿异态的峻秀山峰，面对曲折深婉的道道碧水、股股灵泉，尤其是面对烟波浩渺、水天一色的洞庭湖，自然就会引发出许许多多奇思异想，产生出无穷的艺术逸兴。这种山环水复、峻山流水的地理环境使湘楚大地成为孕育浪漫主义文化与文学的天然母亲。这种自然地理环境中生息繁衍的人们，也就与浪漫文化有着天然的血缘联系。因此他们在进行文化与文学创造的时候，就不能不自然地与湖湘诗情画意非常浓郁的奇山异水，发生着种种独具特色的联系。湘酒的命名也自然是这样。湘酒中就有不少以湘楚之水和湘楚之山命名的，例如湘泉酒、乌龙山酒、锦江泉酒、白沙液酒、浏阳河酒、武陵源酒、九嶷山大曲、回雁峰大曲酒、滴水洞酒、茅岩酒、德山大曲、洞庭春酒、浏阳河酒、金媚江春酒、舜峰酒、金鞭溪、橘子洲头、猛洞河，等等。这些酒名正是借着这些山水在海内外的知名度来扩大自己影响的。人们从这些酒名中不仅很快就能联想到那些美丽的山山水水、奇石幽洞所构成的浪漫氛围，而且从这些山、泉、岩、洞的命名中，也能使人们联想到欧阳修所写的"酿泉为酒，泉香而酒洌"那种酣醉在山水之间的醉翁意境。这些酒名既借湖湘自然山水之丽质，又沾湖湘浪漫文化之灵光，显示出湖湘山水文化与其他地方山水文化鲜明不同的浪漫特点。

2．湘酒命名与湖南古代巫鬼文化

湘楚古文化的显著特点之一就是"巫鬼文化"色彩浓厚，尤其在湘西，这里是湘楚古文化积淀最深厚的地方，巫鬼文化氛围浓厚，鬼神崇拜的观念深积于民间。在人们心目中鬼神具有超人的力量。这一点也许整个中国民间都有这样的意识。所以我们的成语中就有"鬼神莫测"、"鬼斧神工"、"神通广大"、"神出鬼没"等，这都是认为鬼神具有超乎凡人的神奇本领。鬼文化在中国民间虽然具有存在的普遍性，但是，我们从历史上来看，湘楚大地却曾经是巫鬼文化最发达、而且现今也保持最完整的地方。巫鬼文化的突出特点当然就是非现实的虚幻、浪漫性。尽管鬼神是并不存在的东西，但是，这种几千年古文化中留下来的深刻影响，在民间却是很不容易消除的。在湖南民间，由于湘楚民间古老鬼神文化的深层积淀、人们对鬼神超人本领的膜拜，"鬼"代表着一种超越自然的神秘力量，诉求着一种自由洒脱的人生境界，兆示着一种人与自然融合的生命状态，湘酒的命名中便有了许多的"鬼"、"神"之名，尤其湘西地区的酒，以鬼神命名的多。如酒鬼、筒车鬼、酒魁、酒神、酒魂、屈魂、燕魂；岳阳有八仙酒、吕仙醉酒、君山不死酒（亦称仙酒）；常德有崔婆酒、龙王酒等。这类酒名突出地反映了湖湘民族文化中巫鬼文化观念深入，对鬼神崇拜的民间文化特征。当然，现代的湖南人随着科学知识的普及与文化水平的提高，已经并不真正很迷信，尤其是给酒产品命名的人，自己并不一定是相信鬼神的人。但是他们对自己所生活的地区民间鬼神文化氛围浓厚却是很清楚的。因此，以"鬼"、"神"命名酒，只是借"鬼"、"神"的超凡来表示一种极不平常的境界而已。但是，这种命名却与这里民间鬼神文化氛围浓厚的环境相契合，使产品易于达到让顾客崇拜进而接受的目的。这些酒在命名方面与湘楚浪漫主义的古文化、特别是巫鬼文化的联系是很明显的。因此这类酒名,不能不说共同体现了它们与湖湘浪漫主义文化紧密联系的特点。

3. 湘酒命名与湖南历史文化

湘酒的命名与湖南历史文化有着密切的关系。酒讲究陈酿,酒贮藏的时间越长,其品位越高,酒味也更加醇厚。因此湘酒的命名者也力图从酒的命名中来体现自己的产品具有悠久的酿造历史,湘酒中以"老"字命名的酒也较多,借此表明自己的产品具有传统深厚的特点。就事实上来说,湘楚大地也确实有漫长的酿酒历史。酒与湖南人民的生活、斗争历来有着密切的关系。湘酒中

有些酒的命名就充分显示出了这种深远的历史文化内涵。如老爹酒厂所生产的"老爹"酒,就是根据土家先民板盾蛮首领老拔铺老爹与秦昭王盟誓的历史来命名的。《后汉书·南蛮西南夷传》记载:"板盾蛮夷者,秦昭王时有一白虎,常从群虎数游秦、蜀、巴、汉之境,伤害千余人,秦王乃重募国中能杀虎者,赏邑万家金百镒,时有巴郡阆中夷人作白竹之弩,乃登楼射杀白虎,昭王嘉之,而以其夷人,不欲加封,乃刻石盟要。……盟曰:'秦犯夷,输黄龙一双,夷犯秦,输清酒一钟。'夷人安之。""老爹"酒的命名者,依据这段动人的民族和睦团结的历史故事来给酒命名,不仅充分体现了汉、土人民源远流长的民族团结,共同与灾害作斗争的美好历史,同时通过这一命名也使"老爹"酒传统深厚、历史悠久的特点都得到了充分的证明。同时,也借此标明自己的酒是"老字号",是信得过的酒,或告诉客户该酒是陈年老酒,醇厚悠香,湖湘民间酒品中还有如老陈酿、老酒坊、老白干、老口子、老陈酒等;民间也有借"老"表示亲切或怀旧的,如老八大、老战士、老槐树、老澧水、老队长、老表酒、老农民酒等。

衡阳地区的"神禹酒"，明显是根据大禹治水的故事来命名的。根据《史记·夏本纪》记载，大禹治水确实到过衡阳。书中有禹行"荆及衡阳维荆州：江汉朝宗于海"的记载。命名者以这一故事作为酒的命名，当然是既借大禹的威名，又借上古时代这段远古的历史来表现其产品的优质和酿造历史的漫长。还有耒阳市酒厂的"张飞酒"，也是借张飞之名来说明其酒历史源远流长，相传三国时庞统任湖南耒阳县令，蜀五虎大将之一的张飞奉命考察庞统政绩。庞统用民间陈酿美酒招待张飞，张飞发现庞统雄才大略，回成都后举荐庞统为军师，后人将张飞在耒阳畅饮之酒称为"张飞酒"。

湖南是个少数民族较多的省份。在少数民族的政治历史生活中，"土司制度"是从古代贯穿至近现代的政治制度，这是少数民族地区不同于汉族地区的政治历史。这样的政治制度在特定的历史时期有它存在的必要性、合理性，它对于维护祖国统一、民族区域自治起过某些作用。这种政治制度的存在与延续与酒就有过某些关系。在古代少数民族地区农业、手工业都比较落后的情况下，少数民族的部落酋长、土司能够取悦于中央朝廷作为贡品的东西，除了山珍异兽之外，当然就只有酒了。土司们为了使自己的世袭地位得以保持、得以延续，当然在上贡时要拿出最好的酒上贡朝廷。于是酒也就成为土司向朝廷表现忠心，取悦皇帝的重要工具。湖南湘西地区的酒产品命名者于是根据这地方的政治历史命名出"土司王"酒、"土司贡酒"等。从这样的命名中，人们自然会把酒与少数民族以往的政治历史联系起来，这样，酒的命名也就成为了这一特殊政治历史的表征。

再如湖南土家族的"土家年"酒，此酒名也是根据土家族的历史故事来命名的。土家族过年和汉族一样，也分过小年和过大年，不过其过的日子比汉族过年均分别提前一天，即腊月二十三和二十九（月小二十八）。关于土家族提前一天过年的原因有好几种传说，其中一种是说明代嘉靖年间，正值年关之际，土家人正热热闹闹地准备过年。突然朝廷来了圣旨，调土家兵赴苏淞协剿倭寇。按路程计算，土家兵要按时到达指定地点，不等过年就得出发。为了使这些已经集中起来，马上就要离开家乡奔赴战场的土家官兵过了年再走，土家人决定提前过年。过年后，土家官兵紧急出动，按时到达，协同其他军队奋勇作战，将倭寇击败。土家兵在此次战斗中荣立了"东南第一战功"。为了纪念这个很有意义的日子，于是土家人每年都提前一天过年，并成为习俗。"土家年"酒正是根据这一历史故事来命名的。这一命名不仅表明了这种酒是土家人以他们的传统工艺酿造出来的酒，有着某些独特的风味，反映了土家人独特的民族习俗，也重新提起了土家族人民的这一段现在已鲜为人知的光荣历史，弘扬了中华民族的爱国主义精神。其命名所揭示的产品特色、民俗特点、历史蕴涵、纪念意义等内容是非常丰富的。

另外，湖南酒名中以"家"、"春"和"吉祥字眼吉祥物"命名的也不少。

"家"：这主要是让人相信此酒是出于名家豪门的传世佳酿，以此打动人心，如曾国藩家酒、屈原家酒、张飞家酒、地主家酒、刘家老酒、张家酒等；其次通过此酒名代表某一少数民族或某地区的特色酒，如瑶家酒、傣家酒、土家酒、客家黄老酒、龙江家园等；还有通过酒名表示一种温馨的回忆和温暖的家感，如衡阳的妈妈酿湖之酒等。

"春"：春预示着美好、喜悦、幸福，展示着蓬勃旺盛的生命力，春光无限，春色满园，人间的温暖，与和煦的春光结缘。酒，也是得天地之和气而酿成，古时把寒冬酿造而春天成熟的美酒称为"春酒"，是酒中之上品，从《诗经》中的"春酒"到唐宋时代的"洞庭春"等，大多以"春"命名，寄托着中国酒人对生命的呼唤；苏轼在《洞庭春色》诗中写道："今年洞庭春，玉色疑非酒。"玉色，就是翠玉一般的酒色，以玉色形容酒色是对"洞庭春"酒的赞美。宋代大文豪苏东坡曰"唐人名酒多以春"，现在人们继续沿用，以示此酒古老醇厚，如洞庭春、燕南春、古贝春、玉堂春、盛唐老春、梨花春、桃花春、春酒、春醪等；另外就是企盼通过饮同此酒使人一切都像春天一般生机勃勃，青春阳刚，这类酒中有不少是补酒或药酒，如养身春、贵常春、福春酒、健春酒、龟灵春、老龄春等。在湖南长沙窑出土的春字诗执壶，是唐代的一件酒注子，其腹体上有一首五言诗特别优美，有八个"春"字："春水春池清，春时春草生，春人饮春酒，春鸟哢春声。"很有意思，是极品"春酒"壶。

"吉祥字眼吉祥物"：以此命名暗示吉祥如意。如福酒、寿酒、喜酒、金六福、开口笑、福满门、千年乐、喜盈门等；以吉祥物命名，如仙桃酒、莲花白、灵芝酒、万年松、龙凤酒、金龟酒等等。

湘酒命名与湖南历史文化相联系的另一种反映，是湘酒带有浓厚的地域历史文化特点，这一类命名更为突出地表现在大湘西地区。湘西偏远闭塞，文化经济较为落后。不免由于见识狭窄而容易产生一些夜郎自大的心理。另外湘西也是历史上匪患严重的地方，过去这块土地上曾经产生过难以胜数的大王、小王，大霸、小霸等。"王"、"霸"观念在民族历史文化的土壤中有着深厚的积淀，这种历史文化观念也自然地反映到湘酒的命名中来。如湘酒王、湘军王酒、乌龙王、湘福王、锦江王、湘霸王、湘霸、酒霸、楚霸、南霸等等。湘西人把酒称作"王"、"霸"，其主要的目的当然只是为了说明自己的酒质量是最优最好的，是首屈一指、档次最高、独占鳌头的酒而已，但是要表现酒的档次高、质量优，不言"珍"曰"宝"，动不动就称"王"称"霸"，这种夜郎自大、唯我独尊的文化心理也是十分明显的，这也正是大湘西酒类中多有"王"、"霸"命名的深刻的历史原因。

当然，中国其他地方的酒类也有以"王"、"霸"命名的，但是其他地方将酒类命名为"王""霸"不可能像湖南湘西地区这样的集中而普遍。另外，湘酒中以"王"、"霸"命名也可能是此酒曾与历史中的某个统治者有关，具王者风度，希望自己的酒也能一统天下，如乌龙王酒、龟王酒、瑶王酒、土司王、尧王城陈曲（五帝之一）、夏王龙酒（即大禹）、赧王御酒（即东周末王姬延）、新化的蚩尤古酒（古代战神），还有武陵酒直接有上将、中将和少将三种特色酒名等。这就更充分地说明了湖湘地区深深积淀的王霸意识在地方历史文化观念中的渗透浸染力。

从上述湘酒的酒名所依据的历史传说和故事中，我们不难看到这些"历史"的传说成分很大，带有很大的传奇性。而传奇色彩的浓厚，当然也就使故事本身增添了许多的浪漫色彩。由此我们也可以看到，湘酒上述诸种命名与湖湘浪漫主义文化的联系。

4. 湘酒命名与湖湘文学

古往今来湘楚这片大地上，不仅产生了许多优美动人的传说故事，也感动了不少文人写下了许多优美的文学作品，尤其是浪漫主义文学在湘楚大地有着极其深远的传统。古代有屈原《九歌》中的《湘君》、《湘夫人》、《山鬼》，陶渊明的《桃花源记·并诗》，李白的《游洞庭醉后》，歌曲《浏阳河》等，这些作品本身就是浪漫主义文学的杰作。就是杜甫的《登岳阳楼》，范仲淹的《岳阳楼记》等千古绝唱也更有着夸张与理想主义的鲜明特点。现当代以来，类似的著作、诗赋就更多了，沈从文先生的《边城》，孙健忠的《醉乡》，还有张行先生的《武陵山下》等著名的文学作品，都无不蕴含着传奇色彩或浪漫主义文学的因素。这些文学作品不仅是湖湘文化中的宝贵财富，也成为人们学习和吸取灵感智慧的源泉，湘酒的命名也就比较鲜明地体现了它们与这些浪漫主义文学的联系。

　　屈原诗歌中所描写的"湘君"、"湘夫人"都是湘水之神。对于"湘夫人"看法较为一致，而关于"湘君"的所指却有几种说法。有的说是指舜，有的说指湘水神，还有的说是指娥皇等。但不管怎样，总是指的神。《山鬼》虽名为"鬼"，其实也是指的山神，还是一位美丽多情的女山神。正是由于屈原在诗中创造了许多湘楚之神的形象，所以湘酒中就有几种酒分别命名为"湘神"酒、"神君"酒、"山神"酒等。在湖南像这一类受文学作品影响而命名的酒还有如"浏阳河"酒、"小背篓"酒，这两种酒的命名，无疑受到了《浏阳河》、《小背篓》两首歌曲的影响。"乌龙山"酒的命名，也明显受到了电影《乌龙山剿匪记》的启发。"白云边"酒，便使人想起李白的"且就洞庭赊月色，将船买酒白云边"。"黄龙玉液"就能使人联想到黄帝和龙的后代等。这些酒的命名，尽管也可以归结为湘楚巫鬼文化或湘楚山水文化的影响，但是，其命名也不可否认受到了浪漫主义文学作品的影响。

　　如果说上述的例子还难以说明这些酒的命名完全是受文学作品的影响的话，那么下面酒类的命名就很明显地是受文学作品的影响了。湘西老爹酒业公司酿制的"老爹"酒，就是以《华阳国志·巴志》、《后汉书·南蛮西南吏列传》中记载的这一历史史实命名的。陶渊明的《桃花源记》中创造了一个极其纯洁、没有世俗尘垢的世界。在这个美好的世界中，就有酒的记载。其中写到武陵人偶至世外桃源，不但渔人"便邀还家，设酒杀鸡作食"，而且"村中闻有此人，咸来问讯"，"余人各复延至其家，皆出酒食"。这一美好的世外桃源，就在"武陵郡"，武陵之水当然就来自那个理想纯洁而神秘的美妙世界，据此也可见武陵地方的酿酒已经有了多么久远的历史传统。正因为如此，所以湘酒中就有了"武陵酒"、"武陵啤酒"、"桃花源"酒等命名。又例如产于岳阳地区的"巴陵酒"，我们一见这个酒名，就必然会联想到范仲淹《岳阳楼记》中"予观乎巴陵胜状，在洞庭一湖"的句子，更会直接联想到李白《游洞庭醉后》中的"巴陵无限酒，醉杀洞庭秋"的千古名句。

命名者差不多只是将李白在一千几百年前为岳阳酒早已取好的现存的名字搬用过来，酒名与李白之诗、范仲淹之文的联系是直接的。这一命名，不仅使岳阳酒具有浓郁的文化情韵，同时也极好地表明了"巴陵酒"源远流长的酿酒历史和传统的酿酒工艺。说到利用古代文学作品为酒产品命名，还得提到柳宗元的《捕蛇者说》，这无疑是一篇千古流传的不朽之作。柳宗元在文中对永州之野所产的"异蛇"进行了生动如绘、动感极强的描绘。文中写道："永州之野产异蛇，黑质而白章，触草木尽死，以啮人，无御之者。然得而腊之以为饵，可以已大风、挛踠、瘘、疬，去死肌，杀三虫……"柳宗元这篇讽刺封建社会赋敛惨毒，"苛政猛于虎"的文章，想不到为永州的"异蛇"大作了广告。永州人于是借这篇不要花钱、效应却极佳的广告，造出了"异蛇酒"。"异蛇酒"的命名既借了柳宗元《捕蛇者说》的名声，又迎合了当今时代人们希望疗伤祛病、强身健体、延年益寿的心理，可谓是既借古代文学之灵光，又趋现代时俗之所尚，因而其销售红火，兼得雅俗之利。

中国酒名自古以来就讲究名人效应，最初以善酿者的名字命名，后来发展到历朝历代的帝王将相、才子佳人、文人墨客，这是名人文化与酒文化结合的特殊文化现象。这种以人名为酒名的命名，起源于汉末曹操所吟的"何以解忧，唯有杜康"的千古绝句。至于像"炎帝圣泉"、"屈原醇"、"左宗棠酒"、"曾国藩酒"、"雷锋酒"、"毛泽东百年酒"、"毛家酒"、"毛公酒"、"毛公神酒"、"齐公酒"等以湖南名人为酒命名其意就不说自明了，也为湖湘的酿酒业平添了浓郁的人文色彩。

湘酒的命名不仅注意取名家名篇中的题咏，有时文学作品虽然不是很有名，但却是直接咏酒的佳篇，很有文化意味，也会被人们用来作为酒产品命名的依据。如"瀚墨胆"系列酒就是这样的例子。"瀚墨胆"一词源出于清代人唐宴的《饮酒》诗，诗中举例叙说了历史上文豪、书圣与酒的关系，并有"酒为瀚墨胆，力可夺三军"之句。命名者正是注意到了历代文人与酒的这种关系，从酒与文化的密切关系这一方面来命名的。酒的生产者还以"瀚墨胆"为商标构成了"瀚墨春"、"潮墨香"、"瀚墨醉"一个产品系列，并且其产品的酒瓶造型也以文房四宝和书卷为依据。酒名与瓶形相配合，表现出浓郁的文化韵味。

不但古代的诗文名篇等文学作品对湘酒的命名产生了影响，现当代的文学作品对湘酒的命名也产生了较大的影响。沈从文先生的小说《边城》是享誉世界的现代名篇。作品将乡情风俗、人事命运、人物形象三者完美和谐地组织在一起，形成了一个动人的，充满了有诗情画意和浪漫风俗的艺术意境。"边城"早已成为人们心目中的"名城"。也正因为这样，所以湘西就出现了"边城酒"、"边城啤酒"、"边城米酒"等命名；孙健忠先生的《醉乡》也是著名的小说。这篇小说虽然描写的是农村经济改革大潮中农民改变自己命运的故事，但故事发生的地点却是湖南产酒最重要的地区湘西。也正因为酒业生产是湘西经济的重要支柱，所以这里名为"醉乡"也就名副其实。湘西的"醉乡酒"就是根据这部现代著名小说来命名的，而这些现当代文学作品中所表现出来的浪漫情调也是很强烈的。上述两种酒的命名当然是有意地借文学扬名，借文豪取誉，而产自美丽的"边城"、迷人的"醉乡"的"边城酒"、"醉乡酒"，其质量品位上乘也就自不待言了。

从上述来看，湖南酒的命名受湖湘文化的影响是很鲜明的。湘酒各具个性的酒产品命名，总是或多或少地带有着湖湘山水的奇秀特点以及巫鬼文化、民俗文化的浪漫情韵。它们共同体现湖湘文化特色的命名，已成为湘酒的一种集体性特征。它们带有湖湘文化共性的命名，对进一步显示湘酒的集体特征，形成湘酒成熟的品类风格起了很大的推动作用。这对于提高湘酒在全国酒类中的地位，增强在市场中的集体竞争能力，都有不可忽视的作用和积极的意义。

第七章　湖南文学作品与酒

　　湖湘文化是一个复合体，它是历代（包括现实）湖湘民众在湖湘大地上所创造的实物、知识、信仰、艺术、道德、法律、风俗以及其余从社会上学得的能力与习惯的总和。酒非一般商品，而是蕴涵着丰富的文化，酒与文化有着不解之缘，人们在品尝一种酒的同时，也是在品味一种文化。

　　纵览湖湘文化古今发展变化的脉络及其丰富内容，通过对其层垒积淀的透视，可以发现它大体上具有如下几方面的特征：一是湖湘文化的政治意识极为强烈，有一种无所依傍、浩然独往的独立根性。二是湖湘文化心怀天下、勇于献身的爱国情操和自强不息、坚忍不拔的奋斗精神。湖湘文化中的爱国主义传统尤为突出。三是湖湘文化关注现实、实用结合的经世学风中蕴藏着一种"海纳百川，有容乃大"的开放精神和敢为天下先的勤勉笃实的独立创新精神。其四是与不同民族文化之间的交融。湖南是一个多民族省，全国56个民族，都有居民在湖南境内生活。湖南境内少数民族与汉族和谐共处，团结互助，在平时的喜庆节日等活动中，便显现各自的民族文化特色。

　　本章主要就诗词、散文等方面谈谈湖湘文化与酒的联系。

一、湖南古今诗词与酒

诗，是人类精神劳动产生的高雅的文学奇葩；酒，是人类物质生产的精华琼浆。在中国文学史上，诗与酒相从相随，几乎有一种天生的缘分，易中天先生曾说"历史是可以用来酿酒的"，也有人说"诗是文学艺术酿出的酒，酒是粮食果实吟成的诗！""饮酒想起诗，赋诗想起酒"。

正因为诗词与酒有着悠久渊源，从而形成独具中国特色的"中国诗酒文化"。诗酒相连，自古已然。有道是"诗抒情，酒抒怀，诗酒结缘千古来。酒成诗，诗助酒，诗酒相伴最风流！"中国文学史一开始就和酒打上交道，酒与诗的关系源远流长，亲密无间，以至于翻阅中国诗歌史的章章节节，随时都能闻到扑鼻的酒香。酒与诗歌的结合，既是中国美酒的灵魂，也是中国诗歌的灵魂。宋人杨万里诗云："谁为白日上青天，谁见千盅况万钱。要人诗家须有骨，若除酒外更无仙。"从古至今，文人飘逸潇洒的翰墨诗章演绎了诗与酒的永恒情缘。"形同槁木因诗苦，眉锁愁山得酒开"，酒也成了诗人灵感的源泉，创作的催化剂，与时相呼应，酒也成为诗人创作不可或缺的题材和表现手段。诗是美的，酒是美的，诗酒交融产生的酒诗则更美。

"酒中有胜地，名流所同归。人若不解饮，俗病从何医。此语谁所云，吾友田紫芝。紫芝虽我友，痛饮真吾师。一饮三百杯，谈笑成歌诗。九原不可作，想见当年时。"金元好问的《饮酒诗》道出了酒和诗歌意境之间的内在联系。诗酒风流，诗酒结缘的源头，实际上与先秦时代的《诗经》和《楚辞》就已结缘，酒融入诗歌，诗中溢着酒香；酒在诗中奔流，诗歌一开始就漾着酒浓浓香气，源远流长，千古不绝！《诗经》全书 305 篇。涉及到酒，写人们饮酒，写饮酒时的心情的达到 48 篇，占总篇幅的 15.7%。足以反映酒对诗歌的浸润已经相当广泛，《楚辞》写酒虽然不如《诗经》那么多，但更多的是对酒的赞赏，对醉酒的渲染。反映出当时楚国酒文化已具备相当的水平。南有《楚辞》，北有《诗经》，诗的源头，就与酒结缘，从此，酒文化就一直深深影响着中国几千年的诗歌艺术。《诗经》中关于酒的诗篇大都在大小《雅》，尤以《小雅》为多。这因为《风》诗大都是民歌，《雅》诗则是士大夫中上层人士的诗。当时酒还是奢侈品，为平民所难得，自然不能形之于民间歌咏。大小《雅》共为 111 篇，而咏酒者最频，可想而知，出现酒的诗的比例就更可观了。

中国文学作品涉及酒的比比皆是。面对着这样一部酒与文学联姻的历史，敢说任何人穷毕生之力也无法将文人与酒的轶事掌故收罗齐全。元代道人谭处端(1123—1185 年)在其《酹江月·题酒》词中通过史事歌咏酒的功用，全词如下：

> 杜康得妙，酿三光真秀，清澄醇酎。太白仙才乘兴饮，一斗佳篇百首。倒载山翁，襄阳童稚，笑唱齐拍手。陶潜篱下，醉眠门外五柳。　　东里生死俱忘，待宾截发，陶母款贤友。文举无忧樽满酌，香醑频开笑口。喜遇尧年，醉乡丰乐，古所希闻有。玉壶春色，禄延益算眉寿。

元代人戴良其诗中极言饮酒之乐：

> 世间有真乐，除是醉中境。
>
> 可能得美酒，一醉不复醒。

诗词与酒文化可以说是"酒朋诗侣"，诗人艾青把诗酒交融，比喻为"诗酒联姻，源远流长"。诗人贺敬之把诗酒交融誉为"诗情如酒，酒意如诗"。诗人绿原对诗酒从各自的内涵向对方伸延，说:"诗是水中酒,酒是文中诗。"诗借酒神采飞扬,酒借诗醇香飘溢。所以,文人雅士们常说:"酒,是灵感的诱发剂!"从古至今,诗酒交融,诗酒联姻的轶闻趣事,脍炙人口,传为佳话,丰富美化了人的感情世界。

千百年来,湖南作为主要的贬谪流放之地,是一个以天地为磨,以无数杰出贬谪文人的心智和血泪为原料,磨出千古诗文的奇绝之地;常有尚忠义、重气节,每每为了自己的理想信仰和报国之志不惜触犯龙颜和忤逆权贵,而被贬至湖湘。当此之时,这些文人只有酒可以"忘忧",诗可以"兴观和言志",他们聚会于此,通过诗文和酒来宣泄心中的积郁,表达自己高洁不苟的情志,无形中也给湖湘文化注入了新的生机。审视历代文人在湖南所写之酒诗酒词,就像是参观历史博物馆,也像是游览奇特的乐园,风光无限,令人目不暇接,它们所显示的旷世作用和各自特色以及经相互结合后焕发的奇光异彩,更令人惊叹不已。

湖南秀丽的景色、香醇的佳酿更吸引着自古至今的众多文人墨客,他们或游历,或寓居,足迹踏遍湖湘大地,观赏美景,品尝佳酿,心旷神怡,思绪飞扬,留下许多脍炙人口的名篇佳句。在湖湘民族文化史上的诗词与酒,呈露着社会风貌、民俗人情,展示着中华民族的意向心态。从远古以来,在湖南大地上几乎每一项活动都离不开诗词和酒,各个民族都是这样,少数民族见于文字的诗歌不及汉族,但其口头的酒歌则远胜于汉族。酒歌,就是酒与诗歌的结合。它增加人们的智慧和财富,创造和平、安宁、快乐气氛,排遣缺憾、苦恼的阴影;诗从酒出,酒添诗兴,诗词和酒的融会更能充分表现中华民族所追求的"中和之美",即常说的中国古代文化的三种平衡之说:人与自然界的平衡、社会文化内部的平衡、人心内部的平衡。努力保持并不断调节这些平衡,实现中和之美正是中华民族自古以来所热烈追求和贯注于哲学、文学、艺术和社会学各方面的崇高境界。这也是"诗酒文化"夺目的光芒。

1. 借酒咏湖南山水和历史人物的诗词

烟波浩渺的洞庭湖，孕育了厚重绵长的湖湘文化，多少骚人墨客慕名至此，把酒吟诗豪情大发，为湖湘文化添上了浓墨重彩的一笔。那一湖灵性的水流进《离骚》，便芳香四溢，屈原高声吟咏："驾飞龙兮北征，吾到兮洞庭。"流进《全唐诗》，更是五彩斑斓，她涌出了李白的天才诗情："巴陵无限酒，醉煞洞庭秋。"诗赞美酒，酒助诗兴，于是就有了湖南源远流长的酒文化。

战国末期楚国人屈原与湖南人民和湖湘的山山水水均结下了血肉相连的不解之缘，他在流放江南期间，辗转于沅湘各地，生活在下层人民中间，沿途考察风俗民情，采集民间文学艺术的珍宝，结合自身的遭遇，感时忧国，"哀民生之多艰"，借酒创作了大量"精彩绝艳"、彪炳千秋的诗篇。

《楚辞·九歌》东皇太一：

> 吉日兮辰良，穆将愉兮上皇。抚长剑兮玉珥，璆锵鸣兮琳琅。瑶席兮玉瑱，盍将把兮琼芳。蕙肴蒸兮兰藉，奠桂酒兮椒浆。 扬枹兮拊鼓，疏缓节兮安歌，陈竽瑟兮浩倡。灵偃蹇兮姣服，芳菲菲兮满堂。五音纷兮繁会，君欣欣兮乐康。

南朝梁、陈时代澧州作唐（今安乡）诗人阴铿《侍宴赋得夹池竹诗》：

> 夹池一丛竹，垂翠不惊寒。
>
> 叶酝宜城酒，皮裁薛县冠。
>
> 湘川染别泪，衡岭拂仙坛。
>
> 欲见葳蕤色，当来菀苑看。

唐代李白在湖南酒后游洞庭留下许多诗文，如：

《与夏十二登岳阳楼》：

> 楼观岳阳尽，川迥洞庭开。
>
> 雁引愁心去，山衔好月来。
>
> 云间连下榻，天上接行杯。
>
> 醉后凉风起，吹人舞袖回。

《陪族叔刑部侍郎晔及中书贾舍人至游洞庭五首》中的一首：

> 南湖秋水夜无烟，耐可乘流直上天？
>
> 且就洞庭赊月色，将船买酒白云边。

《醉后》五绝二首：

（一）

> 今日竹林宴，我家贤侍郎。
>
> 三杯容小阮，醉后发清狂。

（二）

> 船上齐桡乐，湖心泛月归。
>
> 白鸥闲不去，争拂酒筵飞。
>
> 划却君山好，平铺湘水流。
>
> 巴陵无限酒，醉杀洞庭秋。

唐代"三醉岳阳人不识"的吕洞宾借酒作《沁园春》、《七言》等赞美湖南山水：

《沁园春》：

> 昨日南京，今朝天岳，倏焉忽焉。指洞庭为酒，渴时浩饮；君山作枕，醉后高眠。谈笑自如，往来无碍，半是疯狂半是仙。随身在，有一襟风月，两袖云烟。　　人间放浪多年。又排辩东华第二筵。把珊瑚砍倒，栽吾琪树；天河放浅，种我金莲。捶碎玉京，踢翻蓬岛，稽首虚皇玉案前。无

难事，信功成八百，行蒲三千。

《七言》（节选）：

> 鹤为车驾酒为粮，为恋长生不死乡。
> 地脉尚能缩得短，人年岂不展教长。
> 星辰往往壶中见，日月时时衲里藏。
> 若欲时流亲得见，朝朝不离水银行。
> 万卷仙经三尺琴，刘安闻说是知音。
> 杖头春色一壶酒，炉内丹砂万点金。
> 闷里醉眠三路口，闲来游钓洞庭心。
> 相逢相遇人谁识，只恐冲天没处寻。

唐代杜甫在湖南所作《发潭州》、《对雪》、《过津口》（今湘潭渌口）等极有特色：

《发潭州》：

> 夜醉长沙酒，晓行湘水春。
> 岸花飞送客，樯燕语留人。
> 贾傅才未有，褚公书绝伦。
> 名高前后事，回首一伤神。

《对雪》：

> 北雪犯长沙，胡云冷万家。
> 随风且开叶，带雨不成花。
> 金错囊从罄，银壶酒易赊。
> 无人竭浮蚁。有待至昏鸦。

《过津口》：

> 南岳从兹近，湘流东逝深。
> 和风引桂楫，春日涨云岑。
> 回道过津口，而多枫树林。

　　　　　　白鱼困密网，黄鸟喧嘉音。

　　　　　　物微限通塞，恻隐仁者心。

　　　　　　瓮余不尽酒，膝有无声琴。

　　　　　　圣贤两寂寞，渺渺独开襟。

　　唐代刘禹锡《堤上行三首》、《竹枝》更是写出了武陵当地饮酒之风的盛况：

　　《堤上行三首》（节选一首）：

　　　　　　酒旗相望大堤头，堤下连樯堤上楼。

　　　　　　日暮行人争渡急，桨声幽轧满中流。

　　《竹枝》：

　　　　　　两岸山花似雪开，家家春酒满银杯。

　　　　　　昭君坊中多女伴，永安宫外踏青来。

　　唐代柳宗元在永州时借酒赋诗《饮酒》、《法华寺西亭夜饮》以抒怀：

　　《饮酒》：

　　　　　　今夕少愉乐，起坐开清尊。

　　　　　　举觞酹先酒，为我驱忧烦。

　　　　　　须臾心自殊，顿觉天地暄。

　　　　　　连山变幽晦，绿水函晏温。

　　　　　　蔼蔼南郭门，树木一何繁。

　　　　　　清阴可自庇，竟夕闻佳言。

　　　　　　尽醉无复辞，偃卧有芳荪。

　　　　　　彼哉晋楚富，此道未必存。

　　《法华寺西亭夜饮》：

　　　　　　祇树夕阳亭，共倾三昧酒。

　　　　　　雾暗水连阶，月明花覆牖。

莫厌尊前醉，相看未白首。

唐代"澧州才子"（今澧县）李群玉《洞庭驿楼雪夜宴集，奉赠前湘州张员外》：

昔与张湘州，闲登岳阳楼。

目穷衡巫表，兴尽荆吴秋。

掷笔落郢曲，巴人不能酬。

是时簪裾会，景物穷冥搜。

误忝玳筵秀，得陪文苑游。

几篇云楣上，风雨沉银钩。

路指云汉津，谁能吟四愁。

银壶傲海雪，青管罗名讴。

贱子迹未安，谋身拙如鸠。

分随烟霞老，岂有风云求。

不逐万物化，但贻知己羞。

方穷立命说，战胜心悠悠。

不然蹲会稽，钩下三五牛。

所期波涛助，焞赫呈吞舟。

宋代戴复古《岳阳楼》：

袖剑飞吟。洞庭青草，秋水深深。万顷波光，岳阳楼上，一块披襟。　　不须携酒登临。问有酒、何人共斟。变尽人间，君山一点，自古如今。

元代浏阳人欧阳玄的《观捕鱼》借酒描绘了一个太湖捕鱼、岳阳楼醉酒的壮观图景：

太湖三万六千顷，灵槎倒压青天影。

大鱼吹浪高如山，小鱼卷鬣为龙盘。

群鱼联艘代枰鼓，势同三军战强虏。

长网大罟三百尺，拦截中流若环堵。

吴王宫中宴未阑，银丝斫脍飞龙鸾。

大官八珍奉公子，猩猩赭唇鲤鱼尾。

洞庭木落天南秋，黄芦满天飞白鸥。

江头吹笛唤渔舟，与君大醉岳阳楼。

明代祝允明《衡山道上》：

渺渺青山日欲晡，冥冥短棹宿黄芦。

断桥流水无人渡，野店松醪有客沽。

泽国暮烟连海带，戍楼寒火隔云孤。

诗成纵目江天外，风景依稀一画图。

宋代湘潭诗人王以宁《水调歌头·斐公亭怀古》：

岁晚桔洲上，老叶舞愁红。西山光翠依旧，影落酒杯中。人在子亭高处，下望长沙城郭，猎猎酒帘风。远水湛寒碧，独钓绿蓑翁。　　怀往事，追昨梦，转头空。孙郎前日豪健，颐指五都雄。起拥奇才剑客：十万银戈赤帻，歌鼓壮军容。何似裴相国，谈道老圭峰。

清代新化县人邓显鹤《祝融峰》：

昔人曾此会飞仙，今日攀跻一惘然。

老死此间原不恨，得登彼岸亦何缘。

胸中云海荡无尽，头上风霜逼可怜。

安得仙人王十八，相将同醉洞中天。

清末长沙人吴士萱《十月九日郭谷诒内翰招饮定王台》：

古人不可作，尘世几沧桑。

为展重阳禊，登台一举觞。

云浮楚天白，叶落汉时黄。

我亦思亲者，含凄对夕阳。

2．借酒怀友惜别、酬酢唱和

唐代杜甫在湖南借酒思友而作的诗《寄韩谏议》：

今我不乐思岳阳，身欲奋飞病在床。

美人娟娟隔秋水，濯足洞庭望八荒。

鸿飞冥冥日月白，青枫叶赤天雨霜。

玉京群帝集北斗，或骑麒麟翳凤凰。

芙蓉旌旗烟雾落，影动倒景摇潇湘。

星宫之君醉琼浆，羽人稀少不在旁。

似闻昨者赤松子，恐是汉代韩张良。

昔随刘氏定长安，帷幄未改神惨伤。

国家成败吾岂敢，色难腥腐餐枫香。

周南留滞古所惜，南极老人应寿昌。

美人胡为隔秋水，焉得置之贡玉堂。

唐代王昌龄在湖南借酒写下过很多深情并茂的送别诗，如：

《送高三之桂林》：

留君夜饮对潇湘，从此归舟客梦长。

岭上梅花侵雪暗，归时还拂桂花香。

《送魏二》：

醉别江楼桔柚香，江风引雨入舟凉。

忆君遥在潇湘月，愁听清猿梦里长。

盛唐诗人刘长卿借酒《送郭六侍从之武陵郡》：

常爱武陵郡，　　羡君将远寻。

空怜世界迫，　　孤负桃源心。

洛阳遥想桃源隔，野水闲流春自碧。

花下常迷楚客船，洞中时见秦人宅。

落日相看斗酒前，送君南望但依然。

河梁马首随春草，江路猿声愁暮天。

丈人别乘佐分忧，才子趋庭兼胜游。

澧浦荆门行可见，知君诗兴满沧州。

唐代诗人许浑在《送客南归有怀》诗中这样借酒描写湘潭，诗云：

绿水暖青萍，湘潭万里春。

瓦尊迎海客，铜鼓赛江神。

避雨松枫岸，看云杨柳津。

长安一杯酒，座上有归人。

唐代李白《洞庭醉后送绛州吕使果流澧州》：

惜别若梦中，天涯复相逢。

洞庭破秋月，纵酒开愁容。

赠剑刻玉字，遥平两蛟龙。

送君不尽意，书及雁回峰。

唐代韩愈在经湘南赴广东任阳山令前夕所作《八月十五夜赠张功曹》是借酒惜别抒怀诗中的珍品：

纤云四卷天无河，清风吹空月舒波。

沙子水息声影绝，一杯相属君当歌。

君歌声酸辞且苦，不能终听泪如雨：

"洞庭连天九疑高，蛟龙出没猩鼯号。

十生九死到官所，幽居默默如藏逃。

下床畏蛇食畏药，海气湿蛰熏腥臊。

昨者州前捶大鼓，嗣皇继圣登夔皋。

赦书一日行万里，罪从大辟皆除死。

迁者追回流者还，涤瑕荡垢清朝班。

州家申名使家抑，坎坷只得移荆蛮。

判司卑官不堪说，未免捶楚尘埃间。

同时辈流多上道，天路幽险难追攀。"

　君歌且休听我歌，我歌今与君殊科：

"一年明月今宵多，人生由命非由他，

有酒不饮奈明何？"

宋代爱国词人辛弃疾在潭州（今长沙）任内，借酒写的赋别词《水调歌头》很有特色：

寒食不小住，千骑拥春衫。衡阳石鼓城下，记我旧停骖。襟以潇湘桂岭，带似洞庭青草，紫盖屹西南。文字起骚雅，刀剑化耕蚕。　看使君，于此事，定不凡。奋髯抵几堂上，尊俎自高谈。莫信君门万里，但使民歌五绔，归诏凤凰衔。君去我谁饮，明月影成三。

北宋词人秦观在被贬郴州时作《虞美人》借酒惜别：

碧桃天上栽和露，不是凡花数。乱山深处水萦洄，可惜一枝如画为谁开？　轻寒细雨情何限，不道春难管。为君沈醉又何妨，只怕酒醒时候断人肠！

晚唐澧州（今澧县）诗人李群玉，借酒怀友寄友的《长沙陪裴大夫夜宴》、《望月怀友》、《七律·寄长沙许侍御》均很有特色，如：

《长沙陪裴大夫夜宴》：

东山夜宴酒成河，银烛荧煌照绮罗。

四面语声笼笑语，满堂香气泛笙歌。

冷冷玉漏初三滴，艳艳金觞已半酡。

共向柏台窥雅量，澄波万顷见天和。

《望月怀友》：

浮云卷尽看瞳胧，直出沧溟上碧空。

盈手水光寒不湿，流天素彩静无风。

酒花荡漾金尊里，桿影飘飙玉浪中。

川路正长难可越，美人千里思何穷。

清代前期湘潭人陈鹏年《浪淘沙——寒夜，同千石一对酒作》：

残月转新晴，夜静寒生。霜花如雨扑帘旌。最是高堂今夕梦，暗数归程。　　无计破愁城，蓦地心惊。十年尘海竟何成。纵使围炉还对酒，到底凄清。

清代龙阳（今汉寿）人易顺鼎旅途借酒抒怀做诗《晓行》：

黄叶声中催酒醒，回头烟水失孤篷。

关山仍与客燕左，星月似随余马东。

残梦不离秋草绿，故人犹剪夜灯红。

垂杨未是江南岸，何处旗亭唱晓风？

晚清时"湘军"统帅曾国藩借酒《送王少鹤》抒情送友：

待尔双双至，春回又一年。

开尊皆旧友，发座半新篇。

荔枝红时雨，芭且绿外天。

江乡好风景，话向酒杯前。

毛泽东的《蝶恋花·赠李淑一》用酒慰忠魂：

我失骄杨君失柳，杨柳轻扬直上重霄九。问讯吴刚何所有，吴刚捧出桂花酒。　　寂寞嫦娥舒广袖，万里长空且为忠魂舞。忽报人间曾伏虎，泪飞顿作倾盆雨。

3. 借酒关怀民瘼，讴歌劳动

唐代杜甫在湖南湘水之上的绝笔作《岁宴行》，借酒展示忧国忧民之情：

岁云暮矣多北风，潇湘洞庭白雪中。

渔父天寒网罟冻，莫徭射雁鸣桑弓。

去年米贵阙军食，今年米贱大伤农。
高马达官厌酒肉，此辈杼轴茅茨空。
楚人重鱼不重鸟，汝休枉杀南飞鸿。
况闻处处鬻男女，割慈忍爱还租庸。
往日用钱捉私铸，今许铅锡和青铜。
刻泥为之最易得，好恶不合长相蒙。
万国城头吹画角，此曲哀怨何时终。

刘禹锡以常德青年女子采菱为题作《采菱行》，借酒关怀民瘼，讴歌劳动：

白马湖平秋日光，紫菱如锦彩鸳翔。
荡舟游女满中央，采菱不顾马上郎。
争多逐胜纷相向，时转兰桡破轻浪。
长鬟弱袂动参差，钗影钏纹浮荡漾。
笑语哇咬顾晚晖，蓼花绿岸扣舷归。
归来共到市桥步，野蔓系船萍满衣。
家家竹楼临广陌，下有连樯多沽客。
携觞荐芰夜经过，醉踏大堤相应歌。
屈平祠下沅江水，月照寒波白烟起。
一曲南音此地闻，长安北望三千里。

北宋诗人张祁在《渡湘江》诗中借酒生动地描绘了潭州（今长沙）人户之繁，商业之盛：

春过潇湘渡，真观八景图。
云藏岳麓寺，江入洞庭湖。
晴日花争发，丰年酒易酤。
长沙十万户，游女似京都。

清代湘潭人黄润昌的《潭州行》借酒把长沙的山水、掌故和民间生活习俗作连串铺排以欣赏和享受：

潭之山水碧弥弥，潭州之州产香苣。

春风三月浓花开，潭人争上陶公台。

七十二峰峰不断，云中芙蓉送青来。

千年霸迹空兴马，昭山影入昭潭下。

石猿无语对江深，橘洲莪洲凭谁把？

我昨行过太尉宅，路旁荒草如烟碧。

岸花苦忆杜陵船，樯燕声声语行客。

一支卓笔塔边峰，十里斜阳山外驿。

远山抱翠南山南，新沽水汲碧泉碧。

杯底还邀龙安云，剑边更落金霞石。

贾傅流风井尚温，褚公雅化墨池浑。

潇湘自昔比洙泗，宋儒此语成定论。

潭之土兮何殷沃，潭之人兮美风俗。

竹竿钓破雨湖春，画船荡出堤烟绿。

管弦呕哑无时无，酒温茶熟人欢呼。

更著雨笠烟蓑叟，俨然一幅桃源图。

4. 其他诗作

唐代诗人李贺借洞庭湖雨声讽刺唐朝宫廷酣歌宴舞之诗《秦王饮酒》：

秦王骑虎游八极，剑光照空天自碧。

羲和敲日玻璃声，劫灰飞尽古今平。

龙头泻酒邀酒星，金槽琵琶夜枨枨。

洞庭雨脚来吹笙，酒酣喝月使倒行。

银云栉栉瑶殿明，宫门掌事报一更。

花楼玉凤声娇狞，海绡红文香浅清，

黄娥跌舞千年觥。

仙人烛树蜡烟轻，青琴醉眼泪泓泓。

晚唐宝庆（今邵阳）人胡曾以酒所作《咏史诗》共 150 首，在文学史上颇负盛名，现选两首如下：

其一：

小白匡周入楚郊，楚王雄霸亦咆哮。

不思管仲为谋主，争取言征缩酒茅。

其二：

古人未遇即衔杯，所贵愁肠得酒开。

何事山公持玉节，等闲深入醉乡来。

五代十国时期的南唐隐士长沙人廖凝以酒抒怀诗《彭泽解印》：

五斗徒劳谩折腰，三年两鬓为谁焦。

今朝官满重归去，还挈来时旧酒瓢。

元代湘乡人冯子振借酒所作《鹦鹉曲》即景生情，抒怀写志，吊古伤时。下面录其二首：

《鹦鹉曲》之一：

长绳短系虚名住。倾浊酒劝邻父。

草亭前矮树当门，画出轻烟疏雨。

看燕南陌上红尘，马耳北风吹去。

一年年月夜花朝，自占取溪山好处。

《鹦鹉曲》之二：

花骢嘶断留侬住。满酌酒劝据鞍父。

柳青青万里初程，点染阳关朝雨。

怨春风雁不回头，一个个背人飞去。

望河桥敛衽频啼，早蓦到长亭短处。

元朝末年岳州平江(今岳阳平江县)人胡乘龙的《醉歌行》是湖南酒文化的珍品：

醉中豪气如长虹，走上高楼叫天公。问天开辟今几年？有此日月何缘因？月有阴之魄，日有阳之精。阴阳果有物，产此团团形？一如白玉盘，一似黄金钲。得非冶铸出，无乃磨琢成？茫茫太古初，二气才胚胎。金乌何由出？玉兔从何来？扶桑何人种？桂树何年栽？东升何所自？西没从何游？但见朝朝暮暮无定辀，但见波波汲汲如奔邮。催得黄童变白叟，催得华屋成荒丘。催得秦王汉楚忽抔土，催得黄河碧海无纤流。我有如渑酒，劝天饮一石。愿天垂长绳，系此乌兔翼。一悬天之南，一挂天之北。安然不动照万国，无冬无夏无旦夕。百年三万六千作一刻，尽使世人老不得。

明末清初湖南本地诗人湘潭人黄周星《楚州酒人歌》是酒歌中的绝唱，也是湖南人饮酒诗的代表作，很有特色：

酒人酒人尔从何处来，我欲与尔一饮三百杯。寰区斗大不堪容，我两人醉，直须上叩阊阖寻蓬莱。我思酒人昔在青天上，气吐长虹光万丈。手援北斗斟天浆，天厨络绎供奇酿。两轮化作琥珀光，白榆历历皆杯盏。吸尽银河乌鹊愁，黄姑渴死哀清秋。酒人咄咄浑无赖，乘风且访昆仑丘。绿蛾深坐槐眉下，万树桃花覆深罦。穆满高歌刘彻吟，一见酒人皆大诧。双成长跪进三觞，大嚼绛雪吞玄霜。桃花如雨八骏叫，春风浩浩飞横塘。瑶池虽乐崦嵫促，阿母绮窗不堪宿。愿假青鸟探瀛洲，列真酣饮多如簇。天下无不读书之神仙，亦无读书不饮酒之神仙。神仙酒人化为一，相逢一笑皆陶然。陶然此醉堪千古，平原河朔安足数？瑶羞琼糜贱如荠，苍龙可羞麟可脯。兴酣嗔目叫怪哉，海波清浅不如杯。排云忽复干帝座，撞钟伐鼓轰如雷。金茎玉液一吸尽，披发大笑还归来。是时酒人独身横行四天下，上天下地如龙马。百灵奔蹶海水翻，所向无不披靡者。真宰上诉天神惊，冠剑廷议集公卿。今者酒人有罪罪不赦，不杀不可，杀之反成酒人名。急敕酒人令断酒，酒人惶恐顿首奏陛下：臣有醉死无醒生。帝命巫阳笑扶酒人去，风驰雨骤，仓皇谪置楚州城。酒人坠地颇狡狯，读书学剑皆雄快。白皙鬃鬃三十时，戏掇青紫如拾芥。生平一饮富春渚，再饮鹅鹚湖。手版腰章束缚苦，半醒半醉聊支吾。谁知一朝乾坤忽反复，酒人发狂大叫还痛哭。胸中五岳自峨峨，眼底九州何麽麽。头颅顿改瓮生尘，酒非酒兮人非人。椎炉破觥吾事毕，那计金陵十斛春。还顾此时天醉地醉人皆醉，大夫独醒空憔悴。从来酒国少顽民，颂德称功等游戏。不如大召天下酒徒牛饮、鳖饮兼囚饮，终日酩酊淋漓嬉笑怒骂聊快意。请与酒人构一凌云烁日之高堂，以尧舜为酒帝，羲农为酒皇，淳于为酒霸，仲尼为酒王，陶潜李白坐两庑，糟坛余子蹲其傍。门外醉乡风拂拂，门内酒泉流汤汤。幕天席地不知黄、虞与晋、魏，裸裎科跣日飞觞。一斗五斗至百斗，延年益寿乐未央。请为尔更召西施歌、虞姬舞，荆卿击剑、祢生挝鼓，玉环、飞燕传觥筹，周史、秦官奉罍瓶。与尔痛饮三万六千觞，下视王侯将相皆粪土。但愿酒人一世二世传无穷，令千秋万岁酒氏之子孙，人人号尔酒盘古。酒人闻此耳热复颜酡，我更仰天呜呜感慨多。即今万事不得意，神仙富贵两蹉跎，酒人酒人当奈何！噫吁嘻！酒人酒人，吾今与尔当奈何，尔且楚舞吾楚歌。

明末清初衡阳人王夫之借酒赋怀，如《西江月》：

湘水悠悠北去，　章讲渺渺东流。

清光拂剑碧天秋，情寄一杯浊酒。

清代中期安化人陶澍的《舟过湘潭》既赞家乡之酒又借酒抒

怀,如《舟过湘潭》:

> 红暾晃晃跃扶桑,侵晓乘流出上湘。
>
> 七级微云浮石塔,万杆新水插牙樯。
>
> 人从涟口分归路,舟指昭潭问醉乡。
>
> 料得家园蒲酒熟,榴花消息又端阳。

清同治末年益阳县人萧雄所作《饮食》诗,也是湖南人为新疆地域名酒所留下的重要历史资料:

> 新酿葡萄瓮始开,全家高会敬擎杯。
>
> 还看马乳融成未,吩咐央歌再娶来。

晚清新化县人游智开借酒募兵誓除乱贼之诗《双刀歌赠仲芸》:

> 长沙城头夜吹角,军书频报妖氛恶。
>
> 立散黄金募健儿,誓除乱贼安耕凿。
>
> 酒酣奋臂登高台,挥刀起抉浮云开。
>
> 绕身倏忽曳雌蜺,已觉狡兔无蒿莱。
>
> 宝物惊看买难得,炎天冷透冰霜色。
>
> 铿然齐插短鞘中,余怒犹闻吼未息。
>
> 自言采铁南山冈,锻炼昼夜摩阴阳。
>
> 深镌咸丰某年月,几肯轻试韬锋铓。
>
> 只今群盗被原野,雄心已逐嘶风马。
>
> 若云佩此位三公,世间笑杀屠沽者。
>
> 把君袖,为君歌,唾壶击碎当奈何。
>
> 区区金紫安足多,请君斫断生鼋鼍。

清代龙阳(今汉寿)人易顺鼎借酒抒怀诗《重九前一日汉上酒楼独饮》:

> 终日一编不去手,终岁不窥园外柳。
>
> 柳线黄金春色深,枝上流莺来劝酒。

每岁花开不在家，今春花发如红霞。

阿母携孙花下戏，檐前晨鹊声喳喳。

人道汉书下酒物，谁道读书如读律。

刘向黄金铸不成，奇字子云徒口吃。

花落花开三万春，何如起舞北堂晨。

新妇佳儿各一斗，醉中烂漫皆天真。

臣是酒醒解上寿，不是花民即酒民。

晚清常德石门人黄道让借酒而著爱国诗篇《汤阴谒岳武穆祠》：

提刀捉酒指黄龙，还我中原并两宫。

不日贺兰当立马，满天飞鸟竟藏弓。

巨方致命风波里，后尚茹斋冰雪中。

军令何如君命重，可惜李牧亦英雄。

近代浏阳人谭嗣同于剑之情有独钟，常借酒咏剑抒志。如《河梁吟》：

沙漠多雄风，四顾浩茫茫。

落日下平地，萧萧人影长。

抚剑起巡酒，悲歌慨以慷。

束发远行游，转战在四方。

天地苟不毁，离合会有常。

车尘灭远道，道远安可忘。

5. 古今文人对湖湘古今名酒的赞誉诗、词

（1）赞古代湖湘名酒

① 赞醽醁酒（又称酃酒、酃湖酒、酃渌酒）

赞誉湖南美酒的诗词歌赋，当首推西晋（约公元290年）大文学家张载为皇室贡品美酒——衡阳酃酒写下的《酃酒赋》，全文共

400余字。这是我国历史上诗赋记载名酒最早的文献资料，酃酒是中国历史上诗赋记载最早的名酒，历史上赞该酒的诗词多达300多首。张载《酃酒赋》其原文如下：

酃 酒 赋

唯贤圣之兴作，贵重功而不泯。嘉康狄之先识，亦应天而顺人。拟酒旗于元象，造甘醴以颐神。虽贤愚之同好，似大化之齐均。的无往而不变，独居旧而弥新。经盛衰而无废，历百代而作珍。

若乃中山冬启，醇酎秋发，长安春御，乐浪夏设，飘蚁萍布，芳香酷烈。播殊美于圣载，信人神之所悦。昔闻珍酒，出于湘东。既丕显于皇都，乃潜沦于吴邦。征逢天地之否运，今遭六合之开通。播殊美于圣代，宣至味而大同。匪徒法用之穷理，信泉壤之所钟。

故其为酒也，殊功绝伦。三事既节，五齐必均。选酿在秋，告成在春。备味滋和，体色醇清。宣御神志，导气养形。遣忧消患，适性顺情。言之者嘉其旨美，志之者弃事忘荣。

于是纠合同好，以遨以游。嘉宾云会，矩坐四周。设金樽于南楹，酌浮觞以施流。备鲜肴以绮进，错时膳之珍饎。礼义攸序，是献是酬。赪颜既发，溢思凯休。德音晏晏，弘此徽猷。咸德至以自足，愿栖迟于一丘。

于是欢乐既洽，日薄西隅。主称湛露，宾歌骊驹。仆夫整驾，言旋其居。乃冯轼以回轨，驰轻驹于通衢。反衡门以隐迹，览前圣之典谟。感夏禹之防微，悟仪氏之见疏。鉴往事而作戒，罔非酒而惟愆。哀秦穆之既醉，奸良人而弃贤。嘉卫武之能悔，著屡舞于初筵。察成败于往古，垂将来于兹篇。

古今其他赞酃渌酒的诗词选编10首，如下：

晋朝·陆机《赠斥丘令冯文罴诗》：

> 凤驾出东城，送子临江曲。
>
> 密席接同志，羽觞飞酃渌。
>
> 登楼望峻陂，时逝一何速。
>
> 与子别所期，耀灵缘扶木。

唐·黄庭坚《念奴娇》：

断虹霁雨，净秋空，山染修眉新绿。桂影扶疏，谁便道，今昔清辉不足？万里青天，姮娥何处，架此一轮玉。寒光凌乱，为谁偏照酃渌？　　年少从我追游，晚凉幽径，绕张园森木。共倒金荷家万里，难得尊前相属。老子平生，江南江北，最爱临风曲。孙郎微笑，坐来声喷霜竹。

唐太宗的《赠魏征》盛赞酃酒之美：

> 酃渌胜兰生，翠涛过玉薤。
>
> 千日醉不醒，十年味不败。

唐·皮日休《春夕酒醒》：

> 四弦才罢醉蛮奴，酃渌余香在翠炉。
>
> 夜半醒来红蜡短，一枝寒梅作珊瑚。

《唐书·乐志》【三洲歌】：

> 送欢板桥弯，相待三山头。
>
> 遥见千幅帆，知是逐风流。
>
> 风流不暂停，三山隐行舟。
>
> 原作比目鱼，随欢千里游。
>
> 湘东酃酿酒，广州龙头铛。
>
> 玉樽金镂碗，与郎双杯行。

宋·王安石《送吴仲庶出守潭州》：

吴公治河南，名出汉廷右。

高才有公孙，相望千岁后。

平明省门开，吏接堂上肘。

指撝谈笑间，静若在林薮。

连墙画山水，隐几诗千首。

浩然江湖思，果得东南守。

传鼓上清湘，旌旗蔽牛斗。

方今河南治，复在荆人口。

自古楚有材，鄞渌多美酒。

不知樽前客，更得贾生否。

宋·辛弃疾《满江红》：

倦客新丰，貂裘敝，征尘满目。弹短铗，青蛇三尺，浩歌谁续？不念英雄江左老，用之可以尊中国。叹诗书，万卷致君人，翻沉陆。　休感慨，浇鄞渌，人易老，欢难足。有玉人怜我，为簪黄菊。且置请缨封万户，竟须卖剑守黄犊。甚当年，寂寞贾长沙，伤时哭。

宋·米芾《水调歌头·中秋》：

砧声送风急，蟋蟀思高秋。我来对景，不学宋玉解悲愁。收拾凄凉兴况，分付樽中醽醁，倍觉不胜幽。自有多情处，明月挂高楼。　怅襟怀，横玉笛，韵悠悠。清时良夜，借我此地倒金瓯。可爱一天风物，偏倚栏杆十二，宇宙若浮萍。醉困不知醒，倚枕卧江流。

宋·曾觌《忆秦娥(赏雪席上)》：

暮云癖，小亭带雪斟醽醁。斟醽醁。一声羌管，落梅萩萩。　舞衣旋趁霓裳曲，倚阑相对人如玉。人如玉。锦屏罗幌，看成不足。

清·朱佩连《酃渌酒吟》：

　　　　清泉山里出泉清，万顷酃湖逗一泓。

　　　　酃渌见珍张载赋，原来缩酒贡南荆。

② 赞古代湖湘其他名酒

唐五代时·张白，自称白云子，常挑一铁葫芦，得钱便饮酒。其《赠酒店崔氏》题常德崔氏酒：

　　　　武陵城里崔家酒，地上应无天上有。

　　　　南游道士饮一斗，卧向白云深洞口。

晚唐·杜牧《送薛仲游湖南》题松醪酒：

　　　　贾傅松醪酒，秋来美更香。

　　　　怜君片云思，一去绕潇湘。

晚唐·李商隐《潭州》题松醪酒：

　　　　潭州官舍暮楼空，今古无端入望中。

　　　　湘泪浅深滋竹色，楚歌重叠怨兰丛。

　　　　陶公战舰空滩雨，贾傅承尘破庙风。

　　　　目断故园人不至，松醪一醉与谁同。

晚唐·罗隐《湘南春日怀古》题松醪酒：

　　　　晴江春暖兰蕙薰，兔罝苒苒鸥著群。

　　　　洛阳贾谊自无命，少陵杜甫兼有文。

　　　　空阔远帆遮落日，苍茫野树碍归云。

　　　　松醪酒好昭潭静，闲过中流一吊君。

唐·戎昱《送张秀才之长沙》题松醪春酒：

　　　　君向长沙去，长沙仆旧谙。

　　　　虽之桂岭北，终是阙庭南。

　　　　山霭生朝雨，江烟作夕岚。

　　　　松醪能醉客，慎勿滞湘潭。

唐·水府君《与郑德璘奇遇诗》题松醪酒：

> 昔日江头菱芡人，蒙君数饮松醪春。
>
> 活君家室以为报，珍重长沙郑德璘。

唐·李群玉《五律·杜门》题花屿酒：

> 且咏闲居赋，飞翔去未能。
>
> 春风花屿酒，秋雨竹溪灯。
>
> 世路变陵谷，时情验友朋。
>
> 达生书一卷，名利付春冰。

李群玉《腊夜雪霁月彩交光开阁临轩竟睡不得·寄江陵副使杜中丞》题湖南桂酒（屈原在湖南写的《九歌》中亦有"奠桂酒兮椒浆"之句）：

> 月华临霁雪，皓彩射貂裘。
>
> 桂酒寒无醉，银笙冻不流。
>
> 怀哉梁苑客，思作剡溪游。
>
> 竟夕吟琼树，川途恨阻修。

北宋·苏轼《新酿桂酒》题桂酒：

> 捣香筛辣入瓶盆，盎盎春溪带雨浑。
>
> 收拾小山藏社瓮，招呼明月到芳樽。
>
> 酒材已遣门生致，菜把仍叨地主恩。
>
> 烂煮葵羹斟桂醑，风流可惜在蛮村。

北宋·苏轼《洞庭春色》题洞庭春色酒、安仁醮酒：

引：安定郡王以黄柑酿酒，谓之洞庭春色，色香味三绝，以饷其犹子德麟。德麟以饮余，为作此诗。醉后信笔，颇有逶拖风气。

> 二年洞庭秋，香雾长噀手。
>
> 今年洞庭春，玉色疑非酒。

贤王文字饮，醉笔蛟蛇走。

既醉念君醒，远饷为我寿。

瓶开香浮座，盏凸光照牗。

方倾安仁醽，莫遣公远嗅。

要当立名字，未可问升斗。

应呼钓诗钩，亦号扫愁帚。

君知葡萄恶，止是媞姆黝。

须君滟海杯，浇我谈天口。

宋·诗人杨亿《此夕》题程乡酒：

此夕秋风猎败荷。玉钩斜影转庭柯。

鲛人泪有千珠迸。楚客愁添万斛多。

锦里琴心谁涤器。石城桃叶自横波。

程乡酒薄难成醉，带眼频移奈瘦何。

金代·完颜璟即金章宗皇帝《生查子·软金杯》题洞庭春酒：

风流紫府郎，痛饮乌纱岸。

柔软九回肠，冷怯玻璃盏。

纤纤白玉葱，分破黄金弹。

借得洞庭春，飞上桃花面。

明·张简《醉樵歌》题洞庭春酒：

东吴市中逢醉樵，铁冠欹侧发飘萧。

两肩砣砣何所负？青松一枝悬酒瓢。

自言华盖峰头住，足迹踏遍人间路。

学剑学书总不成，唯有饮酒得真趣。

管乐本是霸王才，松乔自有烟霞具。

手持昆仑白玉斧，曾向月里所桂树。

月里仙人我不嗔，特令下饮洞庭春。

兴来一吸海水尽，却把珊瑚樵作薪。

醒时邂逅逢王质，石上看棋黄鹄立。

斧柯烂尽不成仙，不如一醉三千日。

于今老去名空在，处处题诗偿酒债。

淋漓醉墨落人间，夜夜风雷起光怪。

清·盛鸣世题巴陵压酒：

巴陵压酒洞庭春，楚女当垆劝客频。

莫上高楼望湖水，烟波二月已愁人。

清·查慎行题钩藤酒：

蛮酒钩藤名，乾糟满瓮城。

茅城轮更薄，桐茗较差清。

暗露悬壶酒，幽泉惜竹行。

殊方生计拙，一醉费经营。

现代湖湘名酒也受到世人称赞，画家黄永玉赞酒鬼酒：

酒鬼背酒鬼，千斤不嫌赘；

酒鬼喝酒鬼，千杯不会醉。

酒鬼出湘西，涓涓传万里。

诗人洛夫赞酒鬼酒：

酒鬼饮湘泉，一醉三千年。

醒后再举杯，酒鬼变酒仙。

清宣统帝之弟溥杰赞武陵酒：

千秋澄碧湘江水，巧酿香醪号武陵。

一杯即入桃源境，醒来不知何处行。

"白酒泰斗"，全国著名酿酒专家周恒刚赞白沙液酒：

莫问牧童问酒家，乘车策马赴白沙。

瓮开不晓香几许，蜂蝶飞来误认花。

二、湖南散文与酒

散文是中国文学中种属繁衍最庞杂的一种文体。酒与小说、戏曲、散文等艺术形式之间，无论在数量上，还是在质量上都有着十分密切的关系。湖湘散文史，源远流长。在中国历史的各个时期，都涌现出不少名人佳作，从这些散文家的人生经历和其彪炳史册的代表作品中，我们还能闻到缕缕酒香。

在湖湘四典(屈原的《怀沙》、陶渊明的《桃花源记》、周敦颐的《爱莲说》、范仲淹的《岳阳楼记》)中有两典借酒抒怀，就是《桃花源记》和《岳阳楼记》。

《桃花源记》是东晋末杰出诗人陶渊明(365—427，江西人)在湖南写了一篇千古传诵的美文。该文原是作者《桃花源诗》前面的小记，文中所言"武陵"渔人的故事也并非实指，但该文在湖南产生的影响是特别深远的。文中有几处涉及到酒："便要还家，设酒杀鸡作食。""余人各复延至其家，皆出酒食。"

这篇小记，它充满了丰富的想象力，文字精练朴实，对桃源中人的生活环境和生活气氛的描写，特别是通过村中人对渔人的问讯、以酒宴款待和分别的嘱告，体现了他们的淳朴和真挚，显得分外恬淡自然。它反映了作者希望在现实社会中看到理想社会的美好愿望。也从另一角度证明在东晋南北朝时期，湖南常德桃源一带饮酒已是很平常的民间待客礼仪。

在古代湖南，借酒描写湖湘山水、文章短小精致而又具有人文地理价值的美文很多。唐代大文豪柳宗元在永州游览中借酒为湖湘后人留下了最优秀的山水游记，特别是其中的八篇(《始得西山宴游记》、《钴鉧潭记》、《钴鉧潭西小丘记》、《至小丘西小石潭记》、《袁家渴记》、《石渠记》、《石涧记》、《小石城山记》），成为前后连贯、脉络相通的一组散文。《始得西山宴游记》是《永州八记》的第一篇，作者寄情山水，写偶识西山的欣喜，写西山形势的高峻，写与自然的融合，写宴饮之乐。摘其句如下："到则披草而坐，倾壶而醉；醉则更相枕以卧，卧而梦，意有所极，梦亦同趣；觉而起，起而归。""引觞满酌，颓然就醉，不知日之入。苍然暮色，自远而至，至无所见，而犹不欲归。心凝形释，与万化冥合。"

"西山"，在永州之西，西山和永州之间隔了一条湘江。它从朝阳岩起到王茂岭止，绵延数里之长。这篇游记是《永州八记》的第一篇，作者在游西山的时候还饮酒取乐，以酒来助游兴，柳宗元觉得只有在游览了西山之后，他才算真正地发现了永州山水的特别之处，另外，从心境上看，游西山破解了作者被贬永州后"恒惴栗"的心情，取得了"心凝形释，与万化冥合"的审美感受，从这儿才开始真正的游览，所以，他将此文命名为《始得西山宴游记》。

作者写平日的宴游之乐。"到则披草而坐……觉而起，起而归。"到了就分开杂草坐下，倒尽壶中的酒，喝得大醉，醉了就相互枕靠着躺下，一躺下就常常做梦，心中想到哪里，梦也就做到那里，睡醒了就起身，一起身就回城。

柳宗元在永州还留下了寓言小品《三戒》、《罴说》和传记散文《捕蛇者说》等不少传世名篇。《捕蛇者说》更是一篇流传千古的不朽之作，其所以不朽，是因为作者为人民讲了真话。他痛数官府赋敛给人民带来的苦难"殚其地之出，竭其庐之入。号呼而转徙，饿渴而顿踣。触风雨，犯寒暑，呼嘘毒疠，往往而死者，相藉也"。"悍吏之来吾乡，叫嚣乎东西，隳突乎南北"，直闹得"鸡狗不得宁"。这令人心碎的血泪陈述使他终于相信了孔子"苛政猛于虎"的说法，得出了"赋敛之毒，有甚是蛇者"的结论。

现在，《捕蛇者说》也使得永州异蛇在全球华人的心目中有了很高的知名度，这是作者当初未曾想到的。永州异蛇的药用价值很高，"得而腊之以为饵，可以已大风、挛踠、瘘疬，去死肌，杀三虫。"现在永州市异蛇科技有限公司生产的柳宗元牌异蛇王系列酒，因功效独特和酒质优秀而深受消费者好评。

北宋著名政治家、文学家范仲淹的《岳阳楼记》在湖湘文学史上更具有特殊意义，据史志载，范仲淹两岁时父亲去世，其母改嫁山东长山朱氏，他也改名为"朱说"。其继父还到湖南安乡县做过县令，他随母来安乡养读，在洞庭湖区度过了少年时代，至今在安乡书院洲古兴国观遗址，还留下了他当年"读书台"的遗迹。《岳阳楼记》这篇文章的语言很有特色，它虽然是一篇散文，却穿插了许多四言的对偶句，如"日星隐曜，山岳潜形"、"沙鸥翔集，锦鳞游泳"、"长烟一空，皓月千里；浮光跃金，静影沉璧"这些骈句为文章增添了色彩，也说明作者锤炼字句的功夫之深，如"衔远山，吞长江"这两句的"衔"字、"吞"字，恰切地表现了洞庭湖浩瀚的气势。"不以物喜，不以己悲"，简洁的八个字，像格言那样富有启示性。作者通过对洞庭湖阴雨之时览物而"满目萧然，感极而悲"的触景伤情和春和天晴之际览物应："把酒临风，其喜洋洋"的临风开怀的描述，通过这一悲一喜两相对照，情随景生，情景交融，而引出文章的主旨"先天下之忧而忧，后天下之乐而乐"，在这里作者对前面所写的两种览物之情一概加以否定，表现了一种更高的思想境界，即把丰富的意义熔铸到这短短的两句之中，字字有千钧之力。

明清之际的伟大思想家王夫之，衡阳人，学识广博，著述丰富，他的作品既注重思想内涵，又酒味飘香，文采飞扬，令人百诵不厌。如其《种竹亭稿序》曰："阳禽回翼，地远天孤。一线斜阳，疑非疑是。江湖皆矰缴之乡，沙塞杳帛书之寄。刀兵队伍，有臆无词，生死海中，当离言合。萧萧笳吹，酒夕惊寒。此蔚子所为磊落之胸，哀歌河上者也。"字里行间，寄寓着遭逢丧乱的身世感慨。

作为有民族气节的思想家，王夫之论诗不同于时人流行的见解，而是主张做诗要以意为主，坚决反对没有内容的单纯拟古或雕琢藻饰，此观点至今仍有积极意义。其散文《姜斋诗话》就是其思想理论观点的结晶，他得心应手地运用随笔式的文体读诗或做诗，心有所感便随手写出，题材有大有小，态度有庄有谐，篇幅有长有短，用一种无拘无束、悠闲自适的笔墨，涉笔成趣，道出诗歌批评的大道理，耐人寻味。现录一则赏之。

《姜斋诗话》节录

"落日照大旗，马鸣风萧萧"，岂以"萧萧马鸣，悠悠旆旌"为出处耶？用意别，则悲愉之情原不相贷，出语时偶然凑合耳。必求出处，宋人之陋也。其尤酸迂不通者，既于诗求出处，抑以诗为出处，考证事理。杜诗："我欲相就沽斗酒，恰有三百青铜钱。"遂据以为唐时酒价。崔国辅诗："与沽一斗酒，恰用十千钱。"就杜陵沽处贩酒向崔国辅卖，岂不三十倍获息钱耶？求出处者，其可笑如此。

王夫之的此文之意就是说，读诗应重在体会其意旨，若总是相信什么"无一字无来历"的迂腐之论，苦心求出处，胶柱鼓瑟，必然会闹出笑话。文字不长，意思却深刻明朗，文中所举依据杜甫和崔国辅的诗句来考证酒价做买卖，就是一个令人捧腹的例子。

"盖文章，经国之大业，不朽之盛事。年华有时而尽，荣乐止乎其身。"是以古人通过读书求仁而求兼治天下或寄身翰墨，托飞驰之势，传身名于后者多矣。然通观历史，真正做到"行己以有耻为质，读书以有用为程"，从而成就功名者，并非俯拾即是。相反，因读书而毁自身、亡家国者为数并不少。《资治通鉴》载："江陵陷，元帝（梁元帝）焚古今图书十四万卷。或问之，答曰：'读书万卷，犹有今日，故焚之'"。此后的读书人便多将元帝亡国归咎于书，王夫之还有一篇酒散文，题目是《论梁元帝读书》，他在此文中就有此论。在文中，王夫之借酒行文指出梁元帝亡国并不完全在于读书，而是在于不善读书，他的这一论点很精深独到。他告诫我们：读书应有志、应时，志定学乃益，未闻无志学成者。也就是说读书不辨善恶，不辨主次，徒有读书之名，而无读书之实，只能迷得愈深，毒浸得益深。梁元帝正因此而亡国徒遭人笑，而隋炀帝、陈后主、宋徽宗也皆饱学读书之人，终究也落得与梁元帝一样的下场，败家亡国。读书如风行水上，即使读遍人间万卷书，也是书橱一个。此类人读书，异端邪说、流俗传闻之类涉猎万卷而不辨一二。读先圣先儒之书，不察其迹，不辨其理，徒能刻画而仿佛；读当世名人之书，则顶礼膜拜，唯唯唱喏。王夫之曾言"夫读书以何为哉？辨其大义，以立修己治人之体也；察其微言，以善精义入神之用也。""尽信书则不如无书"，无半点自己的思想，读书万卷，也只能让他人的文字、言论在胸中任意跑马，徒增疑惑与昏聩罢了！读书可以修人亦可以毁人，可以立国亦可以废国！遍览天下芸芸读书之人，真正读书者究竟有几人？

　　"我们要想拒洋人，只有讲革命独立。"这是陈天华在《警世钟》一书中提出的名言。陈天华，湖南新化县人，在辛亥革命准备时期，他写下了大量的宣传革命的作品，其中尤以《警世钟》、

《猛回头》、《狮子吼》最为著名。陈天华的反帝爱国思想，给人们留下了不可磨灭的印象。《警世钟》全书约2.3万字，分为30个自然段。它是用这样的七言诗句开头的："长梦千年何日醒，睡乡谁遣警钟鸣？腥风血雨难为我，好个江山忍送人！万丈风潮大逼人，腥膻满地血如糜；一腔无限同舟痛，献与同胞侧耳听。"在文言文风行的时代，天华大胆使用白话文，《警世钟》以说唱的散文形式出现，就是一种可贵的移风易俗的举动。作者用大量的历史事实，指出中国这块肥肉，正被一群豺狼围住撕扯着、吞咽着，中国被豆剖瓜分了；满洲政府已是"洋人朝廷"了。清政府已成为"洋人朝廷"这个根本性的问题，这是陈天华最先公开指出的。这一观点的出现，在爱国人士中立即产生了巨大的影响，并形成一种新的觉悟——反封建必须反帝！作者以炽热的爱国感情，斩钉截铁地指出，必须万众一心，"同饮一杯血酒"，齐心杀敌，具有巨大的感召力：

《警世钟》节录

俗话说的，"赶狗逼到墙，总要回转头来咬他几口"。难道四万万人，连狗都不如吗？洋兵不来便罢，洋兵若来，奉劝各人把胆子放大，全不要怕他。读书的放了笔，耕田的放了犁耙，做生意的放了职事，做手艺的放了器具，齐把刀子磨快，子药上足，同饮一杯血酒，呼的呼，喊的喊，万众直前，杀那洋鬼子，杀投降那洋鬼子的二毛子。满人若是帮助洋人杀我们，便先把满人杀尽；那些贼官若是帮助洋人杀我们，便先把贼官杀尽。'手执钢刀九十九，杀尽仇人方罢手！'我所最亲爱的同胞，我所最亲爱的同胞，向前去，杀！向前去，杀！向前去，杀！杀！杀！杀我累世的国仇，杀我新来的大敌，杀我媚外的汉奸。杀！杀！杀！

陈天华是在中国人昏睡未醒之际，奋起撞击警世洪钟的敲钟人。这种"同饮一杯血酒，呼的呼，喊的喊，万众直前，杀那洋鬼子"的召唤战斗的豪言壮语，有如惊雷闪电，划破阴霾沉沉的神州夜空，有如鼓角齐鸣，激发着每一个中国人心中的反帝怒潮和革命意志。

湖南当代的酒散文、酒故事、小说、传说、酒歌和酒戏剧就更多了，如湖南现代著名的酒散文有《醉赋张家界》、沈从文的《一个多情水手与一个多情妇人》、周立波的《韶山的节日》、叶蔚林的《酒觞》、洛夫的《酿酒的石头》等；小说有张行的《武陵山下》、王以平的《伐木者的野宴》、孙健忠的《醉乡》及《酒尾子》等；戏剧有田汉的独幕话剧《咖啡店之一夜》、湘剧《贵妃醉酒》、湘昆剧《醉打山门》、巴陵戏《醉打蒋门神》、长沙花鼓戏《讨学钱》和《打铜锣》等；曲艺类有《刘伶醉酒》、《三杯酒》和《王老倌赶场》等；酒歌有宋祖英的《阿公的酒碗》、蒋子龙写出的《酒鬼歌》、湖南民歌《大采茶》（九月采茶是重阳，大姐造酒二姐尝）、壮族的《对歌》（唱歌莫给歌声断，喝酒莫给酒壶干）、土家族的《长工歌》（好酒好肉老板吃，皮和骨头待长工）等；酒与歌舞有瑶族的《盘王之女》，整台节目歌舞迷人，飘逸着浓浓的酒香；酒与影视类有电视剧《醉乡》，该剧以酒抒写湘西土家族浓郁的民俗民风，并把酒香与青山绿水和人的憨厚善良交织在一起，置酒和山、水、人同样的地位、同样的美使屏幕生辉等。

三、湖南楹联与酒

对联是浓缩的诗，是中国的特产和国粹。对联始于五代之桃符，盛于明清，千多年来，对联与民族文化一起，土生土长，共兴共荣。民间民谣民谚内容更为丰富，形式多样，流传甚广，或节气、或待人处事、或针砭时弊，上至党的方针政策、法纪条文，下至三教九流、饮食服饰，几乎无所不及，无所不有。它语言流畅、朗朗上口，如语海中的珍珠，艺苑中的瑰宝，既富逻辑性，又不乏幽默、机智诙谐，有的还富含科学性和生活哲理，不乏智慧的闪光。本章主要就湖南民间与酒有关的对联作一赏析。

　　酒联，顾名思义，是关于酒的对联，每一幅酒联都弥漫着一股股浓烈的酒香。酒联是酒文化的精髓和代表，在世界艺术殿堂大放异彩。酒入对联，联溢酒香，芬芳醉人，溢彩流光，令人赏心悦目，读来荡气回肠。笔者曾收集过湖南的酒联，从古至今，有题名山、名楼、名酒、名厂和名店的楹联，还有其他以酒为内容的对联，各有特色。

1. 古今名人题岳阳楼和君山

　　我每一醉岳阳，见眼底风波，无时不作；
　　人皆欲吞云梦，问胸中块垒，何时能消。

（北宋江西人，欧阳修）

　　放不开眼底乾坤，何必登斯楼饮酒；
　　吞得尽胸中云梦，方可对仙人吟诗。

（清朝岳阳人，吴敏树）

　　凭栏五月六月凉，人在冰壶中饮酒；
　　放眼千山万山晓，客从图画里题诗。

（巴陵人，吴凤孙）

　　放不开眼底乾坤，何必登斯楼把酒；
　　吞得尽胸中云雾，方可对仙人吟诗。

（晚清益阳人，胡林翼）

　　湖景依然，谁为长醉吕仙，理乱不闻唯把酒；
　　昔人往矣，安得忧时范相，疮痍满目一登楼。

（郑家溉）

呼来风雨，招来神仙，诗酒重逢应识我；

流尽兴亡，淘尽豪杰，江湖放荡此登楼。

（晚清湘潭人，杨度）

盘膝曲肱，醉倒檐前君莫笑；

明心见性，浪游世外我为真。

（隋唐山西人，吕洞宾）

放不开眼底乾坤，何必登斯楼把酒；

吞得尽胸中云梦，方许对古人言诗。

（南朝，王褒生）

无限洞庭秋，趁此日登高，巴陵一望；

又成千里别，待何日聚首，樽酒重论。

（近代岳阳人，李澄宇）

还有许多现在不知其名者（佚名）借酒题岳阳楼的酒联，很有特色。如：

呼来风月，招来神仙，诗酒重逢应识我；

流尽兴亡，淘尽豪杰，江湖放浪此登楼。

一篇文绝，二字情深，三回酒醉，

有滕范吕公，楼台方得名驰天下；

四支水渺，千条涧长，万顷波涌，

无江河溪众，洞庭怎能造福人民。

2. 湖南各地名胜有酒入句的对联

痛饮读离骚，放开今古才子胆；

狂歌吊湘水，照见江潭渔父心。

（长沙岳麓书院三闾大夫祠联）

千古名胜又重新，是谁润色江山，

应追思屈子文章，贾生才调；

四面峰烟都扫尽，到此安排樽酒，
好携来洞庭秋月，衡岳春云。

（长沙天心阁联）

楼头俯视九州空，剩几许虫沙，都幻作白衣苍狗。
茫茫劫运，概何日销沉。
芳草夕阳斜，不堪倚遍栏干，野老都来谈国事；
岳麓运涵三楚秀，更平吞云梦，尽收归画栋珠帘。
咄咄奇观，趁闲时领略。
梅花明月夜，最好携将樽酒，诗人高处问天心。

（长沙天心阁联）

有远孙绍汉四百载宗祊，
只余贫国分藩，剩与筑台望慈母；
向何处访景十三王茅土，
除却河间好古，独来醑酒奠斜晖。

（长沙定王台）

杰阁凌霄，尽凭楚客登临，
名城纵览，天高水阔，对景怡情。
访古觅遗踪，遥瞻岳麓千峰秀。
澄江如练，倘使杜陵犹在，
旧地重游，夜醉晓行，吟诗把酒，
骋怀惊巨变，笑看长沙万象新。

（长沙杜甫江阁联）

顾曲有闲情，不碍破曹真事业；
饮酒原雅量，偏嫌生亮并英雄。

（岳阳周瑜墓联）

杯举龙池，原大众洗心，净对空中皓月；

杖拂天柱，试凭虚放眼，全收界下浮云。

（衡山祝融峰老圣殿联）

人生百年，把几多风光琴尊等闲抛却；

是翁千古，问尔许英雄豪杰哪个醒来。

（常德"招屈亭"联）

把酒话桑麻，占雨课晴，此间自有田家乐；

删诗慨禾黍，伤今吊古，吾辈当先天下忧。

（常德"蹑风亭"联）

沅水酿之太和醇醇有味，德山酒以言德郁郁生香。

（沅水之浦、德山之麓楹联）

七尺似飘蓬，那管烽烟未熄，

饥馑频臻，聊借金樽酬旧雨；

三生寻隐迹，问今秦叟何栖，

渔郎焉往，醉将莲影认桃花。　　　　　（桃花源联）

高檐近日，凭栏处杨柳风轻，纵目尧天夸盛世；

举酒临江，听雨时桃花水涨，息机陶令乐仙源。

（桃花源联）

山水何灵得名贤履迹所经便流传八百年后；

裙屐杂坐爱此地杯酒共酌且邀约两三人来。

（石门县流杯池联）

月色艳如花，有客作秦淮夜泊；

酒杯宽似海，问谁将云梦频通。

（沅江八角楼联）

把酒涤烦襟，任天涯草绿，世界尘红，此心澄似双清水；

凭槛舒画眼，看远浦帆樯，夕阳城郭，胜概多于六岭春。

（邵阳双清亭联）

醴酒宴嘉宾，琴韵书声，遥知渌水源头远；

陵云弘壮志，地灵人杰，独得西山爽气多。

（醴陵渌江书院联）

林间煮酒烧红叶，石上题诗扫绿苔。

（衡山云雾岭）

3. 湖南寺院联

各争此万岁千秋，悼我同胞，抽刀偕作来君叔；

姑教以四季二祭，问谁醑酒，轰炮能谈余伏山。

（石门昭烈寺）

何须说黄鹤岳阳，且凭栏渚孤峰，

合管领沅水清风，洞庭皓月；

于此参天龙白版，兼防太坛善孽，

也学他坡仙载酒，岛佛吟诗。

（溆浦紫山庵）

湘碧洴琼池，滟滟芳斟，呼隔院菩提芳醉；

灵风振瑶瑟，些些清怨，是甚时帝子将来。

（沅江景星寺）

松阴云气护游龙，只有那陈抟祖师能识宋帝；

破庵枯井养真性，又何怕智深提辖醉打山门。

（麻阳湘山寺）

修到神仙，看三醉飞来，也要几杯渌酒；

托生人世，算百般好处，都成一枕黄粱。

（岳阳吕仙祠）

4. 酒厂楹联

沅水酿之太和醇醇有味；德山酒以言德郁郁生香。

（常德市德山大曲酒厂联）

龙泉凤泉曾泉同是甘泉水，酒圣酒仙酒鬼皆为名酒魂。

（湘泉酒厂联）

湘泉能解黄梁梦，酒鬼犹存钟馗风。

（湘泉酒厂联）

毕生不弄鬼，斗酒自成仙。

（酒鬼酒厂联）

糟滴珍珠漏泄乾坤一团和气，杯浮琥珀陶溶肺腑万种风情。

（常德德山酒厂联）

陈酿一杯武陵酒，梦乡千年桃花源。

（常德武陵酒厂联）

神农美酒神州醉，神州酒香神农酒。

（神农保健酒厂联）

欢呼金世纪，畅饮浏阳河。

（浏阳河酒厂联）

人面桃花凝永醉，心潮江水笑长春。

（桃江酒厂联）

酿成春夏秋冬酒，醉倒东西南北人。 　　（祁阳酒厂联）

5. 名士为湖南美酒题联

常德德山山有德；沅江江酒酒无江。

（秦含章赞德山大曲酒）

举杯三盏醉；开缸十里香。

（王首道题武陵酒）

南岭古泉流四海；神农美酒醉五洲。

（臧克家赞神农酒）

藏春隔瓮醉；留客透瓶香。

（流沙河赞神农酒）

龙泉凤泉兽泉同是甘泉水；酒圣酒仙酒鬼皆为名酒魂。

（陶家驰赞酒鬼酒）

发浓香发酱香双双发香香飘五湖四海；
得银奖得金奖个个得奖奖满万户千村。

（秦含章赞武陵酒）

湘泉能解黄粱梦；酒鬼犹存钟馗风。

（周恒刚题湘泉、酒鬼酒）

龙泉凤泉寿泉酿湘泉；土家苗家汉家是一家。

（谢晋题湘泉酒）

6. 湖南酒家、饭店楹联

改革开放以来，湖南饮食服务行业蓬勃发展，酒家、饭店不计其数，有许多酒家、饭店门口贴有对联，联多言酒。既是广告，又具文化氛围，显示自己的特色，招徕顾客。在这些酒店楹联中，有平铺直叙，诙谐逗趣的；有典雅大方、激人奋发的；有自己创作的；有集前人诗句成联的；且从街头拈几幅欣赏：

饮酒读离骚，也算屠门大嚼；
和羹调鼎鼐，不如左手持螯。

半盏、半瓯，半醉、半醒，
偷得半日清闲，也算人间半乐；
仙侣、仙朋，仙肴、仙酒，
招来仙姬共饮，胜似天上仙家。

诗甘称弟子；酒不让先生。

汲水蒸醪，夜醉长沙吟杜甫；
烹泉煮茗，风生两腋爽卢仝。

谁携太白来耶？金谷宴芳园，春夜雨觞宜醉月；
休问季鹰归来，火宫罗美食，秋风鲈脍不思乡。

岳麓青山留客住；白沙好酒待君尝。

问生意如何，打得开，收得拢；

看世情怎样，醒的少，醉的多。

画苑邀贤，诗坛聚友，翰墨登楼迎雅客；

光泉酿酒，涞水煮茶，春秋把盏话家常。

逛府前街散散心，且喝一杯茶去；

登得月楼歇歇脚，再打二两酒来。

洞宾饮酒翩翩去；湘子闻香款款来。

酒醉十里，招客举杯邀明月；

饭香一堂，引人挥箸唱春风。

为名忙，为利忙，忙里偷闲，且饮两杯茶去；

劳心苦，劳力苦，苦中作乐，再拿一壶酒来。

济公捧坛喝，一曲酣眠卧佛寺；

李白邀月饮，三杯醉倒酒仙桥。

7. 湖南酒德、酒风联

在湖南各地酒楼、酒吧内有许多极尽弘扬酒德、赞美酒风的联文，唯愿饮者抑其恶，扬其善，使人能真正感受到酒中的乐趣。笔者在湖南民间搜集了很多劝人戒酒向善的酒联，句句均为警人警世之语。如：

交不可滥，须知良莠难辨；

酒勿过量，谨防乐极生悲。

人生惟酒色机关，须百炼此身成铁汉；

世上有是非门户，要三缄其口学金人。

书未成名，叹尔今生空伏案；

酒能丧名，劝君来世莫贪杯。

酒常知节狂言少；心不能清乱梦多。

君子善饮贵斟酌；酒徒贪杯贱名节。

借酒浇愁愁难解；以酒助兴兴更浓。

莫思世上无穷事；且尽眼前有限杯。

好书如酒益心性；良友似镜正言行。

知己似酒常宜醉；良友如书时须吟。

多读书知礼明义；少饮酒多是无非。

8. 湖南民间生活酒字入句联

在我省民间的日常生活中，传统节日、婚嫁、寿辰、祭奠联等，酒字入句中比比皆是。

（1）传统节日

春节：

美酒千盅辞旧岁；梅花万朵迎新春。

合家共敬一杯酒；百卉同迎四季春。

正阳春色香生翰墨；元日有酒人醉屠苏。

金樽玉粟千门秀；绿树红楼万户春。

对酒歌盛世；举杯庆佳节。

元宵节：

雪月梅柳开春景；灯鼓酒花闹元宵。

万户酒歌庆盛世；满天焰火旭春光。

春夜灯花，几处笙歌腾朗月；

良宵美景，万家酒席庆丰收。

端午节：

艾酒驱瘴千门福；碧水竞舟十里欢。

焚艾草饮雄黄清瘴防病别为邪祟；

飞龙舟裹香粽莫忠招魂是效楷模。

酒酌金卮满；盘盛角黍香。

中秋节：

几处笙歌留朗月；万家酒果乐中秋。

东山月，西厢月，月下花前，曲曲笙歌情切切；

南岭天，北港天，天涯海角，樽樽桂酒意绵绵。

月圆人共圆，看双影今宵，清光并照；

客满樽亦满，羡齐眉此日，秋色平分。

重阳节：

佳节号重阳，曾闻乌帽临风，白衣送酒；

盛筵今再得，更喜红橙饱露，黄粟成糕。

菊花辟恶酒；汤饼茱萸香。

双庆临门，家庆欣逢国庆日；

三阳插彩，小阳喜叠重阳酒。

身健在，且加餐，把酒再三嘱；

人已老，欢犹昨，为寿百千春。

（2）婚联

花开连理描新样；酒饮交杯醉太平。

初月洒银光诗题红叶同心句；

三更话蜜语酒饮黄花合卺杯。

斗酒宴嘉宾，杀鸡烹羊配知己；

香车迎淑女，悬灯结彩话良缘。

诗题红叶同心句；酒饮黄花合卺杯。

芙蓉镜映翠屏帐下花含笑；玳瑁筵开锦绣堂前酒合欢。

喜酒喜糖办喜事盈门喜；新郎新娘树新风满屋新。

（3）祝寿联

祝寿赋联，在湖南民间还分男寿、女寿的酒联。贺男寿酒联有如：

　　筵前倾菊酿；堂上祝椿龄。

　　海屋仙筹添鹤寿；华堂春酒宴蟠桃。

　　曲谱南薰四月清和逢首夏；樽开北海一家欢乐庆长春。

　　家中早酿千年酒；盛世长歌百岁人。

贺女寿联：

　　称觞好醉延龄酒；设帨多簪益寿花。

　　麻姑酒满杯中绿；王母桃分天上红。

　　星耀长庚寿添海屋；禧延萱阁酒进椒梅。

　　诗借闭宫称寿母；酒移元圃奉灵仙。

男女寿通用寿联：

　　酒介南山寿；觞开北海樽。

　　举酒同歌无量寿；开杯共饮小阳春。

　　玉露满盘和寿酒；云傲几曲佑霞觞。

　　火树银花开佳节；玉液琼浆作寿杯。

（4）祭奠联

祭奠联分挽联和平时祭祀联。挽联中有一首是陈三立借酒挽郭嵩涛（湘阴人）的，该联以湖湘屈原、王夫之为喻，赞郭嵩涛过人的胆识和学识。祭联云：

　　孤愤塞五洲之间，众醉独醒，终古行吟依屈子；

　　抗心在三代以上，高父醇意，一时绝学并船山。

湘军首领曾国藩有几幅吊唁朋友的挽联很有特色，如：

挽莫友芝：

　　京华一见便倾心，当时书肆订交，早钦宿学；

江表十年常聚首，今日酒樽和泪，来吊诗魂。

挽陈董覃给谏岱霖：

归路三千指故乡，记否黄鹤晴川，曾上高楼持使节？

去年重九作生日，岂意只鸡斗酒，又来萧寺吊诗魂。

挽梅霖生太史钟澍：

  万缘今已矣，新诗数卷、浊酒一壶，

  畴昔绝妙景光，只赢得青枫落月；

  孤愤竟何如，百世贻谋、千秋盛业，

  平生未了心事，都付于流水东风。

1884年晚清名士吴熙（今湘潭人），借酒挽忠州才子李芋仙，联云：

禅智山光好墓田，今果如酒后戏言，太白醉魂招海上；

平生风义兼师友，已闻开蜀中诗派，浣花余韵在人间。

1890年彭玉麟（祖籍衡阳）逝世后其好友王闿运、王之春为祭奠他，所作挽联也很有个性和特色。

王闿运挽彭玉麟：

  诗酒自名家，更勋业烂然，长增画苑梅花价；

  楼船欲横海，叹英雄老矣，忍说江南血战功。

王之春挽彭玉麟：

洁清方文靖，劳瘁似武乡，高尚绍邺侯，丰裁超忠介，使车持节，犹是布衣。当年爵禄频辞，岂忘天下乐忧、民间疾苦。荩臣捐性命，自甘剑浙矛炊，迨至国狗全歼，狂鲸永息，东南奠定，中外安攘，置酒方歌风，何遽大地陨星，又弱一个。

伟业著鄱湖，芳踪留浙水，勋名垂粤峤，遗爱遍长江，兵法传薪，实难负担。畴昔戎机参赞，曾以干城属寄、国士相期。知己感生成，愿倚泰山北斗，谁料灾缠二竖，梦兆两楹，甲马辰飞，酉鸡夜变，无缘再立雪，愧未于场筑室，独居三年。

1899年力主变法维新的湖南学政江标逝世，清末诗人金武祥以酒挽联，联云：

蓬瀛着望，沅澧持衡，只缘贾谊忧时，顿使盛年悲鹏鸟；

禅院播经，山塘载酒，才共江淹赋别，不堪别业过钟山。

5. 湖南民间自题联

清代后期道州（今道县）人何绍基虽爱酒，但他很谨慎，曾为自己写过警示联句，联云：

爱书不厌如平壑；戒酒新严似筑堤。

曾国藩的一副自题酒联就展示了烈士暮年，壮心未已，恬淡自适之中蕴含着伟大抱负。联云：

酿五百斗酒，读三十年书，于愿足矣；

制千丈大裘，营万间广厦，何日能之。

另选民间明志联共赏：

学古之志未衰，每日必拥书早起；

干世之心已绝，无夕不饮酒高歌。

可叹雄心醉中老；莫使年华梦里衰。

饮酒知节狂言少；闲谈无度是非多。

酒欲醉人人不醉，花香袭我我自清。

苟有恒无须订章罚款，最无益莫过嗜酒吸烟。

断送一生唯有酒，寻思百计不如闲。

好酒、嗜烟、喜茶，人生三好味；

戒酒、禁烟、淡茶，健康一忠言。

第八章　湖南书画艺术与酒

　　古去今来，文人骚客总改不了嗜酒的性情，诗坛书苑一日三醉者居多，画界丹青更愿"长醉不复醒"，"雅好山泽嗜杯酒"是水墨中的常谈。墨客们流连于名山大川之时，总忘不了带壶小酒；于花前对月高歌，总要以酒相伴；于湖心赏雪，或于雪中独钓，无酒简直难成佳境。在丹青手挥毫泼墨之际，是酒，泽了山川，其意盎然；是酒，助了花浓，其色嫣然；是酒，化了雪景，其境幽然。酒，可品可饮，可歌可泣，亦可化身于画中，做了画的精魂。酒与书法自古已结不解之缘，酒生性灵，书法艺术大师们乘着酒兴，借着酒力，无需构思，只管挥毫，那泼洒出来的也就愈见功力，愈显神韵了。有酒，妙笔生繁花；有酒，奇思出妙想。于是，大师们在金樽中，觅到了柳暗花明的新境界；在觥筹中，抓住了稍纵即逝的灵感。

　　"问君何举如椽笔，跃上云端酒使狂。"醇酒之嗜，激活了2 000余年书画艺术家的灵感，为后人留下数以千万的艺术精品。从古至今，文人骚客总是离不开酒，诗坛书苑如此，那些在画界占尽风流的名家们更是"雅好山泽嗜杯酒"。酒是他们创作的重要题材，诸如文会、雅集、夜宴、月下把杯、蕉林独酌、醉眠、醉写……无一不与酒有关，他们借酒或在名山大川陶冶性情，或在花前斟酌对月高歌，往往就是在"醉时吐出胸中墨"。酒酣之后，他们"解衣盘薄须肩掀"而使"破祖秃颖放光彩"，酒成了他们创作时必不可少的重要条件。酒可品可饮，可歌可颂，亦可入画图中。纵观历代中国画杰出作品，有不少有关酒文化的题材，可以说，绘画和酒有着千丝万缕的联系，它们之间结下了不解之缘。他们酒后兴奋得引发绝妙的柔毫，于不经意处倾泻胸中真臆，令后学击节赞叹，甚至顶礼膜拜。这种异常亢奋是支持艺术不断求索的宝库，使元绪而趋于缜密，经纬天成；使平淡而奇崛，逮若神助，笔下生花；否则，一旦罢杯，则老生常谈，平平而蹈于窠臼，神采乏力，冥思无端。历史上不少大书法家并不满足于细品助兴，小盏频频，于琼浆玉液乃是海量，放胆开怀畅饮，越是激昂腾奋，则笔走龙蛇，异趣横生，线条旋舞，恨墨短砚浅，非纸尽墨干乃止。下面我们来看看湖南古今书法、绘画艺术与酒的联系。

一、湖南书法艺术与酒

湖南历史上出过不少书法名家、大家、大师，据《湖南通志》等志书记载，湖南历代有书法家 1 000 多人。而欧阳询、怀素、何绍基、齐白石、毛泽东都是大师级人物，是湖南五大书家，他们是湖南的骄傲，是湖湘文化孕育了这五大书家，湖湘这五大书家既有"霸蛮"执著又能"转益多师"；湖湘五大书家"敢为人先"，径入极致；湖湘五大书家注重学养，"人奇字自古"。书法史上有一个神奇现象：有些书法家饮酒大醉后，所作书法更为潇洒飘逸，遒丽动人。因此传统认为醉书是饮酒大醉后所作的书法。其实据笔者考证，醉书是一种不规则的狂乱书体，是书法大师们在沉醉忘我状态中创造迸发的一种笔墨涨溢、强烈抒情的笔墨形式。东晋王羲之醉中所书《兰亭序》遒媚劲健，酒醒后，王更书数十百本，终不及原作，世谓有神助。唐代"癫张狂素"更是彪炳千秋。张旭往往酩酊大醉后以头濡墨而书。李颀《赠张旭》曰："张公性嗜酒，豁达无所营。皓首穷草隶，时称太湖精。露顶据胡床，长叫三五声。兴来洒素壁，挥笔如流星。"其书法与"酒"、"醉"结缘，奇丽诡异，变化万千，世谓狂草。怀素，亦称为"狂"，性格狂放，不拘小节，饮酒酣醉之际，随手挥写，其笔墨狂乱，完美表达静悟灵性。癫张狂素把草书推到了高峰，实是"醉"的结果。

在湖南很多地方还出土了许多精美的酒具酒器和帛书字画，反映出当时高超的工艺水平和饮酒之兴盛；中国自古传说，笔为秦代蒙恬所造，但 1954 年在长沙左家公山墓中不仅发掘出了各种酒器，还发现了一支保存完好的战国毛笔，笔杆长 18.5 厘米，径 0.4 厘米，笔毛长 2.5 厘米，上好的兔毫制成的笔毛夹在竿的一端，外面用丝线缠紧，再涂漆胶住。与毛笔和酒器放在一起的还有竹片、铁削和小竹筒等用于书写的工具。这是迄今我国发现的最古老的毛笔，至今已有 2000 多年的历史，被称为"天下第一笔"。它说明早在蒙恬所在的秦代之前，湖湘楚人就制造了毛笔，有了毛笔，蘸上墨汁，可以在竹片、丝绢和其他东西上写字，也可用来绘画，比原来用刀在甲骨、铜器上刻字要方便省力得多。不仅如此，从现场还有酒器来看，说明湖湘先人在写字绘画之前或写字绘画的同时就有了饮酒之习惯，毛笔和酒器的同时出现是中国书法史和美术史上值得大书特书之事，也为酒与书法美术相亲相溶的关系找到了源头。

唐代的文化艺术已发展到了前所未有的繁荣，书法、绘画艺术也进入黄金时代。唐代的大书法家中，欧阳询欧阳通父子、释齐己和僧怀素分别是湖南长沙、益阳和永州人，杰出雕塑家杨惠之是郴州人，其塑人物肖像惟妙惟肖，被誉为"古今绝技"。他还被后世画、塑工匠奉为"祖师"，这些艺术家与酒都脱不了关系。特别是怀素，可以说他是唐代湖南人中真正所谓看破红尘，执著于艺术者。怀素俗姓范，字藏真，永州零陵（今湖南零陵）人，史书上称他"零陵僧"成"释长沙"他自言"饮酒以养性，草书以畅志"。幼年，随从伯祖父释惠融禅师出家，上了清阳庵，在此修行，专攻草书，师于草圣张旭。据记载，怀素练字十分勤奋刻苦。每日黎明即起，研墨挥毫；贫而无纸，便摘蕉叶练字。于是在寺旁空地遍种蕉树。数年后，蕉叶飒飒，绿波浮动，染绿天空。他便将清阳庵改为"绿天庵"（图8－1）。他将用坏的笔集成一堆葬在山下，做成坟丘状，号称"笔冢"。怀素为酒徒，他虽出家，却贪杯，常喝得酩酊大醉，醉中挥毫，运笔如疾风骤雨，飞动圆转，不失法度，其狂草为当朝之冠。时人呼张旭"张癫"，称怀素"以狂继癫"，并称"癫张醉素"。

图8－1　永州怀素遗址"绿天蕉影"

唐代书法中，怀素之奇与欧阳询之正，恰如唐诗之李白与杜甫，这两位湖南出产的伟大的书法艺术家，从各自的角度共同体现了湖南文化的奇异特质，一正一狂，正可见出湘人文化性格之两端。怀素将中国文人心胸和骨子里对自由的向往和精神放逸意趣表现到了极致，书法线条本身摆脱了文字的日常表意功能，成为精神自由的象征。怀素和他千年后的知己毛泽东都以自己的狂草展现了湘人的气质、抱负和胸襟的卓然奇绝和超迈高蹈。据毛泽东的秘书田家英说，毛泽东的草书深受怀素影响，怀素和毛泽东两人的字都非常有气势，怀素好酒，是狂者之气；而毛泽东是王者之气，这种气概一般人达不到，整体气势磅礴。1974 年，毛泽东还将怀素的代表作《自叙帖》影印件赠送给日本首相，由此也可看出他对怀素书法的喜爱。有人说酒是怀素的兴奋剂，书法是他的禅。记得丹纳的《艺术哲学》曾说过："一个字眼，一个手势，思想的一个触机，一个破绽，说话的一种方式之间，自有一种呼应，一种征兆，泄露人物的全部内心，全部的过去与将来。这是人物的'底情'。"泄露怀素全部内心的一种"底情"，观察他的行为的一个有效的方式，就是"酒"！每当酒酣兴起，怀素就提笔而出，无论墙壁、器具、衣物，或别人穿着在身的衣衫，碰到什么，挥笔就写。"其草书潇洒超逸，并无狂怪习风，行笔从容不迫，有如庖丁解牛，平淡天真中枯润交错，似全无法度，却极具法度，挥洒从容，游刃有余，真个是人也逍遥，书也逍遥，其笔意只能领悟，却无法模仿。"作为一个和尚来说，他不守常规，喜欢喝酒，"一日九醉"，他常常是"醉来信手两三行，醒后却书书不得。人人来问此中妙，怀素自云初不知"。有人向他请教写字的秘诀时，他将书法真谛概括为一个"醉"字。从艺术角度来讲，怀素敢于创新，敢于打破过去的模式，与另一草书大师张旭相比，怀素对狂草书的形式美似乎有着更为全面、完整的认识与更高的把握能力，狂草的形式美法度由他建立起来，怀素是了不得的，这就是湖南人的"敢为人先"。怀素与李白为同时代之人，秉性相近，有交谊。李白有诗赠怀素，诗中有"少年上人号怀素，草书天下称独步"的赞语。

在草书艺术史上，怀素《自叙帖》（图 8 - 2）是他的代表作，全篇 702 字，126 行。洋洋洒洒，一气呵成，真如龙蛇竞走，激电奔雷，它是一种圆转流畅的书法艺术。怀素其人和他的《自叙帖》，从唐代中叶开始，一直为书法爱好者谈论了 1 200 多年。他性情疏放，锐意草书，却无心修禅，更饮酒吃肉，交结名士，与李白、颜真卿等都有交游，以"狂草"名世。唐代文献中有关怀素的记载甚多。"笔法瘦劲，运笔迅速，如骤雨旋风，飞动圆转，随手万变，率意颠逸，而法度具备，如有神助。"王公名流也都爱结交这个狂僧。唐任华有诗写道："狂僧前日动京华，朝骑王公大人马，暮宿王公大人家。谁不造素屏，谁不涂粉壁。粉壁摇晴光，素屏凝晓霜。待君挥洒兮不可弥忘，骏马迎来坐堂中，金盘盛酒竹叶香。十杯五杯不解意，百杯之后始癫狂……"前人评其狂草继承张旭又有新的发展，对后世影响极大。

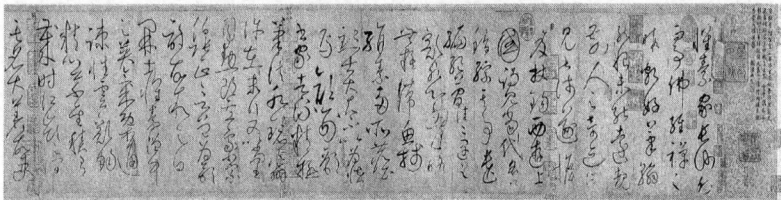

图 8 - 2 　怀素《自叙帖》

怀素从何时开始喜好饮酒，已无法知道。20 多岁的时候，怀素已经广与酒徒词客相交往，与他们终日畅饮于酒肆、客舍以及士人的华堂之上。怀素一生爱酒、嗜酒，他这一癖好在很多方面都可以清楚地得以显现。怀素善以中锋笔纯任气势作大草，如

"骤雨旋风，声势满堂"，到"忽然绝叫三五声，满壁纵横千万字"的境界。虽然是疾速，但怀素却能于通篇飞草之中，极少失误，这与众多书家草法混乱缺漏相比，实在高明得多。北宋《宣和书谱》中录有宋内府所藏的怀素草书101件，其中涉及到酒的作品就有六件，它们分别为：《题酒楼诗》、《酒船诗》、《劝酒诗》、《狂醉诗》、《醉僧图诗》、《醉颠贴》。

公元759年李白游湖南时，在零陵某达官贵人堂屋中曾亲眼见证了怀素酒后的书法表演，当时堂屋正中数箱的麻纸绢素已摆好，宣州石砚里已磨好了上等的墨，而墙角是数坛好酒，一只坛盖已开，酒香四溢，屋中早挤满了人，都是远近闻名的诗人、墨客、酒徒，还有官场的老爷。突然，一个光头的少年和尚出场了，这和尚不和任何人打招呼，看到美酒就两眼放光，他放下锡杖，就开始狂饮，五碗？十碗？反正不知道喝了多少，他踉踉跄跄往绳床边一倒，头一歪，似乎要睡着了。

众人正担心他要鼾声大作之时，只见他纵身跃起，抓起大笔，饱蘸浓墨，在纸上笔走龙蛇，刷刷刷，似"飘风骤雨惊飒飒"，似"落花飞雪何茫茫"，须臾间，千余张纸绢被一扫而光。大家还未回过神来，却见他提笔走向雪白的墙壁，身体如一团影子迅捷地左右扭摆，上腾下跃，笔墨横飞，"左盘右蹙如惊电，状如楚汉相攻战"。是舞蹈，是音乐，那一个个不会言语没有表情的方块字，在他的笔下变成一个个活蹦乱跳的精灵，散发着神奇的光芒。众人看得目瞪口呆，为那个汪洋恣肆，为那个痛快淋漓，满屋人陶醉其中，鸦雀无声。突然听到三五声绝叫，人们从沉醉中惊醒，树静风止，满壁只见纵横千万字，如一幅气势恢弘的水墨画。

众人齐声叫好，怀素和尚挥洒完最后一字，把笔一丢，倒在绳床上沉沉睡去。在看客中的李白激动非常，连呼"拿酒来！拿酒来！"酒后，他提笔写下《草书歌行》诗盛赞怀素"草书天下称独步"。全诗云：

少年上人号怀素，草书天下称独步。

墨池飞出北溟鱼，笔锋杀尽中山兔。

八月九月天气凉，酒徒词客满高堂。

笺麻素绢排数厢，宣州石砚墨色光。

吾师醉后倚绳床，须臾扫尽数千张。

飘风骤雨惊飒飒，落花飞雪何茫茫。

起来向壁不停手，一行数字大如斗。

恍恍如闻神鬼惊，时时只见龙蛇走。

左盘右蹙如惊电，状如楚汉相攻战。

湖南七郡凡几家，家家屏障书题遍。

王逸少，张伯英，古来几许浪得名。

张颠老死不足数，我师此义不师古。

古来万事贵天生，何必要公孙大娘浑脱舞。

该诗对怀素草书的独特风格及成就都给予了极高的评价。怀素的草书狂放而守法度，错杂而不零乱，随意而又和谐，堪称稀世的艺术珍品，他不愧是一位驰骋穹宇、落笔天惊的大草书家，虽然今天我们已经无法目睹怀素这些书迹，但从这些帖的名称和古人对他的评价上，依然可以感受到这位令世人惊奇的狂僧与酒的分外情感。这些帖中，有劝人饮酒的，有描写酒后狂态的，有狂醉之后挥写诗篇的，如杨凝式的《题怀素酒狂帖后》云："壮年挥素学临池，始识王公学卫非。草圣未须因酒发，笔端应解化龙飞。"还有对醉僧图大发感慨的等等。酒之于唐代，很受人们的欢迎，有许多卖酒的店铺，甚至有用于专门喝酒的酒船。怀素曾在船上饮过酒，也在楼上饮过酒，因而有为酒写诗、为酒楼题字等。出家人不食鱼肉的规矩，大约起始于梁武帝时。梁武帝依《四相品》等经文，制《断酒肉文》，明令僧徒日进一食，食物只局限于菜蔬，从此喝酒吃肉成为佛门戒律之一。但怀素性格疏放豪宕，不拘细行，又喜饮酒，每饮则酩酊大醉，从来没有按佛教规定戒酒戒肉，被时人冠之以"狂僧"和"醉僧"的称号也就不足为奇了。

清代是湖南书法的鼎盛时期，书法家众多，据徐鑫龄编《湖南书画篆刻家汇传》统计有近千人，绝大多数好酒。清前期有衡阳王夫之，其行楷书均工整秀丽；释法智本是扬州人，后入衡山籍住南岳，精书法，草书尤臻妙境，时称湖南第一，还善画。宁乡陶汝鼐早年临摹米芾，晚年书法接近颜真卿，与其诗、文并称"楚陶三绝"。还有安化陶澍、长沙罗源汉、衡山彭浚和湘潭李在青等；到清代后期湖湘书坛更为活跃，著名的有何绍基、曾国藩、左宗棠、郭嵩焘、黄自元等数百家，其中尤以何绍基饮酒和书法均最为突出，他是晚清大师级书法家。曾国藩尤其赞赏其书法，说："以余观之，字则必传千古无疑也。"《清史稿》本传说他"嗜金石，精书法，初学颜真卿，遍临汉魏各碑至数百十过，运肘敛指心摹手追，遂自成一家，世皆重之"。何绍基曾因上疏《条政时务》得罪了皇帝，被罢官免职，由于俸少而时艰，每日闷闷不乐，住地附近有家酒楼叫广和居，他便经常到那里去喝酒解闷。广和居是北京城内享有盛名的餐馆，其美酒佳肴曾吸引过曾国藩、张之洞、翁同和、谭嗣同等社会名流来此品尝，佳肴加美酒使何绍基几乎天天来此，日子一久竟欠下一笔酒菜钱来。一日何绍基又来此饮酒，吃毕又要老板记账，这酒店老板也知道何绍基乃全国闻名的书法家。当即就对何绍基说："先生所欠小店酒债，何不为小店写付对联即可抵债。"何绍基听老板此言，当即回道："那就拿纸笔来吧!"店家霎时拿出狼毫、纸砚放在桌上。两个小二展开宣纸,何绍基走上前来,凝神悬腕,如猿臂弯弯,手背在前,手心在后,笔如刻刀,转眼之间,十个苍劲大字跃然纸上——"名酿传千里,佳肴香半楼。"日后,老板将此对联装裱挂在店中,果然有许多顾客专门来饭店边喝酒边细细观赏何绍基的真迹,饭店身价倍增,生意也越做越兴旺。到清末民初这"广和居"的声名已远播全国了。这就是流传民间的何绍基"酒后题字抵酒债"。

何绍基一生最大的成就是书法艺术,得力于颜真卿,参以北魏《张玄墓志》及唐代欧阳通、李邕笔法,遒劲峻拔,别具风格。他从小到老,刻苦练习,在继承古人的基础上,锐意创新。他执笔也很别致,手臂高高悬起,弯成关弧,虎口成水平状,上面可放搁一小酒盅。他的"何"字自成一家,既有北碑沉郁雄厚强的力感,又有南帖潇洒飞动的神采。在当时即一扫书坛媚泽之风,片纸只字,被人视为瑰宝,称之为"有清二百余年第一人","把中国书法艺术推向第三个高峰"。何绍基虽爱酒,但他很谨慎,曾为自己写过警示句:"爱书不厌如平堑;戒酒新严似筑堤。"上联强调读书学习要持之以恒,循序渐进,这样才能不断填平征途上的沟沟壑壑,取得优异的成绩。下联告诫自己要改掉嗜酒贪杯的缺点,要像防洪那样筑起思想上的堤坝,以防"千里之堤,溃于蚁穴"。正是这样对自己的严格要求,他才成为一代名家。

二、湖南绘画艺术与酒

中国绘画史上记载着数万位与酒关系亲密的名画家,如唐代的吴道子、郑虔,五代时期的励归真等,他们入酒肆如同出入自己的家门。《历代名画记》中说吴道子"每欲挥毫,必须酣饮";郑虔与李白、杜甫是诗酒友，诗书画无一不能，玄宗御笔亲题"郑虔三绝"；励归真善画牛虎鹰雀，造型能力极强，他笔下的一鸟一兽，都非常生动传神。传说南昌果信观的塑像是唐明皇时期所作，常有鸟雀栖止，人们常为鸟粪污秽塑像而犯愁。励归真知道后，在墙壁上画了一只鹞子，从此雀鸽绝迹，塑像得到了妥善的保护。

宋代是继唐代之后中国古代文化艺术的又一繁盛时期，当时湖南著名的书法家和画家就有希白、刘次庄、易元吉、武洞清、何澄、释梦英和周敦颐等人，特别是湘籍画家易元吉，长沙人，豪饮酒，其每次作画之前必大饮，他的绘画才能是多方面的，除了擅长花鸟獐猿外，还能画猫犬、虎狼和杂莱等各种动植物，且均能别开生面超越前人。为了得其神韵，他以大自然为师，携酒离家远游，寄居山野人家，每天观赏自然风物，与鹿豕同醉同游。同时，他还在室外疏凿池沼，种植花竹芦苇，畜养各种水禽，透过墙洞偷偷窥伺这些小生物游憩饮啄之姿态，并以饮酒之态模仿之，由于长年累月悉心揣摩，其技艺日进，得心应手，相传他在杭州都监厂画鹰，鹰画出来后吓得梁上的紫燕都不敢下来筑巢。

元朝书画家中喜欢饮酒的人很多，湖南本地书法家有欧阳玄、冯子振、钱良佑、李祁和寿高而行诡的书画家冷谦。特别是冷谦，武陵（今常德）人，寄寓浙江嘉兴，喜饮酒，"酒无不饮，书无不读，尤精于《易》"，寿超百岁。明代是湖南书法史上的发展时期，出了大批书法家和画家，如书法家中有李东阳、杨一清、刘三吾、刘大夏、夏元吉、何孟春、谢宇等，画苑中有长沙朱铨、朱鉴兄弟，衡阳谢宇、谢汝明父子，武冈邓祥麟、邓祥风兄弟和祁阳的沈奖、安乡的周行山等，还有既是著名文学家又是书画家的文征明，他虽是江苏吴县人，可祖籍在湖南衡山，他为了不忘故里自号衡山居士，人称文衡山，其作品中有《潇湘八景》和《二湘像》(湘君、湘夫人)寄寓他对故里的一往情深。这些艺术家都善饮酒，借酒助兴。

明末清初，湖南最著名的国画大家是髡残，武陵(今常德)人，俗姓刘，出家后名髡残，字介秋，又字石溪，号白秃、天壤残道者、石道人等。画史将髡残与石涛、八大山人、浙江并称为"清初四僧"。很多史料讲其不近女色，拒抗父母为他指定的婚事，但豪饮酒甚至弃功名，一心参禅习画饮酒，为他最终成为一代名家奠定了坚固的基础。六十年后，他的好友周亮工曾做诗赠之："唯我独尊耳，佛生共一天；乘风欲离去，与雨共参禅。"

现代，领一代风骚的湘籍书画艺术大师则首推齐白石。齐白石(1863—1957)，原名纯芝，小名阿芝，后改名为齐璜。字萍生，号白石、白石翁，又号寄萍、老萍、借山翁、木居士、三百石印富翁等；湖南湘潭人，是我国现代著名的国画艺术大师，也是集绘画、诗文、书法及篆刻于一身的大师，其画风早年笔墨清新整饬，中年以后渐趋雄浑，晚年则炉火纯青、率直朴实，浑然天成。他一生勤于创作，作品甚丰，如今在海内外各地均可见到大师的杰作。1955年被民主德国授以民主德国艺术科学院通信院士，1956年被世界和平理事会授予和平奖金。年逾90尚作画不辍，成为近代世界最有名画家之一。1962年，他被选为世界十大文化名人。他和毕加索几乎是同一个时代分属东、西方的艺术大师，均为人类留下了上万的作品，毕加索对齐白石是很敬重的，毕加索曾说："我不敢去中国，因为中国有个齐白石。""作画妙在似与不似之间"是白石老人经过近一个世纪的艺术实践得出的艺术真谛，将中国画的内在理论推上了一个更高的崭新境界。

齐白石出身于乡间农家，自小勤劳俭朴，一生保持着农民的思想特色和生活习惯，厌惧炎凉复杂的人事，渴望桃花源而不得，便把全部美好的追忆变作画幅，及至成为丹青大家后，仍然保持着很好的生活习惯，依恋恬静的乡间生活，化为对自然、生命与和平的颂美，从小他就爱吃家乡的俗称"矮脚白"的白菜，成名后仍是"不可一日无此菜"。他曾说"牡丹为花之王，荔枝为果之先，独不以白菜为菜之王，何也?"据已故诗人艾青介绍，齐白石虽不是十分亲近酒但也还是喜爱饮酒，他年近九旬时每餐仍能喝一小杯白酒，在齐白石的诗集中，也能看到他喝酒做诗的记载，如《夜吟》："泼墨涂朱笔一支，衣裳柴米赖撑支。居然也作风骚客，把酒持蟹夜咏诗。"他虽不太饮酒也没有发生因饮酒而诗思如潮，而"酒"入诗中的记载，只不过是借酒增加一点情趣而已，但他却常携"酒"入画，在他的画中，经常出现关于酒的颇有雅趣描绘，这是很耐人寻味的。翻阅他的画集，可以发现齐白石的酒画主要有三方面作用：

图 8 - 3　寿酒

　作用之一是为人贺寿，表达一种美好的祝愿。他喜欢画一坛酒，配上一竹篮，竹篮里盛两只大寿桃，在齐白石的绘画生涯中，寿桃是非常广泛的创作题材，鲜活欲滴的寿桃配上墨叶或绿叶，仿佛唾手可得。旁边再题两个篆字："寿酒"（图 8 - 3）。或者，一坛酒上插一二枝菊花，酒坛边再配上一篮菊花，朱朱黄黄，题上"菊酒延年"的字样。鲜桃是祝寿的吉物；而菊花傲耐风霜，是一种健康的象征。为了增添喜庆气氛和勃勃生机，他往往还在篮柄上画一只活灵活现的小昆虫。他的以"寿酒"命名的作品大多为赠人祝寿之作。

这幅《寿酒》原为国民党卫戍总司令张镇（常德人）旧藏，周恩来曾经多次提到张镇，并说："将来台湾解放了，不要忘了张镇的功劳！"这里有一个历史渊源，因为重庆谈判期间"李少石事件"发生后，当时任国民党宪兵司令的张镇，按照我方的要求在当晚亲自陪送毛泽东回红岩，保护了毛泽东的安全，并很快调查清楚了事件的真相，使得国共两党没有因此事件而产生冲突。作为国民党名将的张镇也是一位收藏爱好人士，齐白石赠的《菊酒延年》，他还珍藏着一幅，现在复观此作，画面保存非常完好。一篮寿桃居画面正中偏下方，硕大的三只寿桃已经将篮子装得满满当当。墨绿的叶子衬托出寿桃的鲜活，一坛美酒置于篮子的右后侧方，散发出微微香气。浓墨写意的篮子仿佛是一笔呵成，间或其中的淡墨也是一次性走笔使然，同样写意而就的酒坛向光处又有光的折射。画面右下"人长寿"印章则是白石老人创作此类题材常用的一方印。整幅画面氤氲着生命的气息，与题款"寿酒"两字相得益彰，又因来源有序，是一件不可多得的佳作。

作用之二是对中华民俗文化的抒情性的阐释。齐白石来自社会生活的底层，经自己后来刻苦自学，素养日增。他仍能以一个平民的眼光，去发现这些民俗中的美感，将日常的器物撷入画中，表述热爱生活的真纯。他的《蟹酒》（图8-4）就是这样表述的：一酒壶两酒杯，加上一碟中放置的两只熟蟹，写出秋高气爽，民间持蟹饮酒的欢欣。白石老人的作品幽默风趣，不只是描写客观事物，同时也体现画家主观的情感。这种情感，在他对螃蟹又恨又爱的心情中，最能体现出来。他曾经借"看汝横行到几时"的螃蟹，来表达对日本侵略者的痛恨。但螃蟹又是下酒的好菜，自古多有诗人墨客持螯赋诗等雅事的记载。由于白石老人爱吃蟹，勤观察，因此，笔下的螃蟹便常带着许多人生的感想。秋蟹肥美，寿酒满樽，"蟹满盘，酒满壶，君若不饮何其愚！"正是老人热爱生命、情感质朴的表露。在书画界还有个关于齐白石"赠墨蟹胜于赠酒"的传说：说是因为齐白石擅长画墨蟹、墨虾等，早年间，他的好友仲孚先生已拥有多幅齐白石国画，但苦于没有一幅墨蟹图，他又不便说明，便向齐白石送了一篓活螃蟹，并附上

图8-4 蟹酒

一纸笺："持蟹品酒，远不如看你的墨蟹下酒更为过瘾。"齐白石领会了老朋友的良苦用心，感到盛情难却，为他画了一幅墨蟹，并题字落款云"仲孚先生嘱余画蟹，画此与之，胜于赠酒一坛。"此画蟹胜赠酒一直是画界的美谈。

齐白石画的特点就是善于发挥所长，化腐朽为神奇，变平凡为伟大。他把一些器物和他特别擅长的花卉、水族结合起来，表现出了完全不同于纯花卉和水族的意蕴。他画酒壶、酒杯和蟹盘，反映了这样的心境——"老夫今日喜开颜，赊得霜螯大满盘。疆作长安吟咏客，闭门持盏把诗删。"这里盘中的螃蟹和他笔下横行的螃蟹完全不同，虽然没有生意，却令人垂涎。他画酒坛、菊

花，表现"菊酒寿人"的主题，画中的菊和篱下之菊亦有所不同。他画"寒夜客来茶当酒"，以梅花表现寒冷，以瓦灯反映深夜，以双杯暗示客来，又把文人画中大雅的东西，表现得那么通俗，变换着手法，在俗和雅中协调关系，可以说这种组合所创造的新境界，是他吸收民间艺术的结果。

再看齐老的《菊酒》（图8-5）：一壶一盏，配以一蓝红菊，让人想起这酒一定是菊花酒了，也会令人想到重九登高，想到了赏菊品酒的妙处。他的《鸭蛋杯酒》，正中央一碟中摆着切开的几瓣盐鸭蛋，再配以酒壶酒杯，便知这是端午节前后的景象。

作用之三是借史事中饮酒的故事，来曲折表述他的爱憎与寄托。比如，欣赏齐老的《毕卓盗酒》画，晋代的毕卓少时好饮酒，官吏部郎后，不肯贪赃枉法，以致穷得无钱买酒。在一个夜里，酒瘾大发，便去偷邻家的酒喝，醉后被捉。天明一看，是毕吏部，因此传为千古佳话，至今民间仍

图8-5 菊酒

有"瓮边醉倒毕吏部，马上扶归李太白"的劝酒对联。毕卓被解职后，仍然"今朝有酒今朝醉"，还说："一手持蟹螯，一手持酒杯，拍浮酒池中，便了足一生。"他最后被酒毁了一生，是一位典型的颓废派人物。

齐白石对这个题材十分酷好，一再地描画。他画《毕卓盗酒》（图8-6）：画的左边酒瓮斜置，瓮边弃着长柄酒杓；毕卓懒洋洋

地伏在酒瓮上，酒杯空了，酒提子也空了，没有酒喝的毕卓是何等烦恼，一副穷困潦倒的样子。毕卓满面醉红，倚瓮而睡，眼似睁似闭。更让人惊叹的是，毕卓的头部画得很大，占人体的三分之一，身子蜷缩着，把他的醉态和坦真表现得淋漓尽致。题款是一首小诗："宰相归田，囊中无钱。宁肯为盗，不肯伤廉。"宁肯为盗难逃，不肯食民脂膏。毕卓是个宰相，相当于现在的国务院总理了。一个宰相，一人之下万人之上，还偷酒吃，在这里，齐白石把清廉作为至高无上的品德了。这画作于旧时代，既歌颂了毕卓，又是对当时贪官污吏的讽刺何其

图8－6　毕卓盗酒

尖刻。齐白石以此典故为毕卓作画，对其形象赋予了新意，认为他是不肯贪赃枉法，以致无钱买酒，是一位清官廉吏。他还画过《盗瓮》、《开瓮图》等题材相同的画。《开瓮图》的题款是："立此何为，有缸有杓。人谓是能文者东坡，我谓是为盗者毕卓"。齐白石还画过一幅吕纯阳像，并题了一首诗："两袖清风不卖钱，缸酒常作枕头眠。神仙也有难平事，醉负青蛇（指剑）到老年。"这件作品诗画交融，极富哲理的语言，令人深思。齐白石的酒画，至今仍飘袅着浓郁的酒香，值得一品！

　　齐白石老人一生中也流传着许多友人以酒索画之故事，毛泽东和蒋介石均把他视为国宝，蒋介石在离开大陆前，曾要把齐白石也弄到台湾。后在徐悲鸿的支持下，齐白石留在了北平，蒋介

石只带了一个湘菜大师彭长贵（长沙县沙坪人）到了台湾。蒋介石曾说："湖南有两个国宝，一个是齐白石留在大陆给了共产党，一个是彭长贵来到了台湾。我和共产党平分秋色。"解放后毛泽东曾多次宴请既是国宝又是同乡的齐白石，齐白石也多次赠送篆刻、名章给毛泽东，毛泽东也多次在中南海设宴答谢。

综观齐白石的酒画，归纳起来有两类：一类为传统题材，如《毕卓盗酒图》、《钟馗醉酒图》、《铁拐李醉酒》、《麻姑进酿图》、《却饮图》等；另一类为休闲类，如《耳食图》、《鱼钓图》、《寿酒神仙》等，这些酒香扑鼻的"酒画"寄托着白石老人对生活的热爱与感悟。

《寿酒神仙》（图8-7）是一幅根据"吾家旧本"而成的作品，是白石老人得意之作，属成熟期的作品，亦为齐画精品。《寿酒神仙》图画面的主人公肩挑着被酒坛压弯的扁担，也许酒的分量太沉，需要用手来固定；身着宽大的粗衣，前脚穿露跟的草鞋，后脚赤足，令人联想到当时社会沿街挑担卖酒人的辛苦，也寄托了白石老人对这种苦中有乐生活的怀念和对劳苦人的同

图8-7　寿酒神仙

情。后面的竹筐里坐着小鬼，诙谐幽默。正所谓"穷神仙，穷神仙，半双草鞋一挂布衫。有酒且乐，无家也欢，小鬼祝寿，阎王不缠，自在活神仙"。画的右上角有四个有劲道的小篆："寿酒神仙"。在这里，齐白石把祝寿神仙的形象充分地市井化了，没有生活中真实的挑担的体验，很难有细节之处如此精彩的刻画。

齐白石老人来自民间，扎根民间，充分吸收民间艺术的精髓，把质朴天真的农民热爱生活之情与文人画融合，洋溢着一股淳朴、浓厚的乡情和自然天趣，具有鲜明的艺术特色。

当代湖南画家钟增亚（1940—2003），与湖南名酒店和名酒结下了不解之缘，长沙的"通程国际大酒店"这七个大字就出自他的手笔，在中共湖南省委九所宾馆的大会议室里，大幅山水画《春风又绿武陵源》；在三号楼的大餐厅里大幅人物画《田春图》；在华天大酒店、华天紫东阁、大华宾馆等一些重要公共场所，他的中国画广泛受到称赞；而且湖南名酒湘酒王的"湘酒王"三个字也是他亲笔所书。

钟增亚豪爽洒脱，其水墨画淋漓酣畅，有吐纳珠玉之声，卷舒风云之色。《贵妃醉酒》（图 8 - 8）、《钟馗醉酒》（图 8 - 9）和《对酒当歌》（图 8 - 10），其豪迈的书法用线透出逍遥式的浪漫，大块面积泼洒的狂放墨迹有如野性难控的黑马在驰骋。

图 8 - 8 贵妃醉酒　　图 8 - 9 钟馗醉酒　　图 8 - 10 对酒当歌

　　从上面的书法和绘画历史回顾可以看出，饮酒与书法融合，能产生一种神奇的书法现象——"醉书"，为什么会这样呢？大家知道书法是创造汉字形体的艺术，汉字的形体以象形为基础，象形只是要求抽象地表现事物的形貌，而不需要逼真地刻画，这也就给书法的创造留下了空间。几千年的书法传统给创新提出了很高的要求，它不允许停留在模仿或抄袭的阶段上，而要求有充分的个性，形成自己的书法风格。所以，书法的创造又是十分困难的，于是就需"醉"来神助。醉中无拘无束，激情澎湃，容易冲破传统章律的约束，超越自我，打开创造之门。书史上对创作极好的书法称有"神助"，把书者功绩归于"神"，这是直观上的神秘感。人在神态清醒时难以作出绝妙书法，在不清醒时却易作出，只是心境不同罢了，把这种奇异现象视为"神"，其实是"醉"。《山谷文集》曰："然颠长史、狂僧皆倚酒而通神入妙，余不饮酒，忽五十年，虽欲善其事，而器不利，行笔处时时蹇蹶，遂不得复如醉时书也。"书法之神是由醉得来，并且醉书是不可重复的。因为醉与人、与时、与地、与情、与境等每次每刻都不相同，所创书法根本不会相同，它只能是书法艺术中的"第一个"，这更增加了醉书的神秘感。

　　饮酒和书画创作也有着密切的关系。嗜酒的画家也能用酒为自己营造一个良好的创作氛围，酒酣的人精神兴奋，头脑里一切理性化和规范化的樊篱统统被置之度外，心理上的各种压力都被抛到九霄云外，创作欲望和信心增强了，创作能力得到了升华，自己掌握的技法不再受意识的束缚，作起画来，得心应手，挥洒自如，水平得到了超常的发挥，这时，往往会有上乘的佳作产生。有些贪杯的书画家，无论谁家有酒，都可以去写去画。书画家们酒醒的时候，都清楚请他们喝酒的目的就是要巧取他们的佳作，但他们见了酒就顾不上这些了，正如郑板桥说的："看月不妨人尽去，对花只恨酒来迟。笑他嫌素求书辈，又要先生烂醉时。"这些例证足以说明嗜酒的书画家们都喜欢酒酣之际创作。

饮酒可以给艺术家带来灵感，为艺林增添不少珍品，但酗酒也会误事，甚至酿成伤身大祸。饮酒过度必然伤身，元代书法家沈右说"中酒如卧病"，明代浙派名画家吴伟就因为平时饮酒过量，最后醉酒而死的。近代海派画家蒲华则也是喝酒过量死去的。天津当代著名油画家李昆祥先生平时并不善饮酒，却也醉酒而亡。1976年，打倒"四人帮"后，全国一片欢腾，艺术家们更是欢欣鼓舞，集会庆贺，昆祥先生饮酒过量，送医院抢救无效死亡……所以，还是湖南"酒鬼酒之父"——当代国画大师黄永玉先生说得好，喝酒应该是"不可不醉，不可大醉"！

所以，历代诗词书法绘画是中国文化的瑰宝，我们要继承和发扬。但其所宣扬的酒风，饮中八仙的醉酒形象，我们只能当艺术品来欣赏，切切不可学习，不可仿效。

第九章　湖南民间酒歌、酒谣与酒谚

　　古代酒歌是先人饮酒聚会、宴宾待客时最普遍、最通行的酒令形式，其起源很早，在周朝时期的历史文献中就已有用歌舞乐曲佐酒侑食的明确记载。根据《左传》的记载，文公三年（公元前634年），晋文公在饮酒时，就曾即席"歌诗"。到了汉代，歌舞侑酒之风日益流行，而且还出现了专门供官宦文人饮酒取乐的歌舞伎。屈原在《楚辞·招魂》中就有酒宴上女子唱歌跳舞的记载，此后，每个朝代几乎都有劝酒的诗歌之作。

　　现代酒歌也是民歌体裁风俗歌的一种，主要流传于各民族生活中，演唱于传统节庆、婚丧、祭祀等礼仪活动的宴饮时刻，故亦称"酒礼歌"、"酒曲"等。酒歌具有较强的娱乐性和实用性，通过互唱酒歌来交流感情和增进友谊。酒歌内容主要包括：猜拳行令、见物唱物（对象以酒具、酒菜为主）；表示祝贺、颂赞、欢迎、感谢；歌颂祖先功德、民族历史；介绍习俗族规、生产知识等几个方面，特别是前两项内容最具酒歌特色。第三项内容已属史歌范畴，亦可列入古歌类或叙事歌类。酒歌的演唱形式常见的有独唱、对唱、双人齐唱、众人齐唱和一领众和等。

　　本章就湖南各民族生活中的酒歌、酒谣和酒谚作一简单介绍。

一、湖南民间酒歌

湖南民间酒歌具有丰富独特的民族文化特色，"无酒不成礼、无酒不成席、无酒不摆舞、无酒不起乐、无酒不飞歌"，这是湖南酒文化的生动显现。湖湘民俗与酒不可分割，民间有酒歌云："江城杨柳绿成围，日暮渔翁换酒归，醉卧晚亭呼不起，白头启枕一蓑衣。"在湖南侗族习俗中有"宁可席无荤，不可席无酒"、"歌声不断酒不断，有酒无歌礼不全，有酒无歌宴不丰"之说；湖南人能歌善舞，知酒善饮，崇尚以酒歌倾情，以酒舞咏杯，以酒乐尽兴。特别是湘西和湘南地区，乃歌舞之乡，那么多情婉转的山歌和木叶，神秘诡异的傩戏和茅谷斯，豪迈壮观的摆手舞、鼓舞和接龙舞，欢快如雨的土家镏子和咚咚喹，高亢苍凉的高腔和阳戏，凄美动情的孝歌和哭嫁歌，无不在酒香中飘扬，无不在酒碗中激昂。酒事、酒歌、酒乐、酒舞是湖南人生礼仪中最壮丽的篇章。著名土家族诗人汪承栋写道："奇山秀水妙寰球，酒寨歌乡美尽收。吊脚楼上枕一夜，十年做梦也风流。"国际音乐大师谭盾曾多次在湖南湘西采集民族民间音乐，源自神秘湘西的音乐感悟让他登上了奥斯卡音乐的领奖台，这是湘西醉乡千百年来积淀的民族文化根籁的恩赐。湖南的嘉禾县更是以歌闻名并被湖南省命名为"民歌之乡"，在此地做客不仅要会喝酒，而且更要会唱歌。

酒歌、酒舞、酒乐在生活中酝酿，在农耕里穿行，在祭礼中传承。酒是湖南山民深刻的命脉和生存的意义，是劳动的赞歌和土地的颂词，是对美好明天的憧憬与希冀，是湖湘各民族人文精神的一面心镜。

（一）湖南各民族酒歌的类别和特点

纵观中国几千年的音乐史，不难发现音乐与酒结下了不解之缘是因为音乐与酒皆是古代"礼"的重要内容。《礼记·乐记》说："礼节民心，乐和民声，礼义立，则贵贱等矣；乐文同，则上下和矣。"国君宴请群臣宾客，在古代也是一种礼仪（燕礼），在这种场合，自然要奏乐，例如周代的《小雅·鹿鸣》、清代的《清乐》等等。礼乐互用，酒乐相配，在明君臣之礼的同时，激发群臣宾客的忠贞。不过在民间，酒宴几乎没有什么礼仪作用，因为音乐与酒的关系，只是借酒助兴罢了。湖南省共有 50 多个民族，各民族自古即以勤劳、乐观、"能歌善舞"著称于世，特别是少数民族男女老少都爱唱歌。酒歌就是他们的开心锁，他们善于把深奥的道理、神奇的传说、复杂的情感、对未来生活的憧憬和向往等，编成生动活泼的诗歌来传唱。在社交中他们很讲究礼仪，其特点是诚恳相待，注重文明。佳节与喜庆，亲友们互相走访，主人必先捧酒待客，客人也尊敬主人，显得彬彬有礼。吃饭时还要用酒歌来表达宾主之间的相互询问与祝福，主人在歌中对宾客的来临表示热烈欢迎；客人也以歌相答，对主人的热情款待表示衷心感谢。歌词内容包含着团结互助，友好往来的精神，还带有一种农家淳厚、简朴、恬适的古风。许多人常常以歌代话，以歌代答，出口成歌，甚至"不哭就要唱"、"说话不如唱歌的时候多"。劳动时唱，走路时唱，山上田边唱，村里寨旁唱，节日聚会唱，婚礼喜宴唱。生产劳动有生产歌、生活有生活歌、节日有节日歌、谈情说爱有情歌，同样，饮酒时也少不了酒歌。而且"酒不离歌"，"有酒必有歌"。正如一首苗族酒歌所唱的那样：

歌是苗家的理，酒是苗家的心。歌从酒出，酒随歌生。没有歌，苗家生活将像黑夜一样；没有酒，苗家生活又淡又清。歌和酒在生活中必不可少，酒和歌本是处世的亲邻。汉字有书传书本，侗家无字传歌声，祖辈传唱到父辈，父辈传唱到儿孙。

后一首侗家的歌谣很清楚地指明了侗族文化的精髓在侗歌。侗族是一个没有文字的民族，但能歌善唱。从古至今，他们叙事、传史、抒情等都是通过口传心授。也正因为如此，侗族文化尽管经历过历史的风风雨雨、人间沧桑，但仍一枝独秀流传保存下来，并逐步引起世人的关注。在湘西侗家人的心目中，糯米饭最香，甜米酒最醇，腌酸菜最可口，叶子烟最提神，酒歌最好听。

1. 按时间和场合划分

按时间和场合划分，少数民族酒歌可分为日常待客酒歌、席上酒令歌、婚礼酒歌、满月酒歌、祝寿酒歌、贺新房酒歌、丧礼祭祀酒歌、节日酒歌等等。

（1）日常待客礼仪酒歌

湖南少数民族地区有的地广人稀，特别是牧区，往往十里八里不见人烟。有的则十分闭塞，很少与外界接触，犹如世外桃源。加之过去文化生活又十分贫乏，因此，在很多少数民族群众的观念中，有客来访是一件非常喜庆的事，往往举家甚至整个村寨的人都要热情相迎，把酒问盏，纵情欢歌。日常待客酒歌就是平常素日有客光临时所唱的歌，这类酒歌大都采用主客对唱的形式，先由主人唱歌敬酒，以表达对客人的欢迎之情。然后客人以歌回敬主人，夸赞酒肴的丰盛，感谢主人的盛情款待。客人告辞时，主人也唱起送客歌，再次为招待不周表示歉意，并祝客人一路平安，心情愉快，希望下次来。由此逐渐发展，随着酒酣意浓，歌唱的内容越来越广泛，从历史到未来，从生产到生活，从友谊到亲情，往往一发而不可收。如，"秋后重阳酿窖酒，热天饭菜配酸汤。客来邻舍皆陪伴，还带酒肉敬客尝。"这是一首流传于壮族民间的诗歌，生动地反映了壮族人民的热情好客和酒文化的面貌和特征。诗歌中说的重阳窖酒在当地是颇有名的，壮族人称为壮家老窖酒。再如，"谁道番姬巧解囊，自将生米嚼成浆。竹筒为瓮床头挂，客至开筒劝客尝。"该酒歌记叙了壮族妇女嚼酒的情景和来客时待客的热情。较常唱的酒歌还有《酒歌》、《吃酒歌》、《敬酒歌》、《谢酒歌》、《问酒歌》等。如湘西民歌唱道："酒是绸缎棉花衣，不怕山口风凄凄，酒是大鱼大肉饭，挑起重担过高山。"在宴席迎客时，主人首先要唱《酒礼歌》：

贵客到我家，如凤落荒坡，如龙游浅水，实在简慢多。

客人对主人家的热情款待表示感谢，便用歌声来表达自己的心情，唱道：

喝酒唱酒歌，你唱我来和。祝愿老年人，寿比南山坡。祝福后生伙，下地勤做活。祝福姑娘家，织布勤丢梭。祝福主人家，年年丰收乐。

这些酒歌，朴实大方，讲礼好客，以多姿多彩的艺术形式，生动而有力地反映了湖湘人民的社会生活，反映了他们特有的生活方式、风俗习惯以及他们勤劳俭朴的高尚品德和美好的心灵。这类酒歌很多，另选几首如下：

苗族《酒礼歌》：

天天杀牛等，贵客没光临。今天客错路，来到我家门。坛中没好酒，盘里无鱼荤，吃口酸汤菜，略表我深情。今天的日子多美好，红艳艳太阳当空照，我们大家欢聚一堂，今天的酒宴多热闹。远方来的客人啊，你给我家增添了荣光。双手捧起哟双杯酒，给尊敬的客人来献上。

瑶族《敬酒歌》：

一杯酒来落下台，我是轻言轻语来；妹是贱生来献酒，阿哥不饮礼不该。二杯酒来是一双，红堂内里是一双；红堂内里龙配凤，龙凤和鸣久久长。三杯酒来酒提杯，三元吉庆你莫推；妹是贱生来献酒，慢慢逍遥饮一杯。四杯酒来四季财，献哥吃酒慢慢来；酒淡杯粗莫嫌意，桌上无肴手高抬。五杯酒来五登科，酒到哥前莫推托；缺少招待莫见怪，礼欠周全无奈何。六杯酒来六合春，杯杯淡酒敬亲人；多饮几杯宽阔酒，佳偶姻缘是天成。七杯美酒齐团圆，小妹敬酒到哥前；酒到胸前莫推诿，淡酒多杯你莫嫌。八杯酒来是八发，八仙过海显发达；酒过三巡皆欢喜，良辰美酒靠大家。九杯酒来久久长，麒麟狮子在红堂；麒麟狮子堂上座，满堂吉庆好风光。十杯酒来寿大全，礼义不周抛一边；怠慢从新莫见怪，报龙抽手广遮言。

壮族《敬酒歌》：

锡壶装酒白连连，酒到面前你莫嫌。我有真心敬贵客，敬你好比敬神仙。锡壶装酒白瓷杯，酒到面前你莫推。酒虽不好人情酿，你是神仙饮半觞。

侗族《敬酒歌》：

你左我右手，各端一杯酒。我俩手拉手，喝下这杯酒。今后日长久，永记此时候，情意胜浓酒。

《谢厨歌》：

厨师师傅常操心，睡半夜来起五更，坐了几多冷板凳，烧手烫脚费精神。扣肉堆成鲤鱼背，萝卜切成绣花针，内杂小炒加木耳，猪脚清炖拌香葱。蛋调面粉做酥肉，蜂糖小米做粉蒸。巧手办出十样锦，艺高算得第一名，吃在口里生百味，笑在眉头乐在心。银壶筛酒敬厨师，多谢大师一片情。宾主饮醉之后，客人示意将返，主人用再劝酒方式以表留客之意：好酒九十九，才喝了九壶。还有九十壶，客人请别走。

客人告辞时，主人也唱起送客歌并敬最后一杯送客酒：

这杯酒来黄又黄，来得忙来去得忙。再敬贵客一杯酒，路上口渴得润肠。

或赠一瓶礼酒并唱：

请你收下这瓶酒，把酒放到今秋后，五谷丰登禾满仓，那是欢庆的时候，待到再次举杯时，节令佳期再饮酒。

湖南的各民族不仅重礼义、热情好客，而且谦和、与人为善。这普遍地反映在他们的酒歌中。如土家族、布依族等，在待客的酒席上，面对丰盛的菜肴和美酒，客人赞不绝口，唱道：

我看桌上菜肴多，肥肉没有萝卜搭；席上尽是腊肉片，没有黄瓜来掺杂。枉自我长这么大，没有哪席这样香。

而主人则唱道：

说桌面又讲席面，只有黄瓜摆桌上，没有年肉来相伴，没有一点腊肉香。回去请你多包涵，别把穷人名声扬。请为我们多遮羞，别把我们笑话讲。

面对美酒，客人夸道：

这是前年的糯米陈酒，这是招待朋友的好酒。我们不敢喝这种醇酒，我们不敢饮这种好酒。吃不完这许多的美酒，喝不了这么多的好酒。

而主人唱道：

说起酒来道起酒，第一巡是早米酒，第二巡是红稗酒，苦涩难咽这种酒；第三巡是高粱酒，苦味不香哪像酒。柴未烧来话又起，阳沟水来当敬酒。没有酒基真惭愧，牛塘水也当米酒。想来想去真羞愧，想来想去太害羞。

仫佬族的酒歌也唱道：

你喊多谢我害羞，杀个鸡崽像斑鸠；装在盘中不满碗，拿到桌上分不周；只要你心合我意，有吃无吃也不丢。一张桌子四角方，四碟辣子四碟姜；中间一碗老青菜，两边两碗酸豆汤；客人没嫌我贫苦，千里迢迢到我乡。少茶无水多怠慢，斟杯淡酒请你尝。

湖湘布依族、苗族（包括散居的汉族等）的酒歌，更具有与人为善的特点：

山上有花山脚香，桥下有水桥上凉。客有好歌客会喝，互相谦让没逞强。窄路相逢客会让，行船走水各过江。

这首酒歌的意思是：客会唱歌我们沾光，我们会学去的，就像"山上有花山脚香，桥下有水桥上凉"那样；我们学唱，客人一定会谦虚地教。如果对歌中我们遇到难处，客人一定不会不让我们等等。这些意思就像拉家常、说心里话，谦和与与人为善溢于言表。

（2）席上酒令歌

文人雅士聚饮，多喜欢以诗词曲文为令，凡诗词、散曲、戏曲、谚语、俗语、成语、典故、文章以及文字的吟咏连缀、拆合贯句等，都属于这一范畴。侗族有"歌声不断酒不断，有酒无歌礼不全，有酒无歌宴不丰"之说。与酒有关的歌十分丰富，在湖南通道县还有"酒令传唱"之习俗，尤以妇女为最，格调高雅，言辞铿锵，极富吸引力，使人欲罢而不能。流传常德、益阳一带的《酒令歌》：

其一：

酒杯斟酒酒杯新，席上唱歌好欢心。人爱黄金龙爱宝，玉皇大帝爱善心。鲤鱼只爱深水塘，虎爱深山好藏身。文官就把科场爱，武官就爱校场坪。美女楼上爱针线，席上爱的吃酒人。你一杯来我一盏，解愁消闷饮杯巡。

其二：

酒杯斟酒酒杯红，天下豪杰访英雄。昔日汤王访伊尹，文王渭水访太公。萧何背地访韩信，子胥访的东皋公。蔚迟恭访白袍将，梁山伯访祝九红。张飞连夜访庞统，刘备南阳访卧龙。诗文便把诗文访，酒席筵前访宾朋。

其三：

酒杯斟酒酒杯黄，天皇地皇与人皇。女娲炼石补天上，伏羲八卦定四方。神农尝药留世上，轩辕皇帝制衣裳。仓颉来把文字创，有巢构木造住房。尧帝梨山把舜访，禹王治水分九江。古人费尽心和力，留给后人享安康。

其四：

细石剪刀细石磨，我在家中不学歌。今朝来到席前坐，不会唱歌受歌磨。满脸通红热似火，心中好比下油锅。新打剪刀才开口，小小阳雀才出窝。小马未曾出过阵，听见炮响往后挪。有请客亲原谅我，钝口拙舌莫奈何。

其五：

新打剪刀没安钢，初学新歌心里慌。新学唱歌心打颤，好似学院考文章。今朝席上遇到你，好比白雪见太阳。你歌也好声也好，姐姐满腹是文章。丫环跌在厨房里，小妹今天怕泼汤。有歌之人把歌唱，无歌之人把酒尝。

其六：

酒杯斟酒酒杯窝，阳雀飞来会鸿鹅。鸡崽出来怕鹰打，鱼在深潭怕网拖。贤德妻子怕夫君，好个汉子怕老婆。今日来到酒席上，妹妹歌少怕歌多。

其七：

大江涨水小河深，唱支歌给姊妹们。昔日三国有刘备，刘备关张拜孔明。三千徒众拜孔子，七十二贤拜圣人。今朝妹妹投拜你，要请姐姐当先生。若有哪点唱不对，望请指教要耐心。姐姐饮完这杯酒，荣华富贵进你门。

其八：

酒杯斟酒酒杯高，席上列位听根苗。今朝席上贵客到，好比八仙赴蟠桃。拐李葫芦头冒烟，湘子云端吹玉箫。国舅响板打得好，洞宾击剑去降妖。果老三声渔鼓响，仙姑提篮上九霄。列位贵客来到此，愧无美酒与佳肴。

其九：

金打酒壶银打杯，打对凤凰壶上飞。金壶银盏装满酒，敬奉先生不用推。久闻先生酒量好，双龙双飞饮双杯。饮酒要带桃红色，脸带桃红慢辞杯。

其十：

酒杯斟酒酒杯高，列位听我说根苗。人生好比三节草，不知后来哪节高。为人须学正经道，勤读诗书要记牢。切莫害人施诡计，害人反把自己遭。

（3）婚礼酒歌

婚礼是人生礼仪中的大礼，中国人历来十分重视，而且逐渐形成了一整套繁琐的程序和严格的礼制规范。少数民族也是如此。他们的传统婚礼大都包括提亲、定亲、迎亲、完婚几个过程。在每个过程中，酒都是必不可少的礼物和助兴的饮料。同样，酒歌也贯穿于婚礼的始终。婚礼酒歌就是指从提亲、定亲到迎亲、完婚的整个婚礼过程中各种酒宴上所唱的歌。婚礼酒歌的内容大致可分为两大部分，即仪式歌和酒歌。仪式歌有上红、安席、回神、拜祖、合卺酒和进洞房等内容；酒歌主要有抬茶歌、进门歌、十杯酒、摘花歌、揭盘歌、陪客歌、敬正客、敬新郎、敬新娘、敬媒人和敬婆等。随后是即兴编唱的对歌，最后是唱谢歌，谢歌有谢厨师、谢亲友、收席歌和洗面歌等。这类酒歌大都从男方向女方敬酒献酒时夸赞女方开始，双方互相赞颂、祝贺、对唱、盘问，由浅入深，内容逐渐扩展，但始终充满喜庆欢乐的气氛。

今年阳春三月，到湘西苗寨采风，正好遇上说媒提亲唱"酒歌"的场面，让笔者大开了眼界。据主人介绍，他家的姑娘与邻寨的小伙子禾格相爱三年了，两人情深意笃，今天是禾格家请媒人上门唱"酒歌"——提亲来了。媒人是这方苗寨中唱歌出了名的老歌手郝大爹。主人岂敢怠慢，也请出自家寨子中的名歌手何大妈陪客。寒暄过后，郝大爹言归正传，从跟班者的背箩中抱出一坛水酒，放到主人家火塘边。顺手从主人家的碗箩中拿出几个酒碗，逐一把酒斟满，送给在场的每一个人。最后，他也端起一碗酒，与何大妈边对饮，边唱起了"酒歌"：

新粮水酒香又醇，斟满水酒敬主人；水酒入喉会说话，我代禾格来提亲。

郝大爹歌声刚落，何大妈即刻接唱：

山歌无本句句真，水酒下肚情更深；水酒就是开心锁，你唱我合议婚姻。

就这样，两位歌手你唱四句提问，唱毕喝一口酒；他又接唱四句作答，唱完仍喝一口酒……郝大爹的"酒歌"着重介绍禾格与主人家的女儿是如何的深情厚谊，相互关心、互助互爱。何大妈的提问着重询问禾格的人品、劳动表现和办了些什么公益事等。每当郝大爹的对答令对方满意，何大妈便为郝大爹斟一次酒。若遇到何大妈的提问有"刁难"之意，郝大爹又给何大妈斟一次酒，以酒"求情"，请放一马。

本来三言两语就能订下的事，两个歌手偏要绕山绕水的盘唱半天。客人带来的酒喝光了，主人家会毫不吝啬地搬出一坛又一坛水酒，供歌手"比试"。在人们心目中，主人家的酒被喝得越多，脸上就越有光彩；若把媒人灌醉，主人就更有脸面。因为，这是姑娘"身价"高的象征。反之，若把主人家的歌手灌醉了，男方就有脸面。双方歌手认为歌唱够了，酒也喝足了时，便三言两语允下了婚。这时，双方歌手要同时给姑娘的爹妈敬一碗酒，表示请其订婚期。若姑娘的爹妈同意，便一口把酒喝干，提亲仪式便宣告圆满结束。

举办婚礼时，新娘到门前，除了驱邪外，新郎新娘双方歌手还要对唱《栏门歌》：

男：

一唱栏门喜连连，彩牛彩车到门前；八位仙姑排排坐，莲花出水朵朵鲜。

女：

池塘栽藕荷花鲜，送哥种在门口田，藕花开放结莲子，结子开花满塘莲。

男：

二唱栏门过门楼，门楼瓜苗满地牵；哥在门楼搭棚架，得妹过来顶半边……

新娘进门后又敬酒歌：

手提银壶把酒斟，借花献佛表微忱；今日酿起富贵酒，主家兴旺满堂红。

在婚宴上，新人唱着酒歌敬酒，歌云：

鸾凤堂上搭歌台，我来席前把歌开，酒不劝客客不饮，花不逢春不乱开。这杯酒来清又清，上下坐的是客人，席上喝酒老规矩，端杯先敬上边人。

敬过长辈，新郎还要以酒对新娘一家表示感激，并对来宾表示感谢：

这杯美酒清又清，这门亲戚太称心。那日我家把媒请，手拿薄酒上府门。问得娘来娘答应，问得爷来爷开恩。年开月利婚期到，一口答应我接人。姑娘接到寒门内，亲戚邻眷才驾临。劣酒少菜无礼义，望靠海涵两三分。

在邵阳民间新婚礼仪上还唱敬新郎新娘《十杯酒》酒歌，以此表达对新婚夫妻的庆贺和祝愿，歌词为：

一杯酒，敬新娘，出了绣房进洞房。牡丹花开红似火，蝶恋花蕊花更香。二杯酒，劝新郎，洞房花烛好风光。龙凤飞舞幸福多，夫妻好合天地长。三杯酒，新娘饮，三月桃花似新娘。春风吹来百花香，洞房花烛伴新郎。四杯酒，新郎喝，四月下种不要拖。今日播下幸福种，来月结出香甜果。五杯酒，甜又香，新郎端酒敬新娘。新娘接饮这杯酒，夫妻恩爱情更长。六杯酒，喷喷香，新娘端酒敬新郎。夫爱妻来妻爱夫，夫妻欢合百年长。七杯酒，酒筛满，月月花开月月香。新郎喝了这杯酒，辛勤劳动建华堂。八杯酒，不算多，这杯美酒新娘喝。新娘喝了这杯酒，早生贵子早登科。九杯酒，满满筛，送子娘娘进房来。新娘新郎喝双杯，送对儿女双胞胎。十杯酒，香又甜，饮个十全酒团圆。新人同饮同心酒，夫妻恩爱到百年。

湖南民间举办婚礼时，正式婚期前天新郎家要举办"陪媒酒"，少不了饮酒唱歌表示对媒人的感恩之情了，正式婚礼时更是借饮酒唱歌之高潮表示对新人的祝福和对亲朋好友的感谢。

敬媒人酒歌：

一杯美酒清又清，你做媒人操了心。走了几多盘山路，过了几多滑田埂。热天走得满身汗，冬天北风受寒冷。没得厚礼来敬奉，一杯薄酒谢恩情。凤凰冒忘梧桐树，吃水不忘挖井人。感谢媒人多出力，粗菜薄酒表寸心。

媒人回敬酒歌：

金壶筛酒酒香甜，双方恩爱结姻缘。我愿穿针来引线，我把红叶做诗传。男女双方都情愿，勤劳持家幸福长。多谢主东好款待，夫妻偕老到百年。

筛酒歌：

红漆桌子像歌台，手拿银壶等客来。天上无云不下雨，客冒坐好酒冒筛。银打酒壶金打杯，我持酒壶把客陪。银壶筛酒杯杯满，同饮喜酒把席开。

敬酒歌：

红漆桌子四角平，四角上面安古人。一角安起樊梨花，二角安起穆桂英。三安女将花木兰，四安女相孟丽君。四个古人安四角，我今将古来比今。贵客坐在首席上，文武双双赛古人。文能用笔掌天下，武能持枪保和平。来到寒舍少恭敬，粗茶淡饭待贵宾。言语粗鲁少礼信，还望贵客多谅情。

回敬酒歌：

红漆桌子四四方，摆在华堂正中央。主东摆起样样有，席中三鲜尽品尝。感谢主东厚情意，唯有祝主百世昌。

贺新郎新娘酒歌：

红漆桌子四四方，洞房花烛亮堂堂。新娘新郎排排坐，恰似梁鸿配孟光。千里姻缘线上穿，恩爱夫妻百年长。今晚饮了合欢酒，来日生个状元郎。

哭嫁歌："哭嫁歌"土家族姑娘也称为"陪十姊妹"，女方在婚礼前一天进行，湖南各民族均有新娘出嫁时哭嫁之俗，特别是土家族、苗族和瑶族等更是壮观热闹，极具民族特色，现在成为了一道优美的人文景观。哭嫁的歌词一般为即席所作，见娘哭娘，见婶哭婶，哭词各不相同，当然也有固定哭词。此外，哭还有抑扬顿挫的曲调。

哭嫁的哭唱形式一般分为一人哭唱和两人哭唱两种。一人哭唱多为姑娘哭诉自己的命运、哭父母的养育恩情、哭兄嫂姐妹的情谊以及哭诉封建婚姻和媒人可恶可恨的欺骗行径等，哭嫁通常在新娘的闺房进行，新娘哭到谁，谁就必须去陪哭，男的不会哭也要说几句安慰、祝福的话以示惜别。哭嫁活动开始时，一般先由新娘长辈中福寿双全的祖母或伯母开哭，称为"哭开声"，然后就由新娘与父母对哭，歌词题材广泛，内容丰富，有借酒哭嫁和一般哭嫁，多为向父母哭诉养育恩和离别情，此为"哭嫁歌"的重头戏，在此主要谈谈以酒哭嫁。如湘西土家女《借酒哭父母》，歌云：

铜盆打水透底清，女儿举酒敬双亲。泪人心思在酒里，该酒父母要饮尽。一尺五寸娘抚养，父母恩情似海深。父母养我费尽心，移干换湿附娘身。洗脸梳头娘辛苦，喂水喂饭爹劳辛。爹娘把我养成人，女儿怎报父母恩……

笔者在常德采风时，发现一首流传在常德汉族农村的哭嫁歌很有特色，歌名为《六杯酒哭家人》，其歌词为：

一杯酒来奉我爹，双手扯住爹的衣。我今要到婆家去，家中万事靠老爹。天高地高不算高，没有爹爹恩情高。燕小衔泥枉费力，毛干翅硬便自飞。二杯酒来奉我娘，双手扯住娘衣裳。我今要到婆家去，万般事儿靠老娘。辛勤养女一辈子，十月怀胎好辛苦。平日指望女长大，不知女大到别家。一岁两岁怀中抱，三岁四岁才离妈。五岁六岁学扫地，七岁八岁学绣花。九岁十岁学做饭，十一二岁放人家。十三四岁学织布，十六七岁到婆家。三杯酒来奉我哥，双手捧酒泪如梭。我今要到婆家去，堂前父母靠哥哥。妹妹和哥同根生，亲亲骨肉两种命。灶里无柴你要打，缸里无水你要挑。四杯酒来奉我嫂，双手捧杯酒滔滔。我今要到婆家去，堂前父母靠嫂嫂。爹娘老了靠哪个？拜托嫂嫂和哥哥。三餐茶饭请你做，早晚热水请你烧。五杯酒来奉我弟，双手捧杯哭欷歔。我今要到婆家去，你要读书识礼仪。橙子好吃要剥皮，姐姐和弟要分离。但愿贤弟早成人，姐到婆家心欢喜。六杯酒来奉我妹，双手捧杯眼流泪。我今就要去婆家，妹妹在家要听话。早晨自己要梳头，少发脾气少撒娇。帮助嫂嫂做家务，莫让爹妈把心操。

女儿敬完之后，父母也要为她斟酒，并训之以词，主要是告诫和嘱咐其女儿到婆家后要严守妇道、孝顺公婆、和睦叔嫂、夫妻恩爱等。

娘借酒教女：

一杯酒，敬天地，拜谢天地日月明。二杯酒，敬祖宗，拜谢祖宗恩浩荡。三杯酒，敬双亲，拜谢双亲养育情。四杯酒，女儿尝，妈妈有话对你讲：第一要把公婆敬，和颜悦色待大人。贤惠媳妇人人敬，走到四处高三分！第二夫妇要和顺，夫唱妇随家业兴。互助互爱互尊敬，里里外外一条心。第三妯娌要和气，闲言闲语切莫听。侄男侄女一个样，大是大非要分清。第四亲朋讲信义，待人接物要热情。和气能结万人友，走遍天下众人助。第五邻居要和睦，莫为小事闹纠纷。远水难得救近火，远亲不如左右邻。第六凡事要谨慎，粗心大意不可行。坐在凳上要端正，说话之时莫高声。第七持家要勤俭，勤劳朴素家业兴。劳动能结丰收果，勤俭是个聚宝盆。第八为人守本分，礼义廉耻要分清。孝悌忠信是根本，要作贤媳传美名。女儿要听娘叮咛，娘家是客夫终身。良言逆耳记在心，千祥云集百福增！

在嘉禾、邵阳等地还兴唱伴嫁歌，饮酒唱歌伴嫁的民俗，在明清就很盛行。伴嫁歌在妇女中口口相传，传音不传字，以致音义难免有出入，腔调亦有差异。内容多系反映妇女日常生活、劳动、爱情、婚姻的各个侧面，倾诉封建制度及其伦理道德给她们造成的种种不幸遭遇，寄托对幸福生活的向往之情。歌词有恋旧惜别的，有埋怨父母的，有骂媒婆和轿夫哥的，声声泪，句句血。演唱多用方言土语，语言生动朴素、直率火辣。

《怨爹娘》：

我的爹，我的娘，请听女儿诉衷肠。女儿年轻也骨嫩，女儿万事不知情，一双鞋子缝不拢，一杯酒也酿不成。你怎忍心把我赶，狠心推我出家门。我的爹，我的娘，风吹竹叶张张黄。女在娘家千日好，女儿出门是外人。泪水流满儿的腮，叫我怎么想得开。泪水流下成了河，叫我如何不难过。

骂媒人之一：

媒婆媒婆不是人，嘴巴甜甜尽骗人。把我骗到公婆家，我成他家的牛马。天下只有你最坏，收人酒礼还想鞋。做双鞋子送你穿，你若穿了烂脚杆。袜子缝了十二针，叫你穿了烂脚筋。鞋底打得薄又薄，媒人穿了烂脑壳。媒人穿鞋走绝路，死在半路无人收。狗不闻来牛来踩，稻草包起河中甩。

骂媒人之二：

媒婆媒婆死媒婆，露出牙齿两边磨。喝了好多陈烧酒，吃了好多老鸡婆。初一吃了初二死，初三埋在大路坡。牛一脚来马一脚，踩出肠子狗来拖。

在湖南各民族新婚前一天，女方可唱酒歌"骂媒人"，"骂"得越厉害，媒人越高兴，都知道骂媒人只是一种表明新娘舍不得离家的礼俗形式而已。

陪十兄弟：湘北地区，在新婚前一天晚上流行男家"陪十兄弟"，届时请来九个未婚男青年（俗称"黄花崽"）陪新郎，新郎这时被称作"新科状元"。十兄弟头扎手帕（表示成年了），在堂屋中间摆酒宴陪伴新郎饮酒，届时要行酒令、唱酒歌、祝贺新郎鹏程万里、家庭和睦，其中以《陪十兄弟饮酒歌》最有特色。《陪十兄弟饮酒歌》歌词是：

红漆桌儿四角方，珍馐百味在中央。昨日朝中陪太子，今日堂前陪新郎。晓星起得高，皇帝坐早朝，坐的金交椅，穿的滚龙袍。东边大学士，传下酒令来；西边大学士，提壶把酒筛。开令，开令，喜气盈庭。大水归东海，令酒归壶瓶。铺毡结彩造华堂，夫荣妻贵喜洋洋。众位客亲，请！

十年窗下苦用心，三更灯火到鸡鸣。男儿果有凌云志，自有一日步青云。一杯酒，一饮清！

两朵金花一齐开，金花引来一裙钗。五福楼前香结彩，鹦哥引进凤凰来。二杯酒，二饮清！

三杯御酒满满斟，双手付与众客卿。新科吃了这杯酒，荣华富贵万年春。三杯酒，三饮清！

四海升平得安乐，九州清吉享太平。天子门生加官爵，一举成名天下闻。四杯酒，四饮清！

五子登科登得早，脱了蓝衫换紫袍。手攀丹桂节节转，脚踏云梯步步高。五杯酒，五饮清！

鹿鸣宴罢坐麒麟，喜气盈庭结朱陈。今日人间传二美，银河天上歌双星。六杯酒，六饮清！

七篇文字见君王，朱笔亲点姓名香。一举首登龙虎榜，状元榜眼探花郎。七杯酒，七饮清！

八月科场容易过，笙箫鼓乐奏喜歌。未去金门朝天子，先到月宫会嫦娥。八杯酒，八饮清！

九载遨游写诗篇，耕读之家结良缘。明日洞房花烛后，他年金榜题名先。九杯酒，九饮清！

一要黄龙九丈发，拦在新科大门口，左缠三转生贵子，右缠三转出魁首。

恭喜，恭喜，十全十美，恭喜新科饮清十杯喜酒。

在常德石门、津市、安乡等地均有此俗。第二天正式婚礼时，在鞭炮唢呐声中，新娘新郎拜天地结为夫妻后，众亲友又开始喝"会酒"。这时，新娘新郎以夫妻身份"亮相"于众亲友前，婚姻就得到了亲友的承认。关于此俗诗人田泰斗有竹枝词云：

敬酒人来立下方，衣冠郑重貌端庄；昨宵演过好辞令，一到筵前却又忘。

(4)满月酒歌

满月酒歌是在婴儿满月的酒宴上所唱的歌。湖南各少数民族对生儿育女普遍比较重视，认为这是传宗接代、延续香火的大事，所以当婴儿满月时都要庆贺一番。届时孩子的外婆及其他亲友要携背带、衣服等礼物前往祝贺，主人则要摆酒设宴款待亲朋。酒席间，主人要唱歌感谢客人，赞美他们所带来的礼物，客人则要对主人表示祝贺，祝愿孩子健康成长。如侗族的一首恭喜添子的酒歌：

祥光瑞气满皇都，夜梦麒麟吐玉珠。今日你家添贵子，不是宰相是公侯。祥云瑞气满门庭，天宫降下一颗星。今日你家添贵子，不是武官是文臣。金童玉女把凡下，金童出世到你家，你家添个仙童子，文武双全人人夸。

水族《酒敬外婆》酒歌：

长字写来久久长，难为外婆贺儿郎。主人无言来感谢，先敬外婆酒一缸。命字写来命注定，感谢外婆贺外甥。外甥得您酿酒药，万载不忘外婆恩。富字一口又一田，外甥富贵两双全。若是外甥有那命，酒奉外婆坐上边。

苗族的满月酒歌更多，一般主人先唱，唱毕，向客人逐一敬酒，客人饮后捧酒回敬主人。如：

我昏昏沉沉过日子，我糊糊涂涂度光阴。天旱只知上山砍柴，天雨只晓下地播种。哪知道亲戚挂肠肚，没晓得外婆费肝心。送来龙鳞般的背带，挑来凤羽般的衣裙。又有鸭梨大的鸡蛋，更喜蜂蜜般的酒醇。我家没得好菜招待，多喝杯酒略表寸心。

唱完，之后便即兴唱起《背带歌》、《鞋帽歌》、《养儿育女苦心歌》等等。每歌必饮，每饮必干，由夜幕直唱到鸡叫黎明。

(5)祝寿酒歌

有些少数民族同汉族一样，很重视"福"、"禄"、"寿"。特别是老人的寿辰，备受家人、邻里和亲朋的关注，常常大摆宴席，以示庆贺。祝寿酒歌就是指在寿筵之上所唱的歌，内容多为儿孙或亲友们向老人贺喜、祝老人健康长寿，等等。

如侗族祝寿歌：

树高万丈叶青青，木本水源根又深。端杯寿酒来敬贺，恭贺您老寿百春。福寿天高与地厚，木本水源共千秋。借花献佛祝寿酒，寿如东海永长流。您老福寿登百合，大人寿高坐朝歌。文武百官来贺寿，永远健康得安乐。您老福寿过古稀，儿孙满堂笑嘻嘻。众亲六戚来贺寿，寿同日月与天齐。

水族祝寿酒歌：

玉壶斟酒酒杯青，这杯米酒敬老人。人登百岁世间少，你是人间老寿星。六十甲子坐两个，出门进屋有人迎。身体强壮真健美，好比南海观世音。

苗族把60周岁看作人生道路上的一个里程碑。因此，对"花甲"特别重视和讲究。老人花甲之日，儿女们必要竭尽全力举办隆重的祝寿仪式——"花甲宴"，亲朋邻里都来参加。献寿是花甲宴的基本仪式。儿孙及亲友们都要依次向老人敬酒祝寿。特别是儿女、近亲子孙及其配偶要按先男后女、长幼之序，由长子带领，依次到寿席前，向老人行跪拜大礼，献一杯祝寿酒，感谢养育之恩，祝福老人家健康长寿，并唱生日快乐歌：

一家人欢聚一堂，祝妈妈花甲大寿，欢歌笑语喜气洋洋，暖流涌上心头。啊，妈妈呀，祝您长寿，祝您长寿，儿子儿媳摆花甲盛宴敬酒，祝您长寿！您为儿女费尽心血，儿女们记在心头，祝福您老晚年过得好，敬您这杯美酒。啊，妈妈呀，祝您长寿，祝您长寿，闺女姑爷向您祝福敬酒，祝您长寿！

（6）贺新房酒歌

建房搭屋是湖南各民族人民生活中的大事之一。湖南民间在建房习俗中，许多民族至今还保留着原始互助的遗风。一家建房，全村及附近的亲朋都要无偿甚至携带原材料、酒食等前来相帮。贺新房酒歌就是指新居落成后主人宴请宾朋的酒宴上所唱的歌。主人借此感谢亲朋们的鼎力相助，客人们则以歌当话，表示庆贺。并夸赞主人府第生辉，家道兴旺。如仫佬族的一首酒歌，主人先唱：

新居落成喜洋洋，多亏众人来帮忙，菜少酒淡对不起，兄弟出门多原谅。

房屋在上梁时汉族（特别是常德、邵阳和张家界一带）还唱
《六杯酒赞梁》歌：

上栋梁哟建华堂，听我弟子来赞扬。主家金梁出高山，青枝
绿叶杆子壮。珍贵木材出宝地，银斧砍倒尺来量。不长不短正合
适，华堂栋梁放毫光。乒乒兵兵放炮仗，恭贺主东修华堂。主人
捧起上梁酒，不敢喝又不敢尝。一杯酒，敬上天，敬起张良和鲁
班。二杯酒，敬下地，敬起家神和土地。三杯酒，敬梁头，文登
科来武登候。四杯酒，敬梁中，子子孙孙出英雄。五杯酒，敬梁
尾，荣华富贵代代随。六杯酒，敬四方，感谢亲友来帮忙。

常德民间在新居上梁之日要摆酒，称"贺梁"。上梁，就是把
屋脊上的那根檩子放上去。在"贺梁"仪式上，参与修屋的木匠还
要以酒点梁，还唱《上梁酒歌》，歌云：

正是主家上大梁，紫微星照在华堂。恭喜主家发大财，荣华富
贵自然来。弟子手提一把壶，不是金来不是银。本是邓州一块锡，
南京太乙打成瓶。头上打个宝塔盖，中间打个凤凰身。前头打个鹦
哥嘴，后头打个胖耳形。里面不知装何物，却是樱桃酒一壶。樱桃
美酒何人造，杜康仙师来酿成。杜康造成神仙酒，万古流传到如
今。婚姻嫁娶也要酒，交朋结友要酒斟。往不如来又有灵，做来清
酒白如银。文质彬彬下凡尘，斟来黄酒色如金。主家一不敢先吃，
主家二不敢先饮。此酒将来有何用？此酒将来点状元。一点在梁
头，子子孙孙出公侯。二点在梁腰，子子孙孙乌纱帽。三点在梁
脚，子子孙孙做侯爵。左点出台阁，右点财帛多。自从今日点梁
后，福禄寿喜万年乐。恭喜主家，福禄寿喜万年乐。

(7) 丧礼祭祀酒歌

湖南各地民间都有"红白喜事"之说。所谓"白喜事"，是指
高龄老人无疾而逝，寿终正寝，含有佛教的"脱离人生苦海，灵魂

升天"的意思。这一天，逝者家人要摆流水席，招待前来吊唁的亲朋，晚上还要为亡人守灵，请人唱夜歌，绕棺散花，洒酒，为亡人超度。古代汉族的丧礼过去大都是禁忌饮酒的，而少数民族却不同，不仅有丧礼饮酒的习俗，有的甚至还要守"酒孝"，酒孝期间餐餐饮酒唱歌。丧礼酒歌就是指在丧礼奠酒、饮酒时唱的歌。内容多为主人感谢客人前来奔丧、帮助料理老人的后事，客人夸主人懂礼知孝，劝主人节哀，以及追忆逝者的功德，愿他安息并保佑子孙等等。有些民族的丧礼就盛行以唱代哭。如湖南瑶族人的母死，娘家人要来奔丧吊唁。丧家里，孝子孝孙们要按长幼次序跪在门外，一手持明香，一手敬酒，跪迎吊唁者，并对歌，歌云：

我娘养儿费了心，今日我娘归了阴。儿女子孙灵前站，三杯酒浆祭娘灵。子孙跪落娘家门，无限悲痛泪淋淋。双手把定娘家盏，各位报我要超灵。愿娘此去西仙界，愿娘灵魂上天庭。愿娘保佑子孙好，子孙年年祭娘魂。

娘家吊唁者（一般是舅舅）则对唱：

今日娘家是我来，接过儿孙酒一盏：你母行次第几位，你今礼教做得对。

此后，在进餐时还要多次向娘舅及其他帮忙的人敬酒、哭歌劝酒。如《把盏谢情》道：

我母百岁眠在床，拣好日期做风光。没人思量难主事，便请大舅来相帮。请得叔伯入寮来，大舅叔伯吩咐我。母做风光我把盏，感谢六亲来相帮。

常德一带丧家在出殡前夜守灵时，以酒敬亡人，同时还唱《敬先人酒歌》，极富特色，歌云：

今晚这一夜后，你要上天去做客了。你的腰杆细细的，像黑蚂蚁的腰一样；你的眼睛一下都不眨，像冻结的水一样；你的舌头一动也不动，像坚硬的木头一样。我们一起喝过很多喜酒，但是离别酒还未喝过。酒的来历不晓得，知道了也没味道，还是喝酒吧！一滴酒滴头上，头痛就会好；一滴酒滴耳朵，耳朵灵敏好听音；一滴酒滴眼睛，眼睛明亮看得远；一滴酒滴舌头，舌头灵巧会说话；一滴酒滴手掌，手掌灵巧动作快；一滴酒滴在肚子上，肚痛会消散；一滴酒滴脚上，奔跑就像长了翅膀一样，助你上天庭……

此外，还有祭祀酒歌和敬亡人酒歌等。常德自古是德文化的发源地，相传上古时代，这里住着一位叫善卷的贤人，传播圣贤之道，熏化民风，开启民智，舜感其盛德禅位于他而不受，宋徽宗就将善卷故乡定名为常德。常德人十分讲究尊老爱贤，缅怀先人。下面是一首流传于湘北一带的《敬亡人十杯酒》，借酒以歌劝导和安慰亡人，实际上也是劝导和安慰生者，很有特色。歌词为：

我敬亡人一杯酒，我把古人对你诉。昔日有个老盘古，寿阳活得八百秋。哪怕他的阳寿高，最终总是要入土。我敬亡人两杯酒，再把古人对你诉。商朝有个西北侯，官又高来禄又厚，二十四妃同床宿，所生儿子九十九，哪怕荣华又富贵，死后难免一丘土。我敬亡人三杯酒，再把古人对你诉，三国有个吕温侯，人虽小来力气足，生得眉清目又秀，后来死在白云楼，哪怕英雄是第一，死后还是要入土。我敬亡人酒四杯，我把古人对你提，盖世英雄郭子仪，官又高来位不低，家有七子又八媳，孙子孙女共绕膝，哪怕儿孙多齐备，死后难免土一堆。我敬亡人酒五杯，再把古人对你提，三国诸葛并武侯，巧计妙算是能手，火烧藤甲兵百万，死后还是要入土。我敬亡人酒六杯，再把古人对你提，应梦贤臣薛云贵，保主唐王征东去，破关斩将功劳大，唐王以后分主任，哪怕他的功劳大，死后难免要入土。我敬亡人酒七杯，我把古人对你提，七雄挂帅去平西，一直打到西梁地，哪怕狄青功劳大，死后难免土一堆。我敬亡人八杯酒，我把古人对你诉，昔日有个汉高祖，三宫六院在宫后，文武百官把他保，二十四帝生满数，哪怕他是紫微星，死后难免一堆土。我敬亡人九杯酒，我把古人对你诉，历代皇帝和大臣，不论官位齐天高，万民帮他祈长寿，最后还是要入土。我敬亡人十杯酒，你将此酒咽下喉，你今只管来放心，莫把儿孙挂心头，只管西天登仙去，金童玉女随你走，你做神仙佑晚辈，后代年年祭灵位。

在常德、邵阳等地，在清明节和中元节祭祖时，还唱《祭祀酒歌》，歌词为：

虔诚祖公和祖母，晚辈敬请您入座。诸祖先用烟和茶，保佑后代走天下。敬奉祖先酒肉菌，祖辈佑我万事顺。东南西北金银来，子孙年年都祭拜！

2. 按酒歌的内容和作用来划分

按酒歌的内容和作用来划分，酒歌可分为敬酒歌、劝酒歌、谢酒歌、拒酒歌等几种。

(1) 敬酒歌

敬酒歌是指在迎客、待客、送客的整个过程中向客人敬酒时所唱的歌，是所有酒歌中使用最广的一种。所表达的内容也比较广泛，多为主人对客人的欢迎、谦虚、客套等。伴酒歌敬酒，明确地唱出敬酒为加深情谊，是湖南少数民族地区酒礼酒俗中的一大特色。这类敬酒歌都很热情、客气，情真意浓，令人不得不接酒而饮。

(2) 劝酒歌

劝酒歌多为客人表示不会喝酒或已经喝好，拒绝再喝的时候主人所唱的劝饮之歌。这种歌常采用自谦、夸赞或激将等方法，有的言辞柔美，情感真切，有的言辞锐利尖刻，情绪激昂。有的善用夸张的手法，有的喜欢采用比喻的手段，以达到使客人无法推脱，不得不喝的目的。从古至今，各民族在饮宴中不但要反复给客人斟酒，以示酒源不断，吉祥幸福，而且还要以歌劝酒。如：

劝哥一杯酒，有缘一口干，无缘抿一口！劝哥二杯酒，种田需谷种，敬酒妹先干！劝哥三杯酒，鲜花不常开，酒干花更艳。劝哥四杯酒，野猫偷鸡不怕死，有心举杯还怕醉！劝哥五杯酒，要玩要耍妹搭桥，哥是酒仙桥上请！劝哥六杯酒，痴心小妹找酒伴，问哥敢陪不敢陪？劝哥七杯酒，知心情话且慢讲，话在酒中一口干！劝哥八杯酒，八八宏发庆情哥，妹端酒杯同祝贺！劝哥九杯酒，相交要学长流水，莫学有酒抬空杯！劝哥十杯酒，鸟儿离树会难过，有酒不饮愁更多！劝哥十一杯，潇洒哥哥是海量，双手端酒再敬哥！劝哥十二杯，妹喝醉了想哥哥，问哥醉酒想哪个？一杯美酒满满斟，表哥喝酒没来真，连酒带杯吞下肚，酒在肚中记在心。

（3）谢酒歌

谢酒歌多为客人回敬主人时所唱，或主唱敬酒、劝酒歌时客人对唱的歌。内容以表达对主人盛情款待的谢意和对主人的夸赞、祝福为主。如：

来了多天要回程，唱首歌来谢主人；一谢你家富贵酒，二谢美味和山珍。三谢主家人情好，我们永远记在心。杀生鱼，脆生生，塌拉哈，油汪汪，鲑鱼肉，香喷喷，鲫鱼汤，鲜煞人。美酒三杯落下肚，心中口中热烘烘。美味佳肴富贵酒，多谢主家待客情。

客人临走时对主人的热情再次表示谢意，并邀请主人在方便的时候到自己家中做客：

今日来做客，主人真热情，酒菜摆满桌，言语暖人心。来日若有空，也请到家坐，尝尝猎家酒，尝尝猎家肉。

笔者在湘潭农村亲眼见过年老之人以唱词谢宴,其唱词是:

初一、十一、二十一,多谢亲戚好宴席!初九、十九、二十九,多谢亲戚好香酒!初八、十八、二十八,多谢亲戚好香茶!

然后作三揖或三鞠躬,主家急忙还礼并说一些"蓬门清寒,招待不周"之类的谦词。

（4）拒酒歌

拒酒歌是客人用来表示不会喝酒、因故不能喝酒或已喝好不能再继续喝酒的歌。这类酒歌多采用自谦的方法,以达到逃避喝酒的目的。如布依族的《唱歌容易吃酒难》:

横也难来顺也难,唱歌容易吃酒难。唱歌不行有姐带,吃酒好比下龙潭。横也愁来顺也愁,唱歌容易吃酒忧。唱歌不行有姐代,吃酒更比吃药愁。

苗族姑娘向小伙子敬酒时,小伙子常常拒酒不喝,双方对唱不止,中间运用大量的比喻,更加有趣。如:

女唱:

蜻蜓落在哪里,哪里亮,水獭钻进哪里,哪里水声响。哥的酒量本来大,我们早听旁人讲。别人敬你三碗五碗可不喝,我敬这碗水酒定要你喝光。

男唱:

酒已喝够,饭也吃饱,莫再用那水沟里的水,尽往这丘田里倒。这丘田的田埂矮,埂脚捶的又不牢,若再朝里把水放,只怕鱼儿漫出田埂了。

女唱:

酸苞藤子长又长,如今牵到水沟边。沟中本是长流水,春冬四季流不断。舀去一瓢沟水不见少,加进一瓢沟水不会漫。哥你原本会喝酒,这酒一定要喝完。

男唱：

酒杯怎能比酒坛，小河怎能比大江。沟埂最怕洪水打，来势汹涌难抵挡。本来我就不喝酒，现在身子已摇晃，若再要我喝这杯，一定醉得倒地上。

少数民族每歌必酒，每酒必歌，酒浓歌越兴，歌兴酒更浓，往往通宵达旦，如醉如痴。酒歌不仅种类多，而且内容丰富。既有一般的敬酒、劝酒、谢酒、拒酒的内容，也有反映民族历史、生活、习俗、心理、意志的内容，还有反映对家乡山川水土的热爱、亲人团聚的喜悦和对未来美好生活的憧憬的。歌词大多出于无名作者之手，传统的歌词在群众中口耳相传。许多歌又是触景生情即兴创作，现编现唱极富民族特色。

（二）湖南各民族酒歌的社会文化功能

文化是人类对各种自然环境、社会环境适应、选择与创造的产物，同时，它又以不同的形态和方式反作用于自然和社会。酒令同其他社会文化现象一样，它的产生、发展与传承有其特殊的环境与背景，同时它也以其独特的方式彰显着其特征，发挥着其独到的功能与作用。作为酒令，少数民族的酒歌与其他形式的酒令相比，既有共同性，又有特殊性。共同性主要表现在它的取乐助兴的娱乐功能和劝酒、甚至逼酒的实用功能。劝酒助兴，这是所有酒令的基本功能。在这方面，少数民族的酒歌魅力独具。由主客双方对唱而形成的喜庆、欢乐气氛和热闹场面自不必言，就是它的劝酒效果也是其他酒令难以比拟。采用其他酒令，有些酒尚可推脱或抵赖，可若主人（或客人）双手捧着酒，唱着或高亢嘹亮，或情深意浓，或盘问的内容出其不意，令你难以答对的酒歌时，这酒无论如何你都是难以逃脱的。少数民族酒歌的特殊性，主要表现在它还具有更多或者更鲜明的社会文化功能。

1. 教育功能

少数民族的酒歌既是酒令，又是民间文学的组成部分，具有特殊的地位和作用。它同其他民间文学形式一样，是各民族人民生活直接而又生动的反映，具有深厚的生活基础，大都集娱乐性、知识性于一身。因此，它同样具有鲜明的教育功能，使人们在酒席宴间，在饮酒娱乐中学到各种知识，受到多方面的教育和熏陶。特别是家中的长者，常常利用饮酒聚会的机会，把酒歌这种喜闻乐见、生动活泼的艺术形式作为对年轻人进行教育的口头教科书，通过酒歌向他们传授民族的传统文化和各方面的知识，如历史知识、生产生活知识、为人处世知识等等。如隆回瑶族风俗，男女青年结婚后，直到有了孩子才备办酒席，筵宾待客。孩子的满月酒宴与父母的结婚喜筵合并举行。宾主在宴席上唱《酒筵歌》表示祝贺和感谢。歌的开头就要先唱祖先的来历，其目的就是要让瑶家的后代一代传一代，永远不忘自己的祖先。苗族有一首《杂古歌》，歌中用非常洗练的语言描绘了杨宗保、穆桂英、张飞、关羽、包拯、韩信、商纣等人的不同形象和事迹，给人以启迪和教益。彝族的《酿酒歌》用辩证的观点，告诉人们酿酒是众人的辛劳和智慧，既告诉人们酿酒和制作酒曲的始祖是谁，用什么器皿，又告诉人们酿酒技术的完善是众人不断探索的结果。

《酿酒歌》唱道：

酒是众人酿出，色色帕尔是酿酒的始祖，他汲取九十九股清泉煮荞粒。泉水里有九十九种鲜花和露珠，酿酒的器具是挖空的香樟树。做酒曲要十六种草药，要靠几百只脚各处寻找。火洛尼咨是做酒的始祖，他率领族众翻山登云，踏出了世上的路九十九条。打鱼人潜到水里，打柴人钻进森林，打猎人走进深山，牧羊人爬上高高的岩壁，几百只手一齐采撷草药。做酒曲是众人的功绩，没有一个人留下姓氏，荞子是众人的心血，草药里有众人的汗水，酿酒是众人的智慧。

在湖南瑶族同胞中至今还流传着《十二杯酒诉实情》酒歌虽内容中不乏偏面之处，但以此来教诲人的功能确实十分明显。

你唱歌来我接音，我来唱个诉实情。唱得不好莫见笑，恭请各位多指教。一杯酒来诉实情，堂屋门前画古人。画虎画皮难画骨，知人知面难知心。二杯酒来诉实情，二月阳雀叫不停。一年之计在于春，一日之计在于晨。三杯酒来诉实情，三月清明要扫坟。山中能有千年树，世上难逢百岁人。四杯酒来诉实情，四月插田忙不赢。近水楼台先得月，向阳花木早逢春。五杯酒来诉实情，端阳龙船闹沉沉。长江后浪推前浪，世上今人胜古人。六杯酒来诉实情，六月太阳好晒人。逢人只说三分话，不可全抛一片心。七杯酒来诉实情，七月秋风凉飕飕。有钱有酒好兄弟，危难之中不见人。八杯酒来诉实情，八月中秋月更明。古人不见今时月，今月曾经照古人。九杯酒来诉实情，重阳美酒开怀饮。细看桌前壶中酒，杯杯先敬有钱人。十杯酒来诉实情，十月有个小阳春。穷在闹市无人问，富在深山有远亲。十一杯酒诉实情，大雪纷飞天寒冷。易涨易落山溪水，易反易复小人心。十二杯酒诉实情，一年一岁又一春。在家不会迎宾客，出门方知少主人。

在邵阳、湘西、湘南当地的少数民族日常生活中用一首《妹妹敬郎十杯酒》酒歌劝郎，虽各地歌词不尽一致，但大体意思基本相同，很有特色。其歌词云：

一杯酒来妹敬郎，劝郎孝敬爹和娘；董永行孝感上苍，天差七妹配成双。二杯酒来妹敬郎，兄弟姐妹要谦让；孔融让梨传佳话，兄弟和睦万世昌。三杯酒来妹敬郎，劝郎莫进赌博场；横财不义切莫取，赌博没有好下场。四杯酒来妹敬郎，劝郎凡是莫逞强；强中还有强中手，盛气凌人人情伤。五杯酒来妹敬郎，劝郎节俭营田庄；神农皇帝种五谷，积谷防饥有靠望。六杯酒来妹敬郎，明媒正娶讨婆娘；自己妻子屋上瓦，别人妻子瓦上霜。七杯酒来妹敬郎，劝郎莫入烟花巷；烟花女子迷魂药，损精败神杀人枪。八杯酒来妹敬郎，劝郎攻书读文章；十年寒窗无人问，一朝成名天下扬。九杯酒来妹敬郎，为人切莫丧天良；莫学前朝陈四美，遗臭万年骂名扬。十杯酒来妹敬郎，点点滴滴情义长；男儿应当为国死，要学古贤文天祥。

湖南少数民族所饮用的酒过去大多为家中自酿，酿酒的知识和经验也是一代代口耳相传的。彝族有一首《酒药歌》就是人们在酒席宴间吟唱，用来传授寻找和制作酒药知识的歌：

古时酒药十二副，六副在岩上，岩上挖得着。六副在山地，山地挖得着。岩上挖回来，山地挖回来，十二副草药合起来，又舂又要筛，水拌大麦面，捏成小团团，捂上七日夜，打开晒干了，就成为酒药。一副'乱头发'，二副老黄芩，三副龙打草，四副是柴胡……

这种制酒药的配方，在湖湘彝族中至今仍在延用。彝族还有一首过年时节唱的酒歌《向祖先、亲友敬酒》，歌中教导人们要永远不忘祖先，要尊敬辛勤劳作、养儿育女的长辈，兄弟之间要紧密团结、和睦相处等。歌中唱道：

第一杯荞酒哟，敬祖先，他们开天辟地挡洪水。第二杯荞酒哟，敬长辈，他们烧地种荞养儿女。第三杯荞酒哟，敬兄弟，祖宗家教要牢记：'孔雀比锦鸡好看，和睦比凤凰更珍贵'。

酒是行乐的饮料。适量饮酒，饮法得当，还可以起到养生保健、扶衰疗疾的作用，有利于身体健康。可若饮酒不得法或纵饮无度，则有害身体健康，会伤身、误事、败事甚至丧身、毁家、亡国。正所谓"酒犹水，可济可覆"。少数民族人民虽然好酒、爱酒，但也深知这些道理。而且常常把这些生活经验和哲理融入酒歌中，在湖湘蒙古族人的婚礼上，男女双方祝词家所对唱的《论酒帷歌》更生动形象地道出了酒的好处和危害，不能不令人深思并引以为戒。

女方：

酒入口舌上像黑蝇爬行，酒出口使人如凶狮发疯，酒沾舌像蜂螫叮，酒进肚使人如巨象受惊。酒使人失去理智和聪明，酒败费人的家私和金银。酒使人身衰体弱，酒使人忘却誓盟。

男方：

赴宴的人们饮了，岂不快慰？远近的亲朋听到，岂不羡佩？交谈之际，能增加兴趣，冲锋杀敌，能壮胆助威。

女方：

如果没有酒难道不能成亲？如果没有酒宴难道不可以欢乐？没有酒的地方是否还有情人？没有酒的时候是否还能快活？

男方：

我要说啊饮酒过多则成疾，少量饮酒却是乐事，酩酊大醉能使人发疯，狂饮无束实为愚蠢。

整天醉卧与身无益，适当饮酒实为乐趣。劝人不要豪酒贪杯之意不言自明，也使我们受了一次酒文化的教育。

1931 初，时任苏维埃中央执行委员会纪检主任的周恩来，深入到中央苏区偏远县乡做社会调查研究。一天，周恩来在一场群众演唱会上听到一首《喝酒歌》。其歌词是："高山崇上一根绳，女不酿酒莫嫁人，积得糙米三五石，巧造烈浆布迷阵；高山崇上一棵松，男不喝酒非英雄，几盅几杯不算会，三瓶五瓶不醉翁……"当时，周恩来十分欣赏其民间风采，并为之喝彩鼓掌。可是晚上见到几处聚众酗酒的情况，马上召集当地苏维埃干部，开了一个特别会议。他说，他本人迷醉于《喝酒歌》中的诗情画意，却坚决反对酗酒的陋习。特别是我们的干部，若也如此这般，一定会耽误大事。区苏维埃主席陆铁雄建议"立法制酒"。周恩来却说：喝酒是不犯法的，凭行政命令压制，绝对行不通。还是应该干部带头，开展群众自己管束自己的宣传活动。在毛泽东的建议下，周恩来创作了《戒酒歌》，不几天，就在中央苏区唱得红红火火。酒歌云：

哎呀哩——劝郎哥，认真听，陈旧观念要肃清，酒性烈，不可贪，害人害己伤性命。劝郎哥，要留心，眷恋酒碗尽丢人，立大志，作好汉，莫作酒鬼误子孙。劝郎哥，要冷静，贪杯有碍事业兴，肯悔过，有法救，红军纪律最严明。劝郎哥，下决心，严重局面要认清，为国家，爱人民，明朝迎接世太平。

我国是文明古国，我们的民族素以"礼仪之邦"著称于世，"无酒不成席"成为我们的一种最高礼节。但是任何事物都有一个度的问题，如果超过了一定的限度，那就适得其反了。《戒酒歌》的歌词说得好，这对饮酒者是一个很好的教育提示。

2. 历史、文化的承载和传播功能

靠口耳相传来保存和传播本民族的历史和文化，这是中国少数民族文化中一个非常普遍的现象。这种现象在湖南少数民族酒歌中也同样有所反映。瑶、水、羌等民族的酒歌中就叙述了人类起源的传说、祖先的来历、民族的迁徙历程等。哈尼族的《十二月酒歌》、《祭祀酒歌》中形象地描绘了哈尼族古代人民的劳动情景及对原始多神崇拜的祭祀活动。彝、藏、傈僳、独龙、壮、高山

等民族的酒歌中，也不同程度地映现了古代各族人民集体围猎或耕作、平均分配，以及集体欢庆丰收的生活情景和心理状态。侗族的《定亲酒歌》："天地混沌人初分，阴阳造化分五行；周公制订婚姻礼，先讨八字再接人；为择吉期讨八字，男女合婚配乾坤；姻缘配就佳期定，夫妻和顺福满门……"这首酒歌不仅反映了侗族的婚姻习俗，还反映了汉侗等民族间文化的交流和相互影响。

湖湘民间还有《十二杯酒》酒歌，据十二月气候节气的变化来借酒吟颂历史人物：

一杯子酒正月正，妲己乱朝天地惊。文王寻拜姜太公，高筑禅台众神封。二杯子酒龙抬头，霸王别姬泪悠悠。乌江自刎千古仇，不与燕雀共金瓯。三杯子酒刮春风，银枪白马赵子龙。长板坡上杀曹兵，保全太子立大功。四杯子酒四月八，横空出世李元霸。杨广无道观琼华，一对金锤定天下。五杯子酒五端阳，尉迟千里访贤良。白袍地窖探青龙，保主跨海征番邦。六杯子酒六月六，夜叉开店卖人肉。武松搅乱三岔口，拳打脚踢认朋友。七杯子酒谷穗黄，金沙滩上显忠良。死的死来亡的亡，只剩杨瑾杨六郎。八杯子酒赏月光，岳飞枪挑小梁王。挂帅扫北捣黄龙，风波亭里泪千行。九杯子酒九重阳，成吉思汗平北疆。弯弓射雕识儿郎，金戈铁马震四方。十杯子酒西风冷，洪武领兵下南京。保国忠臣刘伯温，横刀勒马常玉春。十一杯酒河冻冰，闯王走马坐北京。奈何两点红颜泪，三海关下起反兵。十二杯酒一年整，康熙大帝振雄风。诛灭鳌拜少年志，削藩平叛定乾坤。

3. 情感、信息的传递功能

在以酒助兴的同时，又能传递某种情感、信息，这是少数民族酒歌区别一般酒令的又一显著特点。酒歌同其他歌谣一样，源于人们的生活，同时又是人们生活、心迹、情感的一种流露和反映。人们常常通过它来表达自己的喜怒与哀乐。中国少数民族普遍热情好客，酒歌首先传递的便是主人对客人的诚挚欢迎之情和客人对主人热情款待的由衷谢意。通过主客双方的对唱，使彼此间感情更加融洽，友谊和亲情更加浓厚。其次，酒歌还是男女青年传情示爱的媒介。他们常常利用饮酒聚会的机会，通过对歌的形式传达相互间的爱慕之情，使酒歌具有了情歌的特点和作用。湘西苗族的婚礼酒席就是男女对歌的欢乐场所。

男唱：

敬酒对歌表尽情，酒碗相碰要有声；马走远路才知力，人交久长才知情。

女唱：

敬酒对歌声接声，双手捧碗领哥情；谁见山林无鸟叫，谁说妹心断人情。

男唱：

敬酒对歌表心意，酒满月圆比情谊；等石开花马生角，海水上山才分离。

女唱：

对歌敬酒妹不推，月照双人影一对。两人携手把水砍，砍得水断才分离。

湖南壮族人在订婚时唱一首《十杯美酒定情歌》，男先唱，女后答。歌词为：

男唱：

一杯敬奉一颗心，说妹千万要领情。酒留情来人留义，自古情义值千金。

女答：

手接美酒第一杯，好俏好妹不是谁；花留蜂来蜂留蜜，自古鸳鸯比翼飞。

男唱：

二杯敬奉二度梅，酒到面前妹莫推。饮我这杯定情酒，有话阿哥慢奉陪。

女答：

手接美酒第二杯，酒香醉人妹不推。饮酒的人望酒醉，爱花的人戴花回……

直饮唱到第十杯酒，双方交换定情礼物后，标志着订婚仪式结束。湖南少数民族青年男女常借酒歌表达自己的思想感情，物色终身伴侣。再如苗族借酒情歌《十二个月望郎》：

正月望郎是新年，花又香来酒又甜；花香酒甜人人爱，来给表兄拜个年；二月望郎百花开，干妹端酒上花台；百花正开郎不见，不知我郎几时来；三月望郎勤喂蚕，手提酒壶进桑园；心想请郎喝一杯，桑叶摘完眼望穿；四月望郎栽早秧，干妹房中做酒汤；酒汤送到田坎上，不知我郎在哪方；五月望郎是端阳，菖蒲美酒兑石黄；前场要摆石黄酒，留杯好酒待我郎；六月望郎好做鞋，杯酒麻蓝端出来；心想与郎做一双，不知我郎几时来；七月望郎秋风凉，家家户户缝衣裳；心想给郎缝一件，不知我郎短和长；八月望郎是中秋，家家户户酒长收；打成糍粑未成吃，明月照来是单头；九月望郎是重阳，家家户户蒸酒尝；人家蒸酒有人吃，干妹蒸酒没人尝；十月望郎冷分分，干妹烧火等我郎；人家烧火有人烤，干妹烧火冷清场；冬月望郎冬月冬，干妹一人在房中；梦中梦见情哥到，手捧贤文千字经；腊月望郎又一年，干妹一人去赶场；场头走在场尾上，一下碰见缺嘴郎。

土家族、苗族等的《十二杯酒敬情哥》：

一杯酒，妹来斟，二人坐下说年庚；男生腊月三十夜，女生十五闹花灯；二杯酒，满满斟，两人当天把话明；男有亏心刀上死，女有亏心万祸生；三杯酒，竹叶青，两人举杯订终身；连杯带酒吞下肚，酒在肚内情在心；四杯酒，逢二双，上哄爹爹下哄娘；哄过堂前哥和嫂，两人做事一人当；五杯酒，是端阳，菖蒲美酒兑石黄；前场要摆石黄酒，留杯好酒待我郎；六杯酒，热忙忙，二人挽手上雅床；左手与郎擦干汗，右手与郎扇风凉；七杯酒，秋风凉，满山稻谷一片黄；情哥情妹忙收割，按散青丝懒梳妆；八杯酒，共四双，一对鲤鱼挣长江；鲤鱼不离长江水，冤家要配少年郎；九杯酒，九天桥，二人挽手上天桥；有福之人桥上耍，无福之人整下桥；十杯酒，十花罗，金杯落在回水沱；劝郎喝杯回沱酒，那有肥水不肥田；十一杯酒，天发白，笼内金鸡把翅拍；我恨金鸡拍翅早，恩爱夫妻咋舍得；十二杯酒，天要明，麻索钢刀围了门，手拿钢刀朝前撑，探花之人谁怕人？

如瑶族的爱恋歌就借酒把男女相思相恋之情表述得淋漓尽致，歌云：

男唱：

树上斑鸠叫咕咕，问妹有夫没有夫；妹妹若是半壶酒，何不合拢做一壶。

女唱：

大山砍柴不用刀，大河挑水不用瓢；我恋阿哥不用媒，酒歌搭起五彩桥。

现在，在常德还经常听到农民在田间山头劳动或借饮酒时唱山歌，其词是：

妹在湖中忙采菱，归家想郎绣彩裙。哥在家中忙蒸酒，思妹之时吹口琴。哥酿美酒送妹家，情妹着裙出门迎。东边日出西边雨，道是无晴却有晴。

总之，湖南各民族的酒歌种类繁多，内容广博，数量浩如烟海，是湖南酒文化的重要组成部分，它不仅具有劝酒助兴的实用功能，而且还承载和发挥着诸多社会文化功能。

二、湖南民间酒谣

民谣是群众的口头创作文化，集体智慧的结晶，是人民大众集体创作的反映社会生活的歌，也是传统民间文学的一个品牌。它节奏性强，能表现现实生活、表现人民大众的喜怒哀乐。它文字简洁，通俗易懂，辛辣犀利，幽默风趣。从古至今，几乎每个朝代都有反映该时代（社会）特色的民谣流行。"酒谣"便是民谣中的一种，其中不乏佳作。湖南民间历来文盛，酒谣亦盛并广泛流传。在湖南各地民间有幽默生动的生活酒谣和老百姓借此鞭挞丑恶、针砭世弊，有强烈的现实感和时代气息的讽刺酒谣。当今时逢搞活经济、改革开放的盛世，老百姓对那些讲排场、摆阔气、走后门、拉关系，慷国家和集体（单位）之慨，大兴吃喝败坏社会风气的人和行为深恶痛绝，于是编出了不少新酒谣，予以曝光，狠加鞭挞。现选几首现代在湖湘流传的生活酒谣，与读者共同体会湖南民间生动的生活气息。

（一）湖南民间生活酒谣

酒后待妻

在外喝酒讲原则，回家对妻多体贴，酒醉醒来先谢妻，起床就把被子叠；叠好被子进厨房，做好饭菜叫婆娘，真把堂客当成客，保证啥事都有得。

夫人语录

出门老婆有交代，少端酒杯多拿筷，相互敬酒只应付，喝酒要找高手代；若要硬喝就耍赖，借口饮酒先吃菜，耍不脱赖就快跑，跑回家中老婆爱。

酒与交际、生活

饮酒需要因人异，烂醉酗酒众人弃。适量饮酒好处多，舒筋活血人快乐。适度微饮心舒畅，世上君子要牢记。延年益寿都想要，关键掌握适度喝。

人生短暂酒喝好

人生七十古来少，前除少年后除老，中间光阴不多时，更有炎凉和烦恼。朝里官大做不尽，世上钱多赚不了，官大钱多又如何，落得自家头白早。不必中秋月也明，不必清明花也好，花前月下且高歌，人生短暂酒喝好。不信请看身边人，一年一度埋荒草，草里高低新旧坟，清明大半无人扫。

湖南民间酒德谣

喝酒要喝好，酒德最重要。德高是鼻祖，酒神也让步。古代定酒礼，《酒诰》称第一。饮酒有限制，不醉为标志。防止出酒祸，醉酒要受过。还有监酒官，督察来法办。酒后吐真言，官职要罢免。酒场说胡话，脑袋要搬家。酒后若骂娘，罚他交羚羊。酒后若要色，丧身不可测。饮酒不节制，杀人顷刻时。饮酒若无度，亡国且灭族。古训要记清，喝酒讲文明。提倡喝慢酒，酒量留一手。酒要喝正宗，假酒别冒充。最好低度酒，上口不上头。黄酒要温热，喝在胃中适。切忌掺酒喝，后果了不得。空腹不喝酒，伤神又损寿。气氛要宽松，喝酒不头痛。喝酒不劝酒，祸事不会有。切莫恶作剧，舍命陪君子。喝酒无须醉，只求其中味。喝酒不喝倒，神仙向你笑。喝酒不失态，酒后不后悔。朋友要尊重，自己要自重。喝酒讲酒德，千万要记得。

湖南民间酒礼谣

　　酒宴要办好，祝酒少不了；祝酒有学问，随意不乱套；主人先举杯，脸上要带笑；致词有韵味，简明要扼要；碰杯有讲究，乱碰不礼貌；举杯讲身份，切莫杯抬高；当年古罗马，决斗见分晓；双方换杯喝，证明没毒药；如今比酒量，酒场出英豪；祝酒为灌酒，理由有千条；如此祝酒法，客人受不了；还是适量喝，品尝酒味道；被敬者随意，敬者可干掉；几人交叉喝，能多且能少；祝酒为祝福，酒场勿吵闹；敬酒为敬人，目光不要瞟；朋友频举杯，不要都喝到；大家喝高兴，祝君身体好。

（二）湖南民间赞美酒的酒谣

赞鄩湖酒酒谣

　　担得湖中水，洗得屋中罐。蒸饭做酒浆，酒香满室沾。美酒饮且醉，日子清且闲。送酒与兄弟，兄弟福禄连。授酒与女子，子孙节节攀。赠酒与朋友，朋友寿禧添。敬酒与父母，孝悌代代传。上酒贡天子，天子万万年。

三、湖南民间酒谚

　　如果说，酒联是比较精巧、蕴藉和高雅的话，那么，酒谚就显得率直和比较的通俗了。湖南各民族人民在数千年的生产、生活实践中，创造了不少与酒有关的谚语，或评论时政，或言明事理，或揭示生活的规律，或提出修养的准则，简练通达，寓意深刻。笔者在湖南各地采风时搜集到许多酒谚，现整理归纳如下：

（一）事理类

酒中不语真君子，财上分明大丈夫。好酒卖深巷，名师出高徒。酒香不怕巷子深。鸭儿不冷，酒儿不凌。药不治假病，酒不解真愁。酒醉吐真言。儿子要亲生，老酒要冬酿。坏酒的药子。做酒靠酿，种田靠秧。酒不醉人人自醉，花不迷人人自迷。以酒发狂。一醉解千愁。醉翁之意不在酒。言多语失皆为酒，义断情疏只为钱。好酒不怕酿，好人不怕讲。好酒不讲酸，苦瓜不讲甜。

（二）时政类

富人一席酒，穷人半年粮。烟是路，酒是桥。喝名酒的不买，买名酒的不喝。彩电喜收，无须再"烟酒烟酒"；茅台笑纳，不妨先"斟酌斟酌"。能烟能酒能扯皮，亦能勾心斗角；善吹善拍善蛊惑，更善舞弊营私。酒杯一端，政策放宽；筷子一提，可以可以。陪酒，陪酒。上顿陪，下顿陪，终于陪出胃下垂。

（三）生活类

一醉千愁解，三杯万事和。酒消往事多，杯解话语深。若要富，耕田煮酒磨豆腐。早上不喝酒，晚上不打妻。酒是害人的毒药，色是杀人的钢刀。不吸烟，不喝酒，病魔见了绕道走。美酒不过量，好菜不过食。不信药材，请看酒缸。酒后的烟，马上的鞭。吃饭看菜，饮酒看伴。老人长寿有得巧，戒烟戒酒八成饱。勿贪意外之财，勿饮过量之酒。戒酒戒头盅，戒烟戒头口。酒肉朋友，搞不长久。见官莫上前，吃酒莫落后。壶中有酒好留客。酒多伤人，色多伤身。煮酒熬糖，莫称内行。壶里装的是酒，肚里疼的是儿。酒肉朋友到处有，患难之交总难逢。有酒大家喝才香，有话当面讲才清。寡酒难吃，寡妇难当。酒是待客的，糟是喂猪的。敬酒不吃吃罚酒。喝了人家酒，跟着人家走。酒杯虽小淹死人。酒逢知己饮，诗向会人吟。酒后乾坤大，壶中日月长。不信但看杯中酒，杯杯先劝有钱人。一人不喝酒，二人不打牌。酒肉的朋友，柴米的夫妻。善用美酒者，其乐无涯，以介眉寿；误用美酒者，天网恢恢，悔之无及！

（四）修养类

酒美不待自夸。饭是根本肉长膘，酒行皮肤烟通窍。酒醉聪明汉，饭胀死木头。酒多人癫，书多人贤。过量酒不可吃，意外财不可领。一缸不酿两种酒，一树不开两样花。人死如灯灭，酒醉心里明。酒行大补，多吃伤神。酒能成事，酒能败事；水可载舟，水可覆舟。酒欲醉人人不醉；花香袭我我自清。莫醉成功酒，愿加跃进油。捧杯消倦意，把酒振精神。醉心忘老易，醒眼别春难。歪缸泊好酒，丑娘养乖儿。

在广大的湖南民间独具湖湘特色的酒歌、酒谣和酒谚还非常多，有待我们去收集和整理。

第十章　湖南酒令

　　酒是什么？魏代王粲在酒赋中说：酒"章文德于庙堂，协武义于三军。致子弟之存养，纠骨肉之睦亲。成朋友之欢好，赞交往之主宾。"有人说它是穿肠毒药；有人说它是生命之水；有人说它是美女；初见她时，她情窦初开；爱上她时，她放荡不羁；许多人就在这种挑逗下，无力自拔。也有人说"酒是蒸馏的艺术"，这种"蒸馏艺术"即反映出各地饮酒风气的特色，也使世上许多不同性格的人在它面前显露原形。德国人说，"酒能打开话匣，但不能解决问题"；俄罗斯人说"酒可以保存东西，但不能保守秘密"；法国人说，"酒是血"、"酒是爱情"。你也许还有话可说，但无论如何酒是没有缺点的艺术品，酒在男性世界的万千享乐中坐头把交椅。

　　今人对酒的爱好与古人相同——饮一世还不够，下世还要努力！湖南人喜欢豪饮，饮酒必大杯，否则不过瘾。湖南民间饮酒不仅注重礼仪和饮酒器具之精美，而且还很注重行酒令。所以，在湖南民间盛行有"英雄美人"式的喝酒法、有"竹林七贤"式的喝酒法、有"武松式的大碗"喝酒法等等。

一、酒令演变和分类

酒令，是酒席上的一种助兴游戏，一般是指席间推举一人为令官，余者听令轮流说诗词、联语或其他类似游戏，违令者或负者罚饮，所以又称"行令饮酒"（图10-1），古今有之，且位不论高低、人无逾贵贱、地不分南北、才无论高下，在各种不同的

图10-1　行令饮酒图

宴会场合，或俗或雅，或简或繁，总免不了行令助兴。据文字记载，酒令最早诞生于西周，完备于隋唐。饮酒行令在士大夫中特别风行，他们还常常赋诗撰文予以赞颂。白居易诗曰："花时同醉破春愁，醉折花枝当酒筹。""酒令"之名，始见于西汉文学家刘向的《说苑》一书。后汉贾逵曾撰《酒令》一卷、宋人窦苹所撰《酒谱》、明人袁宏道《觞政》、清代俞效培辑成《酒令丛钞》四卷等书籍都记载着有关酒令之密谈。可以说，酒令是我国人民喜闻乐用的娱乐游戏，具有很强的知识性。它以不同的内容和艺术风格，呈现出丰富多彩的面貌。它可以运用多种修辞手段，长短不拘，妙语解颐，融诗词曲语于一炉，采典故俗语为篇什，即兴赋咏，引喻贴切，思捷神驰，流觞飞动。酒令还具有广泛的实用性，婚丧嫁娶，寿辰贺宴，宾朋唱酬，接风饯行，节日聚餐，盛会招待，举杯敬酒，觥筹交错，酒令叠换，夸奇争胜，雅俗咸宜，依席

而定。

春秋战国时期盛行从射礼转化而成的酒令：投壶（图 10 - 2）。战国时代的饮酒风俗和酒礼是"当筵歌诗"、"限席作歌"。投壶酒令产生于春秋前，盛行于战国。《史记·滑稽列传》就载有投壶盛况，投壶因其最具

图 10 - 2　行投壶酒令

封建礼仪教仁意义，所以沿袭最久。在《礼记》中慎重地写着《投壶》专章。三国名士邯郸淳的《投壶赋》描绘最为出色："络绎联翩，爰爰兔发，翩翩隼隼，不盈不缩，应壶顺入"，其行令方式是用没有箭镞的箭杆投向一定距离外的大口瓶，箭杆若投进了大口瓶，就算中了，成为赢家，反之，则要挨罚。《春秋左传》就有齐景公入晋国贺晋嗣君即位，席间行投壶之礼，赋诗助兴的记载，他们的诗，已肇后代酒令令辞之先河，是酒令最早的记载。

秦汉之间，承前代之遗风，人们在席间联句，名之曰"即席唱和"。用之日久，便越来越丰富，作为游戏的酒令也就产生了。《后汉书·贾逵传》说："（贾逵）尝作诗、颂、书、连珠、酒令凡九篇。"这恐怕是最早记载酒令的书，这里所说的"酒令"，当是行令的令辞。据传后汉贾逵曾撰有《酒令》一书。西汉时，为了使酒令行得顺利，严明赏罚，行令时已有"监酒"、"令官"之说。西汉刘向的《战国策》成书于 2100 年前，该书中的"画蛇添足"，既是脍炙人口的成语故事，又是一则古老生动的酒令故事。因为酒"数人饮之不足，一人饮之有余"，于是在地上比赛画蛇，先画成者饮

之。最先画成者本可以饮酒，可他却要给蛇"添足"。"蛇固无足，子安能为之足！"于是，酒被别人拿去喝了。

　　三国和魏晋时代盛行的酒令：流觞曲水（图10－3）。每年三月三日，照例于溪边聚会，置杯于溪流之中，杯中注酒，杯流至人前则取而饮之。人们相信，这样做可以除不祥。这种饮酒方式实际上也是一种酒令。此俗一直流传到晋唐以后，最著名的一次当数晋穆帝永和9年3月3日的兰亭修禊大会，大书法家王羲之与当朝名士

图10－3　流觞曲水

41人于会稽山阴兰亭排遣感伤，抒展襟抱，诗篇荟萃成集由王羲之醉笔走龙蛇，写下了名传千古的《兰亭集序》，至今全国尚有几处流杯池遗址。南北朝时期，除了"流觞曲水"此种酒令外，继而演化而来的吟诗应和，此酒令令文人墨客十分喜爱，流行较盛。

南方的士大夫在酒席上吟诗应和，迟者受罚，已成风气。

唐朝时期盛行的酒令：藏钩、射覆。唐、宋是我国历史上经济文化发展的鼎盛时期。在这个时期，酒令也有了很大发展。"唐人饮酒必以令为佐欢"。《胜饮篇》中有："唐皇甫嵩手势酒令，五指与手掌节指有名，通吁五指为五峰，则知划拳之戏由来已久。"在唐人皇甫松所著的《醉乡日月》中，已经记载了"骰子令"、"改令"、"旗幡令"、"上酒令"、"手势令"、"小酒令"、"杂法"等酒令类型。南宋的高宗还下诏将行酒令器具牙牌颁行天下，更是前无古人、后无来者的推波助澜之举。与此同时，也产生了专为行酒令制作的器具，如骰子、筹子、彩笺等。

明清两朝盛行的酒令：拧酒令儿（即不倒翁。先拧着它旋转，一待停下后，不倒翁的脸朝着谁就罚谁饮酒）。酒令在明、清两代发展到另一个高峰，明代末年，湖南湘潭人黄周星是把酒令与灯谜结合起来的第一人，他也是迄今为止，唯一把谜引入酒宴以行觞政的一个文人和诗人。明清时期酒令品种在前代的基础上更加丰富，凡世间事物、人物、花木、虫禽、曲牌、词牌、诗文、戏剧、小说、月令、八封、风俗、节令、药名，甚至女人的鞋子等均可入令。行酒令的器具也更丰富了，可分为射覆、划拳、骰子、筹子、口头文字等若干类。元代曹绍所著《安雅堂酒令》中有取意吕洞宾三醉岳阳楼涉及湖南地名的"岳阳三醉"令，其令词是"洞庭横一剑，三上岳阳楼。尽见神仙过，西风湘水秋。"其行令方法是："神仙饮酒，必有飘逸不凡之态。唱'三醉岳阳楼'一折，浅酌三杯。不能者则歌神仙诗三首。"

酒令有两个特性，其一是娱乐性；其二是强制性。酒令"强制性"来历与刘章有关。据《史记·齐悼惠王世家》记载，汉惠帝之侄"朱虚侯……尝入侍高后燕饮，高后令朱虚侯刘章为酒史（一作酒吏）。章自请曰：'臣，将种也，请军法行酒。'"高后曰：
"可。"酒酣之际，吕氏家族中有一人醉后而逃，刘章追出去就将
他斩了，回来报告吕后说："有亡酒一人，臣谨行法斩之。"太后
左右皆大惊。业已许其军法，无以罪也。这是历史上真实的事，
当然是刘家之子因为对吕后专权重用诸吕不满而借机泄愤，吕后
也万万没想到同意他以军法行酒会带来如此严重的后果，这也是
中国酒令特性之二的"强制性"，酒令如军令的来历。

今天，随着社会的发展，人们的生活习惯和生活节奏都大大
地改变了，使古代的不少酒令因失去了生存的基础而变成了历史
陈迹，也使古代如军令一般严格的酒令演化成了今天以"敬酒"和
"劝酒"为主的当代酒令。但是，不管酒令如何演变，酒令伴酒
生、有酒必有令这一点是不会变的。清人周长森为酒令总结了
"四宜"，云："和亲康乐，少长咸集，标新立异，古语缤纷，于岁
时之燕宜；觥筹交错，左右秩之，欢伯联情，口无择言，于宾僚之
会宜；高峰流泉，探幽选胜，啸侣合集，钩心出奇，于山水之游
宜；良宵雨霁，奇葩吐芬，同调写喧，谐谑闲作，于花月之赏宜。"
此外，酒令可以锻炼人敏捷的才思。一令既出，不容人深作腹
稿，往往须脱口而出，否则就要罚酒，被弄得大醉酩酊，岂不尴
尬？"工夫在诗外"，只好平素博览群书，多思好学，喜诵好记，
上自古今名著、诗词歌赋，下至黄历、小说、戏曲、俗语都要阅
览，又需留心自然知识，注意观察各种事物。有了这些知识在腹
中垫底，时间一久，自然熟能生巧，临阵不乱，对答如流。从这
一角度来看，酒令又不失为一种促人学习的好办法，使人在游戏
中既饮佳酿，快活怡情，又互相学习，增长知识，何乐而不为之！

酒令，清代学者俞敦培按形式将其分为：筹令、牌令、雅令、
通令四个类别；今人麻国钧教授则将其分为：射覆猜拳、口头文

字、骰子、牌、筹子、杂等六类。雅令，是指文人的酒令，这类酒令按内容可分为字令、诗令、词令和花鸟虫令。前者要求象形、心书兼备，或遣词造句，或意义通联，或妙语双关，或双声叠韵，或顶针回环……真是变化万千，趣味盎然；后者又要敏捷与智慧，心快，眼快，手快，嘴快四者缺一不可。文人酒令比较文雅，需要具有相当高的文化水准方可操作使用。湖南常德人饮酒，喜欢说些"四言八句"来助兴，使酒桌上的气氛更为活跃，这些"四言八句"实际上就是酒令。文人雅士聚饮，多喜欢以诗词曲文为令，凡诗词、散曲、戏曲、谚语、俗语、成语、典故、文章以及文字的吟咏连缀、拆合贯句等，都属于这一范畴。雅令的行令方法是：先推一人为令官，或出诗句，或出对子，其他人按首令之意续令，一所续必在内容与形式上相符，不然则被罚饮酒。行雅令时，必须引经据典，分韵联吟，当席构思，即席应对，这就要求行酒令者既有文采和才华，又要敏捷和机智，所以它是酒令中最能展示饮者才思的项目。如果说重实用的大众酒令属于"下里巴人"的话，那么文人酒令则带有"阳春白雪"的味道。在湖南，文人酒令主要有接龙令、词令、诗语令、筹令等形式。以诗人的"智力竞赛"为内容的雅令，虽然情趣古雅，然而一般人做不来，所以又有一类酒令应运而生，它不必劳神，几乎人人皆可为之，这种大众化的酒令被称作"通令"，以通俗易懂、简便易学为其特色，不管文化水平高低都能很快地操作运用，在古今宴席上都占有压倒性的优势。主要包括骰令、手势令、笑语令、接龙令等。凭投骰子，划酒拳的运气，只是此类两军对垒，"火药味"似乎太浓了点。击鼓传花，则是通令中较为雅致的形式了。

雅令、通令和筹令，可以分别进行，也可以结合在一起进行。考之历史，酒令实无定制，当筵者可以依据座中情况加以发挥。

酒令若是制得巧，自然是宴乐无穷。

　　酒令无论是传统的还是新编的，都是一种非常值得继承发展的传统文化。我们对其中有益于身心健康、富有于文化特质的闪光部分，应当亦有可能继承下来，改造而用之，翻新而行之，创意而推广之，必能使其重现历史财富的耀眼光芒，重新为人类现代化生活增添新的色彩。湖南酒令内容多，涉及面广，有些酒令与全国其他地方的酒令是大同小异，笔者称其为湖南常用令；另外一种是有非常浓厚的湖南地域特色，笔者称其为湖南特色令，本书就从这两方面简单介绍当今在湖南大地上较为盛行的酒令。

二、湖南常用酒令

　　湖南常用酒令与全国其他地方的酒令是大同小异，常用酒令主要有以下几种形式：

1. 击鼓传花令

　　击鼓传花是由"曲水流觞"演变而来的。击鼓传花也称击鼓催花，就餐人数较多时用，也是我国古老的一种酒令游戏。这是一种既热闹，又紧张的罚酒方式。在酒宴上宾客依次坐定位置。行令时，令官手持花枝，令击鼓人用手巾蒙目或在屏风后击鼓，以防作弊。鼓声一起，令官即将花枝传给下家，依次传下去。鼓声忽然停止时，花枝留在谁手中，谁饮酒。击鼓期间，节奏忽快忽慢，鼓声慢时，传花也慢，鼓声快时，传花也快，造成一种捉摸不定的气氛，更加剧了场上的紧张程度。那花像烫手的火似的在酒客中传递着，酒客的各种心态也多有所流露。一旦鼓声停止，大家都会不约而同地将目光投向接花者，此时大家一哄而笑，紧张的气氛一消而散，接花者只好饮酒。如果花束正好在两人手中，则两人可通过猜拳或其他方式决定负者。击鼓传花是一种老少皆宜的方式，湖南多在女性之间使用。

2. 猜枚令

古人称"藏钩"或"射覆"。射覆，射者，猜度也；覆者，遮盖隐藏也。行令者取些小物件，如瓜子、钱币或莲子等握于手中，让人猜测。或猜有无，或猜单双，或猜数目……猜中免罚，不中则罚酒一杯。藏钩酒令始于以雄才大略彪炳青史的汉武帝，当年汉武帝巡幸河间，见一女子天姿国色，美貌绝伦，便把她召进宫中，并封为"婕妤"。该女子其他均好，就是有只手常卷不开，汉武帝很觉奇怪，一次把她的手打开，发现卷手中握着一钩，又因该女子入宫后住在钩弋宫，便称她为钩弋夫人。

钩弋夫人卷手藏钩的事传出宫后，人们就仿她之状，手握一物，让人猜为何物，猜中为赢，这种游戏取名"藏钩"，后成为酒令，多在女性中行。行此令时，气氛特别热烈，很多诗人还写了不少诗句来描述藏钩盛况，李商隐《李义山诗集·无题二首》的"隔座送钩春酒暖，分曹射覆蜡灯红"的佳句就是如此。

3. 接龙令

游戏时，选一人为起令人（令官），先在各人面前的杯中（称作门杯）斟满酒，再取一公杯满斟佳酿，作为罚酒之用。起令者在发号施令前须先将自己门杯的"令酒"一饮而尽，然后提出酒令要求。"接龙令"游戏大致有两种：

一种是起令人抽取酒筹后起令，如抽取"汉语拼音字母酒筹"中22个字母中的任意一字母，据此字母以为一条成语首字的声母，如抽出A，则可说一句声母为A的任何成语，像"安步当车"、"爱屋及乌"、"爱不释手"、"暗送秋波"等皆可，余者以此类推。起令人将首句成语说出后，要求接令者将该成语的末一字作为接句的第一字，第三位接令者又当将第二句成语的尾字作为第三句成语的首字，以下接令者同前法接续。并且每位接令者，接令时均须先饮干门杯之酒。接令顺序可顺时针也可逆时针方向，但须玩前约定。另外还得规定不许接续含不吉利色彩的成语，如"死有余辜"、"杀人如麻"、"杀人越货"、"病入膏肓'、"气息奄奄"、"一命呜呼"等等。倘若违令（一是接不下去，二是说出煞风景的成语），应将席间公杯中的罚酒饮下，再由受罚者抽筹起令，如此接龙游戏。

另一种是起令人随口说一句成语，末一字必须可做另一句成语的首字，否则起令者罚酒。以上所接诸字，全是同一字，不得以谐声字代替，这是"接龙令"中的"严令"。

"接龙令"中的"宽令"就较"严令"容易得多了，接令者说出的成语，其第一字只要与发令人所出成语的末字同音即可。如出令人的成语是"历历在目"，那么接令者续句为"木已成舟"或者"沐猴而冠"、"沐雨栉风"都行，要是接"目不识丁"当然更好。但是不能接四字格的俗语或常用词，如"好说歹说"、"一家老小"、"优化组合"、"计划生育"等等，违者也得罚酒。

在接龙令中除一般成语令外，还有特殊成语令，如人名令、生肖令、数字令等。人名令是一种颇为有趣的成语酒令，参加游戏者须依起令者所出示范成语样式，或明或暗地嵌藏着古今中外知名人士的名字（包括笔名、别名、室名、雅号等等）。例如"唐突西施（西施）、"塞翁失马"（塞翁）、"叶公好龙"（叶公）、"愚公移山"（愚公）、"名落孙山"（孙山）、"毛遂自荐"（毛遂）、"成也萧何，败也萧何"（萧何）、"曾参杀人"（曾参）、"孟母三迁"（孟母）等等。这些藏有人名的成语，让人一目了然，知其所藏之人，比较容易出令和应令（接令）。

生肖令则是以十二种禽兽代表人的属相。这 12 种禽兽为鼠、牛、虎、兔、龙、蛇、马、羊、猴、鸡、狗、猪。其所代的时辰分别为子、丑、寅、卯、辰、巳、午、未、申、酉、戌、亥。成语酒令中的"生肖令"游戏，就是巧用十二生肖中的禽兽（或所代时辰）之名组成一句句成语进行劝酒娱乐。由于这些动物是人们生活里经常见到、听到、想到的，与生活有密切关系，这些字眼在成语中是屡见不鲜的，无论是起令者还是应令者游戏时，绝无捉襟见肘之虞，大有应付自如之感，玩起来十分带劲。

在进行游戏时，先推举一位正值"本命年"的游戏者为"令官"。如适逢马年，生肖属马者起令：马到成功，其余的人所接成语中均要有马：如"马首是瞻→马放南山→马不停蹄→一马当先→万马奔腾→万马齐喑→老马识途→走马观花……。"其他生肖成语依此类推。

有时，我们在行酒令中，往往会遇到这么种情况，有些人确实不会喝酒，要不要坚持罚酒呢？那就不必强人所难了。所以，在湖南很多地区事先都有规定，允许以表演小节目（或唱支歌、唱段戏曲，或说个笑话，或学动物叫声等等）代罚，也可请人代罚，甚至可用茶代酒。这样既能有规则地游戏，又通情达理，保持健康地娱乐。

4. 诗词数目令

该令是以带数目字的诗词名句彼此行令的游戏。行令时由"令官"发令，可限数目字在诗句的第几个字，也可依次说令，即第一人以含"一"字起头，第二人则以"二"字起头，第三人则以"三"字起头，依此类推。所行之令必须是诗词，否则认罚，如：

一行白鹭上青天（杜甫《绝句》）、二月扬花处处飞（张籍《杨柳枝词》）、三峡星河景动摇（杜甫《阁夜》）、四郭青山处处同（戴叔伦《题友人居》)、五陵年少争缠头(白居易《琵琶行》)、六宫粉黛无颜色(白居易《长恨歌》)……

5. 即席赋诗令

行令做诗，常见的是每人作一首诗，作不出者罚酒。这种形式的酒令在故事选编类书籍中多有所见。也有时不是一人作一首诗，而是每人联诗两句，似乎作对子。也有每人联一句，凑成一首诗的，接不上则罚酒。像流传的李白和贺知章、王之涣、杜甫四人的联诗行令故事，便是一例。他们联成的一首诗是："一轮圆月照金樽(贺)，金樽斟满月满轮(王)。圆月跌落金樽内(杜)，手举金樽带月吞(李)"。既有格律诗味，又不失为"席上之物"。

即席赋诗难度太大，非才华过人者不可为。更常见的形式是引诗入令，述而不作。如"春字诗令"(也称迎春酒令)：此令要求一人一句接龙，每人说一句七言诗，内容可深可浅，因人而定，但诗中必须出现春字。一般有三种行令方式，其一是每句头一字必须是"春"字，并报出作者姓名：如"春风送暖入屠苏"(王安石)、"春江水暖鸭先知"(苏轼)、"春潮带雨晚来急"(韦应物)、"春在溪头荠菜花"(辛弃疾)、"春色满园关不住"(叶绍翁)、"春城无处不飞花"(韩翃)等等。其二是诗句最后一字是"春"字：如"左家娇女惜余春"(金圣叹)、"未到晓钟犹是春"(贾岛)、"万紫千红总是春"(朱熹)等等，要吟出多少句诗要由就宴的人数多少而定。其三则更难一些，令官说第一句，春字在句首；次座说第二句，春字是句中第二字；又次座说第三句，春字是句中第三字。以此类推，七句为一轮，不成者罚酒一杯。例如："春色恼人眠不得(王安石)、新春偷向柳梢归(张耒)、不知春去几多时(叶采)、游子寻春半出游(吴惟信)、箫鼓追随春社近(陆游)、眼看梅蕊添春色(金圣叹)、万紫千红总是春(朱熹)"等，七句为一个循环。

然后接看来第二个循环，如"春宵一刻值千金→阳春一曲和皆难→却凝春色在邻家→草木知春不久归→最是一年春好处→妆楼翠幌教春住……"等。有次长沙召开湖湘文化研讨会，在张家界考查时文人们依此规则行"酒"字诗令，如"酒后高歌且放狂→白酒甜盐甘如乳→松醪酒好昭潭静→葡萄美酒夜光杯→送客离愁酒满缸→夜泊秦淮近酒家→武陵城里崔家酒……"后面引用的诗句不能与前面的相同，所以难度更大。

"古诗贯黄昏令"：此令要求每人诵一句古诗，诗中必须出现"黄昏"两字，否则罚酒。例如：独留青冢向黄昏、谁家小立怨黄昏、却将微雨送黄昏、空留莺语到黄昏、乱萤飞出照黄昏、一钩新月挂黄昏、一庭风雨自黄昏、岭云分螟作黄昏……

"危语令"：从令官开始，依次各说一句人处于危险境地的诗。说的不危险，罚酒一杯。说的特别危险，则奖赏一杯。例如：百岁老翁攀枯枝、五岁童子遇饿狼、八十老妪履薄冰、兽医虎口学拔牙、眼镜毒蛇身上爬、盲人骑瞎马、夜半临深池……

拆字游戏、汉字部首游戏也是酒令的一种。在湖南常德沅澧一带，广泛流传着一则拆字带玩部首的酒令故事。有四个人在一起喝酒，行酒令的要求是一个字拆成两个相同的字，由此引出两个同旁且同类的字，结尾要与开头拆的字相呼应。第一个人说："一个朋友两个月，两字同旁霜和雪。一个月下霜，一个月下雪"；第二个人不甘示弱，他说的是："一个出字两座山，两字同旁锡和铅。一座山出锡，一座山出铅"；第三个家中林场较大，便围绕其林场做了文章，"一个林字两棵木，两字同旁松和柏。一棵木是松，一棵木是柏"；第四个人姓吕，便供其姓而发挥，"一个吕字两个口，两字同旁汤和酒。一个口喝汤，一个口喝酒"。另有一则在澧水一带颇流行的民间故事说的是三个秀才，三秀才玩的酒令文字是偏旁部首。甲秀才说："三字同头官宦家，三字同旁绸缎纱。要穿绸缎纱，必得官宦家"；乙秀才更显洒脱："三字同头大丈夫，三字同旁江海湖。要游江海湖，方称大丈夫"；丙秀才纸扇摇摇，说出了学子的志向："三字同头廊庙库，三字同旁栋梁柱。要修廊庙库，必得栋梁柱"。

6. 小蜜蜂酒令

两人一起念口令：两只小蜜蜂呀，飞在花丛中呀，飞呀飞呀……两臂要同时上下伸展做呼扇状，然后石头、剪刀、布，猜赢的一方就做打人耳光状，左一下，右一下，同时口中发出"啪、啪"两声，输方则要顺手势摇头，做挨打状喊"啊、啊"；如果猜和了，就要做出亲嘴状还要发出两声配音。动作及声音出错则饮！适宜两个人玩，玩起来特别逗！

7. 007酒令

由开始一人发音"零"，随声任指一人，那人随即亦发音"零"再任指另外一人，第三个人则发音"七"，随声用手指作开枪状任指一人，"中枪"者不发音不做任何动作，但"中枪"者旁边左右两人则要发"啊"的声音，而扬手作投降状。出错者饮！由于游戏没有轮流的次序，而是突发的任指其中的一个人，所以整个过程都必须处于紧张状态，因为可能下个就是你了！适宜朋友或同学多人聚在一起。哪个敢耍懒溜号就用此方法名正言顺地灌酒。

8. 杀人酒令

众人围坐，挑出一个人做法官，余人按发到或抽取的纸牌标记分别为：杀手、警察和群众。然后法官宣布让大家闭上眼睛，做杀手者用眼神示意将某人杀死；然后扮警察者缉定谁是杀手，或众人和被杀者一起讨论谁是杀手。据说从大洋彼岸的硅谷舶来，带有浓厚的智力精英味道。

9. 大话骰酒令

骰子俗称色子，是一种用途极为广泛的游戏工具，从唐代已有，一直流传至今，在很多酒肆中大行其道。玩骰子的特点就是比较简单易行，无须费力，不必动脑，很适合一般人的口味：两个以上人玩，每人五个骰子。每人各摇一次，然后自己看自己盒内的点数，由庄家开始，吆喝自己骰盒里有多少的点数（一般都叫成2个3，2个6，3个2什么的）然后对方猜信不信，对方信的话就下家重来，不信的话就开盒验证，是以合计其他骰盒的数目为准。要是属实的话就庄家赢，猜者输要罚酒，不属实的话就猜者赢庄家输则罚酒。叫数只能越叫越大。1点可以作为任何数。

小蜜蜂酒令、007酒令、杀人酒令和大话骰酒令，在湖南省地县城市酒吧中非常流行。

10. 筹令

筹原为记数之物，作为酒令之一的筹令，更是精雅，需提前制作，临席摇扯，对上即饮。一般酒筹多镌刻唐诗、宋词、元曲名句及文学名著之人名或名贤故事，每筹下注明饮酒对象及数量，诙谐幽默，每每令人捧腹。如"唐诗酒筹令"：

人面不知何处去。（须多者饮）

人看松上雪纷纷。（须白者饮）

此时相望不相闻。（耳聋者饮）

相逢应觉声音近。（近视者饮）

玉颜不及寒鸦色。（面黑者饮）

人面桃花相映红。（面赤者饮）

西楼望月几时圆。（将婚者饮）

树头树底觅残红。（新婚者饮）……

图 10 - 4　酒筹

11. 劝酒令

现代酒令中，最盛行的还是劝酒令。劝酒令不是"酒令如军令"的酒令，而是重在"劝"，这种酒令在湖南省各地很普遍。

劝酒令虽然不像"酒令如军令"那样带强制性，但往往从"情义和人生"等方面激将，使"劝不进酒"的人因怕在"情义上输了理"，也就只好听"劝"，因此，劝酒令的内容大多在"情义和人生"方面做文章，并以顺口溜的形式来表现。劝酒令之所以在现代酒令中特别盛行，是因为它不需要像有些酒令那样在大庭广众中高声喧哗，也没有强制性所伴生的粗鲁。它可以在轻言细语中进行，既符合现代提倡的文明潮流，又取得了酒令的助兴效果。

现代劝酒令，大体上可以分为注重感情、注重豪情、注重世道人情、注重男女之情几大类。此外，还有一些应付"劝酒令"的令辞，称之为"反劝酒令"，如敬酒的人说："感情深，一口焖。"被敬酒的人若确实不能"焖"，则可以反劝酒令应付说："感情深，慢慢晕！""慢慢晕"即慢慢地品味享受，就像感情一样，越深越日久天长。类似的还有"只要感情有，啥都可当酒"、"只要心里有，茶水也当酒"等等。这是不能喝酒的人针对能喝的人的反劝酒令。总的来说，只要你懂礼俗反应快，在酒桌上就能给朋友留下美好的印象。

（1）注重感情的劝酒令

注重感情的劝酒令，往往从感情上激将对方。有人说，中国是个人情社会。此话不管是否恰当，但注重感情激将的劝酒令现在流行最多，却是不争的事实。湖南人吃辣喝辣的性格使湖南人特别注重感情和义气，湖南形容朋友之间的关系，有句话叫"头砍下来给你当凳坐"。湖南人劝酒也是这样，把感情放在首位。举例如下：

只要哥们感情真，宁可回家打吊针！

宁可胃上烂个洞，不能感情裂条缝！

感情深，一口扪！感情深，一口吞！感情深，一口清！

感情好，千杯少！感情专，杯杯端！感情专，杯杯干！

感情真，杯杯清。感情真，喝舒心。感情真，不扯筋。

"不扯筋"是湖南方言，其意就是酒席上不搅酒，不赖酒，喝酒豪爽干脆。

感情浅，舔一舔。感情淡，看着办。感情短，喝酒舔。

感情坏，喝酒赖。感情冷，喝酒抿。感情裂，喝不得。

这是从反面激将。你喝酒只"舔一舔"或着"看着办"，就证明彼此"感情浅"或者"感情淡"。

在常德、益阳等地，晚辈敬长辈、下级敬上级还有："儿子敬父亲，真正表孝心！"劝初次相会的客人饮酒时说"喝酒讲缘份，啥事前世定！""大家生意人，喝酒讲真诚！""朋友一堆，喝酒不推！兄弟一桌，只喝不说！同学相会，喝酒干脆！"等等。

（2）注重豪情的劝酒令

酒桌上，经三杯酒一催，往往豪情顿生。注重豪情的劝酒令，这时便更能激起万丈豪情，使席间气氛更加热烈。该劝酒令最突出的特点是句句充满豪情，也以豪情激将对方。如：

男人不喝酒，不如癞皮狗。

男人不喝酒，枉在世上走。

男人不喝酒，交不到朋友。

人在江湖走，哪能不喝酒。

酒中有滋味，不喝没体会。

酒能出灵感，帮你长才干。

酒能舒筋骨，喝了劲更足。

酒能壮人胆，喝了更勇敢。

在常德民间还有"酒是满壶提，酒是满杯斟。你我是朋友，端起酒杯吞"。

（3）注重世道人情的劝酒令

当今的世道人情，在湖南现代劝酒令中也有反映。比如：

> 瞧得起，杯端起；
>
> 瞧不起，随便你。

在如今，两极分化已经出现了越来越加剧的趋势。两极分化的结果，便是地位的悬殊加大。存在决定意识，地位的巨大悬殊，必然造成交往的隔膜，使一些人瞧不起另一些人。"瞧得起，杯端起；瞧不起，随便你。"就是这种现象在现代劝酒令中的反映。

当今社会，商品经济的大潮已势不可挡。在商品社会中，商品关系必然渗入一切社会关系的细胞中。历史上，因为"李白斗酒诗百篇"，人们早已公认文人离不开酒。今天，不少文人离开了酒，而商人却往往离不开酒了。历史上文人离不开酒，是因为不少人要靠酒激发诗兴；今天商人离不开酒，是因为商人们要靠酒搞活生意。这种情形，也反映到现代劝酒令中。如：

> 生意讲情义，干杯才算事。
>
> 生意不好做，端杯才好说。
>
> 要得生意成，端杯才搞定。
>
> 要想生意兴，酒杯端得勤。
>
> 要想生意好，端杯不能少。

还有一些注重世态人情的劝酒令，人们只要一看，意思便不言自明了。如：

> 酒逢知己千杯少，能喝多少算多少。
>
> 喝多喝少要喝好，会喝不喝不友好。

（4）注重男、女之情的劝酒令

男女之情乃人之常情。在现代劝酒令中反映出男女之情，也是很正常的。男女之情反映在劝酒令中，有时是玩笑，有时则是为了激励，这些酒令在湖南各地均有，特别是永州、邵阳、常德、零陵、武岗等地更多。如：

女人敢端杯，男人怎能推！

女士敬酒，喝了才走！

这就是用女人来激励男人的。再如：

男女搭配，喝酒不醉。

男女成对，喝酒有味。

男女成双，旗鼓相当。

男女相逢，话在酒中。

先生掺酒，不准软手。

小姐敬酒，不必发抖。

（5）诗词劝酒令

利用古今诗词劝酒也是湖南人劝酒的一种方式，特别在读书人和老年人中，一般有利用整篇诗文或节录部分诗句两种形式。

其一：整诗引用劝酒。

如孟郊的《劝酒》诗：

白日无定影，清江无定波。

人无百年寿，百年复如何？

堂上陈美酒，堂下列清歌。

劝君金屈卮，勿谓朱颜酡。

松柏岁岁茂，丘陵日日多。

君看终南山，千古青峨峨。

李白的《酒中趣》诗：

　　天若不爱酒，酒星不在天。

　　地若有爱酒，地应无酒泉。

　　天地既爱酒，爱酒不愧天。

　　已闻清比圣，复道浊如贤。

　　圣贤既已饮，何必求神仙。

　　三杯道大道，一斗合自然。

　　但得酒中趣，勿为醒者传。

白居易的《劝酒》诗：

　劝君一盏君莫辞，劝君两盏君莫疑，劝君三盏君始知。

　面上今日老昨日，心中醉时胜醒时。

　天地迢遥自长久，白兔赤马相趁走。

　身后堆金到北斗，不如生前一樽酒。……

其二：节录诗词的诗句来劝酒。如：

身后堆金到北斗，不如生前一樽酒

（白居易的《劝酒》）

此时无一盏，何以叙平生；

（白居易《何处难忘酒》）

一曲清歌一杯酒，为君洗尽古今愁；

（刘秉忠《劝友人酒》）

但愿千日醉，不愿一日醒，世间宠辱何足惊；

（张宪《将进酒》）

故人相会能几度？美酒何妨倾百壶！

（王洪《游西湖》）；

草木犹须老，人生得无愁？一饮解百结，再饮破百忧！

今朝有酒今朝醉，且尽樽前有限杯……

（白朴《中吕·阳春曲·知己》）

三、湖南特色酒令

这部分所介绍的酒令，有些在省外也有，但湖南各地行此令时有丰富的地方特色。现简介几种如下：

1. 汤匙令

在湘西流行汤匙令，喝酒时，着一汤匙于盘中心，用于拨动匙柄使其转动，转动停止时匙柄所指之人饮酒。

2. 青蛙落水令

青蛙落水令流行于长沙，长沙人在喝酒的时候绝少一言不发，否则就很容易被人误会是借酒消愁。此令适合多个人一起玩，因为在过程中还要顾及到数字的，所以玩起来还真的不轻松呢！其令辞为：

一只青蛙一张嘴，两只眼睛四条腿，跌落水，dum（青蛙落水的声音）；两只青蛙两张嘴，四只眼睛八条腿，听候落水，dum，dum；三只青蛙三张嘴，六只眼睛十二条腿，听候落水，dum，dum，dum；四只青蛙……如此类推，每人说一句，出错者喝酒。另外，在长沙市民中此游戏也可以不发声，仅仅用手令，动作来表示。

3. 拍七令

此令流行于长沙，按自然数按顺序数下来，1、2、3、4、5、6、7……遇到7、17、27、37 等以7 结尾的数字称作"明七"，7 的倍数如14、21、28 等称作"暗七"，到"明七""暗七"的人都不能发声，只能敲一下桌子，然后逆顺序再继续数下去。从左到右1、2、3、4、5、6、7（不发音）然后逆顺序，喊"6"者要紧接喊"8"，9、10、11、12、13、14（不发音），喊"13"者又要紧跟着喊"15"，一直下去，到"27""28"时最容易出错。

4. 划拳令

划拳，又叫猜拳，此令虽其他省也有，但湖南各地行此令的令辞很有特色，湖南乡野广袤，民风淳朴，猜拳令盛行于古今湖南乡村民间。划拳古代称拇战，是我国酒令游戏中的一种古老传统方式。明代王征福有《拇战谱》专记划拳令辞。清代江藩《汉学师承记·朱笥河先生》有云："拇战分曹，杂以谐笑。"清赵翼诗有："老拳轰拇阵，谜语斗阄戏"句。拇战还称作豁拳、豁指头、猜拳等。《红楼梦》《水浒全传》《三国演义》等对此均有记载。

游戏规则十分简单，行令时，不管你出几指均需包含大拇指在内，因为对对方竖起大拇指在手势语中是表示"您好"之意，表示对他人的尊敬。行令者二人同时各出一拳，口中各呼一数，以猜度对方和自己所出拳中指数之和，猜对的为赢家，由输家饮酒。如皆猜对，各饮一杯，皆猜不对，继续开拳，直至分胜负为止。一手五指，每人每次开拳最多出五指，最多呼到十。例如，划拳时，甲出二指，乙出四指，则二与四之和为六，所以，呼六者胜。通常猜拳的呼词从零到十，多含有典故，且均有祝福吉祥之意。

划拳令辞因时代、地区的不同，略有区别，所喊数目令词可以根据席前酒客的身份、职业、爱好而定。

较常见的如：

一心敬，哥俩好，三星照，四季财，五魁首，六六顺，七个巧，八匹马，九连环，全来到。一帆风顺，二龙腾飞，三阳开泰，四季平安，五福临门，六六大顺，七星高照，八面来财，九九同心，十全十美！

在常德、邵阳和永州一带爱好《三国演义》的人善行"三国拳令"，其令词为：

单刀赴会，二嫂过关，三请诸葛，四辞徐庶，五关斩将，六出祁山，七擒孟获，八卦阵图，九发中原，十里埋伏。

辛亥革命时期在株洲流行用革命口号代替的"全福寿"酒令，令辞是：

一独立，二对抗，三维新，四百兆，五大洲，六大侠，七战士，杀八旗，九十九，十排满。

（"四百兆"指四亿同胞，"九十九"指明刘伯温《烧饼歌》中所说的'手持干戈九十九，杀尽胡人方罢手。）

长沙市市民以本市地名街道行拳：

一字墙，二马路，三角塘，四方坪，五一路，六堆子，七里庙，八一桥，九尾冲，十里头。

或：

一元里、二府坪、三泰街、四端里、五里牌、六堆子、七条巷、八角亭、九仪里、十间头。

在衡阳及南岳衡山等地以赞千载贡品古酒醽醁（酃酒）的词作拳令：

一泓酃酒、二江拥有、三百诗章、四海传诵、五岳丕显、六朝盛名、七贤流觞、八景一醇、九天芬芳、十年不混。

（"二江"指湘江、耒水；"三百诗章"指历代咏赞酃酒的诗文达300篇；"七贤"指竹林七贤；"八景"指衡阳八景之一的"青草桥头酒百家"；"十年不混"语出唐太宗《赠魏征》"酃渌胜兰生，翠涛过玉薤。千日醉不醒，十年味不败。"）

"文革"时期，社会物质生活条件较差，长沙姑娘找对象的标准，有人也把它作为拳令：

一表人才，二老不在，三机一车，四季衣裳，五官端正，六亲不认，七十元钱，八面玲珑，九不变心，十分听话。

（"三机一车"指缝纫机、照相机、收音机和自行车。"七十元钱"指当时月工资 70 元。"九不变心"此"九"同"久"。）

现代长沙的男士把女孩择偶标准也做成一种行拳令进行调侃：

一张文凭、二国语言（精通英文）、三房二厅、四季名牌、五官端正、六六（落落）大方、七千月薪、八面玲珑、九（酒）烟不沾、十分老实。

从此酒令令词的变化也可从另一角度看到湖南的发展。在湖南南岳衡山等乐于崇拜神庙菩萨的地方，在当地也有酒鬼拿菩萨行伐拳令，把泥菩萨的行像描述得很贴切。其令词为：

一本正经、二目无光、三餐不吃、四体不勤、五谷不分、六神无主、七窍不通、八面威风、九（久）坐不动、十（实）足无用。

在湖南湘南瑶山地区有利用折字行拳令之习俗，使人在无形之中掌握一些文字知识，欲学于乐。其令词为：

正无止（一）、天无人（二）、王无竖（三）、罢无去（四）、吾无口（五）、交无叉（六）、皂无白（七）、分无刀（八）、旭无日（九）、支无又（十）。

南岳素食是南岳风景名胜区为各地到南岳进香的人们提供的一种食物，以茄类、豆类、面粉、面筋、百合、草莽、莲藕、红白萝卜及各种瓜菜为原料，仿制成鸡、鱼、肉、蛋。从外形看，可达到以假乱真的程度，清香、鲜嫩，且以十样景最为丰盛，食此可领略斋席的全部风味，很受旅游者喜爱，人们以此菜来行拳令。令词为：

一品香、二度梅（霉）、三鲜汤、四季青、五灯（炖）会、六子连、七层楼、八大碗、九如意、十样景。

在长沙举办金鹰影视节时，戏剧影视爱好者还利用旧戏名和影视名编成行拳令，如戏剧令：

一文钱，二度梅，三岔口，四进士，五候宴，六月雪，七里滩，八义记，九更天，十美图。

影视令：

一代风流，二泉映月，三进山城，四世同堂，五朵金花，六斤县长，七天七夜，八仙过海，九州方圆，十字街头。

爱好京剧者则用四字格的京剧名作数目令词：

一战成功、二堂放子、三娘教子、四郎探母、五台会兄、六出祁山、七擒孟获、八仙过海、九伐中原、十老要剑；

这些旧戏名和戏剧联名知道者不多，对那些热心于传统戏曲的人来说则会闻之而酒兴醺畅。

在长沙办的全国糖酒展销会期间，还看到过湖南酒业人士以酒名行拳令的，酒名中带有数字的很多，其中多位于排头，这些数字如果按序排列起来颇有意思，令词是：

一滴泉、二锅头、三蛇酒、四特酒、五粮液、六百年、七养身、八大岭、九（酒）鬼酒、十里香

以上全是酒名，"七养身"指"七叶养身酒"，"八大岭"指"八大岭特曲"。这些酒名均有特殊的含意，如"一滴泉"形容酒味清冽甘醇如滴滴泉水；"二锅头"指酒的酿造蒸馏工艺为两道工序；"三蛇酒"指湖南以乌梢蛇、眼镜蛇、银环蛇另加三十味药配成的药酒。"四特酒"指该酒有四大特点：特清、特香、特纯、特醇；"五粮液"指酿酒的原料有五种：高粱、大米、糯米、小麦、玉米；"六百年"指酒的历史悠久，达600年之久；"七叶养身酒"用一种可补养身体的植物炮制的酒；"八大岭特曲"中国名胜古迹；"酒（九）鬼酒"利用"酒""九"同音，指湖南"八绝"之一"酒鬼酒"；

也有呼"九如斋、九嶷山"的，其意指九如斋酒和九嶷山大曲酒；"十里香"夸赞酒的香味浓郁，10里远也能闻到。

在行令前有一个过门："零海岸，万世兴，野谷剿匪醉湘西"。"零海岸"指零海岸酒，该酒产地为陆海交界处，这里也借此形容两人没有距离，亲密无间；"万世兴"表达千秋万代兴旺发达的心愿。

零海岸、万世兴、野谷、剿匪、醉湘西均为酒名，喊完这一过门后，才正式划拳。正式划拳时，每喊一拳，还要喊一个过门：万世兴。比如：

一滴泉呀（万世兴）、二锅头呀（万世兴）、三蛇酒呀（万世兴）……

在湘西少数民族还有一种"住娘家拳"，其行令前也有段过门"今七七，明八八，七七八八住娘家，提个篮篮挎个鸭，丈母娘看见笑哈哈——"然后再每一拳的后边加"笑哈哈"即可。如"三星照呀笑哈哈、九连环呀笑哈哈"。

在常德地区酒民们常行一种被称为"男人之福"的拳令，很有地方特色。行令时甲、乙二人亮出类似功夫过招的架势，齐声道："天上雷，雷打雷；地上锤，锤碰锤，这个世界谁倒霉?"桌上其他人则喊"谁有老婆谁倒霉"！行令人则继续喊："几个老婆最倒霉?"此时，甲、乙二人同时报数，将拳划至对方面前，凑数得之，口中所呼之数与两人指数之和相合者赢，否则为输，输者喝酒。有时戳到男人的痒处，偶尔也喊出实话：没有老婆最倒霉！行此令因全桌人都跟着起哄，气氛很越烈，有女性在场时行此令则更有意识。

常德行划拳令时，有一段常德方言过门很有意思："一个姑儿十呀十七、八（"姑儿"：常德方言，意即姑娘），弯弯的眉毛黑头发。梳的巴巴簪哪一对冰盘大（"巴巴簪"：常德妇女一种发型），八宝（的）耳环二（呀）二面挂，府绸的小衣缎子和背搭（"小衣"：常德方言，意即裤子）。若出拳均不中，则以"再把拳来划"作缓冲语，如"六六顺（啦）再把拳来划"，继续开拳直至分出输赢。若一方猜中，则赢家就以"快把酒喝下"作为结语，如"六六顺（啦）快把酒喝下"，输者喝酒。

湖南很多地方都流行划拳令，湘潭人称此为"猜枚"，其最大特点是动静大，两个人都扯着嗓子喊，不了解情况的人往往以为是两人在吵架，所以不管是自家人在家里喝酒，还是办红白事请帮忙的人喝酒，或是在饭店宾馆里请客，到处都能听到乱哄哄的、歇斯底里的"猜枚"声，热闹得一塌糊涂。现在，也许是人们认识到了"划拳"这种大庭广众之下吆五喝六行酒令的方式有碍观瞻，近来行这种酒令的人逐渐少了，但许多年长的"老满哥"还是十分怀念属于他们那个年代的乐趣，经常在不同场合能看到他们压低声音在那里过瘾，每每此时，过往者均会心一笑，嘟一句"老顽童"。湘潭还流行"摇色盅""打擂台""冬冬锵""鹤鸣楼"等，其最大特点是没有了"猜枚"时的那种扯着嗓子的吆喝，而是在轻松愉快的谈笑间完成的，因而显得更为文明和幽雅。

5. 笑话令

笑话酒令就是一种以讲笑话为形式的酒令。湖南各民族均是乐观向上的民族，千百年来，流传着难以胜数的笑话和幽默，其中不乏内容健康、令人掩口葫芦之作，在那些健康风趣的笑话中，人们既能领略其中蕴含的机智和趣味，获得愉快的享受，还能通过一则则有趣的笑话，窥见不同环境下的生活现象和人情世态，从而增进对社会的认识和了解，开阔视野。其玩法是先由起令者发布酒令，规定每个参加者在一定的范围内讲笑话，所讲的笑话要能引人发笑，而且内容健康，如果所讲的笑话庸俗无聊或味同嚼蜡、离题、令人啼笑皆非者，要罚酒，如此轮流讲。请看几个例子：

流行在益阳和岳阳洞庭湖区的《船上作四言八句》：传说一文一武两个秀才进京赶考，坐船过洞庭湖时，因乘船时间较长，他俩就在船上边饮酒边嬉戏。当时有一农妇也在坐，两秀才为了显示自己的才能和富有并为了捉弄该妇女，他们邀此农妇也入席饮酒，想以把她灌醉来取笑她。可谁知此农妇酒量还挺大的，两秀才一时半晌根本无法将她灌醉。于是，他俩又生一计，向艄公建议，凡坐船者都必须以自己身份为题，作四言八句，做不成者不能坐船更不能饮酒，并请艄公为证明人。艄公明明知道他俩在刁难人，也不反对，而且也跟着起哄表示赞成。

文秀才先说："我笔儿尖尖，砚儿圆圆，进场三篇文，就是文状元。"武秀才接着说："我箭儿尖尖，弓儿圆圆，进场射三箭，就是武状元。"说完后，他俩都得意洋洋地看着艄公与妇人。艄公也跟着说："大嫂，就看你的了。"妇人听后，知道他们是想让她出丑，稍稍韵神后只见她稳腔稳板地说："我奶儿尖尖，肚儿圆圆，一胎生三崽，文武俩状元。"艄公听见妇女挖苦了两秀才，牙齿都几乎笑落了，但是还是挑出了毛病，就问，"你有三个崽儿，才说两个，还有一个呢?"妇女说："只有老三卵无用，还在河边划渡船。"艄公瞠目结舌……

湘南民间故事：李员外三个女婿来给岳父拜寿，三个女婿中大女婿和二女婿是做官和经商的，有文化、家庭又富裕；而三女婿是文盲又是种田的，岳父瞧不起他。酒席上，岳父要三个女婿行酒令喝酒。岳父规定每人就岳父所拥有的物品说一四言八句，要包含"好和大、小，多、少"几个字，并且要贴切和顺口，行不出的没有酒喝。大女婿和二女婿随后表示赞同，唯有三女婿不做声，他知道这是岳父想为难他。只见岳父把酒杯放在桌上，对大女婿说："从你开始!"大女婿说"好! 我以岳父的'酒杯'为题：岳父的酒杯买得好，上面大，下面小。客来用得多，客走用得少!""好! 不错，喝酒!"岳父说。喝完酒后岳父眼光看着二女婿，只见二女婿，他拿起岳父的折扇对岳父说："我以岳父的'折扇'为题：岳父的折扇做得好，撑开大，收拢小。夏天用得多，冬天用得少。""好! 不错，喝酒!"岳父向二女婿举杯。轮到三女婿时，只见他默不作声，大女婿和二女婿暗自发笑。正在抄菜的岳母见状，跑来安慰三女婿叫他别急，慢慢想。三女婿经岳母一安慰倒还来了灵感，他看了看岳母对岳父和二连襟说："我以'岳母'为题：岳父的老婆身材好，胸部大，腰围小。岳父摸得多，别人摸得少!"岳父和二连襟均目瞪口呆! ……

酒桌上的笑话一般都短小、机智、幽默，虽有些不雅但极易引起大家的共鸣，且不分男女老幼贵贱贫富都能说，说不上或不好笑者罚酒。

6. 绕口酒令

绕口令，又叫急口令、吃口令、拗口令，是一种传统的民间语言文字游戏。很早就成为酒令游戏了。这种游戏将声母、韵母或声调极易混同的字，交叉重叠，组成绕口、拗口、佶屈聱牙的文句，要求一气呵成地念出，借以测验念的人反应灵敏和口齿伶俐的程度。明代世情小说《金瓶梅》的第 60 回中，就有以"绕口令"为酒娱乐的生动描写。

今天的"绕口酒令"是一种推陈出新的游戏，它最大的特点是内容大多为新的富有时代气息的文辞。然而，它也不排斥民间流传下来的内容健康、念来缠绕有趣的传统"绕口令"。

酒席上，往往轮流主持节目，有的人不擅长唱歌划拳，就发挥自己的长项，主持绕口令，说得慢或说错了为输，要喝酒。绕口令需要口嘴利索，喝了酒的人往往会闹出很多笑话，增加了酒宴的欢乐气氛。在行"绕口酒令"之前，需做好制作绕口令卡纸工作，一般撷取内容清新健康的绕口10则～20则，一一清楚地誊录于卡纸上（每卡一令），在卡纸的角上标好序号。然后，由"令官"发令，让各人抽数字酒筹（或以扑克牌点代），按点数对序号念绕口令。念时可先做准备片刻，接着开念，须一口气急速地念到底，每人至多念两遍，第二遍如念错或结结巴巴，便要罚酒一大杯。下面介绍几则绕口酒令令辞。现将湖湘本地流行的一些绕口令举例如下。

如在浏阳市郊农村就有"戒烟"酒令，也是女性通过此游戏劝男人戒烟：

> 隔壁老侯把烟抽，一抽就抽两钟头，
> 越抽越抽越想抽，瘾头越大越爱抽。
> 抽烟抽得熏黄手，抽得牙黑嘴发臭；
> 抽得气喘口咳嗽，抽得眼珠往外抠；
> 抽得脸儿黄又瘦，抽得掉却几斤肉。
> 抽得老侯似老猴，赌咒戒烟再不抽。
> 老侯戒烟决心有：再抽老侯不姓侯。
> 戒烟戒了没一周，老侯猴急又想抽；
> 抽一口，又一口，口口抽，抽口口；
> 抽抽抽，抽又抽，老侯姓侯不姓侯？

流行于永州的"羊赔墙"：

> 杨家养了一只羊，蒋家修了一垛墙。
> 杨家的羊撞倒了蒋家的墙，蒋家的墙压死了杨家的羊。

杨家要蒋家赔杨家的羊，蒋家要杨家赔蒋家的墙。

流行于张家界的"酒鬼喝酒"：

重阳佳节九月九，九个酒鬼来喝酒。

九个酒杯盛鬼酒，九个酒鬼喝九口。

喝罢九口又九口，喝罢九杯再讨酒。

九个酒鬼端鬼酒，咕咚咕咚又九口。

九杯鬼酒酒九口，九个酒鬼醉鬼酒。

7. 谜语酒令

将谜语作为饮宴之嬉，在我国是有着悠久传统的。早在南北朝时，北魏"高祖"孝文帝就曾在"殿会"上与群臣以字谜侑酒（见《洛阳伽蓝记》）。稍后，北齐高祖萧道成也曾用谜语作为宴席间的娱乐。

把酒令与灯谜结合起来，明代末年湖南湘潭人黄周星是第一人，也是迄今为止，唯一把谜引入酒宴以行觞政的一个文人和诗人，黄周星曾与诗朋文友在扬州平山堂下建"木兰亭社"，诗酒唱和，创灯谜酒令以佐觞政，首创了酒令体谜语，黄周星在其《酒社刍言》中说："饮酒者乃学问之事、非饮食之事也。"他著有《廋词四十笺》谜书，《廋词》是黄周星把灯谜与酒令结合的作品，共四十笺，每笺载廋词四条，故共计有谜一百六十条，当时仅是制成小笺，在酒宴上供行觞政用。古代称谜语为"隐语"和"廋词"，"隐语"、"廋词"是从不同角度给"谜"的命名。出谜的人把真意隐去，猜谜的人搜索寻思，所以既叫"隐"，又叫"廋"（通"搜"字）。宋代周密讲得更清楚："古之所谓廋词，即今之隐言也，而俗谓之谜。"明亡后，黄周星往来吴越间，以教书糊口。黄周星好结社与文人游，在杭州集"寻云榭社"，广陵集"木兰亭社"，金陵集"古欢社"，以诗酒廋词相娱。江山风月主人在《廋词·题词》

中称:"林闲多暇,集知己数人,谈宴竟日。酒阑烛跋之余,辄取古人姓名为隐语,以供射覆。中者举大白酬之,不中者罚以苦茗,亦闲居乐事也!"大概就是黄周星等人集社生活的写照,也是当时一些文人酒令谜事的写照。

《廋词》中的谜是黄周星本人自作,由于《廋词》本身的文学价值,且得到了广大文人的喜欢,故而先后被收入张潮所编纂的《昭代丛书》和咄咄夫的《一夕话二刻》中。这种酒令体谜语,谜面如诗似词,在酒席中轮流出谜猜射,以代酒令,猜中为胜,猜不中为输,输者罚之以酒。黄周星的谜作非常出色,酒令体谜语的创立,使得谜语不受元宵、中秋等节日的时间制约,在日常生活中可以进行活动。例如"往来韩魏中间幕,如入寻常百姓家",猜汉代妇女,谜底:"赵飞燕",这确实是佳谜。黄周星有条人名谜:"忽然冷,忽然热,冷时头上暖烘烘,热时耳边声戚戚。"打三国人名一,谜底:貂蝉。古人常以貂皮制帽,故以冷时头上暖烘烘隐射"貂"。每逢热天,蝉就在树上高声鸣叫,故以热时耳边声戚戚隐射"蝉",开头两句与后面两句相互呼应。

发展到今天,以谜语行酒令已形式多样,内容丰富,与前代大不相同了。在湖南各地都流行,其中以"民间谜语"、"灯谜"、"以菜为谜"、"哑谜"居多。猜中算赢,不中罚酒一杯。现代,利用酒令体谜语行酒令则很普遍了,如在一次在浏阳大围山的笔会上,湖南文人以湖南礼赞(系列谜语)为酒令:

> 四方游客入湖南,吉祥飞鸟在盘旋。
>
> 座座城镇商贾集,处处田野稻花香。
>
> 三湘财旺源长远,芙蓉国里长平安。

以上各句各打本省一县(市)名。(谜底:临湘、凤凰、资兴市、嘉禾、永兴、常宁)

在湖南各地热恋中的男女，也有借饮酒以酒令表达爱意的，很有意识。用六言诗猜六个字合起来可构成一句话。如：

之一：

　　念念不忘心已碎，二人几时能相会。

　　牛郎进入织女寺，口力相对利相配。

　　但愿从此心相通，情人偶尔相依偎！

　　　　（谜底：今天特别想你）

之二：

　　关公策马走单骑，人尔相逢永不离。

　　数千数万从此起，几棵林木连成气。

　　文章字句我最行，阴曹地府也为帝！

　　　　（谜底：送你一朵玫瑰）

8. 联句令

对联也叫"楹联"或"对子"。与曲相似，也由诗词演变而来，字数多寡无定规，但要求其对偶工整，平仄协调。对联诞生于五代或说晋代，在明代时开始发展。据说与朱元璋有关，他尽管不读书，但喜欢对联，而且水平也不错。有一年过春节的时候，他从宫里出来，看到一家老百姓门前无对联，经询问，方知主人是阉猪的，不会作对联。于是，他就为其作了一副春联："双手劈开生死路，一刀斩断是非根。"这也很合那家主人的身份。

相传唐末湖南澧州（今澧县）诗人李群玉，不仅喜爱竹子和荷花，更善饮酒对对联，古籍上流传着他许多饮酒赋联之故事。一天离开他在澧州的居住地——仙眠洲水竹居，赴京赶考。途中过一渡口后突然下起了大雨，他急步赶到一家屋檐下饮酒避雨。这时，有个挑盐的人也赶来避雨，屋檐水一滴一滴地滴进盐筐，挑盐的人见李群玉像个书生在喝酒说："你是进京赶考的吧，我出个酒联，你对对看"。盐商望着雨天说："上联是：盐客挑盐檐下站，檐水滴盐。你对！对出来我付酒钱。"

李群玉乍一听，觉得肤浅，可仔细回味，方知颇有讲究，怎么也对不上，想不到自己的才学竟然连个挑脚佬都对付不过去，无心再去赶考。雨停付了酒钱后，他便和挑盐的一同返回渡口。摆渡的人见李群玉复又转回，觉得奇怪。挑盐人讲起对联一事，摆渡人朗声说："这不难，我替你对了。"随口说出："舟人驾舟洲上来，洲岸停舟。"盐客叫绝。李群玉更觉无脸回家，认为自己还必须要苦学几年方能赶考。

在常德民间还流传着李群玉与一位庙里的长老和一位私塾先生经常在一起饮酒对联的故事：一次李群玉和长老到私塾家饮酒闲谈，因天气酷热，酒尚温，先生道："酒热不须汤盏汤。"两个"汤"字，颇见用心，后"汤"字作动词用。李群玉松衣宽带，一阵穿堂风吹来，分外凉爽，他旋即念出下联："厅凉无用扇车扇。"酒足饭饱后，私塾送李群玉和长老回家，送到涔水河边，上船以后，还在千叮咛，万嘱咐，道不尽的话别。驾船的正在"扑扑"地吹火弄饭，冒出的青烟，呛得人流出眼泪，李群玉语带双美地说道："因火成烟，若不撇开终是苦。"这是一联很巧妙的拼拆对，"若"字中间一撇如不撇出来，就是"苦"字。长老对曰："欲心为慾，各宜捺住早成名。"这一句既很工整地对着上联，又表达了长老对李群玉的告诫，可谓语重心长，李群玉一把握住长老的手，感动得说不出话来。后来，李群玉通过刻苦努力终成大器。

另外，以酒联对还有回文联、同偏旁、特色联等等。如香港回归祖国后第一个中秋佳节，长沙某文艺团体举行庆回归贺中秋联欢晚会，骚人墨客欢聚一堂饮酒赏月。主人出句："月赏人寰人赏月"求偶助兴。席间吟哦声起，较量结果，"杯装笑影笑装杯"一举夺魁。这副即兴而作的回文联,形象地描绘了人月共圆共赏的盛世景象。

笔者有次和几位朋友喝酒,在酒宴上行联对酒令,众人响应。一老者对笔者说你来自湖南师范大学,就以师大为题吧,上联是:"师大出大师"。这上联表面看来很简单,但仔细推敲此上联意境深远。是回文联,倒读也是"师大出大师"。此联也中师大主题,前面的"师大"是指学校,后面的"大师"是指品位,"师大出大师"说明师范大学培养出来的学生素质高,堪称大师。众人均参与试对,但无十分令人满意的。当时我们喝的是酒鬼酒,有人对曰:"酒鬼喝鬼酒",此联格式尚可,但意境远不如上联。宴会结束时下联虽多但均不理想,几年过去了,至今尚无人对出理想的下联。还有一次笔者到邵阳采风与朋友一起喝"开口笑酒"行对联酒令,上联是"开口笑饮开口笑",至今也未有理想的下联。

笔者一同事之父逝世时,同事在吊唁喝酒时行联令示哀悼之心情,上下联七字偏傍一致且很切实际,联文云:

> 泪洒湘江流满海;嗟叹嚎啕哽咽喉。

在长沙举行金鹰节期间,影视工作者以影视片名行酒令很有特色,现选录两幅如下:

> 《志同道合》《杜十娘》称《如意》;
> 《妇唱夫随》《刘三姐》遇《知音》。
> 《渔岛之子》《扬帆》《试航》,《乘风破浪》;
> 《英雄儿女》《拼搏》《创业》,《耕云播雨》。

9. 鱼头酒令

"楚人重鱼不重鸟",楚人(特别是湖南)先祖多为渔猎部落,楚地盛产各种鱼,古文献对楚人爱鱼有过很多记载,至今在湖南民间仍保留着宴饮、祭祀必用鱼的风俗，在湖南特色劝酒令中除有"唱歌劝酒"、"套话劝酒"和"以罚代劝"等外还有一种极富湖南爱鱼特色的劝酒方式，即通过"鱼头"劝酒，即"鱼头酒令"。现流行在湖南益阳、岳阳、常德等产鱼地区，可以说"鱼头酒"是湖湘饮宴文化花园中的一枝奇葩，通过它把"以人为本"、"以和为贵"的精髓体现无遗。

岳阳俗话说：无酒不成席，无鱼不成宴。宴请宾客时，通常要上条鱼作为一道主菜——意味着"连年有余"，在农家酒宴上，鱼是第六个要上席的菜。每当酒宴时招待或女主人喊一声："鱼来了！"，大家精神就会为之大振。这时，将鱼盘放在酒席正中央，鱼头对着谁，谁就要先喝酒，鱼尾对着谁，也要陪着喝酒。然后喝鱼头酒的客人先动筷表示谢意——意为剪彩，此后其他人才能动筷吃鱼，为酒宴增添了很多情趣。这种酒俗我们称之为"鱼酒令"或称为"鱼头酒令"。

一种社会习俗的形成绝不是偶然的，它受多方面因素的影响。鱼头酒的产生和演变也不例外。根据古老传说，鱼头酒起源于宋朝开国皇帝赵匡胤。

五代十国时期的后周显德六年（公元 959 年），周世宗柴荣突然病死，宰相范质顾命扶助柴荣幼子柴宗训继立为恭帝。这时恭帝年仅七岁（一说五岁），后周出现了"主少国疑"的不稳定局势。翌年（公元 960 年）正月初一，风传契丹和北汉发兵南下，后周执政大臣范质等人匆忙派遣殿前都点检、归德军节度使赵匡胤统率诸军北上御敌。正月初三，赵匡胤统率大军离开都城，当晚驻兵在开封东北的陈桥驿（今河南封丘东南陈桥镇）。他把帅帐安置在镇上东岳庙大殿内，吩咐侍卫在大殿内摆开了酒宴。酒过三巡，菜过五味，"鱼来啦！"伴随着洪亮的声音，侍从端上了一个大鱼盘，盘子中央一条金色的黄河大鲤鱼侧卧在热气腾腾的汤汁里，博得在场文官武将的一片喝彩，全桌人人垂涎欲滴。赵匡胤的谋士赵普不慌不忙地夹了一颗青菜心，放在了鱼头之上。言外之意就是一绿（律）免吃。说道："俗话说得好，鸟无头不飞，蛇无头不行。我有个主意鱼头对着谁，谁就先喝三杯，带头吃鱼！"大家一看，刚好鱼头对着赵匡胤，在众人的吆喝声中，于是赵匡胤端起酒杯连干了三大杯，鱼尾对着的是位主管粮草的文官司，他明白这正是表明心迹的时候，站起说道："赵点检指到哪里，卑职便到哪里。"说着也干了一杯。几位对着鱼背的武将憋不住了，道："这鱼背骨硬如石，正如我们满身战甲，当仁不让，也得陪着喝！"他们一饮而尽。"愿追随赵点检出生入死，绝无二心。"众人齐向冲着鱼肚的赵普道："先生经纶，妙计比鱼肚中的鱼子还多，理应喝一杯。"赵普也推辞，喝了一杯道："今列国纷争，赵点检文武德行兼备，一身系天下安危。我们愿在他帐下，齐心合力，干一番惊天伟业，共饮此杯，对天明志。"众人同举杯。赵匡胤十分高兴，频频举杯，一会便醉了，伏在案上。赵普与众人密谋一番，便把早已备好的黄袍披在赵匡胤身上，拥他为天子，夺取后周政权，建立了大宋王朝。

鱼酒令原来是赵匡胤为了试探部下而精心设计的。后来流传到了民间，以助酒兴。主人上鱼时，也有意将鱼头朝着辈分最大的、职务最高的或是酒量最大的人摆放，由他带头饮酒吃鱼。要是有人没等鱼头对着的人发话就抢先动筷子，便会被人耻笑为不懂规矩或者没有见过大场面。

现时情况下，每当鱼上桌，通常要将鱼头朝向主宾，鱼尾对末席或称为（主）陪席，要喝头三尾四酒，即鱼头对着者喝三杯，鱼尾对着者喝四杯。"头三尾四"后，喝鱼头酒者（主宾）相继变着花样把鱼眼、鱼脸、背鳍等不同部位敬献众人，分别说"肚五背六"、"高看一眼"、"给个面子"、"一帆风顺"等祝词，请各喝一杯或几杯，目的就在于让大家多喝几杯酒，以尽其酒兴。

肚五背六：酒桌上，坐在主宾下首的往往是主人的亲随（为了便于照顾主宾），上鱼的时候鱼的肚子通常正好对着他们。这时，主宾会说：您是主人的心腹之人啦，这杯酒你应该喝。可以喝到五杯酒，和头三尾四相对应，意谓步步高，也可以一杯了之。根据具体情况，也可用"贴心置腹""推心置腹"来行此酒令，因人而异可以演化为多种解释。值得注意的是最好不要在男女间行此令，以免引起误解。而鱼背对着的人或主宾夹鱼背给某人时，此人则要喝六杯酒，此人通常坐在副宾的下首，一般是主人的部下或好友——陪酒者，这个酒令解释为"背靠大树好乘凉"或"见到您倍感亲切"等。

高看一眼：此酒令一般在头三尾四之后进行，行此令的对象往往是酒桌的主人。主宾将鱼的眼睛送与主人，以示对主人的尊重。高看一眼之后还可以再看一眼，也就是加深印象，毕竟每条鱼都有两只眼睛。

唇齿相依：酒令行到此时似乎冷落了副宾，通常情况下副宾是主宾的同事，这时主宾将鱼唇送与副宾："咱俩一起来的——唇齿相依啊！"

一般情况下，喝酒进行到此时，酒桌上的气氛就非常热烈了。主宾可根据现场具体形势决定进一步的安排。通常还可以如此行令：

委以重任、娓娓动听：拿鱼尾或鱼的尾鳍（臀鳍）做文章，对于年轻小伙子是委以重任，对年轻姑娘往往赞誉她讲话娓娓动听。

展翅高飞、比翼双飞、一帆风顺：这些酒令是拿鱼鳍做文章。以鲤鱼为例，背上有一条背鳍，胸部有一对胸鳍，腹部有一对腹鳍，鱼尾附近还有一个臀鳍，根据酒桌上人员的多少和组成分别有不同的解释。由于背鳍和腹鳍已经在肚五背六中使用了，这时可用胸鳍送人。对年轻人可说"展翅高飞"或"一帆风顺"，如果有夫妻或恋爱中人可说祝他们"比翼双飞"。

在鱼肚子里掏出来一点肉或将鱼的内脏送与意气相投之人，谓之"肝胆相照"。

从鱼腹内取出鱼子敬给桌上的年轻夫妇，则行此令："望子成龙"、"早生贵子"、"多子多福"。

至于将鱼鳃帮子夹给某人，就说"请给个脸面"，其他还有"如鲠在喉"、"芒刺在背"等等这些酒令常见于非常熟悉的朋友中间，有些甚至带有很大的玩笑成分。

最后，可以以一句吉祥话语"团团圆圆"，让大家共同干一杯来结束。

如果主宾图省事，懒得一个个敬献众人，可以拿一支筷子从鱼嘴里捅一捅："通通都喝！"不过这种鱼酒令似乎过于霸道，在湖南产鱼区盛行于老朋友间。或者用一物（如菜叶）盖着鱼头："一概不喝"，这种情况一般出现于便宴上，或者是时间比较紧的情况下。

鱼头酒的酒令多蕴含古风，目的是烘托气氛，让在座的朋友多喝点酒高兴而已，也可根据现场情况随机应变，临时编就，就看你的口头表达能力如何。当然也要注意不要发展为赌酒、斗酒。

俗话说"湖南十里不同风"，在邵阳宴客饮酒时，兴鱼头令，但行令又有特点。瓜果蔬菜，多不上席，狗肉、乌龟、青蛙肉亦不上席（甚至不准上灶）。上菜均必由主人先尝，因"鱼""余"谐音，鱼到菜止。在邵阳宴客时许多家庭，还留鱼不吃，以示留客。对久居客无意再留时，主人领先吃鱼，含有鸡飞鱼走之意。鱼为筵席上必需品，在鱼难于得手时，则用木头凿制成鱼形，盖上辣椒、姜片等佐料充代。邵东太平地方，还常用红漆木雕的鱼上席留客，称太平鱼，邵阳歇后语："太平鱼——看得吃不得"。在湖南东安县等地正式酒宴上，最后一道菜必上鱼，并有"鱼到酒止"之俗，即上鱼后就要停止喝酒。

10. 以罚酒代劝酒

通过"罚酒"的形式来达到劝酒之目的，这也是湖南人"敬酒"的一种独特方式。"罚酒"的理由也是五花八门。最为常见的可能是对酒席迟到者的"罚酒三杯"、对喝酒有滴漏者"罚酒一杯"，对喝酒起身者"屁股一抬，喝了重来"等，主要是带开玩笑和活跃气氛的性质。

另外，唱歌劝酒是湖南最为喜闻乐见的形式，在常德、湘西、湘南少数民族酒席上，唱歌是必不可少的内容。"唱歌劝酒"在前面已有专题介绍，在此不赘述了。

综上所述，湖湘民间的劝酒令不仅具有浓厚的趣味性，而且还具有很强的知识性。它的内容包罗万象，它的艺术风格丰富多样。上至日月星辰，下至花鸟虫鱼，细如书目章句，古今俚语名贤毕集，四时节令农谚具纳。劝酒令运用多种修辞手段，长短不拘，妙语解颐，熔诗、词、曲、语于一炉，广采典故俗语而成。即兴赋咏，引喻贴切，思捷神驰，流觞飞动。这些劝酒令还具有广泛的实用性。婚丧嫁娶，寿辰贺宴，宾朋唱酬，接风饯行，节日聚餐，盛会招待，举杯敬酒，觥筹交错，酒令叠换，夸奇争胜，雅俗咸宜。可以这样说，劝酒令不失是一方风土文化的浓缩，也不失是一扇瞭望湖南各民族民风民俗的窗口。

现代酒令仍处在发展中，在湖南少数民族生活中的酒令舞、酒令歌等酒令均很有特色，有些还面临失传的可能，很值得收集整理和发掘。本章仅就湖南社会上较流行的酒令作些简单介绍。

第十一章　湖南民间生活与酒

　　湖南是一个多民族的省份，远古时湖南即有"三苗"、"九黎"和"百越"等诸多民族成分；秦汉以后，境内居住除汉族外，尚有土家族、苗族、侗族、瑶族、白族、回族、壮族、维吾尔族等。现在，湖南省总人口有 6 700 万，共有 50 余个民族。除汉族外，少数民族中世居人口比较多的有土家族、苗族、侗族、瑶族、白族、回族、壮族、维吾尔族、满族、蒙古族和畲族等 11 个，因工作调动、婚姻家庭关系而迁入的少数民族有 40 余个。湖南人好酒，喝酒的名目繁多。数千年前，在湖南这片古老、神奇的土地上，当先民们将清泉的甘洌、禾黍的芬芳、收获的喜悦、生存的热望以及对于大地和上苍的诚敬，糅合酝酿在一起，捧出那馥郁芳醇的琼浆玉液时，酒，作为一种独特的文化，从此便融入到人类文明的历史长河中了——它浸润在先民祀天祭地、叩首膜拜的庄严中，浸润在百姓五谷丰登、欢歌宴客的喜悦里，浸润在人们婚丧嫁娶、凡俗生活的方方面面，可以说数千年的民族文化也因有这份浸染和滋润而变得越来越丰厚和甘醇。湖南所有民风民俗活动中酒都成了中心物质：农事节庆时的祭拜庆典若无酒，缅怀先祖、追求丰收富裕的情感就无以寄托；婚嫁若无酒，白头偕老、忠贞不贰的爱情无以明誓；丧葬若无酒，后人忠孝之心无以表述；生宴若无酒，人生礼趣无以显示；饯行洗尘若无酒，壮士一去不复返的悲壮情怀无以倾诉……总之，无酒不成礼，无酒不成俗，离开了酒，民俗活动便无所依托。各民族都有自己的饮酒习俗，这一复杂的组成成分就构成丰富了湖南酒文化内容。

一、湖南民间生活中经典的
下酒菜和特色饮酒方式

（一）湖南民间生活中经典的下酒菜

湘人热情好客，知情达理，崇尚以"酒"示尊、以"酒"示贵、以"酒"为礼，民间待客有"主不饮客不乐"、"无酒不成席"的礼俗。各民族在社会活动与礼仪中，均以"有酒体面光彩，无酒脸上无光"为准则，正是异彩纷呈的社会生活处处有酒礼而不但派生出各类酒、各式酒具、各种吸饮方式及各种酒仪的特殊寓意，使酒文化闪现出五光十色、纷繁绚丽的光环，就是饮酒时的下酒菜也很有湖湘特色和具有湘菜经典。

关于饮酒要配下酒菜，在湖南湘西酒民中还流传有一个优美的传说：传说一天，玉皇大帝派自由神下界，调查凡间的情况，看哪些人最痛苦、哪些人最愉快。自由神来到凡间，路过一家酒店，听见里面吵吵闹闹。神就站在门前，仔细观察，原来是一班人在饮酒，争劝不休，个个喝得满脸通红，有的吐得哼哼叽叽，有的醉得死去活来。自由神想："这可是最痛苦的了。"便离开酒店，往前走去。

在湘西大山的峡谷山路上，有几个力夫，正扛着沉重的东西走路，沿山爬攀并不时停下来歇歇，轻松地吆喝一声。自由神见了，觉得当力夫倒也轻松愉快。

自由神回到天宫，向玉皇大帝说："我详细调查了凡间的情况，发现喝酒最痛苦，当力夫最愉快。"

"那是为什么？"大帝问。

自由神说："我看见他们喝酒，一喝眉头一皱，痛苦到了极点，还有人逼着他们喝。而力夫扛着东西爬攀，要走就走，要歇就歇，还有'嗨哟嗨哟'拖得老长的调子，比唱歌还要好听。"

玉皇大帝听后当即吩咐："那好！从今以后，给喝酒的人配下酒菜，给扛活的人配个背枷子。"从此以后，喝酒的人就有了下酒菜，而扛活的人背上了木背枷子。

在湖南民间还有"十个喝酒的九个是抢菜佬！"的说法，这个传说可能是喝酒要有菜的一个托辞。但在湖南民间喝酒不仅要配下酒菜，而且湖南各地的下酒菜还很经典和具有特色。如：长沙的鸭寸骨、臭豆腐、口味虾、大蒜辣椒炒香干、橘子洲的黄鸭叫、北正街的啤酒泡鸭；邵阳的猪血豆腐丸子、玉竹片、黄花菜和花生；衡阳的玉麟香腰、观音笋、雁鹅菌；张家界的乡里腊味、苗家酸菜、山寨秘制蛇、山野菜和荷渣；常德的火锅、洞庭水鱼、萝卜干和金沙玉米；石门肥肠、土家血饼、酸萝卜、酢辣椒和香肠；新化的火焙田鱼、梅山雷打鸭、泥鳅钻豆腐、柴火腊肉、雪花丸；临澧的酢辣椒、花生米、刁子鱼、腊干子和豆腐乳；有"中国卤菜之都"称号的武冈市的卤菜，特别是卤豆腐和卤铜鹅；嘉禾的三味椒（具有辣香甜三味）、湘嘉鱼、血灌肠、子姜血鸭和凌云豆腐；"土菜名县"衡东的黄贡椒、削骨肉、石湾脆肚和杨桥麸子肉；其他还有江永的石鼓鱼和鹅掌、凤凰的苗家干鱼和血粑鸭、韶山的红烧肉和鸡爪、芷江的口味鸭、中方县的铜鼎白鹅和乌骨鸡、江永的香芋和豆腐干、宁乡的土花猪扣肉和马齿苋、江永的田螺、洞庭湖的龙虾和银鱼、益阳的卜豆角和酸菜、双峰的永丰辣酱、郴州的甜酒涝鱼、怀化的唆螺、钱粮湖的土鸭、株洲的牛骨头炖萝卜丝和杂菜汤等都是上佳的下酒菜。

臭豆腐是长沙下酒菜，也是长沙名菜的杰出代表。有人说过一句非常经典的话：到长沙没有吃过臭豆腐就等于没有到过长沙。这也是把臭豆腐推上湘菜巅峰的主动力。湖南人爱吃口味，喜欢吃辣椒，喝酒也少不了带辣味的下酒菜，湖南人对骨头也兴趣不浅，有名的有鸭寸骨、糖醋排骨、清煮童子骨、鸭脖子等。历史上，湖南是一个放逐之地，从古至今长沙也是相思之城，最先是西汉景帝之子长沙定王刘发筑定王台来思念自己的母亲，所以长沙"定王台"也被人们称为"望母台"，以后不少文学之士流放到湖南，都要来长沙凭吊，以此来思念自己的故土。长沙就成了他们思念亲人、怀念故土的城邦，长沙就因此而成了名副其实的相思之城。虽然没有南国的红豆，长沙人就用自己的酒和食物来思念。以上所述及的下酒菜就是典型的相思食物。

（二）湖南民间生活中特色饮酒方式

酒在湖南各民族生活中的作用很多，概括起来其功能主要体现在礼仪、宗教和娱乐三方面。酒在湖南社会礼仪上的功能包括在诞生、结婚、死亡等人们的生活中，有宗教心理的虔诚，对亲友的盛情，对死者的缅怀。在长期的酿制、饮用中，人们对酒的性能、功效逐渐认识，并加以利用，数千年来的习俗积存而形成了丰富多彩的饮酒方式。

1. 日常待客礼仪饮酒方式

咂酒（图 11 - 1）：亦称"杂酒"，古称"打甏"，又名"钩藤酒"、"竿儿酒"。"咂酒"是湖南苗族、土家族等少数民族待客的最高礼节。"咂酒"它不是酒，而是一种饮酒方式，咂酒（又写作"砸酒"），土家人称之为"咂抹坛"，"咂"是吸吮的意思，指用一

种藤枝或竹竿饮酒;"抹
坛",是揩抹酒坛的意
思,指用毛巾擦拭溢了酒
的坛面。据《遵义府志》
和《黔语》记载,咂酒的
酿制已经有了两千多年
的历史。《黔语》中说:
酒曰咂,苗俗也。古谓之

图 11-1 咂酒

竿儿酒。其法:蒸野稗和面,实之翁而涂其口。是日,召客,则
设翁堂中,撤涂注水与口平。浅则复注,逡巡酿成。细竹插翁
腹,以次轮换。水味淡,则酒力竭矣。白居易在唐宪宗元和年间
赴忠州任刺史路过三峡时,作《巴氏春宴》一诗描写土家咂酒宴会
场面的诗,诗中说:"巫峡中心郡,巴城四面风。薰草铺坐席,藤
枝注酒樽。蛮歌声坎坎,巴女舞蹲蹲。"据传咂酒始于明代士兵
赴东南沿海抗倭战事,土家族人为让自己子弟兵按时奔赴抗倭前
线,将酒坛置于道旁,内插竹管,每过一人咂酒一口,以此传习
成俗,咂酒是土家族生活必需品。这种饮酒方法至今还存留于我
国少数民族之中,成为民族特色的饮酒方式。喝咂酒有"酒过三
巡"的讲究,即开坛为一旬;喝至一半加入沸水再喝,为二旬;再
半再加,为三旬;三旬后,人散封坛。咂酒还有冷咂、热咂之分。
冷咂即直接将吸管插入坛底吸饮;热咂是把水酒放在锅里加热或
者直接把酒坛架在火上,边加热边饮用,咂酒时一边饮用,一边
加入冷开水,使坛内的酒液保持在相同的水平,直到酒味全都丧
失。这种饮酒方法是湖南各少数民族待客的最高礼节。吮吸时
"先由一人吸咂,叫开坛,然后彼此轮吸或同吸",一首《竹枝词
·咂酒歌》将此情景写得格外生动:"蛮酒酿成扑鼻香,竹竿一吸

胜壶觞。边桥猪肉莲花碗，大妇开坛劝君尝。"因其饮法独特，1840 年太平天国翼王石达开喝过独具特色的咂酒后的即兴赋诗赞叹："千颗明珠一瓮收，君王到此也低头。五岳抱住擎天柱，喝得黄河水倒流。"这种饮酒形式也是协调人际关系的途径，充满着"和"的哲学思想，体现着一种淳朴厚道的民族风格。

为何如此多的民族都具有和保留了这种特殊而别有情趣的饮酒方式呢？据调查所知，管茎是最原始的饮酒之具，咂酒是最古老的饮酒方式。众所周知，人类饮用的最原始的酒，是野果贮存经自然发酵而成的。当时落后的生产力尚不能制造酒具，先人发现植物的空茎枝条，如芦竿、钩藤、竹枝等可用作吸饮工具。可以推想，人类在采集时代，温饱靠对自然的攫取，当时一切食物及工具都是来自自然界，对于偶尔发现的酒饮料，无疑十分珍贵，绝不会再任意洒失浪费，必是小心翼翼地充分利用。于是，空心植物茎枝便成了最理想的饮酒工具。再则，在人类蒙昧时期，以至其后的氏族大家庭，都尚未产生礼仪等人类社会后来才有的文明标志，对所有的美味食品，男女老幼无不一饮为快，因此便产生了多根管茎众人同饮的"咂酒"习俗。由于少数民族婚丧嫁娶，年节喜庆习以聚众同饮，而限于经济水平和物质器皿的贫乏，不可能人人举杯，个个抱壶，这种一坛数管，轮番吸饮，即适应传统习俗，又符合人们的心理需要，这就给咂酒这一饮酒方式赋予了生命力，而被传承至今。最原始的饮酒工具——芦秆、钩藤、竹竿也代代袭用，故咂酒由此又得名为"钩藤酒"、"竿竿酒"。清代鹤峰知州何学清有一首《咂酒》是这样写的：

> 酿成贮到经年美，试食尤于夏日宜。
>
> 莫惜我须低首就，可知人虑入喉迟。
>
> 畅杯颇胜传荷柄，劝醉争禁唱竹枝。

芦酒钩藤名号旧，漫因苗俗错题诗。

由于这一饮酒方式独特有趣被载入湖湘史籍。并有诗云："断头掉尾水西罗，芦管千人卷白波。"这一历史画面，至今尚存留于湖南的少数民族之中。

火塘酒（图 11-2）：在湖南农村和少数民族地区，居家饮酒，几乎都离不开火塘，逢年过节（特别是春节）在汉族农村也是这样。火塘文化和酒文化在少数民族文化中是两种相伴共生的

图 11-2 火塘酒

重要文化质点，展示出浓郁的地域文化特色和迷人的民族文化光彩。与豪气万丈或欢快活泼的少数民族酒文化主流相比，火塘酒在整个饮酒礼仪上显得庄重拘谨得多，整体气氛表现出更多的理性成分。

火塘酒的座次排列是有讲究的。在传统的社会礼仪中，火塘"上座"是指背墙面门离供桌最近的位子，这是家庭中男性长者的专座；纳西族摩梭人则正好相反，火塘上座是当家妇女的当然座位；在父权制度牢固确立的民族中，居家围坐火塘饮酒，斟酒人一般是家中的长子，第一杯酒要敬给男性长者，次则女性长者，平辈者依年龄长幼顺序斟满。若有宾客临门，第一次斟酒要由男性长者亲自执壶，为宾客斟满后，再移交酒壶给长子，由其依次斟满。饮酒时，要先敬客人或长辈后才能饮用。在火塘边饮酒，不得秽语亵行，不得随意喧哗。火塘酒的话题多由宾客或长者提出，晚辈后生尤其是青年妇女不能随意插话打岔。讨论的内容，

从农事安排到生活总结，无所不至。酒意阑珊时，老人开始用本民族语言吟唱古老的歌谣，向后辈讲述本民族所经历的艰苦磨难和先祖们创业的艰辛曲折——此时，温暖的火塘边氤氲着一个民族古老的历史，美酒的波光中闪动着一个家庭的温馨与幸福。

转转酒（图 11 - 3）：转转酒就是饮酒时不分场地，不分宾客，大家皆席地而坐，围成一个个圆圈，共用一只酒壶或一个酒碗，一杯酒从一个人手中依次传到另一人手中，各饮一

图 11-3 转转酒

口。在湖南的彝族、傈僳族、苗族、怒族等均流行此俗。这个习俗，据说来自一个动人的传说：在一座大山中，住着汉人、藏人和彝人三个结拜兄弟，有一年，三弟彝人请两位兄长吃饭，吃剩的米饭在第二天变成了香味浓郁的米酒，三个兄弟你推我让，都想将酒留给其他弟兄喝，于是从早转到晚，酒也没有喝完，后来神灵告知只要辛勤劳动，酒喝完后，还会有新的酒涌出来，于是三人就转着喝开了，一直喝得酩酊大醉。现在来看，采用转转酒的饮法，符合少数民族自身的经济状况，表现了其价值观念。一壶酒或一碗酒，无论主人是谁，一旦放在众人面前，就大家都能享用。在轮流饮用时，绝不会有人贪杯多喝一点，也不会有人要滑少抿一点，体现了少数民族质朴忠厚、坦荡豪爽的民族性格。同时，转转酒还能起到相互交流沟通的作用，包含了一种难以言传的心理整合意义。

现在，在湘西喝转转酒时，酒桌上是先将自己的酒杯传给右

手边的人，同时左手接左边的人传来酒杯，喝一口马上向右转。"转转酒"必须转转双，即第一次由左向右传，第二次由右向左，按顺序将一杯酒边传、边接、边喝，一回合叫一次团圆杯。"堂中酒杯轮流转"寓示着大家团结一心，心心相连。

拼伙酒：拼伙酒是以参加人共凑份子的形式饮乐，故又称"打拼伙"；又因饮酒歌舞多在春暖花开时节，地点多在远离村寨的林间草地，参加者大都是年当花季的青春少年，故又叫"吃山酒"、"饮花酒"。在有的民族中，这类原本属于随性的饮酒习俗在长期发展中逐渐稳定在某一时间和某个空间之内，遂演变成了全民性的民族节日，如湘南彝族"插花节"、"二月八会"、怒族"花山节"、湘西苗族"踩花山"等，节日期间郊野宴饮的组织方式和活动形式，都保留着拼伙酒的遗风。

拼伙酒的郊野欢饮形式与少数民族曾经长期存在的采集、渔猎经济形态有着直接的承继关系，并在各族群众不同文化背景中得到发展，从而久盛不衰。每当山花烂漫之时，风清月白之夜，少数民族青年男女在辛勤的劳作之后，携带美酒果品欢聚在林间草甸，畅饮美酒，觅求知音，倾诉柔情。花前月下，一场火辣辣的拼伙酒不但洗去了艰辛劳作的疲惫，还常常把两颗年轻的心缠绕在一起，成就一段段美好的姻缘。

同心酒（图 11 -4）：两人共一酒具，或并立、并坐、并跪、并蹲，或长坐幼

图 11 -4　同心酒

蹲，或幼跪长坐，两人搂肩交颈，耳磨脸贴，一个用左手，一个用右手，同时持杯（筒或碗），嘴凑在一起，同时饮酒，称同心酒。

酒可一饮而尽，也可轻抿一口，说唱一段，再饮一口，如此再三，直至兴尽酒尽。此饮酒方法，许多民族均有，在湖南以彝族、苗族、壮族、傈僳族、怒族、独龙族等群众中最为常见。传统的彝族村寨每逢喜庆佳期，男子汉们都必饮同心酒。受到邀请同饮的人，不能以任何理由拒绝，否则，邀请者会产生被侮辱、欺负的感觉，被邀请人也会被人们视为无知无礼。各民族均把饮同心酒视为增进友情、消除隔阂的最好办法。故友相遇，饮酒叙旧，情谊更深；青春少男少女若饮一碗同心酒，则终身定矣；朋友之间有猜忌，喝一碗同心酒，则新恨旧仇雪融冰消。更多的时候，人们仍然是把饮同心酒当成一种接待亲友的礼节和一种丰富生活色彩的娱乐手段。

拦门酒(图 11 −5)：接待外来客人或娶亲嫁女，主人事先备好的自酿的"包谷烧"酒，请来山寨德高望重的族老、歌师和最美丽的姑娘，在寨门或自家门口摆下一个大方桌，桌上摆放一碗碗喷香的美酒。

图 11 −5　拦门酒

客人要进门，由把门的族老或迎宾的姑娘先唱敬贺词，再由客人中最年长声望最高的长者唱答谢词……然后主盏以山歌向客人提问，在问答嬉笑之间，让客人痛饮拦门酒。拦门酒歌唱道："苗歌一唱不停声，说话开口不停音。美酒不喝不放碗，先喝美酒再进门。"

击鼓饮酒(图 11 −6)：在湖南的苗族、傣族、景颇族、壮族等群众有击鼓而饮的习俗，这与铜鼓、木鼓在其社会中的特殊地位有密切的联系。

击鼓而饮的习俗起源较早。《隋书·地理志》中已有记载："自岭以南二十余郡……铸铜为鼓，初成，悬于庭中，置酒以招同类。"其后，《蛮书校注》称："弥诺国、弥臣国……王出

图11-6　苗族击鼓醉舞迎客

即乘象，百姓皆楼居，披婆罗笼。男少女多，俗好音乐，楼两头置鼓，饮酒即击，男女携手楼中，舞蹈为乐。"这表明，隋唐之际，少数民族社会普遍流行击鼓饮酒的习俗。如今，击鼓饮酒的习俗仍在傣族、景颇族、侗族等在隆重的庆典和宗教祭祖活动中存在，只是其目的主要是"招同类"，烘托氛围，与从前击鼓而饮、饮则击鼓已不完全相同。

三杯酒（图11-7）：家有客进屋，主人敬上三杯甜酒，欲称"进门三杯酒"，客人告辞时，谓之"上马三杯酒"，并陪客人一段路程。若客人不会喝酒，客人可用右手中指尖蘸杯中酒三次，向空中弹三次，以谢颂主人盛情。湘西有歌云："一张桌子四四方，包谷烧酒摆中央。主家拿来待宾客，醉饮三千香满堂。"

图11-7　三杯酒

牛角酒（图11-8）：也叫"过牛角酒关"，"酒关"一般设在路口或大门口，设两至三关。一对牛角，由两个人拿着，客人来到，就把牛角递到客人嘴边，客人用嘴直接喝酒。笔者在湘西和邵阳

苗族采风时，在进寨之前，陪同的地方官员特地关照我们喝酒时千万不要碰酒杯，如果你一旦用手接了或碰了酒杯，说明你已经把苗族人当成了好朋友和自家人，必须把整杯酒一饮而尽，

图 11 – 8　过牛角酒关

酒量小或根本不喝酒的人就麻烦了，若喝不完杯中之酒，那牛角杯又放不稳，退给主人，主人肯定不会接，这样十分为难了。如果进门不碰酒杯的话，你只是远道而来的尊贵客人，喝酒也只需"意思意思"即可。

肝胆酒："肝胆酒"寓意深刻，贵客到来，主人往往杀猪款待，若是小猪就整条煮熟，若是大猪就煮猪头，然后置于大木盘中来供祭。独具特点的是，无论什么猪，附着苦胆的那叶猪肝不能切下炒吃，而是用火烤结胆管口。煮熟以后，一起供祭。然后招待客人。酒过三巡，主人拿来那叶附着苦胆的猪肝说："该喝肝胆酒了啦！"大家赞同，主人就切开胆管口，把胆汁倒入酒壶里，给每人斟一杯苦胆酒，先喝苦胆酒的必须是贵宾或德高望重的老人，然后依次而饮。每当一人饮毕，众人就齐声叫"耶——"的祝酒声。这种肝胆酒寓意肝胆相照，苦乐与共，此俗也称喝"团团酒"。

合拢酒（图 11 – 9）：湖南通道侗族人好酒更好客，在漫长的历史长河中逐渐形成了一种独具特色的酒文化。常用的饮酒方式有换杯酒、交杯酒、撑杯酒、转龙酒、团圆酒和合拢酒等，合拢酒是侗家人接待贵宾的一种最高规格的酒宴，是在村寨或家族举行

盛大的庆典活动时，邀请贵宾和
四邻来宾参加的。若有一位与两
家或两家以上多户人家有亲密关
系的客人到来，往往两家或多家
合拢宴请客人。家数、人数少
的，便将桌子联成联桌，家数、
人数多的，便在一间大屋里，用
新杉木板或杉树皮摆在地上成一
长方形桌子，村寨举办的合拢宴
酒，一般在村寨的鼓楼里摆设，
家族举办的一般须
在比较宽敞的农户
家的走廊里进行。
酒席的摆设也叫
"拉长桌"，即把十
张八张方桌连在一
起摆成一长溜儿，
也有的用宽木板一

图 11 - 9　合拢宴

图 11 - 10　通道千人合拢宴

块连一块摆设。合拢宴有"酸席"和"熟席"之分，合拢宴的酒、
饭、菜都是村寨中各家各户把自家最好的米酒、苦酒、最好的糯
米饭或磁粑，最好的腌肉、腌鱼、酸菜或小炒，用竹篮或箩筐挑
来，凑到一块共同摆设的，可以说是百家酒、百家饭、百家菜，各
有特色尽领风骚的百家宴。通道千人合拢酒宴（图 11 - 10）很有
地方特色，现也是一种旅游美景资源。

　　团圆酒：侗家的团圆酒别具特色。一般是由主人提议，满席
端起酒杯，由右边往下传递到后者的口边，乙喝甲的，丙喝乙的，

丁喝丙的……如此下推。这时，主人要领呼："大家来呀！"满桌合呼"饮呀！呜呼！"这样满桌同干，一饮而尽，酒宴才散。

转龙酒：转龙酒又叫换龙头，是侗家宴席上的又一热闹场面。转龙酒由主人或主客任何一方的代表提议，提议人称为"龙尾"。"龙头"提议大家喝转龙酒时，满席站起，端起酒杯，先由"龙头"带头喝，然后从左至右或从右至左喝过去。往右传时，"龙头"左边那人就是"龙尾"，往左传时，"龙头"右边那人就是"龙尾"。"龙头"饮干后，依次一个接一个饮下去，如果"龙身"当中哪一人不干，就要受罚。喝转龙酒时因可左右转动，"龙头"可变"龙尾"，"龙尾"可变"龙头"，满席当中任何一人都可当"龙头"，也可当"龙头"。如此翻来覆去，变化无穷。

撑杯酒：撑杯酒是侗家宴席上较热闹动人的场面。它体现了主客之间主帮主，客帮客，客帮主，互相帮助的精神。在敬酒中，无论是主人向任何一位客人敬酒，还是客人向主方的任何一位亲戚敬酒，主客双方少则一人、二人，多则十人、八人，总之人数不限，都要来帮助自己一方向对方敬酒，帮敬的人叫"帮撑"，又叫"撑酒"。如果形成撑酒的局面，主客双方的发起人，先不能喝对方的敬酒，而要先喝对方的"撑酒"，"撑酒"喝完，再喝敬酒。主客双方的发起人对"撑酒"不能拒绝，拒绝就是对撑酒者的不尊。对于不胜酒力者，如果有十人、八人过来撑酒，哪怕是对撑酒每杯舔一点点，也是表示对撑酒者的敬意，否则就会被灌得酩酊大醉。

2. 诞生礼仪饮酒方式

酒在产生后不断向民俗渗透，在各民族由生而死的人生光环中，酒是诸多礼仪中卓然炙洁的光点，置酒迎生已成为诸族普遍习俗。诞生礼又称人生开端礼或童礼，它是指从求子、保胎到临产、三朝、满月、百禄，直至周岁的整个阶段内的一系列礼仪。诞生礼起源于古代的"生命轮回说"，湖南民间古代生命观中重生轻死，因此把人的诞生视为人生的第一大礼，以各种不同的礼仪来庆祝，由此形成许多特殊的饮食习俗。如土家族的"踩生酒"，畲族的"报生宴"，仫佬族的"报丁祭"，汉族的"贺当朝"之类，都在婴儿降生当天举行。有的民族若妇女不生育，还要典酒祭神。如彝族在妇女婚后不育时，便请毕摩来促育，促育时，要备酒到山上祭祀山神。届时，毕摩唱经道："……高贵的山神，请你吃猪肉，请你吃荞酒，酒内下肚去，望你要开恩。"

踩生酒：用酒菜招待第一个进门的外人，土家族称"踩生"，在常德、浏阳一带称"逢生"。踩生人与婴儿异性为吉，并有"女踩男、龙出潭"、"男踩女、凤飞起"之说；踩生人要是与"添喜"人家孩子异性别，这家人就会喜眉笑脸地把踩生人拉进屋里，请吃甜酒蛋，还要"赏红"（即红包）以示谢意。相反，主家会发愁不乐意，反要"踩生"人拿来酒肉到主人家赔礼道歉，以表双方都会消灾去神祸，这叫"倒门酒"。在常德"逢生"之客就是婴儿以后的干爹或干娘，而且从此以后就成为亲戚来往。

头生酒：湖南民间谁家媳妇生第一个孩子的当天，全寨乡亲都要上门送礼贺喜并在主人家喝"头生酒"，特别是湘西少数民族更注重此礼。婴儿坠地，丈夫携酒提鸡到岳家报信，从女婿所携酒的装饰或鸡的公母暗示生男生女。岳母则背鸡蛋、酒及小儿衣、帽、鞋、被等物送"鸡米"。给产妇的补品，往往是"糖、酒、蛋"，即糯米、甜酒和煮蛋，外加红片糖，可以活血、补血，生乳汁。头生酒只能吃鸡蛋和美酒，贤惠的人家也煮糯米粑粑和甜酒。

三朝酒（图 11 - 11）：湖南各民族都有，产妇未临盆，娘家多先用粟米或用糯米酿甜酒。婴儿满三朝（天）时，亲友结队前来祝贺，主家先煮"酒糟蛋"待客，继而办喜宴，一边酌酒，一边听岳母拟名，用坛子倒酒，不醉不止。用艾叶、枫球、鸡蛋等熬汤为婴儿洗澡，叫"洗三

图 11－11　三朝酒

朝"。边洗边念"长流水，水流长，聪明伶俐好儿郎"、"先洗头，做王侯，后洗沟，做知州"等喜歌。洗毕，用鸡蛋滚擦婴儿全身，以祛风，祝福健康。用蛋揉婴儿脸部时，长辈还会一边念颂语："揉得耳朵会听事，揉得眼睛会看事，揉得嘴巴会讲话，揉得面团团大面。"还向邻里亲友分送染了红色的"红鸡蛋"也称"滚屁股蛋"。三朝酒除吃蛋外，还需要吃鸡鱼肉，因此也叫"斋酒"、"晕酒"。除此外还有开奶、开荤等象征性仪式，一妇女用手指将几滴黄连水抹在婴儿嘴上说："好肉肉，三朝吃得黄连苦，来日天天吃蜜糖。"然后，又用糕、糖、酒、鱼等混成的汤水抹在婴儿嘴上说："吃了肉，长得高；吃了酒，福禄寿；吃了糖，日子甜；吃了鱼，年年有富余。"

周岁酒：孩子长到一周岁时，俗称"得周"，在湖南有的地方也叫"闹周"，同样得办酒席，称"得周酒"，以款待亲朋好友，并用米、面做大量"得周果"，如糍粑、寿桃、寿馒头、长寿面等，分送左邻右舍。外婆家也要为孩子送去穿戴之物，特别要送虎头鞋，中间绣一"王"字，虎为百兽之王，预祝孩子虎虎有生气。邻里乡亲收下"得周果"后，也有糕点或布料或穿戴之物回赠。这时

孩子已牙牙学语，在酒席间，由大人抱着轮流介绍长辈，让孩子称呼，这不仅增添了"得周酒"的热闹气氛，更让人享尽了天伦之乐。满12岁时要喝过"童关酒"，从此进入少男少女时代，每逢生日也要请亲戚友邻吃酒。

寿酒：寿，是百姓最祈求的，为"五福"之首。《尚书·洪范》就有"五福寿为先"思想。"五福，一曰寿，二曰富，三曰康宁，四曰修好德，五曰考终命。"中国是一个有尊老敬老传统的国家，两千多年前的《诗经》说："跻彼公堂，称彼兕觥，万寿无疆。"称，即举起的意思；兕觥，酒杯。这句诗说："举起酒杯吧，祝你幸福长寿，万寿无疆。"古语云："百岁曰上寿，八十曰中寿，六十曰下寿"，可见古人称"寿"的最低限度是60岁，以后有50岁称"寿"的。汉人认为，人生逢十为寿，均要办寿酒，这似乎已成定规。民谚曰："十岁做寿外婆家，廿岁做寿丈母家，三十要做，四十要叉（开），五十自己做，六十儿孙做，七十、八十开贺。"40岁时，一般是不搞寿庆活动的，因为"四"与"死"近音，被视为不吉利，忌讳，所以要叉开。常德人过生日，其人生中最大的生日宴请是过三十六岁，习俗上称是人生过大关，民间有"人人都过三十六，喜的喜来忧的忧"、"三十六上有一侥，好比琉璃瓦上晒胡椒"之说，历来被常德人所特别重视；届时必大宴宾客庆贺"逃劫"冲过了这一关，谓之"吃煞酒"。以后每逢整岁也都要做一场生日。

湖南对老人寿庆极为重视，大人生日则置酒筵以志庆贺，一般进入60岁才办寿酒。老人生日，特别是高寿，子女必为其操办寿酒，有的地方亦称生期酒。届时，大摆酒宴，至爱亲朋，乡邻好友不请自来，携赠礼品以贺等。酒席间，要请民间艺人（花灯手）说唱表演。花灯手要分别装扮成铁拐李、吕洞宾等八个仙人，依次边唱边向寿星老献上自制的长生拐、长生扇、长生经、长生酒、长生草等物，献物既毕，要恭敬献酒一杯，"仙人"与寿星同饮。直到今天，还可以看到，在做寿的宴席上，人们频频举杯，为寿星祝寿。在嘉禾一带祝寿酒需敬九杯，谐长久，喻长寿；毛崽生日酒敬八杯，寓意"八字好"；寿礼中的寿糕，寿面等都有讲究，如寿糕就是"寿高"，那么，寿酒就是"寿久"了。在永州市一带还有喝"暖寿酒"之习俗，即在寿星大生日的头天晚上，其至亲前来给寿星祝寿，晚上吃大团圆酒宴，称为"暖寿酒"。前来暖寿的人要给寿星送寿酒、寿茶和寿饭。暖寿只有寿星一家人和前来暖寿之人参与，外人和其余的亲朋于次日正生日祝寿。湖南民间还有"母在堂，不做寿"的古训，儿女虽年满60、70岁，如果母亲尚在亦不能寿庆，把自己生日看成母亲的难日，只给母亲添菜斟酒，以感谢母亲的生育之苦和养育之恩。

其他日常礼仪饮酒方式还有升学酒、获奖酒、升官酒、发财酒、交友酒、待朋酒等等，笔者不多说了。

3. 婚嫁礼仪饮酒方式

喜酒：湖南各民族人生性炽烈，重情厚爱，崇尚以酒为媒，以酒定情，以酒论嫁，以酒为标志。提亲至定亲间的每一个环节中，酒是常备之物，喜酒即婚礼酒，是湖南各民族共有的特征。新娘进门后男方设酒宴招待亲朋贺客，各民族普遍称婚宴为"吃喜酒"。婚姻的缔结，是一个人建立新家庭的重要标志，是人生中的大事，湖南各民族的婚礼都十分隆重热闹，酒充当了重要角色。但用酒之处不同，其含义和作用也不相同，特别是少数民族，正是酒礼的某些细微之处，留给我们富有历史价值的思考。

放口酒：湖南少数民族男女双方确定恋爱关系后，男方象征性地请媒人到女家求婚。媒人持一把伞或公鸡进女方家门，就说："你家有缸酒窖得好香啊！我来讨杯酒喝呢！"女主人见有伞或公鸡，笑着说："我家的酒清淡寡味，怕没人要啊！"媒人忙说："哪里哪里，你家的酒又香又甜，人家馋恼火了，才来讨点喝呢！"主人问："是哪家的贵客要喝我家的酒嘛？"求亲问亲，全是以酒作隐语。女方同意后，由女方家择吉日在女方家吃"放口酒"。男方则带礼品上门认亲，与女方结下亲事，双方各邀歌师比试，凑兴祝颂。

戴花酒：也称"开脸酒"。娶亲前一天，女方举行"戴花酒"，摆出所有嫁妆，《永绥厅志》载：男子求婚，求媒妁至女家说合，即以火炮、酒肉送女家，谓之插香。这插香是"戴花酒"的准备，亲友送礼祝贺，同时给新娘"开脸"，用红线将脸上汗毛扯掉，把眉毛修成弯月形，解辫挽髻于脑后，插上银饰，头围新丝帕，戴银手镯、戒指。

姊妹酒：新娘要出嫁了，寨子里的姐妹们在新娘家里伴嫁，以表姐妹情分。喝姊妹酒的晚上，父母兄弟和帮厨们要暂时回避，先由新娘敬酒祭献祖先，之后亲自为姐妹们酌酒，然后又由姐妹们回敬新娘，彼此尽情痛饮歌唱，互诉离别之情。

陪夜三碗酒：新娘出嫁，全寨的小伙子都要去陪夜清坐。夜幕降临，新娘的哭嫁歌委婉动人，令人伤感动情。子时，悲凄的歌声渐渐停息，堂屋里陪夜酒开席了，小伙子们狂饮三碗酒以表对出嫁姐妹的送别之情。五更娘家须办"离娘酒"款待女儿，出嫁时的拦门礼，也是以酒相敬。

迎亲酒：婚前一天，男方必须给女方挑"迎亲酒"，女方亲眷邻居则将桐油拌锅烟灰涂抹在男方来人脸上，众人互相追逐为娱。晚上，女方把族人和亲朋好友请来喝酒，当晚或第二天，女方发亲，亲授青布伞叫"窝窝伞"，并唱吉祥如意的祝福歌。新娘出嫁时，接亲娘与新娘兄弟在前引路，后面尾随一行穿红着绿的陪嫁队伍前住男家。

交杯酒：新郎新娘入洞房之后，为表示夫妻相爱，由男方接亲娘主持喝交杯酒。新郎新娘右手各执酒杯，左手相互捏握，手臂交叉碰杯后双方一饮而尽。喝过合欢酒后，接亲娘检查了双方酒杯，杯底滴酒不剩，表示两心交融，情浓如酒。在唐代即有交杯酒这一名称，宋代改为合欢酒，明清时又改为交杯酒，这种风俗一直流传至今。如在常德地区喝交杯酒时，由男方亲属中，儿女双全，福气好的中年妇女主持，喝交杯酒前，先要给坐在床上的新郎新娘喂几颗小汤圆，然后，斟上两盅花雕酒，分别给新婚夫妇各饮一口，再把这两盅酒混合，又分为两盅，取"我中有你，你中有我"之意，让新郎新娘喝完后，并向门外撒大把的喜糖，让外面围观的人群争抢。在湘西苗家，新郎新娘虽然入了洞房饮了交杯酒，但暂时还不能同床共枕，要等到新娘三天之后回门转来，才能共度蜜月。

上马酒：当背新娘上轿时，要举行发"嫁"仪式，摆三碗酒、三碗肉、一把伞，并唱发嫁歌："今日嫁贵女，大吉大利时。虔诚三杯酒，敬呈请痛饮。一杯酒，敬上天，天宫赐福降福来。二杯酒，敬下地，地脉龙神降吉利。三杯酒，敬祖宗，子孙万代满堂红。三杯酒，全饮尽，姑娘发嫁就出门。"路上押轿、护送新娘的女家兄弟抵达男方后，男家须在堂中设酒宴招待。这些充任"舅老爷"的堂兄弟们坐在堂屋靠祖先神龛一方，属正中席中位，俗称"坐上马位"，陪客坐在左右两边。桌上酒菜盘和碗碟须按礼摆成马蹄形，若摆错位，"舅老爷"可借故不饮。"舅老爷"不饮则其他客人酒席一律不得开席。席间，客人均向"舅老爷"敬酒敬菜，称敬"上亲客"。

茅宴酒：新娘上花轿后，村寨同族的兄弟们都来押轿、护轿，有的则抄近路拦在渡口或坳口，不让新娘的花轿过去，意味着出嫁姑娘的"野舅爷"们舍不得新娘被抬走，"野舅爷"越多，表示新娘的人缘越好，他们喝了酒后才准新娘过去。新郎方一般都有准备，先派人将酒席挑到这些地方等着，当那些"野舅爷"们到来之后，就将酒宴设在茅草坪上任其吃喝，故称"茅宴酒"。一些路途较远的新娘房族兄弟如未能赶上茅宴酒，便会脚蹬草鞋追赶至男家，男家则会连忙摆酒招待，此酒又称"赶脚酒"。

连心酒：送嫁队伍抵达男方家，男方在大门前烧一火把迎接新娘，以示兴旺。新娘由侧门进屋后不拜堂，在预先摆好的凳子上坐下不能移动，以示在男主家位置稳定。主婚人拿来一碗"连心酒"和"连心肉"让新郎新娘同吃共饮，此时主婚人唱同心酒歌："酒肉端在手，新人唱个够。喝上一口，香甜在口；喝上两口，吃穿都有；喝上三口，富贵长久。夫妻二人，永不分手。"喝罢"连心酒"后，再举行拜堂大礼。

掀酒：婚宴结束后，新婚之夜新人暂不得合卺，须燃放篝火，男女双方的歌师举行"酒歌"，全寨青年男女则闹"掀酒"。男女青年簇于新娘和送亲姑娘周围，主人请众宾客饮酒对歌，男方、女方宾客互唱礼词或故意褒贬对方，搞得新娘新郎啼笑皆非，将婚礼推向高潮。最后一同对新娘新郎唱美好的"祝福歌"，男起女应，常常掀闹昼夜。

回门酒：此酒俗全省各地各民族均有，即成婚后的某日，女婿携礼品随同新娘双双返回娘家，拜谒妻子的父母及亲属。回门的时间视地区习俗不同而各异，分别在成婚后的一、三、六、七、九、十日或满月。民间一般认为，整个婚礼自迎亲开始的成婚之礼至此才告结束。此俗起源于远古，古称"归宁"，为出嫁女婿后回家探视父母之意。后世各地名称不一，宋代称"拜门"，清代北方称"双回门"、南方称"会亲";湖南多称为"回门"。近代以来,多在婚后第三天进行,故又称"三朝回门"。此为婚事的最后一项仪式,有女儿不忘父母养育之恩、女婿感谢岳父母及新婚夫妇恩爱和美等意义。一般女家皆于中午设宴款待,俗称"办回门酒"。新女婿入席上座,由女性家族的尊长陪饮。新婚夫妻或当日返回、或留住数日,如若留住,切忌同宿一室。在湘西,苗族新郎新娘新婚之夜不能同宿共欢,新郎当陪宾客欢饮三日,然后由新郎的兄弟挑着酒陪新人去娘家,新郎当场认过岳父岳母,请女方叔伯、舅爷、老表等同饮"回门酒",送了"娘钱票(也称奶钱)",方可引新娘回家同宿。

谢亲酒:新娘回门后再与父母兄弟欢娱团聚,男方主人操办丰盛酒席,以感谢亲友们为婚事所付出的辛勤劳动,故名"谢亲酒"。吃过谢亲酒之后,亲戚朋友告别主人,各自回到村寨,新郎新娘从此同床共枕、欢度蜜月。

收心酒:初嫁女怀孕后男方要摆酒席,举行"收心"仪式,宴请岳母及女方的伯母、婶婶、嫂子等,来给嫁女"梳髻",将姑娘婚后双髻发改为单髻发,以告知女方:姑娘时代已经结束,今后要把心收回到丈夫和家庭上。

在湖南少数民族婚俗中还有报信酒、送亲酒、离娘酒、大席酒、撑脚酒、和气酒、转脚酒、赶脚酒等。

4. 行业礼仪饮酒方式

拜师酒:湖南各行各业还有祭祀祖师爷的祭祀酒、拜师学艺的拜师酒、结拜盟誓的鸡血酒等。如造纸敬蔡伦、做陶瓷敬雷祥、私塾敬孔子、木匠敬鲁班、酿酒敬杜康等等。在常德酿酒业供奉的酒神是杜康和崔婆。旧时,常德槽坊吊出初酒时,老板要在酒房贴"杜康先师之神位"的地方焚香点烛,摆上一只公鸡、一块猪肉，祈求酿酒顺利。每年正月，各家酒坊要举办杜康酒会。举办酒会时，酿造工人可以开怀畅饮，这样既可以改善一下工人的生活，使之快乐休息，又可以改善工人与酒坊老板的关系，调和劳资矛盾。常德酒坊也有供奉崔婆的。崔婆是传说中一位善于酿酒的老妇人，因得仙人指点，其酒美名远扬。湖湘民间手艺人招收徒弟时，徒弟要向师父敬拜师酒，学成出师之时再敬出师酒。农历六月十六日，传为鲁班诞日，在香港该日还被定为"鲁班节"。

回头宴：旧时，常德、岳阳和益阳等地放排行船的习俗。木排平安到达洞庭湖后，排客必办"回头宴"以示庆贺。宴席必备雄鸡，席中排工举杯向领工祝贺，并将鸡头献给领工。领工将鸡头吃下方可开席。大家尽情畅饮，一醉方休。次日返程，一路谈论闯滩过险的经历，筹划下次放排事宜。有的放开嗓子唱起沅水民歌，充分表现出渡过难关后的喜悦。另外，老板在启程和拢岸时，也得备酒、肉、鸡、香烛办"开船酒"和"拢岸酒"，而且还要以酒祭祀镇江神，以求安全顺利。

烧尾宴：古代宴名。现在民间俗称"谢师宴、敬师酒、升职宴"，湖南各地均有。"烧尾宴"盛行于湖南唐代，是专指仕子登科或官位升迁而举行的宴会，是中国欢庆宴的典型代表。"烧尾"一词源于唐代，有三种说法：一说是兽可变人，但尾巴不能变没，只有烧掉；二说是新羊初入羊群，只有烧掉尾巴才能被接受；三说是鲤鱼跃上龙门，必有天火把它的尾巴烧掉才能成真龙。此三说都有升迁更新之意，故此宴取名"烧尾宴"。当今社会上职位升迁和一年一度的高考结束后，当事者或其家长均设此宴以示敬友、谢师。在湖南民间毕业酒需敬六杯，含禄位高升之意。

上梁酒：湖湘各民族都把修新屋作为繁衍子孙的根基，因而也把此看得十分神圣。修屋前，要设酒宴请风水先生选好依山傍水背风向阳的地方作为屋场。在新屋上梁的时候，亲戚朋友都来送礼祝贺，叫"斟上梁酒"。梁木正中画太极图，左右书"美轮美奂，金玉满堂"或"帝道遐昌，五谷丰登"之类的对联。上梁时，还有"赞上梁酒"，请两名歌师或掌墨师携酒赞梁。待梁木在屋顶上架好后，赞梁者便攀梯而上，一人提酒壶，一人端茶盘，茶盘内放着筷子、酒杯、腊肉、糯米糍粑。提酒壶者赞道：

手提酒壶闪金光，壶中美酒喷喷香，欢欢喜喜上屋去，要跟主东赞主梁。

端茶盘的接着赞道：

手端茶盘四四方，张郎造就鲁班装。四角造起龙凤桦，金漆盘子摆中央……

赞毕，二人开始上梯，每上一步就唱五句赞词，其内容是借颂扬古人恭维屋主的，从上一步赞起直至十步，每上一步要唱一段，如：

……上三步，中三元，刘备关张访大贤；南阳有个诸葛亮，三顾茅庐下高岗…… 上十步，十美十全，张郎鲁班下凡间；修起高楼和大厦，主东富贵万万年！

赞梁者攀上屋脊梁木时，二人各坐在梁木的一端，一边饮酒，一边互问互答，用长篇的赞词，赞扬主东的屋场像仙境琼楼，龙王宫殿，必发子发孙，福寿绵长。赞梁后，向下抛"梁粑粑"。先把两个象征富贵的大粑粑拿在手中问下面的屋主："要富还是要贵？"主人回道："富贵都要！"两个粑粑抛下时，主人家接在怀中（最忌讳接不住）。然后将小粑粑抛下，边抛边唱："笑哈哈，笑哈哈，双手拿起梁粑粑，四面八方一齐撒，大家越抢越发达。"这时屋场上人如潮涌，争抢粑粑，热闹非凡。抛过粑粑后，亲友们将一段段五颜六色的布料搭在梁上，叫"搭梁"，此时鞭炮震耳，赞梁者又一步一赞，下到地面，于是，一栋新屋就在喜气洋洋的热烈气氛中立起来了。

新屋落成还有"踩财门酒"、"进屋酒"、"暖炕酒"等等，湖南民间建房敬酒还很有讲究，一般敬酒就要敬四杯，祈事事如意；敬酒者右手端杯，则从右边依次逐人干杯；左手端杯，则从左边依次逐人干杯。

开秧酒：一般在谷种下田后的第四个"卯日"、"辰日"或"午日"举行"开秧门"的仪式。由家庭农事当家人携带糍粑、酒肉、香纸到秧田边致祭秧神，以示感激，并乞求"五谷丰登"，然后众人下田扯秧。为主家插田的人除每日三餐饭有酒外，主家还要在半上午和半下午两次送酒菜至田头给插田师傅们喝，也称"报秧酒"。因为每日吃三餐饭、喝五次酒，故又称"三饭五酒"。民谚道："多喝一碗酒，多收一担谷。"主人还会偷偷在大田中间埋一坛甜米酒，插秧者有幸发现，一定要喝干，预示着插秧者一年大吉大利。新田县现在还有"开秧门"时要先用手在秧叶上扫一扫，然后摘几片秧叶反复在手掌手背揉搓，说是可预防"发秧风"。"开秧门"多在鸡不鸣、狗不叫的时辰出发。一闻鸡狗叫，说开口要吃得多了，预示当年收成不好。"三饭五酒"的食品除一般菜肴外，必有麸子肉(粉蒸肉)和盐鸭蛋。盐鸭蛋除了供吃外，还要在收工后每人给两至四个，让其带回家去。寓有吃有余，有吃有兜，表示丰腴之意。清代土家诗人田泰斗《竹枝词》："栽秧插禾(指布谷鸟)满山啼，正是栽秧插禾时。口唱秧歌骑秧马，晚来还带鳢包归。"

扮禾酒：清末及民国时期，在湖南湘中、湘北和湘西的大部分地区农户家有饮"报秧酒"、"插田酒"、"扮禾酒"和"封镰酒"

之俗。"扮禾酒"在立秋后第三天，来吃扮禾酒的亲戚朋友动身了，他们挑着一担担写着"丰收酒"的糯米甜酒、"包谷烧"或自编的竹篓背篓、谷席，相互祝福谷物丰收。主人收取见面礼，要留客人共享打禾酒宴，喝打禾酒的客人不能在主人家过夜，不管多晚散席必须当夜赶回自家，以免带走主人家的财喜。收割时节，扮禾时扮禾师傅每天要喝五次酒、吃四餐饭，俗称"扮禾酒"，又称"五酒四饭"。

封镰酒：湖南农业生产食俗，流行于湘北和湘西北等地区。收割完毕，镰刀以稻草包扎挂于壁上，称"封镰"。要喝"封镰酒"或"丰收酒"，即各家以新米饭设酒筵宴请亲友及四邻，一为欢庆丰收，二为谢众亲友相帮。饮酒时要先敬天地，然后共饮，俗称"尝新酒"和"堆花酒"。

造林酒：旧时，湖南农民上山造林，第一天必带香纸、酒肉，敬祭山头神，乞求保佑平安，林木生长繁茂。民间有"三十年栽杉，还得埋自家"的说法，即杉木30年成材，可作自己棺木之用，现在湘西张家界仍有此俗。湖南农民群众喜在庵堂、寺庙周围栽植松柏树，年年以酒相祭，以求其万古长青，陪伴神灵，可以恩泽四方。湖南山区农民还有借酒喜种"火粟"之俗，即选一当阳山坡，砍光杂草晒干，春播季节一到，洒酒于杂草之上后便点火烧毁，随即撒播粟米，属"刀耕火种"之遗风。

5. 祭拜礼仪饮酒方式

据《光明日报》报道，湖南省怀化市洪江高庙遗址被认为是迄今全国规模最大、年代最早的祭祀文化遗址。在怀化高庙遗址中出土的陶器表面，大都绘着类似兽面、太阳和神鸟的结合体，这些神秘的组合图案，诠释了7 400多年前中国古老纹饰的起源。在高庙文化中发现的凤凰图案比河姆渡文化早了近400年，它对于我国宗教史和艺术史的研究意义不可低估，湖南省考古研究所的专家表示：这些图案可以证明中华民族的"凤凰"崇拜始于高庙文化。信鬼神，好祭祀，是楚文化乃至长江流域传统文化的一个显著特征。楚文化专家张正明先生认为："楚俗和越俗都好祭祀。"祭祀，是供奉神鬼、精灵和祖先的各种仪式，是人与神鬼交流的手段。常见的祭祀，有祭天地、日月星、水火、雷电风雨等大自然神灵；有祭山神、土地、门神、灶神等民间神祇；有祭祖先神、各种鬼神等等。它源于人类"万物有灵"的原始信仰，是对神灵的顶礼膜拜，它深深地浸润在湖南传统的民俗生活气息中。"非酒无以成礼。"酒，作为一种难得的美味，还在远古时期，人们就理所当然地把它与其他美味佳肴一起，虔诚地奉献给各位神灵，因而出现在各种祭祀的仪式上；同时，也理所当然地产生了五花八门的祭祀中的酒俗。丧葬是人生旅途上的最后一件大事，民间历来就有厚葬的传统。重丧葬的习俗当然来源于原始的灵魂不死的观念，同时，其中也不乏朴素辩证唯物主义的萌芽，湖南传统文化中把丧葬称为"白喜事"的习俗就是明证。"非酒无以成欢"，于是，酒也被用来为丧葬的隆重增色，有些少数民族还要"以醉为哀"、"聚饮歌舞"。在湖南民间生活中传统的祭拜方式有：

苞茅缩酒：它是我国古代楚人最为重要的祭祀、盟誓活动的仪式，它最先为楚人发明并为周王室于公元前 10 世纪（约周穆王二十四年）采用。它的主要材料"苞茅"是楚地特产，"缩酒"也是楚国造酒业的一大发明，在古代楚地湖南邵阳即酿造此酒，经过"苞茅缩过的酒"既清且香，因而演变成为敬神、祭祖以及重大盟誓活动的重要仪程，使"苞茅缩酒"成了楚人对周室的贡酒。"苞茅缩酒"从材料到成型，非楚莫及，它甚至可以成为引发战争的理由。据《左传·僖公四年》记载，齐桓公纠合诸侯借伐蔡为名，南下攻楚。楚使质问："君处北海，寡人南海，唯是风马牛不相及也，不虞君之涉吾地也。何故?"齐国的相国管仲在答复楚使时说："尔贡苞茅不入，王祭不供，无以缩酒，寡人是征。"这就是历史上有名的"召陵之盟"！齐国问罪的理由就是因周王室一直依靠楚国进贡苞茅来进行祭祀而楚人不向周天子贡奉苞茅，使周天子不能缩酒。在古代文献中也有关于"苞茅"、"缩酒"的零星记载。如清代李因笃的《寄题子长墓》诗中就提到过"缩酒"，其诗云："故国抚尘迟缩酒，天涯回首漫沾巾。"

"苞茅缩酒"其主要内容是祭祀神灵，祈求它保佑人间或后生太平，为之驱灾消祸、祈盼五谷丰登。其表演形式，据古典籍的记载和楚史专家的考证是："古人祭祀时，将茅草扎成束直立，将酒从上淋下，糟留茅中，酒汁渗透下流，像神饮之，谓之'缩酒'。或以为'缩酒'就是'滤酒'，即将黄茅、茅香等含有芳香类物质的茅草捆成一定的形状，用作过滤去渣。楚人酿制出的醴（带糟之甜酒）、醪（浊酒，即汁渣混合的酒）等，经过这类装置过滤之后，不仅得到了清液（当时又称为沥酒），而且可以得到香酒。"笔者亲眼见过，这种"苞茅缩酒"祭祀方法现在湖南邵阳、常德的安乡、津市、澧县和湘鄂西的苗寨等地区，为亡故老人而举办超过灵魂的法事中还有相应的遗俗存在。

在常德，"苞茅缩酒"的具体做法是：若在白天，就在一个有山有水或就在草木茂盛的河边选一块不大的空旷之地举行；若在晚上，则燃起一堆熊熊大火，作法事的巫师有五至七人，巫师们开始在一个长方形的托盘上铺上细沙，安放在约50厘米高的小桌子或凳子上，然后将捆扎的一束山茅草置于托盘的中央，将准备好的法器（道具）放置案上，巫师一人跪地，亡者后人亦跪在其后，巫师两侧各立一人，左侧一人手执一壶包谷酒，注入右侧一人手捧的杯中，然后递入跪者手中，两旁的执乐器者开始打击乐器，并轮番演唱。跪者将第一杯酒洒于茅草之上，然后立起，带领法事班子和亡者的后人围绕燃起冲天大火的火堆，边走边唱边击乐器，转上第一圈；然后回到沙盘前立住，跪者第二次跪下，将第二杯酒由内往外，或圆或方逐渐扩大范围，直至扩展至托盘外洒出，又转第二圈；再次回到沙盘前，跪者第三次跪下，将第三杯酒慢慢淋到茅草上，再转第三圈，如此可循环多次。在浇酒过程中，动作缓慢，口中念念有词，起身后，率领仪式乐舞班子边歌边舞，歌者一人唱，尾句众人合，气氛十分庄重、肃穆。在常德安乡农村举行这种祭祀仪式时往往是人头攒动，其场面盛为壮观，附近十里八里的乡亲都会来看热闹。巫师们对"苞茅缩酒"这一仪式的解释是：人间的酒是混浊的，是被尘灰污染了的，只有通过苞茅这种圣洁的草本植物和河流中的流沙这种洁净之物将酒过滤去渣去污，才能将清澈的美酒敬奉给天地神灵和祖宗、亡人，以表示后人的虔诚，这样神灵、祖先和亡人才会保佑后人全家康泰，消除疫灾。

"苞茅缩酒"有几千年的历史了，不仅史书上有记载，现代专家亦有考证。据说在楚地湖北南漳县巫舞班的"苞茅缩酒"继承得更为完整，除此外，他们还有一个《端公舞》的壮观歌舞场面，其内涵无非是为偿还心愿、为祭祀本族祖先和为乞求平安，让天神、地神、山神、司命老爷等保佑全家安康。

祭拜酒：涉及范围较宽，湖南一般有两类，一是祭拜先帝先祖，乡间祭土地神、立房造屋、修桥铺路要行祭拜酒。凡破土动工，有犯山神地神，就要置办酒菜，在即将动工的地方祭拜山神和地神。仪式要请有声望的工匠主持，备上酒菜纸钱，祭拜以求保佑。工程中，凡上梁、立门均有隆重仪式，其中酒为主体。二是逢年过节、遇灾有难时，要设祭拜酒。除夕夜，各家各户要准备丰盛酒菜，燃香点烛化纸钱，请祖宗亡灵回来饮酒过除夕，此间，家有以长幼次序磕头，随即肃穆立候于桌边，三五分钟后，家长将所敬之酒并于一杯，洒于餐桌四周，祭拜才算结束，全家方得起勺用餐。在民间，心有灾难病痛，认为是得罪了神灵祖先，于是，就要举行一系列的娱神活动，乞求宽免。其形式仍是置办水酒菜肴，请先生（也有请花灯头目）到家里唱念一番，以酒菜敬献。祭拜酒沿袭于远古对祖先诸神的崇拜祭奠，在传统意识中，认为万物皆有神，若有扰神之事不祭拜，就不会清静。

奠酒：丧葬是人生命的结束，生者要对死者的一生总评和追念，并对死者进入另一世界予以祝福，丧葬礼俗以酒为尊。原始宗教起源于巫术，在古代，巫师利用所谓的"超自然力量"，进行各种活动，都要用酒。《南齐书武帝本纪》载："我灵上慎勿以牲为祭，唯设饼、茶饮、干饭、酒脯而已。天下贫贱，咸同此制。"可知酒为奠仪由来已久，现在湖南各地都有祭祀敬酒之习俗。

细究在人生的育、寿、婚、丧几大礼仪中，之所以与酒密不可分，唐伯虎在《花下酌酒歌》诗中云"九十春光一掷梭，花前酌酒唱高歌。枝上花开能几日，世上人生能几何。好花难种不长开，少年易过不重来。人生不向花前醉，花笑人生也是呆"。这首先是因为酒为美食，成为礼仪活动中的珍品，在盛大场合为必备，参加者在不同的场合按不同的礼仪，用不同的方式饮之，既是礼仪的具体体现，同时在生理上得到享受。再则，人生短暂要珍惜，而酒又可激发人们的情思，有兴奋提神和忘忧的功用，能使人们在礼仪场上思路敏捷、善言巧辞，或喜或悲，尽兴抒发，在精神心理上得到满足。

祭"天地国亲师"酒：湖南民间信仰，流行于全省各地，尤以农村最甚。1949 年以前，我省民间堂屋中大多立有神龛，神龛上用红纸书写："天地君亲师"之神位，长年摆酒点香祭祀。"天地"二字写得很宽，取天宽地阔之意；"君"字下面的口字必须封严，不能留口，谓君子一言九鼎，不能乱开；"亲"（原作親）字的目字不能封严，谓亲不闭目；"师"字不写左边上方之短撇，谓师不当撇（撇开）。反映出民间对五者神圣的崇拜。辛亥革命后，我国君主制度废除，民间遂将"君"字改为"国"字，成为"天地国亲师"。此酒民间称敬"天地国亲师"酒，敬了此酒，五尊神仙会保佑家庭顺畅，后代文人辈出。

"收吓"酒：湖南旧时迷信信仰习俗，流行于全省许多地区。民间认为小孩夜间啼哭，或精神萎靡，或食欲不振、黄皮寡瘦，是受了惊吓，魂魄跑了，未能附体，须进行喊魂收吓，又称"喊吓"、"喊魂"。湘南地区一般由母亲或年长的祖母、伯母在半夜时，手持一张渔网，到失魂的三岔路口洒酒、焚香、点烛、烧纸钱后，用渔网捞三次，喊三声："某某（小孩名字）回来哟！"另一位长者（一般是父亲）则在家中把小孩放在床上抚摸着小孩的头回答："回来了哟！"母亲边喊边走，直至喊到家中，在小孩身上轻轻敲三下为止。一连喊三天下午。湘西地区则请仙娘或巫师收吓。其作法是用毛巾将一碗米连碗包上，对着小孩头部旋几圈，口中念咒，然后打开包布，根据碗里米的起伏状况，说是哪方遇鬼受吓，家长即根据所指方向，于夜里烧纸钱，泼酒水和饭供鬼，祈求将小孩游魂放回。有的端着筛子，内放筷子、鸡蛋和三杯水酒，由两个人到土地堂压纸钱喊吓，回家时走前者喊："某某回来哟！"后者答："回来了哟！"直喊到家门口，在门槛上蹬三脚，把蛋煮给小孩吃，以为如此便能收回小孩之游魂。

祭"**土地神**"酒：湖南民间崇拜自然神的习俗之一，流行于全省各地各民族中。旧时，湖南全省城乡每隔三五里，就有一座土地庙(堂)供奉土地公公、土地婆婆。不少平民百姓生儿育女，拜寄于土地公婆，以"土"字命名，求土地公婆庇佑，诸如"土福"、"土保"、"土生"、"土凤"、"土秀"等等。每逢初一、十五和二月初二土地生日时，有求于土地公婆送子、送财、送福者必诣庙焚香、敬酒、点烛、烧纸、宰雄鸡祭祀。有的请泥木师傅重修土地庙宇，有的请绘画师重新装饰土地菩萨，谓"敬奉新服装"，摆酒食相供，以求土地公婆庇佑。民间所祀土地神乃小神，俗谓"土地土地，只管五里"。但土地公婆是当坊土地神，山熟水熟人熟地熟，神通却是很广大的。湖南民间俗云："土地不开口，老虎不拖狗；土地不吭声，野猫不咬鸡。""千里的来龙，斗不过土地神"，"强龙斗不过地头蛇"。民间敬奉土地公婆，既为祈求保佑，亦为感谢土生万物的功德。湖南壮族在田事结束后祭拜土地神时要全家出动，带着酒食来到田野祭供。

"**锁财神**"酒：湖南民间信仰习俗，流行于湘中地区。旧时民间认为，财神是掌管财物之天神，得其庇佑家中则能招财进宝。因此，将财神敬放在摆祖先牌位的神龛之中，虔诚供奉，祈求庇佑。而人们认为财神要偷来的才灵验，故民间有偷财神的习惯。如果某家财神被盗，不仅不能招财进宝，连家里已有的财物还会丢失，要倒大霉的。所以，民间祖先牌位和其他神像均不上锁，唯财神之龛终日上锁防盗，称锁财神，但财神被锁又恐得罪他，于是便在财神的牌位前摆上酒食香烛，并且每周要敬酒参拜财神并向财神说明上锁的原因，民间称敬"锁财神酒"。

"**告阴状**"酒：湖南民间神判习俗，流行于全省许多地区。旧时人们、尤其是贫穷落后的文盲认为冥冥中有神主宰。神力广大、神力无比，神力无边。阳世间人不能解决的问题，神力定能解决。"善有善报，恶有恶报。"一切恶事，在神力面前定得报应；一切恶人，都得屈服于神力。故蒙受冤屈欺凌又无能对抗、无处申辩时，便将自己受害事实、性质、经过、后果与作恶人的姓名、年龄、性别、罪状写在纸上，于神前敬酒并将状纸焚烧于神前，或于神前奠酒下跪倾诉冤情和恶人姓名，请法力无比的神仙伸张正义，惩罚恶人，俗称"告阴状"，此酒即称为"告阴状酒"。后衍化为暗中告人之状为"告阴状"。

祭"水母娘娘"酒：湖南民间水神信仰习俗，流行于全省、尤其是洞庭湖区船民之中。旧时，船民为保航行顺利，生命财物安全，多在船上立有神龛，摆上数壶酒和数个酒杯敬奉水神。其中有一位被崇拜敬称为"水母娘娘"。相传此神乃鲁班之妹，说是鲁班造成船下河后，总是在河中打转，不能前行。坐在船尾的鲁班妹，将一只脚伸入水中戏水摆动，船就不打转了。鲁班由此受到启发，在船后加了一只木脚，即船舵，船就能按船夫的意愿平稳顺利地航行了。故船民在洒酒敬奉水上保护神时，亦敬奉这位当年对造船有过贡献的小女子、日后的"水母娘娘"，既感激敬奉，又祈求"水母娘娘"神力保佑航行一路顺风，安全驶达。此酒民间称"祭水母娘娘酒"。

祭"雷神"酒：湖南汉族民间自然崇拜习俗，流行于全省各地。旧时民间、尤其是农村平民百姓认为，雷神是惩恶扬善的正义之神；凡不孝敬父母、偷鸡摸狗、卖淫嫖娼、浪费粮食、捡了私生子将其身上财物抢劫一空而不抚养者，或做了严重损人利己、伤天害理事情的人，雷神必用雷火、闪电将其劈死、烧死，或将其房屋财物烧光。谚云："雷打十世恶，蛇咬三世冤。""忤逆不孝，雷打火烧。"都反映出这种观念。某家如有人被雷火、闪电击死、烧死或烧伤，旁人定会说他做了亏心事，受到了雷神的惩罚和报应。其家人还得备三牲、焚香点烛、奠酒、烧纸钱祭雷神，请求雷神息怒和宽恕，不再殃及儿女或其他亲人。故谚云："遭雷打，谢雷神。"此酒民间称"祭雷神酒"。

祭"洞神"酒（洞藏酒）：起源并流传于湘西土家族、苗族聚居地。在地处湘、鄂、渝、黔交界的武陵山地区古为五溪蛮地，勾魂摄魄的楚巫文化使其蒙上了一层瑰丽奇谲的面纱，至今，被称为"中国戏剧活化石"的土家"茅谷斯"还时时可观赏，令人匪夷所思的苗家"爬刀梯"、"下油锅"仍是节庆时必不可少的节目，甚至那神秘的"放蛊"、"赶尸"习俗至今仍在历史迷雾中影影绰绰。"多神"观念是楚巫文化的一个特点，《汉书》说："楚人信巫鬼，重淫祀"，举头三尺有神灵，山有"山神"，树有"树神"，洞自然也有"洞神"。在被视为民族"根谱"的史诗《苗族古歌》和土家族《梯玛神歌》这些原始性的韵文作品中，均记载了当地人对山洞一种由来已久的亲切的敬畏，苗家人至今仍认为"阿普苟尤"——祖公蚩尤——便是最大的"洞神"。是神就要祭拜，湘西"洞神"无庙宇神像，祭"洞神"时，由穿着血红法衣的苗巫"巴代雄"或土家巫师"梯玛"带领，挥动铜铃、缂巾，在洞口进行神秘的仪式后，将由陶坛密封的酒、肉等恭恭敬敬送入洞中。来年再祭"洞神"时，才可将上一年的祭品拿出让全寨人分享，而陶坛里香味更加浓郁的酒肉则被视为"洞神"的赏赐。于是，湘西人发现了洞藏过的酒杂味去尽，自然"老熟"，馥郁芳香，洞藏一年即可与贮存数年老酒相媲美。虽不得其解，但此后便有了以洞穴藏酒的习俗，由此产生了中国最早的"洞藏酒"，其藏酒之法至今沿传。此酒俗称"祭洞神酒"，现称"洞藏酒"。

祭"山神"酒：湖南土家族、彝族、苗族等少数民族多居住在山区，认为山有山神，主管冰雹和各种灾害。为求五谷丰登、六畜兴旺，各民族均有祭祀山神，求神庇佑的习俗。传说很久以前，土家寨有个张姓庄稼汉，养了五个儿子。唐朝末年，天下大乱，五个儿子被征调当兵，全部战死沙场，皇帝动了恻隐之心，封长子为天门土地，次子为地府土地，三子为街坊土地，四子为桥梁土地，五子为山神土地。这些土地神都老老实实地为百姓办事，所以百姓就自发地祭拜他，祭拜时不仅要洒酒而且还唱歌，且一人击鼓，一人打锣，双指夹住喉管，用高八度假嗓唱歌助兴，土家人称此为"薅草锣鼓"。祭山有家族祭、宗族祭、片区祭三种形式，在湖南的少数民族中，一般以片区祭祀较多，多采用各村寨轮流当领头的办法，率众祭山。山神所在的山，一般都是气势雄伟、长满乔木和灌木的大山。祭山时间为每年农历八月十五日，一般每隔二至三年祭一次，若当年自然灾害严重，也可经各寨商议后提前举行。祭品主要有：未下仔和未服劳役的牛、羊各一头，鸡三四十只，酒若干桶。届时，参加祭山的各寨群众云集神山脚下，布幕在所祭山脚一棵大树下挖一小坑，在坑内用画上人头蛇尾的鸡蛋摆成四条龙，将坑缠住。再将一只去毛剥皮的母鸡头朝外，孵在坑内龙形鸡蛋上，旁边放上三段各长二尺的红、白、青色布，周围插满剥去半皮的木叉。布置好后，炮手引火鸣放二声火铳，寨老宣布祭山开始。由布幕取酒倒入火中薰沐净身，献酒致祭，杀鸡滴血于坑内的鸡和蛋上，并扯带血鸡毛沾在坑边大树上。口念祭山经毕。将牛、羊打杀献祭。接着由各寨寨老率各家代表，依次到献祭处叩首献酒，布幕又杀鸡扫邪，并祈求山神保佑境内人家五谷丰登、六畜兴旺、人口平安，祭山仪式即告结束。大家把牛、羊、鸡剥洗切割后放入大锅煮熟，用小钵打出，每十人一桌，席地而坐，围钵而食，尽兴饮酒，称饮祭"山神"酒，人神共乐。

此外，在湖南民间还有"冬至酒"、"中元祭祖酒"、"接客吃烧包酒"、"摆落脚酒"、"抬丧酒"等习俗。

从以上所述可以看出，湖南民间有事必有酒，事事不离酒，时时事事充满浓浓的酒味。酒在湖南人的生活中无时不在，无所不有。

二、湖南各民族节日与酒

春夏秋冬四季，湖南各地有随时序变化的民俗酒。湖湘民族岁时节令中的风俗习惯名目繁多，酒俗是最常见最普遍的一种。酒使节日的喜庆色彩更加浓郁，更添情趣，更富神韵。平时有春节过年酒、守岁酒，元宵酒、清明酒扫墓，端午节避瘟饮雄黄酒，中元节"敬祖酒"，中秋节饮尝月酒、团圆酒等。冬至时，因这一天白天最短，夜晚最长，湖南汉族民间认为这天阴气最重，离去世的先祖最近，是祭祀祖先的最好时机，于是纷纷借冬至日开祠堂门祭祖，称为"神衣腊祭"；另外，冬至是进入严寒的开始，湖南各地民间均有"冬至进补"之俗，这当然都少不了酒的参与。在民间还有人们酿制好的过年酒，都在这天兑水，有"冬至酒、舀断手"之说，这样冬至酒的颜色就澄黄，其味道醇正，久贮不变质，民间一般要在吃团年饭时喝冬至酒。湖南民间还喜贮冬至水，据说冬至水可防腐，湖南很多地方，如常德、新田、嘉禾等地还有用冬至水浸糯米糍粑之习俗。

（一）春节酒俗

春节，俗称过年，是我国历史上最受人民重视与喜爱，同时也是最隆重的节日。过年饮酒的习俗可追溯到西周时期。那时的人们，为了庆贺一年的丰收和新的一年的到来，就捧出美酒，抬上羔羊，共同祝贺。到汉代，"年"作为一个重大的节日逐渐定型，皇宫及百姓等，均饮酒作乐，相沿成习。汉武帝时规定正月初一为元旦；辛亥革命后，正月初一改称为春节。春节期间要饮用屠苏酒、椒花酒（椒柏酒）；寓意吉祥、康宁、长寿。饮屠苏酒始于东汉，明代李时珍在《本草纲目》中有这样的记载："屠苏酒，陈延之《小品方》云，'此华佗方也'。元旦饮之，辟疫疠一切不正之气。"饮用方法也颇讲究，由"幼及长"。椒酒是用椒实浸泡而成的，椒酒的出现，最早可以从屈原的《九歌·东皇太一》中看到："蕙肴蒸兮兰藉，奠桂酒兮椒浆。"椒浆就是椒酒，它的饮用方法与屠苏酒一样。梁宗懔在《荆楚岁时记》中有这样的记载，"俗有岁首用椒酒，椒花芳香，故采花以贡樽。正月饮酒，先小者，以小者得岁，先酒贺之。老者失岁，故后与酒。"宋代王安石在《元旦》一诗中写道："爆竹声中一岁除，春风送暖入屠苏。千门万户曈曈日，总把新桃换旧符。"北周庾信在诗中写道："正朝辟恶酒，新年长命杯。柏吐随铭主，椒花逐颂来。"由此可以推知，饮椒酒与屠苏酒的习俗，应该最早是在江南一带兴起发展而来的。在湖南民间，"过年"从年前的腊月二十四开始，一直要过到正月十五才算结束，天天都有宾朋亲友拜年，主人以酒相待，使人际关系更加和睦友善，称为新年酒。春节活动的三个高潮，即"送灶、岁守、元宵"，酒更是万万少不了的。在传杯换盏，频频举杯中，人们辞旧迎新，恭贺新禧，叙亲情，谈友谊，节日的喜庆，伴随酒的芬芳，洋溢在老少的脸上，荡漾在男女的心头。腊月二十四，俗称过小年，《直隶澧州志风俗》中就有"阖家燕饮，谓之团小年"的记载，也有二十三日过小年，所谓"君三民四"，就是皇家二十三过年，庶民二十四过年。过小年要"送灶"祭仙，祭仙不能没有酒。灶神爷据说是玉帝派驻凡间的一个神，负责监督全家的所作所为，掌管全家的吉凶祸福，每年到腊月二十三日要回天庭向玉帝陈奏这户人家的情况，所以家家户户在这一天送他上天，同时祈求灶神上天言好事，下界保平安。家家户户平时可不去照应灶神，但在这一天，是丝毫不会怠慢的。送灶神前，先要祭灶神，主人在灶神爷面前放上供品——时鲜水果、麦芽糖、酒等。笔者小时候经常看到祖母在灶房祭拜灶神，她口中还念念有词："灶君呀，一炷清香一樽酒，灶君醉饱天庭走。玉皇若问人间事，多说好事多敝丑。回到咱家过大年，有米有面有衣穿。"

送灶完毕，祭过的酒、水果、糖才能全家人享用。

腊月三十，俗称大年三十，三十之夜称除夕。除夕之夜（又称大年夜）的年夜饭是一年中最后一餐，也是最丰盛的一餐饭，俗称"年根饭"，除夕半夜时煮，天不亮时吃，团年饭必须有酒，是新旧年交替之餐，即使不会喝酒的，也得试喝一点，在衡山还有俗谚云"鸡不叫，狗不闹，半夜年饭衡山佬"。这餐饭，照理要全家团聚在一起吃的，即使亲人不在当地，也要想方设法回家，力争能在这一天赶回家一起吃上年夜饭。吃年夜饭时，先在堂上祭祖，将烧好的菜肴和年糕、粽子等一一摆在祭桌上，挂上祖宗遗像，酒杯中斟满酒，燃起香烛，让祖宗先享用。全家老少都得依长幼尊卑依次跪拜，跪拜后，还得酹酒，焚纸钱，这一程序一丝不苟地完成，才可以撤下供品。我省居民对年夜饭都非常郑重，无论时间多晚，必须全家人到齐才可进晚餐。只要有一人不到，年龄最长、辈分最高的人必定不肯入席，于是年夜饭就不能开席，小辈们即使饥肠辘辘也不敢先吃。如果有人远在外地，事先知道他不能回家过年，就会让出一个空位，摆上筷箸，斟满酒杯，表示他已到席，也表示对他思念。有的人家人口少，为讨取十全福寿的吉利，会在空位上放上酒杯、筷箸，凑足十位。围火而坐，饮酒送旧迎新，有的还敬酒猜拳行令，其乐融融，吃的时间一般都较长，吃到后半夜以至拂晓时分的人家，并不鲜见，并谓之分岁酒。郴州人团年饭兴吃酸萝卜炒猪肝肠下酒，象征"常吃长有"和为人有肝肠；洪江一带兴吃米粉，上盖鱼、肉、蹄花和生姜等各两块，寓"好事成双"；辰溪一带吃团年饭喝酒时一定要有青菜豆腐下酒，以寓示"青春永久、为人清白"和"四季清洁"之意等。

另外，在湖南汉族还有人家吃团年饭时不要串门的习俗，但若你不知道偶尔碰上人家在吃团年饭时，不管人家认不认识你，主家都会非常客气地请你入席，此时哪怕你是酒足饭饱也要坐进席中象征性地喝点酒吃点菜，讲些祝福的话，这样主家会非常高兴。因为汉族有"团年饭时加人，来年必定兴旺"之俗意，笔者的家乡常德就是这样。除夕夜是旧岁之末新岁之首，这一夜通宵不睡，称作守岁，此习俗始于南北朝时期。除夕守岁都是要饮酒的，守岁喝酒，这酒就称"守岁酒"。守岁中，行酒令，赋诗作词，是文人雅士们通常的活动。梁代徐君倩在《共内人夜坐守岁》一诗中写道："欢多情未及，赏至莫停杯。酒中喜桃子，粽里觅杨梅。帘开风入帐，烛尽炭成灰，勿疑鬓钗重，为待晓光催。"唐代白居易在《客中守岁》一诗中写道："守岁樽无酒，思乡泪满巾。"宋代苏轼在《岁晚三首序》中写道："岁晚相馈问为'馈岁'，酒食相邀呼为'别岁'，至除夕夜达旦不眠为'守岁'。"除夕午夜，全家聚餐又名为团圆酒，向长辈敬辞岁酒，这一习俗延续到今。

在湘西土家族杨姓人家还有过大年"吃眼屎饭"之俗，即过大年时，主家用鱼和大蒜熬成鱼冻，到半夜三更时，用鱼冻和酒敬奉祖先，全家人不洗脸就吃饭，故称"眼屎饭"。而且年饭和鱼冻不让外人吃，只有家人和女婿等至亲才能吃。隆回花瑶过春节要吃三餐年饭，腊月二十九日吃"团年饭"、三十日清早吃"过年饭"、正月初一清晨吃"新年饭"，这三餐年饭都离不了酒且只能自己一家人吃，一般关门吃饭避免别人闯入。

湘西土家族"过赶年"酒俗：土家族过年比汉族提前一天，称为"过赶年"，这种"过赶年"的习俗已经持续了好几百年的历史。土家族过"赶年"，杀年猪，有一种特别的习俗。猪杀死后，放在门后用蓑衣盖起来，一人持刀在门角静静地站着，并不停地向外窥探。此时，若有人从门口经过，持刀人立即出门追赶，不管跑多远，一定要捉住过路人，强行拉回家中，好酒好肉招待一顿。土家族人一般都知此风俗，所以一旦遇上有人持刀追来，立刻喜上眉梢，虽然脚在不停地跑（这是规矩，要在跑时被别人拿住），但心早已到酒席上去了。如果不知土家族有此风俗的外地人，走在土家乡村的小道上，突然见一大汉持刀从门后跳出追赶自己，定会吓个半死！不要紧，当你还没有从惊恐的状态里完全清醒过来，早已被人家按在一桌丰盛酒席前面的座位上了。这种持刀请客的酒俗在世界上恐怕独一无二。

正月十五又称元宵节、灯节、上元节。这个节日始于唐代，湖南民间流传该日是三官大帝的生日，所以人们都向天宫祈福，必用五牲、果品、酒供祭。祭礼后，撤供，家人团聚畅饮一番，以祝贺新春佳节结束。晚上在湖南各地均有观灯、看烟火、食元宵（汤圆）的习俗。农历二月一日，民间又称春社日，要祭祀土神，祈求丰收，有饮中和酒、宜春酒的习俗，说是可以医治耳疾，因而人们又称之为"治聋酒"。宋代酒诗中写道："社翁今日没心情，为乏治聋酒一瓶。恼乱玉堂将欲通，依稀巡到等三厅。"据《广记》记载："村舍作中和酒，祭勾芒种，以祈年谷。"

（二）清明酒俗

清明包括两层意思：一是指节气，二是指节日。从节气来说，清明是二十四节气之一，始于春秋时期的晋国。从节日来说，它因与寒食相近（只差一天），往往两者并称，有扫墓、踏青的习俗。这个节日饮酒不受限制。古代有禁火寒食（禁火寒食是春秋时晋文公纪念晋国"士甘焚死不列侯"的介子推而设的）、上坟扫墓、戴柳、射柳、打秋千和踏青春游等风俗活动。这是二十四节气中唯一的一个民俗演变为节日的节气，与酒的关系很密切。清明节饮酒有两种原因：一是寒食节期间，不能生火吃热食，只能吃凉食，饮酒可以增加热量；二是借酒来平缓或暂时麻醉人们哀悼亲人的心情。湖南人有在社日饮酒的习俗，《直隶澧州志》载："二月祭春社，里俗定于初二日，四邻结会，具村醪、鸡、豚于社下，击鼓烧钱，乐社公社母，以祈年谷，遂相燕饮。"在湖南农村有的大族人家还置有清明田，子孙轮流耕种，耕者为"祭首"，按昭穆之序择日扫墓，届时，凡属乃祖后裔 15 岁～50 岁男子均须登坟祭扫，很多地方古时均有"女不吃清明"之俗，扫墓归来，到宗祠"吃清明酒"，清明祭扫的一切花费由"祭首"负担。解放后，吃清明酒的习俗已破，但扫墓祭祀之俗仍有。上坟扫墓是清明节最重要的活动，这一活动必须有酒的参与。人们都"具牲醴扫墓"，届时须带酒菜、香烛、供品，用酒洒在坟头，至墓前整齐放好酒菜供品，点燃香烛，小辈们叩首祷告，祭奠长眠于地下的先人。这种酒既祭祀祖宗，又可邀请亲朋好友喝酒游春。祭祀完毕还要在坟上除草培土，带去的酒菜供品一般都在祭祖后送给坟亲享用，常德一带称其为吃"上坟酒"。

湖南民间认为四月初八是牛的生日，大部分乡村农户在此日有用酒糟喂养耕牛的习惯，谓之"牛酒"。

（三）端午节酒俗

湖南最盛行的时序酒要数端午酒。农历五月五日，端午节又称端阳节、重午节、端午节、重五节、女儿节、天中节、地腊节等，端午节大约形成于春秋战国之际，是最具荆楚风韵的节日，也是我国夏季最重要的传统节日，端午节的内容主要有两项：悼屈原，避邪恶。人们为了辟邪、除恶、解毒，有饮菖蒲酒、雄黄酒的习俗。同时还有为了壮阳增寿而饮蟾蜍酒和镇静安眠而饮夜合欢花酒的习俗，最为普遍及流传最广的是饮菖蒲酒。唐代殷尧藩在诗中写道："少年佳节倍多情，老去谁知感慨生，不效艾符趋习俗，但祈蒲酒话升平。"苏轼《尽元祐三年端午贴子词·皇太后阁之二》诗："万寿菖蒲酒，千金琥珀杯。"欧阳修《渔家傲》词："正是浴兰时酒动，菖蒲酒美清尊共。"宋朝时，端午节称浴兰节。吴潜《沁园春》词："纵葵榴花闹，菖蒲酒美，都成客里，争似家边。"宋朝诗人梅尧臣在端午节时，无菖蒲酒宁肯不饮，在端午日的诗中写道："有酒不病饮，况无菖蒲根。"他傍晚得到菖蒲酒时，写下《端午晚得菖蒲》："薄暮得菖蒲，犹胜竟日无。我焉能免俗，三揖向尊壶。"喝菖蒲酒，是端午节的传统习俗，后逐渐在民间广泛流传。

全国过端午，以湖南最为隆重，因为屈原是在公元前278年农历五月初五投于岳阳的汨罗江自杀的。赛龙舟，吃粽子，更离不了酒的参与。西晋周处《风土记》、南朝梁宗懔《荆楚岁时记》中均有记载。据《续齐谐记》载，此俗始于长沙："屈原五月初五投汨罗江，楚人哀之，至此日以竹筒贮米投水以祭之。汉建武中，长沙区曲，白日见一仕人，自云三闾大夫，谓曲曰'闻君当见祭，甚善，常年为蛟龙所窃。今若有惠，当以楝叶塞其上，以五彩丝缠之，此二物蛟龙所惮。'曲依其言。今五月五日作棕，并带楝叶、五花丝，遗风也。"湖南不少地区都有喝雄黄酒和菖蒲酒的习惯。"是日，悬艾于户，切菖蒲，杵雄黄，泛酒饮之。"对此，历代文献都有记载，唐代《外台秘要》、《千金方》、宋代《太平圣惠方》、元代《元稗类钞》、明代《本草纲目》、《普济方》及清代《清稗类钞》等古籍书中，均载有此酒的配方及服法。菖蒲酒是我国传统的时令饮料，而且历代帝王也将它列为御膳时令香醪。明代刘若愚在《明宫史》中记载："初五日午时，饮朱砂、雄黄、菖蒲酒、吃粽子。"清代顾铁卿在《清嘉录》中也有记载："研雄黄末、屑蒲根，和酒以饮，谓之雄黄酒"。在白酒里加上一点雄黄，有些家里还喜好把雄黄酒洒在屋角，边洒边说："洒了雄黄酒，百虫都远走"。在亲人团聚的午餐上，人们喝上几杯雄黄菖蒲酒，以示避邪和庆贺。老人们还把雄黄酒点在孩子们的耳、鼻、头和面颊上，或在额头上写个"王"字，认为可以避邪疫和毒虫与蚊蝇叮咬，并寓意孩子们像"王"字老虎一样勇猛健壮。有句古诗说："唯有儿时不可忘，持艾簪蒲额头王。"即是说的在孩子额头用雄黄酒写上"王"字，以驱邪防病的习俗。笔者小孩时就饮过雄黄酒，由于雄黄有毒，现在饮雄黄酒和蒲酒的习俗已经很少见了，但每逢端午节，即使是在繁华的都市，人们仍把插艾和菖蒲作为重要内容之一，家家都洒扫庭除，以菖蒲、艾条插于门楣，悬于堂中，用以驱瘴。在湖南最盛行的时序酒就是端午酒，端午龙舟竞赛的勇士们饮的是龙舟酒。湖南民间有"宁愿荒废一年田，不愿输掉一年船"之说。当桡手们上船之前，人们敬奉大碗美酒以壮胆助威；当桡手们离船上岸之时，不论胜负，大家都会一拥而上，向每位健儿献上一碗酒，大有燕赵悲歌的慷慨豪情。唐代刘禹锡贬为朗州（今常德市）司马时曾作《竞渡歌》、明代杨嗣昌亦作《武陵竞渡略》，详细记载唐代和明代沅湘一带的竞渡习俗。

（四）中元节酒俗

湖南民间崇拜习俗，流行于全省各地，在湖南，中元节是比清明节更重要的祭祖的日子。民间以农历七月初一至十五日为"鬼节"，并不局限于特定的一天，湘南一带称七月十五日为"七月半"、"盂盆节"、"中元节"、"亡人节"、"祖宗节"。谓阴曹地府主管鬼的阎王老爷命令打开鬼门关，放阴间鬼魂回到阳间子孙处享受祭祀，此时家家祭祖和祭野鬼。各家设羹饭酒馔，盛列几筵，迎其先祖，纪念祖宗。阳间没有子孙的孤魂野鬼则到三岔路口享受祭祀。在《直隶澧州志》中有详细记载，俗传去世的祖先在七月初被阎王释放，因此，此期间家家户户放炮迎接已去世的祖宗回家过节，俗称"接客"。年内亡故的称"新客"，一年以上者称"老客"。湘南一带称为"烧香"，年内亡故的称"新香"，一年以上称"老香"。"接客"如待贵宾一样，十分认真，首先将屋内收拾得干干净净，除秽焚香，于堂屋中摆上两张方桌，前一张摆祭品，后一张摆牌位、香炉和磬等。傍晚由家长率家人打着灯笼迎客于岔道，点香烛，放鞭炮，对空揖迎，谦恭有礼。接到家里后，即揖请洗脸入座，递烟泡茶。从这天起，牌位前每日要供奉酒菜、时鲜果品和糖果点心，一日三餐要设酒席招待，所摆碗筷、调羹和酒杯、茶杯数均为13，意为供祖宗十三代享用。座凳上摊放纸钱，请祖先入席座位。家庭年长者在一旁酌酒、请菜、盛饭。永州地区的瑶族各家各户还包粽粑、送茶，口念"十三代祖宗、新亡老人、八方客人请入席"的邀请辞，然后轻声喊着祖先的昵称，将筷子放在碗上，给祖先斟上酒请他们入席，礼节周到。"接客"的时间一天、三天、五天、七天不等，以三天者居多，送客不能迟于十四日晚，十五日阎王即命令关鬼门关，去迟了进不去，会成野鬼。

湘北一般在七月十四日天黑之后，子女、亲属携带爆竹、纸钱、香烛，找一块僻静的河畔或塘边平地祭祖送祖人归去和祭野鬼，用石灰撒一圆圈，表示禁区。再在圈内泼些水饭，洒酒并焚化冥财(纸钱包)，鸣放鞭炮，恭送祖先回转"阴曹地府"。湘南一带则在七月十四日和七月十五日，在神龛的祖先牌位前摆设三牲、美酒、时鲜果品、糖果点心，焚香烧纸点烛，燃放鞭炮拜祭祖宗，在三岔路口拜祭野鬼。祭祀礼毕，各家以物品相送亲邻，以示和睦。在常德、湘潭、湘乡一带还有接客"吃烧包酒"之俗。"客人"在家期间，孕妇和月经期妇女不能进堂屋敬"客"，以为身上不洁，对祖宗不恭。祭祀时，不许小孩靠拢桌椅，更不能碰撞，以免打扰"客人"。家中忌打骂小孩和吵嘴，怕"客人"见怪。不能说"鬼"字，那是骂祖宗。祭品中蔬菜忌用丝瓜、南瓜，说是敬丝瓜后人会贫穷，敬南瓜则生女儿。用鸡则忌用母鸡和未开叫的公鸡，说是用母鸡尽生妹子，用了未开叫的公鸡会出哑巴。送"客"前的一餐最丰盛，祖宗只吃热气不吃实物，祭后请亲戚一起前来享用，故名"吃烧包酒"。吃烧包酒忌不请自来之人，民俗认为此时添客就是添死人。此俗今日在湖南民间、农家仍奉行。

旧时七月半湖南有些地方还兴"车桃源洞"、"抬七姑娘"，以人拟神，问询家庭兴衰、福祸情况。解放后，中元节气氛日趋淡薄。"车桃源洞"、"抬七姑娘"装神拟鬼的活动，迄今难以见闻。

七月初七又称"七夕节"、"女儿节"和中国的"情人节"。在湖南民间还有借七夕炎热而晒书、晒衣以夸耀家人富有才学和家庭富裕之风俗。

（五）中秋节酒俗

农历八月十五，又称仲秋节、团圆节，是我国仅次于春节的第二盛大节日——中秋节。"中秋"一词，始见于《周礼》："中秋昼，鼓击士鼓吹豳（音 bīn）雅以迎暑；中秋夜，迎寒亦如云。"但中秋成为节日，是到隋唐才约定俗成的。农历七八九三个月是秋季，8 月 15 日正当秋季的中间，故名"中秋"。

中秋节以赏月、拜月、玩月为主，又称"月节"或"月夕"。之所以选择八月十五这一天赏月，是因为一年之中这一天的月色最为皎洁。在这个节日里，无论家人团聚，还是挚友相会，人们都离不开赏月饮酒。文献诗词中对中秋节饮酒的反映比较多，《说林》记载："八月黍成，可为酎酒。"五代王仁裕著的《天宝遗事》记载，唐玄宗在宫中举行中秋夜文酒宴，并熄灭灯烛，月下进行"月饮"。韩愈在诗中写道："一年明月今宵多，人生由命非由他，有酒不饮奈明何？"刘禹锡在其诗《八月十五日》中有"开城邀好客，置酒赏清秋"，清代查慎行的《中秋夜洞庭湖对月》写道："月光浸水水浸天，一派空明互回荡……遥闻渔夫唱歌来，始觉中秋是今夕。"读后掩卷，一种悠扬的音韵随着渔人的晚唱在笔者心中荡漾。到了清代，中秋节以饮桂花酒为习俗。

湖南用桂花酿制露酒已有悠久历史，2 300 年前的战国时期，已酿有"桂酒"，屈原在《楚辞》中有"奠桂酒兮椒浆"的记载。汉代郭宪的《别国洞冥记》也有"桂醪"及"黄桂之酒"的记载。唐代酿桂酒更为流行，有些文人也善酿此酒，宋代叶梦得的《避暑录话》有"刘禹锡传信方有桂浆法，善造者暑月极美、凡酒用药，未有不夺其味、沉桂之烈，楚人所谓桂酒椒浆者，要知其为美酒"的记载。桂花酒纯正芬芳，沁人心脾，湖南各地人均善酿善饮此酒。对此在湖南文献中有"于八月桂花飘香时节，精选待放之花朵，酿成酒，入坛密封三年，始成佳酿，酒香甜醇厚，有开胃，怡神之功……"的记载。

古人常在月光下饮酒赋诗，在湖南洞庭湖畔、岳阳楼上、吊脚楼上、祝融峰巅均是文人饮酒赏月咏诗之处。一般老百姓也不会冷落了酒的芬芳。当冰清玉洁般的一轮明月高挂夜空，家家户户摆案焚香祀月。

中秋节，赏月节；中秋节，饮酒节；中秋节，吟诗节。月、酒、诗三位一体，铸成了湖南炎黄子孙最喜爱的秋季盛日。

（六）重阳节酒俗

农历九月初九，又称重九节、茱萸节，始于汉朝，有登高饮酒的习俗，古为汉族独有，现亦称"老人节"，现流行于湖南各地多民族。旧时，人们将采摘来的茱萸、菊花和稻米一起酿造"重阳酒"，到来年九月九日再开坛饮用。在湖南民间，重阳节又有"酒节"之称。湘北地区，重阳日民间善采蓼叶及菊叶为曲，酿高粱酒和玉米酒；湘中地区多蒸谷酒和米酒；湘西苗族土家族侗族等，多酿糯米甜酒，少则十到二十斤，多则百余斤；湘南则蒸水酒和湖之酒等。

重阳节的主要活动有携酒登高、欣赏菊花、饮宴吟诗、同游饯秋等。

晚唐著名诗人杜牧有一首《九日齐山登高》的诗："江涵秋影雁初飞，与客携壶上翠微。尘世难逢开口笑，菊花须插满头归。但将酩酊酬佳节，不用登临叹落辉。古往今来只如此，牛山何必独沾衣。"这首诗把重阳节的登高、赏菊、饮酒三件雅事一起呈现在读者面前。

如果说中秋节是赏月、饮酒、吟诗的三重奏，那么重阳节则是登高、赏菊、饮酒、吟诗的四重奏。重阳赏菊饮菊花酒，是我国民间传统习俗。

晋代诗人陶渊明隐居时，常常"采菊东篱下"，他在诗中写道："菊花如我心，九月九日开。客人知我意，重阳一同来。"赏菊时如果没有酒，其兴味必定索然，于是，赏菊又派生出饮菊花酒的习俗，而这也与陶渊明有关。明代医学家李时珍在《本草纲目》一书中，对常饮菊花酒可"治头风，明耳目，去痿，消百病"，"令人好颜色不老"，"令头不白"，"轻身耐老延年"等。因而古人在食其根、茎、叶、花的同时，还用来酿制菊花酒。古代湖南先人除饮菊花酒外，还饮用茱萸酒、茱菊酒、黄花酒、薏苡酒、桑落酒、桂酒等酒品。历史上湖南先人酿制菊花酒的方法不尽相同。晋代是"采菊花茎叶，杂秫米酿酒，至次年九月始熟，用之"，明代是用"甘菊花煎汁，同曲、米酿酒。或加地黄、当归、枸杞诸药亦佳"。清代则是用白酒浸渍药材，而后采用蒸馏提取的方法酿制。因此，从清代开始，所酿制的菊花酒，就称之为"菊花白酒"。可惜的是，真正的菊花酒现在却很难看到了。

旧时，以为重阳这天登上高山可避灾疫，湖南民间还摘桐叶包糯米粑以过节。俗云"重阳不踏粑，是个野人家"。群众还应时酿制米酒、甜酒，俗称重阳酒，出酒率高，其味醇厚。

三、湖南各民族婚嫁、丧葬与酒

婚嫁是人生中的大事。"洞房花烛夜，金榜题名时"，是古代文人一生中的两大喜事。金榜题名对许多人仅是一种奢望，于是洞房花烛就特别受重视了。不管什么民族，在人生最重要的三块里程碑——出生、结婚、死亡中，酒的作用都是无可替代的。如果说没有这三块里程碑便没有人生的历史，那么没有酒的参与这三块里程碑则不会那么醒目。一个人若干年后可能会忘记他结婚的具体日期，但他绝对不会忘记婚礼那天喜筵上的许多事情。尽管现实生活中很难有十全十美的婚姻，有人甚至说婚姻是爱情的坟墓，但绝大多数人还是乐于竖起这块人生的里程碑，乐于品尝这杯人生的浓酒。而在冠于人生四喜之首的婚嫁活动中，酒是须臾难离的良朋益友，说"无酒难解姻缘"绝非夸张之语。湖南各民族的婚姻，从说媒到嫁娶，都离不开酒，并以酒为标志。各民族普遍称婚宴为"吃喜酒"；平时我们经常听到"什么时候请我们喝喜酒啊？""到哪里去？""喝喜酒去！"等等，大家都明白这"喝喜酒"就是指结婚，"喝喜酒去"就是去参加婚礼。在我省某些偏僻的地方现在还是这样：新婚夫妇领了结婚证若未办喜酒，他们的婚姻往往不被大家承认；反过来若办了喜酒而未领结婚证大家倒认为他们是"合法"夫妻，可见婚礼饮酒是多么深入人心。

喜酒即婚礼酒，是湖南各民族共有的特征。婚姻的缔结，是一个人建立新家庭的重要标志，是人生中的大事，湖南各民族的婚礼都十分隆重热闹，酒在婚礼中充当了重要角色。在湘西和常德一带旧时的习俗中，谁家生了女儿，邻里街坊祝贺时，总会调侃地说："恭贺您哪家生哒个酒坛子！"为什么把生了女孩称为添了个"酒坛子"呢？原来，在旧时生了女孩，就意味着女孩的父亲以后有喝不完的酒了。用什么来盛酒呢？用缸太大，用壶太小，用口小肚大的坛子装酒最合适。当女儿长大成人，出嫁前，提亲说媒之时，在收到的居多礼物之中，酒是最常见最多的一种。女儿出嫁后，逢年过节，都要回家看望父母，所送的礼物少不了酒。五月端阳，八月中秋，正月初二，女儿女婿总是一人抱着小外甥，一人提酒拿肉来慰问父母。每当他们在村口一露面，就会有人向其父母家报喜："你屋的酒坛子回来哒。""酒坛子"成了女儿的代名词，津市和湖北仙桃人则干脆称女儿为"坛子"，饱含了父母对女儿的深深爱意。现在常德农村地区还有一句谚语，叫："养女不亏本，烧起锅来等!"其含义与前句基本相同。在湘西酉水流域，土家姑娘也有"酒坛子"这个别称。

在湖南民间，不管什么民族，酒均被视为神圣的物质，酒的使用，更是庄严之事，非祀天地、祭宗庙、奉嘉宾和结婚喜庆而不用。下面从几个方面来欣赏酒与湖南婚嫁和丧葬的联系。

（一）择偶：君子好述，美酒当先

《诗经》的开篇之作《关雎》是上古婚礼中"庙见"仪式上司仪所弦诵的一首赞词。它描述的是，在婿家祖庙里，一对新婚夫妻对列祖列宗，用荇菜作为新娘对祖宗的贡献，以取得祖灵们对她在家族里身份的认可。近来有学者考证，《关雎》的原产地在楚地的湖南常德和湖北荆州。此地婚嫁时请歌班子贺喜甚为流行，担当仪式司仪之职的往往是本地歌师傅。"加冠礼"唱道："关关雎鸠在两旁，在河之洲陪新郎，窈窕淑女容颜好，君子好述为新娘。"地域不同，《关雎》又有不同"版本"。如有的"洞房礼"唱道："关关雎鸠进房来，在河之洲两帐开。窈窕淑女床上坐，君子好述撒起来。"又如在湘北一带流传的"贺新婚"："关关雎鸠在两旁，在河之洲陪新娘。窈窕淑女生贵子，君子好述状元郎。"

在湖南各少数民族的社会结构从总体上看相对简单，社会控制也相对松弛，因此青年男女择偶一般均有较大的自由，而节日饮酒歌舞则常常是男女择偶的最佳机会。

据史料记载，清朝时期，彝族苗族青年男女"春月趁墟唱歌"，"携手就酒棚并坐而饮，彼此各赠物以定情"订期相会。甚至有酒后即潜入山洞中相昵者"。青年男女欢饮之后，有的甚至双双"携酒入山，竟月忘返"。现代湘西苗族"吃山酒"的风俗即属此类男女社交活动。新春佳节之际，耕作农闲之余，风清月朗之夜，青春勃发的苗家少男少女携带糖果美酒，欢呼嬉闹着走向美丽幽静的山林旷野间，燃一堆熊熊篝火，以对歌的形式拉开了相互认识、了解的序幕。他们围绕篝火，口含糖果，饮着美酒，相互逗闹说笑，或趁着酒兴，踩着欢快的竹笛音节，跳起叠脚舞。在机智灵敏的对歌唱调、诙谐幽默的嬉戏欢闹和婀娜俏丽的舞姿中，发现意中人，选择终身伴侣，最后成双成对走向幽静的山林，倾吐爱慕之情。在这一活动中，酒作为一种调节心理情绪的饮料，使人兴奋，使人胆壮，使人无遮无拦、直截了当地表达感情。

（二）订婚：送酒求婚，酒为契约

在求婚、订婚中，酒作为许多民族倾心爱好的特殊饮料，真正体现出其重要的媒介功能，有的民族甚至到了得此一物、别无他求的地步。旧时男女婚嫁，单是订婚就有"问名"、"传庚"、"行聘"、"下日子"等好几个程序，其中，"传庚"时就有"请媒酒"的习俗。旧时男女婚姻都要听从"媒妁之言"，男女两家，经过两个媒人（男方一个称男媒，女方一个称女媒）往来说合，基本同意联姻，即由两个媒人把未来新郎新娘的"生辰八字"分别告诉对方，双方各自找算命先生推算，如无妨碍，就选择吉日"传庚"，也就是通过媒人传换"庚帖"。庚帖实际就是婚约。传庚之日，两家各备酒宴（男方在上午，女方在下午），事先向两个媒人发出请帖，恭请赴宴。请帖有一定写法，为："谨詹于某月某日为小儿（女）文定治冰筵，恭请执柯。"古时称媒人为冰人，"治冰筵"就是"请媒酒"。

"请媒酒"有一些讲究：媒人先到男家入席，席上尊女媒首席，男媒二席；在女家则尊男媒首席。男家开席后，酒过三巡，菜上一半，媒人和陪客，群起离座，家主在放置祖宗牌位的香案上，燃香点烛，把新郎"庚帖"放在牌位下方，行礼参拜，表示禀告祖先。礼毕，家主取下"庚帖"，卷成一卷，用红绿丝线扎好，双手奉与男媒，并跪拜行礼，男媒答礼，接过"庚帖"，纳入袖内。至此，两媒告辞，前往女家。女家家主及所请陪客，均迎于门外。堂屋香案上早已点好香烛，新娘"庚帖"也放案上。男媒上前，取出新郎"庚帖"，与新娘"庚帖"并排放好，跪拜行礼，表示代表新郎家长向新娘祖先致意求婚。礼毕，女方家主添香剪烛，跪拜之后，取下新娘"庚帖"，奉与女媒，行礼如仪，将两媒人送出门外。两媒人返至男家，家主及陪客已立门外，女媒进屋将新娘"庚帖"供于香案上，跪拜行礼，表示代表女家祖先向男家祖先回拜答应亲事。家主复向两媒人跪拜，感谢奔走之劳，玉成之得。至此，"传庚"之礼告成，"请媒酒"完毕。

现在少数民族求婚、订婚中酒还是至关重要的，但程序没有这样繁琐。如湘西苗族男青年请媒人去女家求婚，只需背一坛酒；布依族订婚的礼品就是酒和红糖；水族的婚嫁礼仪中，定亲"吃媒酒"是五个婚礼环节中最隆重的一环。

土家族提亲时，请一熟人带上两瓶酒和两个馄锅馍到姑娘家去征求意见。女方家若接受了酒和馍，则表示同意考虑；否则就将酒和馍退回。

瑶族的订婚仪式称为"亲戚头欢酒"。即在青年男女定情以后，双方家长各派一名男歌手相约在女方家会面。女方在大门外摆方桌一张，上置一个小酒坛、两只酒杯和装有一定数量筷子的竹筒。等男方歌手及贺婚人来到后，女方歌手就用双手捧着竹筒摇动筷子，并按其节奏朗诵定亲词，诵完一段，就抽出一根筷子放到男方歌手面前。男方歌手紧接着诵答，诵完一段对答后，就把筷子握在自己的手中，直到所有筷子都从女方歌手的竹筒中转移到自己手中为止。然后，双方举杯斟酒互敬，表示确定了婚姻关系。

佤族在订婚后男方要向女方家行"都帕"礼，即送三次酒，第一次，送"百来惹"，即氏族酒，为六瓶烧酒和芭蕉、茶叶等，请女方父亲氏族的男性掌家人共饮，说明他们已经同意将本族的姑娘嫁出去；第二次送"百来孟"，即邻居酒，也为六瓶烧酒，请村寨邻居前来喝酒，成为亲事的旁证人；第三次送"百来报西歪"，即开门酒，需一瓶烧酒，由姑娘的母亲留在枕边，于晚间悄悄地饮用，并为女儿向神灵祈祷，祝她未来幸福美满，由此可见，酒在佤族社会生活中的重要地位。

仡佬族送酒求婚更有特色。仡佬族青年男女，在平时交往中相识看中后，男方就用红纸或红布包一双筷子，到女方家，既不和女方家父母哥嫂等亲属讲话，也不坐下抽烟喝茶，双手恭恭敬敬将筷子放在女方家的八仙桌上，就回去了。女方家知道，这是求婚的来了。三个月或半年之后，男方提着一壶糯米酒，再到女方家。这一次就要很有礼貌地叫女方的爹妈了。把酒放到女方家八仙桌上以后，女方的亲属和寨邻就聚集到女方家来。男子问："大爹大妈，你家有一朵美丽的鲜花，我搭了一座'红桥'，想求老人把花送给我，我好拿回去栽种，让她生根发叶开出更美的花，今天，我想拿瓢（葫芦）凉水（指酒）来给老人们漱漱口，解解渴，以便老人们启金口。"女方父母的回答一般有三种：

若是不同意这门亲事，就说："我家这朵花不能移栽到你们寨上去，怕去了栽不活。你带来的仙家酒，我们没得福分喝，请你把它倒到河里喂鱼虾。"求婚男子听了并不生气，又客气地说："多谢老人指教，祝愿你家这朵花能够栽到土肥水足的花园里（有钱人家）！"最后，求婚男子吃了一顿便饭后，提起那壶酒回家，亲事不成，双方并不仇恨。

若是女方同意这门婚事，其父母就说："多谢你带来了天上神仙酿的醇米酒，就让我们享享口福吧。"于是，取来三个土碗，把酒倒到碗里，女方的父亲先喝一口，然后依次传递给在座的男亲属喝。喝完后，女方父亲说："你带来的神仙酒，甜透了我的心，以后，愿你们的日子像这种神仙酒一样醇香。"亲属们也说："我们喝了这神仙酒，眼睛好清亮，能看得很远很远，连你寨上和你们家里的一切，都看得一清二楚（意思是示意求婚男子要正派勤劳，以后成了家，不要虐待妻子，因为大家都经常注意这些事的）。这一天，女方还要摆一桌酒，请求婚男子吃，席间要唱盘歌。唱盘歌的目的是要考考这男子是否聪明、老实，会不会农活和手艺等等。

若是女方家对这门亲事尚不能决定，那么，女方的父母就说："你家这糯米酒还没有熟透，留它再窖一二年，我家这朵花也才发嫩苔长嫩叶，再等她长一些时候吧。"求婚的男子得了这话以后，吃了饭，把酒留在女方家，就回去了，等三个月或半年后，再来讨信息。

（三）哭嫁：借哭恋家，酒为媒介

湖南民间婚庆离不开酒。儿女成婚，男方过聘礼时，走在最前面的人就是挑着两坛贴着红纸的美酒。女方在女儿出嫁的前一天，要摆"女儿宴"，亲朋好友都来饮酒庆贺。到了晚上，家里要为即将出嫁的女儿摆一桌酒菜，陪"十姊妹"，请另外九个未婚少女陪女儿围席而坐。宴席开始之后，出嫁女要哭着给宴席上的父母兄弟姊妹——奉酒。一边奉酒，一边唱哭嫁歌。哭嫁歌以奉酒为引子，内容有对父母养育之恩和对兄弟姐妹帮助之情的感激。在湖南的少数民族中哭嫁更是新娘出门之前的必经之步骤，特别是土家族。土家族的婚姻是一夫一妻制。古代曾流行姑家女儿嫁舅家的交错从表优先婚姻，还有兄亡弟收嫂、弟亡兄纳弟媳的收继婚。男女多对歌相爱结婚。随着封建经济的发展，婚姻逐步受到财产的限制和父母的约束，新中国成立前，盛行封建买卖婚姻。现在，土家族男女青年可以自由恋爱结成伴侣。土家族结婚盛行姑娘哭嫁，有人认为"哭嫁歌"是千古绝唱，女孩一般长到十一二岁时，就要开始学哭嫁。在土家族传统观念中，人们把是否会哭嫁，作为衡量一个姑娘德才高低的标准。因此，不善于哭的姑娘是要被人瞧不起。土家姑娘的哭嫁，各地不尽相同。一般是择订婚期后就开始哭嫁，土家姑娘在接到男方通报结婚的日子前十天半月，就不再出门做活。先是在吊脚楼闺房架一方桌，置茶十碗，邀亲邻九女依次围坐，哭起嫁歌来，新娘居中，叫"包席"，右女为"安席"，左女为"收席"。新娘起声，"安席"接腔，依次哭去，不分昼夜。哭有规矩：母女哭，姑侄哭，姊妹哭，舅甥哭，姑嫂哭，骂媒人……哭三五天，有长达十天半月的。主要内容有回忆母女情，诉说分别苦，感谢养育恩，托兄嫂照护年迈双亲，教女为人处世等。哭嫁歌一般为即席而作，见娘哭娘，见婶哭婶。哭词各不相同，哭有曲调，抑扬顿挫，是一门难度很大的唱哭结合的艺术。嫁娘必在此前求师练习（当然是秘密的）。哭时以"嗡"、"蛮"、"啊呀呀"等语气词，一泣一诉，哀婉动人。（哭嫁歌词见第九章）

哭嫁，源于妇女婚姻之不自由，她们用哭嫁的歌声，来控诉罪恶的婚姻制度。今天，婚姻自由了。土家族姑娘在结婚时也还要哭嫁，但现在的哭嫁仅是一种仪式罢了。

（四）迎亲：接亲送亲，以酒为礼

婚礼的基本程序由男方娶亲、女方送亲、双方成亲三部曲构成。尽管在仪式上各地区略有不同，但"酒"却毫无例外地一定是这三部曲中最重要的东西，它无处不在、无处不有。

土族迎娶新娘时，先让新郎站在铺有白毡的堂屋里，主持人高举酒杯，颂赞词，岳父亲自为女婿穿戴衣帽鞋袜，系上哈达和红腰带。然后，向新郎的额头贴一小块酥油，让其手捧两碗盛有两枚红枣的酒，向主持人和岳父致谢。藏族迎亲人到达女方家门口时，女主人便端着酒迎至下马处，献上酒，迎亲人边喝边唱祝贺词。畲族男方到女方家迎亲时，要举行"举盘说花酒"的仪式：在女家酒宴至酣时，新娘身穿盛装，双手捧着木盘或米筛（盘内放一对酒杯、一对手镯、两只银戒指、一条丝带，插两支点燃的红烛）在嫂子的陪同下，向长辈及宾客们敬酒，来宾则把预先准备好的红包投放在盘子里。景颇族同胞在娶亲时，两位由神指定的敬酒人各背一只竹篓，一人的竹篓内放着送给新娘的服饰和两支矛头，另一人的竹篓盛装水酒和白酒各一竹桶。到了姑娘家，敬酒人代表男方向姑娘的父母、至亲敬水酒、白酒各一竹筒。在归途中，还要向新娘敬四次酒。将酒与日常生活和生产中最重要的器物工具并列，反映了景颇族对酒的物质功利性的认可，而由祭司打卦确定敬酒人的方式，则表现了景颇人对酒的功能几乎达到了顶礼膜拜的地步。

在湖南汉族农村姑娘出嫁离别，姑婶姊妹哭哭啼啼，难分难舍。娘家办"离娘席"，姑娘吃了"离娘酒"后，就由同胞兄弟背送新娘进花轿（无同胞兄弟，由堂兄弟），亲人在花轿内放一火笼，一壶酒，挂一镜子，意指姑娘从此成家立业，家庭兴旺，天长地久；那面镜子，可让新娘沿路看到一切邪鬼行踪，得一路平安。花轿启程，男方有人扶着花轿意要快点走，女方亲友则拖着花轿欲要慢点行，忽前忽后，一进一退，反复三五次，女方然后松手，俗称"游轿"。"游轿"时，男、女双方都要给轿夫敬酒敬烟。迎亲路上，偶尔两支迎亲队伍迎面相遇，双方花轿在同等高度落地暂息。新娘出轿，新娘互换手帕等礼物，新郎则互敬酒烟，以示友好后，继续前行。若一方花轿落地，有意高于别人花轿，则为欺人之举，易生械斗。

彝家迎娶姑娘时，迎亲队伍除了媒人、男家亲戚外还有两个特殊的人，他们专门负责背酒。到了姑娘家的寨子边时，接亲的队伍暂停下来，两个背牛角酒的人径直走到姑娘家门口，将牛角酒送给等候接亲的人，并把它挂在祖宗灵牌前。然后背酒人才返回寨外带路，安顿接亲队伍。晚饭时，背酒人要把背去的酒倒出，依长幼尊卑次序向女家亲朋好友敬酒。有的地方彝族接亲礼物除新娘的衣物饰品外，另有一对小猪、一只羊、一罐酒。到了姑娘家，第一件事就是倒出一碗酒、取出三只鸡蛋敬祭祖先。晚饭毕，姑娘家要给所有的客人敬一巡酒。对姑娘家经济实力的衡量和待客处事水平的评判，基本上是以酒的多少和斟酒次数为标准，足见酒在彝族社会中的重要。

（五）婚礼：交杯合卺，高歌痛饮

婚礼是社会约定的婚姻程序中最为重要的环节。在各民族求婚、订婚过程中，酒所起的作用主要是表达意愿的媒介、传达信息的符号；而在婚礼上，酒所蕴含的文化意味就要复杂而浓烈得多。各民族在婚礼中繁复多样而各具特色的饮酒习俗和规则，形成一道绚丽迷人的酒文化风景线，并折射出各民族特定的社会结构和文化背景。男方在婚礼前一天，要备酒肉、果饼和凤冠霞帔等送往女家；在迎亲大喜之日，男方家里要张灯结彩，大宴宾客，谓之"迎亲酒"。女方父母在女儿出嫁前一天，要为嫁女备酒席。届时，红椅披垫，花烛齐燃，请嫁女首座，平辈或幼辈之子女陪宴，称为"别亲酒"、"辞家宴"。在席上，新娘之母要为之斟酒，并说一些告诫的话。在迎亲的花轿抬进新郎家后，新郎新娘行拜堂礼，一拜天地，二拜高堂，夫妻交拜，同入洞房。

洞房之中，还有喝交杯酒的习俗，古时叫作"合卺"。卺，是将一个瓠瓜分成两半瓢，是古代婚礼时用的酒器。合卺的习俗始于周代，合卺的原意是用一瓠瓜分成的两个瓢，新郎新娘各执一个，喝酒漱口。可见，最初的交杯酒是不用喝下去的。到后来，交杯酒的习俗逐步演变。据宋代王德臣《麈史·风俗》记载："古者婚礼合卺，今也以双杯彩丝连足，夫妇传饮，谓之交杯。"就是把两个有足的酒杯，用彩丝线连结起来，新郎新娘互相交换饮一杯。后世把男女成婚称为"合卺"，其来由就是如此。

瑶族举行婚礼时要喝"连心酒"，婚礼之夜，男家欢宴宾客，新郎、新娘给每位宾客斟满酒后，再将杯中酒倒回酒壶混合在一起，再斟到每人的杯中，称"连心酒"。新郎、新娘向长辈、亲友敬一杯酒，自己便陪饮一杯。连心酒宴散后，其他酒宴才开始。湘东瑶族在婚礼上盛行饶有趣味的"偷酒杯"活动。瑶人认为，酒杯是为新郎新娘准备量粮食的斗，碗碟是盛粮食的箩筐。婚宴席间，女方的男性亲戚偷偷将筷子、酒杯、碗碟藏于暗处，席后让男方数人搜查。搜出，罚"偷"酒杯者喝酒一杯，"偷"碗碟者喝酒一碗。搜不出，则由"偷"者自己交出。送亲者回去亦"偷"走几个酒杯、碗碟，待新郎带酒追来，归还部分"偷"物，方乘兴而归。瑶族的"偷"杯者为男方迎亲人，习惯"偷"双不"偷"单，一般为4个~6个。接亲人回到男家后，将从新娘家"偷"来的酒杯交给新郎保管。新婚夫妇交杯换酒时，新郎用从新娘家"偷"来的酒杯为新娘敬酒，意为永世百事吉昌。其中，两个酒杯一辈子珍藏于箱中，以纪念父母的养育之恩，其余的可以日常使用。

彝家的婚礼是浸泡在酒海中进行的。当迎亲的队伍在喧天动地的鼓乐声中将新娘接到家后，新郎新娘首先要双双进洞房"抢床头"，谁先抢到床头坐下谁就聪明（此俗在常德安乡汉族人中也有）。坐定后举行"喷酒"仪式。由与新郎关系密切且辈分相同的人斟酒两杯，分别递给新郎新娘。一对新人交手干杯，口留余酒，相互迎面喷出，谁先喷给对方谁为胜。"喷酒"之后又有"跌架"仪式，新郎新娘再喝一次交杯酒，同出洞房，争着踩门槛，即所谓"跌架"。据说，谁先踩到门槛走出洞房，今后的日子中谁就更具有当家作主权。婚礼席间有"排酒"之礼，新郎新娘向参加婚礼的亲朋好友敬酒致谢，亲戚友人要根据自己的身份和地位，边饮所敬之酒，边对敬酒人说一些吉利的话，口舌伶俐者往往妙语连珠，引得人们哄堂大笑，将喜庆的气氛推向高潮。

在婚礼上的种种饮酒习俗中，俄罗斯族的"接吻酒"尤具特色。俄罗斯族的婚礼一般首先在庙宇或教堂举行，然后再回到新郎家举办婚宴。当新婚夫妇入席时，客人们便连声高喊："苦啊，苦啊！"表示宴席上的酒太苦，要求新婚夫妇接吻，酒才能变甜。新人接吻后，酒宴才正式开始。席间，边饮酒，边歌舞，并不时地发出"苦啊！苦啊"的喊叫声，听到喊叫声，新人就得一遍又一遍地接吻，直到罢宴。

（六）离婚：双方协调，以酒为证

结婚后，两情若不相合，离婚往往是符合人性的举措。在湖南的少数民族离婚仪式中，酒同样扮演着十分重要的角色。

建国前，黎族传统的离婚程序叫"妨同"。男女双方同意离婚后，由男方邀请村寨中威望较高的长者"奥雅"主持离婚仪式。举办仪式这天，男方杀猪摆酒席。"奥雅"召集双方家长和众亲戚，听取离婚双方的离婚理由。双方家长和众亲戚表示同意后，办理离婚和财产处理手续。接着，"奥雅"在酒席间放三个碗，一碗斟满酒，另两个碗空着，用一块黑布遮盖，请离婚夫妇面对面就座。"奥雅"掀开黑布，把它撕成两半，作为离婚凭证，交给双方保存，那碗酒则分半倒到两个空碗中，离婚男女一饮而尽，离婚仪式就告结束。

侗族是待人宽厚的民族，男女婚后感情不和，实难相处时，只要办一桌有本族老人参加的离婚酒宴就能好聚好散。在酒桌上，离婚双方还互敬"离别酒"，唱《离别歌》，歌词婉转，既眷恋难舍又矛盾重重，不知是苦是甜。如男唱："歌未出口泪先趟，请妹扪心细思量。想当初，千言万语盟誓结成双；哪知道，妹妹半路忍心丢我郎。哥是黄昏的太阳下了山冈，妹像十五的月亮升在天上。太阳月亮难相会，我俩今世难得再同饮美酒共火塘……"女唱："听哥说来妹心酸，妹的良心如刀钻。留也难来分也难，妹妹出门泪涟涟。丢儿丢女丢了伴，心中好似吃黄连。请哥原谅妹之过，我俩仍有火塘同饮美酒缘……"

基诺族崇尚自由恋爱，结婚后一般不可提出离婚，经过父母、舅舅调解无效后，才可离婚。离婚仪式十分简单：男方出一壶酒，由女方的舅舅各倒一杯，男女各喝一口，余者倾注在地，

男方说:"你活着不是我家人,死了也不是我家鬼。"婚姻即正式
解除,男女双方仍可自由婚嫁。

拉祜族离婚时,如果双方自愿,只要各出几块钱,买上十来
斤酒,请村寨的头人"卡些"和寨中老人作证,烧香、点蜡、敬酒
拜天地寨神后。卡些拿一根红线让两人各执一端,用火从中间烧
断就完事。如果一方愿意而另一方不愿意,就会对提出离婚的一
方处以重罚,罚款数额一般在40~100银元之间,而这罚款用来
买酒请全寨人喝。有趣的是拉祜族对离婚的处理习惯:男方提出
离婚,要付给女方酒若干斤、猪一头、银元三十元;若女方提出
离婚,只需付给男方酒一斤、小猪一头、银元五元。这一习惯说
明,女性明显处于受保护的地位,反映了苦聪人社会保留着母系
社会组织形式的某些特征。

(七)生育:生儿育女,酒为符号

生儿育女,是一个家庭甚至家族中的大事和喜事,因而必然
要举行一定的仪式,以示庆贺。在这些庆贺仪式中,酒是必备之
物。湖南民间称新媳妇怀孕为"有喜",孕妇被称为"四眼人",她
们不能参加婚礼、葬礼,也不能上石灰窑、砖瓦窑,更不能进豆
腐坊和造酒坊。头胎生育,还讲究"催喜"。在湖南新田、会同等
地就有送"催喜酒"、"催生酒"的习俗。女儿分娩之前,娘家就会
择吉日,携带婴儿衣服、鞋袜、帽子、屎尿布、鸡、糯米和甜酒等
礼物和一碗用糯米掺粳米煮成的"催喜饭",去女婿家为女儿"催
喜"。民俗认为通过"催喜",女儿便可平安分娩。苗族婴儿的胎
盘以土掩埋于房柱下,长男的放中柱,其他的依次放于二柱、三
柱,以希望儿女将来成为"顶梁柱"。

婴儿出生当日,婴儿父亲要带着鞭炮、酒肉到岳父家报喜,

这报喜的方式在不同的地方有不同的讲究，均很有民族和地方特色，如：

在浏阳，生男孩则父亲左手提鞭炮进岳父家门报喜，生女则相反，岳家无需问便知生男生女了。有的在酒壶上装饰即可分辨生男生女，如塞酒壶嘴的纸团外端成梭状表示生男，若剪成须状，则表示生女。岳家接过酒后，置莲子或黄豆十粒于酒壶中，表示多子多福，十全十美。

嘉禾的礼仪习俗中，女儿出嫁后生下孩子，女婿即时备猪腿、雄鸡(称带路鸡)和一壶酒到岳家报喜。生男孩用红纸包住酒壶盖柄顶端，生女孩则用红纸围住盖柄四周，上露尖顶，岳家一看便知生的是男是女。外婆当即给邻里亲友登门送喜酒，每人饮一酒杯，随后将备制的婴儿衣物及亲友馈赠的鸡蛋等礼品，连同带路鸡给女婿带回。

会同县的习俗中，女人第一胎婴儿出世后，当天要宰杀一只大公鸡(俗称落地鸡)敬孝祖宗，向祖宗"报喜"。当天即去岳家报喜，并携一只煮熟的鸡和一罐甜酒，另带一只活鸡，俗称"引笼鸡"。"引笼鸡"是公鸡，表示生了男孩；是母鸡，表示生的是女孩。岳家一见，便知婴儿性别。

苗族的报喜方式是以一只带嘴的瓦壶装满酒置于岳父家堂屋的供桌上，壶嘴向里表示出生的是男婴，壶嘴向外表示出生的是女婴，岳父、岳母及其他亲戚一看便知。

畲族孩子的父亲要提着一大壶酒、一只大公鸡和一些鸡蛋到岳家报喜。如果所生是男孩子，就在酒壶上插一朵大红花；如果所生是女孩子，则在酒壶上贴"喜"字。岳家只要一看酒壶，便知所生是男还是女。

彝族生小孩后，女婿携带一壶酒到岳父母家报喜时，生男或生女，就看这瓶酒放在什么地方：酒放在桌子上，表示喜得贵子；酒放在厨房的灶头上，说明已生千金……

这些生育礼俗，旧时在湖南境内城乡广为盛行。解放后，礼仪从简。至20世纪70年代后期开始复兴，现又风行乡里。

（八）丧葬：福寿双归，以酒送行

如果说喜结良缘，洞房花烛是人生的高潮，那么，人的诞生和死亡则是人生的起点和终点。与婚嫁的喜气洋洋、热热闹闹不同，丧葬是艾艾楚楚、凄凄凉凉的，所以前者叫红事，后者叫白事。但饶有意味的是，红与白虽南辕北辙却殊途同归，竟然在酒文化的疆域中奇妙地会师了。人类的祭祀活动约起源于原始社会后期的父系社会，从远古以来，湖南各地旧社会讲封建孝道，重丧葬，不论贫富，从死亡到埋葬的程序大体一致，均要用酒，酒是祭祀时的必备用品之一。停枢期间，孝子须蓄发49天，禁欢宴、娱乐，以示哀思。出殡时，亲友备奠礼前往吊唁，俗称"豆腐饭"、"呷烂肉"，要举行隆重的祭奠仪式，出殡次日，焚烧灵牌，以酒安神于神坛。

湖南民间旧时殡葬习俗，从亡者停止呼吸时始，即有一套完整的程序，它们依次为：烧"落气纸"、净身、换寿衣、灵堂开吊、出殡、设灵与圆坟等，每一过程均用到酒，特别是后三个过程更与酒紧紧相连。出殡时，送葬队列行进途中，有亲友在道旁设香案用酒"路祭"的，孝子须下跪答礼。亡人"上山"（即入土）后，亡者家属再设酒宴招待吊唁者。在湖南很多地方还有吃"回煞酒饭"之俗，即死者安葬完毕后，抬丧者（俗称八大金刚）要径直回丧家吃"回煞酒饭"，不能回家或去别人家，否则民间认为会把"煞"气带到自家或别人家。"回煞酒饭"酒菜丰盛，孝家敬酒劝菜不迭，意为感谢，此俗至今仍存。

　　亡者入土为安后，在湖南民间还有以酒为亡者设灵、圆坟和除灵的习俗。亡者落葬后，家中还要设灵位于厅堂左侧，称"设灵"，归葬后的前三天每天三餐要以酒祭拜，以示亡者虽去，因其对家和亲人的难舍和念念不忘，灵魂仍在家中；三日后亲人去坟前洒酒祭扫，称为"圆坟"，以后就不必每天均祭了，但以死者去世之日算起，亲人在每一个第七日还应在灵位前点烛燃香洒酒，举行祭奠仪式，到第五个"七日"为止，民间称"做五七"，以示亡者虽已去阴间，但还很挂念阳间亲人，逢七便回家省亲。三年孝满，亲人再以酒食隆重祭祀一次，遂将灵位焚化，谓之"除灵"，以示亡者升入天堂了。

　　现在经过移风易俗，提倡殡葬改革后，过去的殡葬习俗也相应发生了变化，但大体还是这样。在湖南的丧葬习俗中，人死后，要请法师做法事借酒超度亡灵，亲朋好友都要来悼祭死者，有的少数民族在吊丧时还要持酒肉前往，如湘西苗族人家听到丧信后，同寨的人一般都要赠送丧家几斤酒及其大米、香烛等物，亲戚送的酒物则更多些，如女婿要送二十来斤白酒，一头猪，丧家则要设酒宴招待吊唁者。怒族村中若有人病亡，各户带酒前来吊丧，巫师灌酒于死者嘴内，众人各饮一杯酒，称此为"离别酒"。湘西苗族的丧葬中还有吃"抬丧酒"的习俗，即出殡时，由死者舅家辈分大的人身披白布，手持火把、草刀或挑刀在前引路。抬丧人不能走弯路，要逢山翻山，逢水涉水，逢田地庄稼可践踏过去，踏坏庄稼还不必赔偿。中间休息时，要喝女婿的酒，称"抬丧酒"。若死者寿过花甲，喝酒时还要大肆嬉戏笑闹，意为庆贺老龙上山，后辈则能兴旺发达。死者入葬后，有些地方的习俗还在墓穴内放入酒，为的是死者在阴间也能享受到人间饮酒的乐趣。

湖南安乡人在死了姑姑时，现在还有姑姑娘家亲戚要举行"猪羊祭"的习俗，即娘家亲人把所有亲戚的礼金收集起来，买一大坛酒、一头大肥猪和大肥羊，把猪羊宰杀除毛后不开膛剖肚，由娘家晚辈(一般是侄儿辈)抬着，娘家亲人排队随后，一路燃放鞭炮吹吹打打送到姑姑家，然后在姑姑的灵堂棺木前安上数根高达数米的香烛，放上整猪整羊和整坛酒，在鞭炮和锣鼓哀乐声中，娘家亲人们按辈分依次叩头祭拜，娘家亲人多时此场景非常气派壮观，以表达娘家对死者的哀思和敬意，也向丧家的亲人展示姑姑娘家的人丁兴旺与大度。

丧葬是人生旅途上的最后一件大事，湖南各民族民间历来都有厚葬的传统，数千年来也理所当然地产生了五花八门的祭祀中的酒俗。有些少数民族还要"以醉为哀"、"聚饮歌舞"之俗。如湘西土家族除用酒祭亡人外还跳丧舞，这种祭祀歌舞，在古代巴人之后裔土家族的聚居区，世代沿袭，千古不绝。无论哪家死了老人，村民们闻讯 而至，通宵达旦。这叫做"人死众家丧，一打丧鼓二帮忙"。"打不起豆腐送不起情，跳一夜丧鼓陪亡人。"老人逝世，停灵枢于堂前数日，亲属邻里前往吊唁。入夜，"打鼓踏歌"，通宵达旦，以增热烈气氛，谓为亡人解寂，慰亲属节哀。在死者面前高歌狂舞，也是土家人祭奠亡人，安慰生者的一种特殊方式，同时也是土家人对死亡的一种特殊理解。土家人热爱跳丧舞，"听到鼓声响，脚板就发痒。"跳丧舞是一种民间祭祀活动，表现了土家人对祖先的崇拜。

瑶族父母亡，子女不得坐板凳、睡床铺、洗手脚，忌外出游玩和穿红衣戴红巾，忌不戴孝、夫妻同房和丧眷在葬前吃荤。送葬者回来途中严禁回头张望，以免亡魂跟踪回家。哈尼族闻知丧讯,即携带猪、鸡、米、酒来祭。益阳沅江一带的哈尼族,吊唁者还击锣鼓,摇铃,头插鸡尾跳舞,名曰"洗鬼",忽泣忽饮。布依族亲友接到报丧信,便要备办酒礼等物去祭奠,亲友吊丧完毕,丧家要加祭,哭诵祭文。加祭时,须备酒礼、猪头等。加祭后,半夜十二时起,请魔公(法师)为死者开路,超度死者上天。魔公念着开路经,后辈女婿要跟着给他上酒,魔公喝够了,就把酒赏给丧家女婿,表示上方把粮赏给女婿了。开路到天亮出殡时刻,孝子要提一壶酒,斟在碗里,请抬灵柩的八大金刚每人喝一口,才抬起灵柩出发。待死者安葬下土后,送葬人返回丧家,孝子则还要留在墓地,摆一桌事先准备好的酒礼敬给死者,孝子还要陪死者喝。葬后第三天,女婿及丈母还要携带酒礼来为死者复三等。

值得深思的是,丧葬与酒何以有着如此密切的关系呢？有人认为：主要是缘于酒的解忧消愁的功能。"何以解忧？唯有杜康。"自古以来,人们总是把酒当作调节倾斜心理、抚慰精神创伤、释解郁结情怀、减弱种种忧愁的灵丹妙药。亲人谢世,杯酒洒于坟前,既用来表达对死者的哀思,也用来安慰生者的痛苦。

第十二章　湖南酒的加工与贸易

　　湖南古来被视为"南蛮之地"，被认为是不开化的地区。但是大量的出土文物证明，湖南历史上就已经取得了相当高的文化成就，在这些文物中，仅世界之最级的珍品就有近30项之多，其中两项就涉及到酒。湖南是酒的酿造大省，酿酒历史悠久。湖南是中华民族始祖炎帝和五帝之一的舜帝的陵寝之地，炎帝"教民耕种，种植五谷"，"耕而作陶"，使我们有了造酒的五谷，盛酒的容器。舜"南巡猎，崩于仓梧之野"，舜为教化三苗而征，曾教民用糯米造酒。若按吴其昌先生"谷物酿酒先于农耕时代"的说法，从永州道县玉蟾岩的新石器时代遗址中发掘出的稻谷就可证明，在1.4万年前，湖南先祖会人工培植稻谷并以之酿酒。在澧县城头山城市文化群中，考古发现了用于滤酒的"漏斗形澄滤器"，这便是距今7 000年~9 000年前在湖南已出现酿酒工艺的历史见证。据1972年长沙市马王堆汉墓出土文物考证，长沙西汉时期已有酒业。在西汉墓中出土的帛书《养生方》和《杂疗方》这两本关于医药学方面的著作中，可看到我国迄今为止发现的最早的酿酒工艺记载；马王堆汉墓女尸数千年不腐的原因之一就是经过了"七窍灌酒"等等，说明湖南酿酒之早酒业之盛。

　　湖南酒类品种多，酿造技术各异，包装也各有不同，是中国灿烂酒文化的组成部分。从古至今，在湖南这块神圣的大地上，不仅绽放着民族精神，凝聚着民族之魂；湖南也是酒魂聚集之地，飘荡着浓郁而悠长的酒香、酒韵、酒文化。马王堆出土的精美酒具，传递出湖南西汉时期酒文化的古色古香；当今流光溢彩的湖湘名品，散发着湖南新酿酒文化的醇味悠长。在底蕴深厚、举世瞩目的湖湘文化中，酒文化占有不可或缺、举足轻重的一席之地。

湖南酿酒不仅历史悠长，而且质量也非常好。先说古代，曾在马王堆汉墓还出土了一瓶酒，经鉴定就是西汉时期酿造的果酒；前面已提及，在陕西出土，深埋地下 2 100 年之久的湖南衡阳的"酃䣩"贡酒。不仅因质优而被列为贡品历史长达千余年，是中国历史上贡品历史最悠久的酒；而且该酒能保持两千多年而不坏令世人称绝。众所周知，酒是一种极易挥发的液体，除密封完好外，足以证明湖南酿酒技术在遥远的古代就已达到了很高的水平。现在有专家认为，酃渌酒起源比绍兴酒早 600 多年，中国黄酒的发源地在湖南，而且其地点就在衡阳西渡！

再看当代，湖南山水灵秀，湖南的酒业具有良好的历史基础和地理优势，湖南又是多民族的省份，有汉、苗、瑶、回、侗、土家族等 50 多个民族世代聚族而居。各民族都有着悠久的历史文化和丰富的饮酒习俗，其人文地理、气候水土构成了湖南得天独厚的酒文化内涵，不仅酿酒资源丰厚，广袤的湖湘大地更是一个规模巨大的酒类消费市场。如湖南的武陵酒、德山大曲、白沙液、锦江王、骄杨、白沙啤酒等，也无一不酝酿着"水"的神奇、"气"的氤氲。衡阳的"湖子酒"，湘潭的"冬酒"，会同的"甜酒娘"，攸县的"煮酒"，则是很具湖湘文化特色的黄酒系列。在五次国家酒类评比中，四种"湘酒"（武陵、德山、白沙液、浏阳河）榜上有名。20 世纪 90 年代，酒鬼、湘泉借助文化扬名，酒鬼一度"价"压群雄，被评为全国驰名商标，2005 年酒鬼酒还正式成为中国白酒"馥郁香型"的典型代表，因湘酒的加入，从此神州白酒版图被天下九雄重新分配。

湖南古代酿酒技术的发展，不仅表现在能够生产出质量较高的酒，而且还促进了与中国酿酒技术相关学科的发展。换句话说，就是中国酿酒技术的形成与发展，湖南人的祖先起了不可低估的作用和影响。如今在世界上，有麦芽啤酒、葡萄酒和麹蘖酿酒三大传统的酿造技术。这三大酿造技术分别是中国古代发明的麹蘖酿酒、古阿拉伯地区发明的麦芽啤酒、爱琴海地区的葡萄酒酿造，它们并称为现代世界酿酒技术的三大来源。其中制麹酿酒是我国古代劳动人民的独特发明和创造，与湖南先人的关联非常密切，该法与西方的酿酒术迥然不同。它具有悠久的历史，并经过历代酒师的不断改进、发展与创新和学者们的不断记录、整理、总结与提高，所形成的制麹工艺、用麹量技术，以及对发酵原理的理论概括等，都具有鲜明的科学性、实用性和民族性。

一、湖南酿酒贸易状况简介

（一）湖南酿酒的天然优质环境

酒的酿造和香型风格，不仅取决于不同工艺路线的选择，不同制曲、窖泥培养技术及原料配方的传承，更在于其与生俱来的天然先决要素：气候、环境、土壤和水。子曰"知者乐水，仁者乐山"，湖南有湘资沅澧加洞庭，四水一湖；山则更有俊秀的南岳衡山和神奇的武陵山脉。湖南的地理环境钟灵毓秀，湖南有丰富的酿酒原料、有适宜的酿酒气候、有生态的酿酒环境和清纯的酿造水，是理想的酿酒王国。

　　从地理上来说，湖南的地理特征可以说是一个天然储酒窖地。湖南位于中国东南腹地，长江中游，是连接东部沿海省与西部内陆省的桥梁地带。俗话说"千年老窖万年糟，酒好全凭窖池老"。湖南东南西三面环山，中部、北部低平，形成向北开口的马蹄形盆地。境内山地约占总面积的一半，平原、盆地、丘陵、水面约占一半。主要山脉有雪峰山、武陵山、幕阜山、罗霄山及南岭山脉，省内最高峰有海拔达 2 122 米的炎陵县的酃峰，可以说是一个天然窖池。特别是云遮雾盖的湘西，危崖高耸，沟壑幽深，峰峦险峻，山川秀美，古人曾用"蛮烟瘴雨溪州路，溪畔桃李花如雾"的诗句来描绘其神秘凄美。武陵山脉雄贯全境，沟壑纵横、云端飞瀑，五溪逶迤竞流洞庭。湘西山区的独特地貌，在国际地理学上被称为"喀斯特地貌"，在我国则称为"岩溶地貌"，"经过极其复杂的化学溶蚀而形成的岩溶洞穴，通过流动的水和对流的空气，使湿度、温度等终年保持恒定"，就形成了"冬暖夏凉"的微气候特点。湘西的岩溶洞穴不仅是中国喀斯特溶洞密度最大、"最为集中"的地区之一，而且所处地带十分特殊，国际地质界称此类"记录了具有全球意义的重大地质事件、标志着地质年代分界线的代表地点"叫"金钉子"，到 2008 年 1 月止，全球"金钉子"总量不到 60 枚，中国仅六枚，而湖南湘西竟占了两枚，此乃绝无仅有。在湘西，或阴河相穿，或天坑相通，或山系相贯，形成了洞中有洞、洞中有河、洞中有泉、洞连洞、河连河、泉连泉的稀世奇观。据考证，大小溶洞共有 3 800 个之多，仅一个龙山县，艺术家黄永玉诗云"龙山二千二百洞，洞洞奇瑰不可知"；洞藏，是湘西楚巫文化信神、祭神的一个特殊举止。利用天然溶洞储存酒，在中国，是湖南湘西先民最早创造，这种传统一直流传至今，尤其"凤凰奇梁洞"！该洞属典型的碳酸盐岩洞，形成于距今约 5 亿～6 亿年的古生代中寒纪浅海盆地中。洞口高 56 米，宽 32 米，洞深 6230 多米，可容数万人。该洞以奇、秀、幽、峻而著称。洞中有山，山中有洞，洞中有河，穹顶石壁滴水沉淀的石乳、石柱、石笋、石幔、石花，异彩纷呈，玲珑剔透，华丽奇巧，辉煌壮丽，令人目不暇接，如进入神话中的奇幻世界。明代徐霞客那"高穹广衍，无奥隔之窍，而顶石乎覆，若施幔布幄"之类词句，已不足以描述该洞的奇瑰。世界著名的地质学家 B·D·埃德曼博士考察奇梁洞后赞叹不已，称之为"世界上罕见的最美的溶洞"。地质界专家认为，岩溶洞穴内实际上是个相对恒温恒湿的环境，有很高的负离子、气溶胶，细菌很少，空气的电离也很弱，还会有很微量的放射性元素（所以在开发利用洞穴时要进行放射性监控）。湘西人敬"洞神"时发现洞藏过的肉不会腐坏，由此产生了将故去的老人置于洞中的习俗（即"悬棺"）；湘西人发现了洞藏过的酒杂味去尽，自然"老熟"，馥郁芳香，洞藏一年即可与贮存数年老酒相媲美，便有了以洞穴藏酒的习俗，由此产生了中国最早的"洞藏酒"；屈原到过湘西，他在其《楚辞》中描写自己梦见被山上下来的裸浴女神"山鬼"胁持后，就曾有在山洞中吃山珍和喝美酒的记述。"洞藏酒"在湖南湘西已传承为历史，已积淀成文化。奇梁洞内终年温度在 18℃左右，空气湿度在 75% 左右，这种天然环境能够刺激酒体的自我净化，其藏酒之法沿传至今，并被认为是"中国白酒第一藏"。白酒界专家曾指出，"中国人把酒在洞里面储藏是一大创造。据目前众多的历史资料和考古发现证实，是湖南湘西的少数民族同胞创造了最早的洞藏酒。"中国白酒权威沈怡方先生则从另一角度强调：白酒贮存过程本身是一个十分复杂的氧化、还原、脂化、分解、聚合等化学和物理反应，它可以使酒变得丰满而醇和，因此，档次愈高的白酒其贮存要求也就愈高。利用"湘西特有的溶洞藏酒，它不仅能大大增加酒的文化内涵、提升了酒的品质，而且还是一项很有价值的科学项目"。白酒勾调大师吴晓萍认为，"洞藏酒"完全暗合了现代优质白酒的生产工艺要求。"洞藏"是中国白酒界稀缺的储酒工艺，

图 12 - 1　酒鬼洞藏文化酒

2001 年 7 月，北京申奥成功，湖南酒鬼酒集团公司为庆祝这一世纪盛事，于 2001 年 12 月 18 日封藏于素有"华夏洞王"之美誉的奇梁洞中的"酒鬼洞藏文化酒"（图 12 - 1）便是此藏酒法的杰作，是货真价实的"天下第一洞藏酒"。中国白酒协会副会长高景炎评价说"酒鬼洞藏文化酒是继承传统工艺精华和运用现代生物技术的创新，将我们几千年辉煌的民族文化与大自然天赋的资源结合"。2008 年 7 月 8 日此酒正式启封，随着"酒鬼洞藏文化酒"盖头的渐渐掀开，人们惊讶地发现，洞藏了七年后，陶坛酒苔厚覆，坛中酒体微黄偏绿。经检测发现酒不仅保存完好，酒质醇厚丰满，而且其质量和口感得到了极大提升，众专家品尝后觉得"醺然、酣然、陶然、欣然"，欲赞无辞，"妙处难与君说"，达到一个极高的境界！盛赞其"真正体现了中国白酒的原质"。离开湖南，离开湘西便无法酿造此酒！

　　在湖南除湘西凤凰奇梁洞外，在湘东罗霄山脉北段的浏阳河发源地大围山国家森林公园也是一个"天然氧吧"，大围山脚下的"古丰洞"自唐代药圣"造酒助龙"之后，该洞因洞藏美酒而天下扬名，人称湘东第一大洞。洞深达数十里，纵横延伸两乡一镇，被古人称为"天造地设之奥区"，洞外青山林立，木清水秀，洞内

温度保持在15℃左右，湿度85%左右，为低温洞藏创造了不可复制的条件。有诗赞云"酒肆禅中缘，洞藏万里远。一杯通两世，药圣妙手传"。现该洞是浏阳河年份酒的洞藏基地。

从水源上说，湖南水源充足，淡水面积达135万公顷，天然水资源总量达1 640亿立方米。名泉名井林立，八百里洞庭，如一面明镜，镶嵌在湖湘大地，洞庭湖及湘江、资水、沅江、澧水，四水由西南向北汇聚洞庭湖，经岳阳城陵矶注入长江，水力资源蕴藏量达1 500多万千瓦，为南方各省之冠。湘西水资源更丰富，大小溪河有近2 000条，素有十丈一泉、百丈一井、千丈一瀑的奇观，且清泉密布，大部分是承压矿泉水，各地名泉清澈甘甜、春夏不溢、秋冬不涸、水温冬暖夏凉；湘中衡阳地处衡阳盆地，境内有许多优质的山泉水，衡阳四周都是高山，穿越崇山峻岭的湘江、耒水、蒸水，经过千万里的过滤，为酿造酃酒提供了含有多种微量元素的优质水；湘东罗霄山脉的深度地下水，为2 500米深层断裂矿物带孕育而成，通过深层循环，溶解了岩石中数十种有益人体健美的矿物元素，是天然、纯生和无污染的优质水源等等，湖湘之水实实在在成为了酿制和勾调酒的血液。

从气候上说，湖南属大陆型亚热带季风湿润气候，气候湿热、雨量充沛、热量充足、空气温润、日照充足、四季分明，光、热、水资源丰富，三者的高值又基本同步，气候温和，无霜期长。年平均气温16℃～18℃，降水量1 200毫米～1 500毫米，是酿酒的优质气候。

从物产上说，湖南物产丰富，自古就有"湖广熟，天下足"之说，动、植物资源丰富且覆盖面广，有国家重点保护的珍稀动物40多种，植物70多种。湖南洞庭鱼米乡，为农作物栽培提供了很好的生态环境，而且湖南还盛产富含硒的优质大米、糯米和高粱等，硒是人体生命中不可缺少的微量元素，硒是谷胱甘肽过氧化物酶的活性成分，它能阻止过氧化物和自由基的形成，从而抑制多种癌症的发生。湖南大部分地区所产的五谷中其含硒量是普通大米的 4 倍，为酒类酿造提供了得天独厚的优质原料。

从土壤上说，湖南有最优质的酿酒窖壤：窖泥是白酒功能菌生长繁殖的载体，湖南黏性黄壤和红壤广布，其铁、钙含量低，土质质地厚而细腻肥沃，黏度适宜，持水性强，pH 值在 6 左右，在空气和土壤中微生物参与发酵滋生繁衍，酝酿成长，是南方特有的生产优质窖泥的首选泥种。优质的泥种、理想的微生物环境、驯良的菌源，神秘的窖泥培养配方，加之现代技术的运用，生产出富含多种有益微生物、利于发酵生香的优质窖泥，这是成为酒风骨的关键所在。

湖南原始奇绝的自然景观和最具原生态的酿酒环境遍盖全境，如衡阳"天之衡"酒业位于南岳生态酿酒园；浏阳河年份酒的酿造基地——浏阳，正好位于与茅台、五粮液等中国优质浓香和酱香白酒相同的酿造地带，大围山国家森林公园是它的"天然氧吧"，这里原始次生林和人工林浑然一体，被称为"湘东绿色明珠"；湘西酒鬼酒生产所在地吉首，位于中国"大湘西生态旅游长廊"中心地段，因其地理环境独特，地理标志明显，酒鬼酒被称为是中国白酒界在最原始、最自然、最绿色环境里生产的白酒，酒鬼酒申报国家原产地域保护产品，被国家质检总局发布的 2008 年第 77 号公告批准。

（二）古代湖南产酒大区

中国的酒记载于传世典籍的有《尚书》、《诗经》、《礼记》，但都是记录黄河流域的"酒事"。唐、宋以后有酒的专著，如唐有

《酒经》、《酒谱》，宋有《无求子酒经》、《大隐翁酒经》、苏轼《东坡酒经》，均不言及湖南。但实际上到唐宋时代，湖南酿造的酒已独步天下，成为人们钦羡的佳品。如北宋王安石诗云"自古楚有材，醲醁多美酒"；欧阳修的"湘酎自古醇，醴水闻名久"和叶调元《汉口竹枝词》说："一般字号一般坛，价值稍低货不湛。买酒从今须仔细，绍兴大半是湖南。汉皋热酒百余坊，解渴人来靠柜旁"等就是明证。唐宋时期湖南酒业兴盛，当时酿有众多酒品，形成了以长沙、常德、岳阳和衡阳为主的湖南古代产酒大区，到明、清两代，湖南更涌现出不少地方名酒，如常德玉泉酒、郴县程酒、岳州洞庭春酒、攸县煮酒、武陵崔婆酒、邵陵曹婆酒、益阳小曲酒等，且均已载入史册。清代，湖南各地几乎无不产酒，酿酒糟坊遍及湖南城乡，酿酒原料主要为稻谷、糙米、糯米、包谷和红薯，个别地方用高粱、稗子和野生块茎植物。酿酒依工艺不同分别有蒸馏酒、水浸酒、原汁酒和药酒。一般农家，凡养有牛的必自酿米酒，因冬天每头牛要饲以2公斤~3公斤米酒，更兼以自饮和馈赠亲友，酒糟则是冬季牛和猪的催肥剂，尾酒水用来制醋。民间有些人也酿造以稻谷为原料的技术性较强的"谷酒"，且酿成的头锅谷酒可达65%（V/V），此酒味醇色清，饮后不口渴，中国第一任驻英大使、署理广东巡抚兵部左侍郎郭嵩焘（湖南湘阴人)咏家乡谷酒诗云："隔座犹闻稻米香。"

现在我们如不说考古成果（如青铜、陶瓷酒器以及近年汉墓出土疑似古酒实物等），仅从典籍中去搜求，湖南饮食以见于《楚辞》者似为最早。湖南古代产酒大区有长沙、常德、岳阳和衡阳。

长沙 西汉时的湖南地区直属中央，设有一国三郡，一国即长沙国。长沙国，由秦长沙郡所改，以临湘（今长沙市）为都。临湘县所辖范围包括今长沙市以及长沙、望城、浏阳、宁乡、醴陵等县市，大致相当于现长沙市所辖（除醴陵今属株洲市外）。长沙国所辖则包括今长沙、岳阳、衡阳、邵阳、湘潭、株洲、娄底八地市。汉初封吴芮为长沙王。吴氏长沙国，历五代五传，共46年。此后又有刘氏长沙国，共历七代八传，共164年，直至王莽篡汉。在这200多年里，长沙国在控制和稳定湖南方面起了重要作用，使湘江中、下游特别是长沙地区成为整个湖南的政治中心。

长沙古为潭州，是楚国首封之地，这里也是楚国先王的祖庙所在地，为怀王招魂的仪式是在长沙举行的。长沙市唐代铜官窑出土的釉下彩瓷器，是世界上最早、最精美的釉下彩瓷器，这些瓷器中就有大量的酒器。长沙市酿酒历史悠久，古代时农家大都自己蒸酒，富裕人家还自制甜酒。晋代文学家谢惠连的"饮湘美之醇酵"，清代黄本骥在《湖南方物志》中说："长沙之酒，自古有名"等都诠释着长沙有着悠久的酿酒历史。在马王堆出土文物中有白酒、米酒、温（醢）酒和肋酒的记载，另外，在马王堆1号汉墓出土的随葬物中，还有两坛酒，经研究考证为果酒，距今已有2 100多年，说明长沙西汉已有酒业。长沙之酒，自古著名，备受历代诗人名士赞誉，唐代杜甫诗曰："夜醉长沙酒，晓行湘水春"的诗句千古流传，广为人颂；"说诗能累夜，醉酒或连朝"，也可见他常于此被灌醉。韩愈诗曰："闻道松醪贱，何须吝错刀。"戎昱诗曰："松醪能醉客，慎勿老湘潭。"李商隐诗曰："松醪一醉与谁回。"明代杨基诗曰："我为长沙客，不醉长沙酒。"宋代酒业兴盛，熙宁年间酒课达"五万贯以上"，成为湖南四大产酒地区之一。据晚清时期长沙著名戏曲作家和戏曲理论家杨恩寿的《坦园日记》记载，长沙城中的饮宴酒馆当时有40余家，还有各大公馆私厨，城内园林公所，酒的消耗量是很大的。那时长沙中上层流行的饮用酒，白酒有西汾、汉汾和湘汾三种，"西汾"来自山西，

"汉汾"来自汉口,湘汾是长沙河西人李四在汉口学会用高粱酿酒后于同治末年回长沙创"李作和"酒坊于西门辕开始酿酒,当时汉口最大的酒作坊"李大有"也在长沙、湘潭和常德置店,他们均以稻谷掺高粱为原料制酒,称为"湘汾",度数在60°左右,质量不差而售价低于汉汾和西汾,所以"湘汾"就在中层市民中传开了,可惜的是此酒没有牌号。长沙本市也产少量黄酒,但主要的是由绍兴贩入。因无窖藏条件,自产的黄酒主要用作料酒,酒坊常常与酱园合在一起,称酒酱业。

另据清代编纂的《长沙县志》记载:民间早已选用高粱为酿酒原料,并有在"六月六日造新米饭酿陈酒"的习俗,选用"高粱"为酿酒原料。1912年时,长沙的酒坊以"王德兴"、"李乾和"、"汤新茂"、"谭衡春"等的名头最响。1935年之时,酒坊则增至13户,年产高粱烧酒达4 361担。长沙名酒古有松醪酒,今有白沙液。松醪酒是西汉时代长沙名酒,也是贾谊在长沙时所饮之佳酿;刘禹锡《送王师鲁协律赴湖南便幕》诗中也有"橘树沙洲暗,松醪酒肆春"之句,说明当时潭州(即古长沙)的松醪酒确有名气。

1952年,长沙市政府以各老酒坊为基础,合建成"长沙酒厂"。其曲酒车间则坐落在自井底涌出"清香甘美,不溢不竭"的白沙古井之畔,故将产品命名为"白沙液",于1973年投产。

常德　常德位于湖南西北,洞庭湖之西畔,沅澧之中下游,武陵山脉横跨此境,东临长岳,西连川黔,南接粤广,北抵三峡,地理位置显要,自古有"西楚唇齿"、"荆楚要地"、"黔川咽喉,云贵门户"之称。

"常德"最早见于《老子》:"天下为溪,常德不离。"又见于西汉毛氏《诗·常武》序:"有常德以立武事,因以为戒焉。"北宋政和七年(1117),鼎州设常德军,后升为常德府,"常德"之名沿袭至今。常德古称武陵、鼎州，为湖南湘西北重镇，汉高祖时置武陵郡，酿酒历史源远流长，百姓乐酒，酒文化堪称发达，传承数千年，山川秀美的常德被今人誉为"烟都、纺城、酒乡"和"洞庭明珠"，古武陵文化圈的"酉水"和"澧水"，就与酒文化有着相当密切的联系。

常德酿酒历史源远流长，酒文化堪称发达。在常德发现的公元5000年前饮酒的陶瓯就是明证。彭头山遗址是其中最主要的代表，被命名为"彭头山文化"。它是我国新石器时代最早而文化内涵比较典型的遗址之一，距今9 000多年前澧县澧阳平原就开始种植稻谷，石门、慈利一带盛产高粱，玉米。稻谷、高粱、玉米均"可饭可酿"，常德人据此完全有理由认为，浙江余姚河姆渡出土6 000年前的粳稻是洞庭湖沅澧流域我们的祖先传播过去的。1997年，在澧县的八十垱遗址又发现了数以万计的8 000年前的古栽培稻，被学术界命名为"八十垱古稻"。这一发现对于世界稻作农业的起源及新石器早期聚落形态的研究都具有十分重要的意义，它表明长江中游地区具有高度发达的原始文明，也是中华文明的摇篮之一。同时，澧县城头山还埋着一座距今6 000年的古城，它是我国发现的最早的古城址。在城头山城市文化群中，考古发现的用于滤酒的"漏斗形澄滤器"，便是当时出现了酿酒工艺的历史见证。进入青铜时代（即商周时期），常德开始用青铜制作盛酒、饮酒器皿。津市市涔澹农场出土的一座商代墓葬中，存有铜爵、铜瓯等。春秋战国后，境内酒具从陶器、青铜器，发展到玉、金、银和漆木器。西晋时桃源县酿酒法被贾思勰载入《齐民要术》。唐、五代时期，常德酿酒业盛极一时，据《中国实业志·湖南省》载，其所产玉泉酒与衡阳的糊汁酒、岳阳的洞庭春色、郴州的程酒齐名于世。

常德是中华德文化的起源地，在远古时代，山水之城的常德诞生了一位与尧舜禹齐名的圣人善卷，今人称其为中华民族的道德始祖。古籍《庄子》、《吕氏春秋》等众多历史文献对此均有记载，说善卷力振圣贤之道，以道德教化民众及开启民智，维持中国固有文化，是一位"德行达智"十分突出的人物，以致尧要以他为师，舜要让天下于他；"尧舜德彰而身自尊，善卷德积而名自显"（汉代董仲舒云），宋徽宗对善卷的事迹更是倍加推崇，他御笔赐号善卷为"遁世高蹈先生"，又将他的故乡鼎州更名为"常德"，并将常德行政级提升为"直隶京师"，从此，常德之名便一直沿用下来。常德德山之得名与善卷也有着直接的关系，德山，隋代以前本叫枉山，又叫枉人山，据《方舆胜览》卷三十引《元和郡县志》所说，隋朝刺史樊子盖莅任常德，听说善卷曾居枉人山，故将此山易名为"善德山"，后人简称德山。从此，便有了"常德德山山有德，长沙沙水水无沙"的名谚。可知常德自远古时代起，便成为文明开化之地，也是中华德文化的诞生地。

常德也是酒文化的发源地，从古到今的历史长河中，常德的德文化与酒文化交相辉映，极大地丰富了中华文明。德行天下，也是酒文化的精神内核。李白、杜甫、刘禹锡等大诗人都曾把自己的足迹，连同不朽的咏酒诗文留在了沅澧流域。范仲淹跟随母亲在安乡长大，洞庭湖四时美景均已存入其胸臆中，他在《岳阳楼记》中的名句"先天下之忧而忧，后天下之乐而乐"，更是成为了历代为官者的警戒之语。黄庭坚游历常德期间，在石门写下了"蒙泉"二字，为现鼎城区周家店的白云山寺庙作《双松亭》，在桃源信手拈来《水调歌头·桃源》和七绝《武陵》。本土喝着澧水、听着楚声、咀嚼着楚骚风韵长大的李群玉，更是常德为中国诗坛培育的一朵奇葩，清代彭定求等编的《全唐诗》中收录他的诗就多达 260 余首，且大部分涉及酒并流传至今。

在常德，早在先秦时代，人们就有摆"春台席"置酒"与之合饮"风俗。晋朝时，常德出现了相当完善的酿酒技术。贾思勰《齐民要术》中载有西晋时期常德桃源的酿酒法。宋代朱翼中所撰《北山酒经·神仙酒法（武陵桃源酒法）》中，也说了采用常德桃源的酿法，"自成美酒矣"！东晋、刘宋时期陶渊明所写的旷世奇文《桃花源记》中所载："武陵人捕鱼为业……设酒，杀鸡，作食……余人各复延至其家，皆出酒食。"这篇文章虽然是从理想化角度描写的，但是，文学作品都来源于现实生活，文中所写的常德人家家户户都乐于饮酒，是有一定真实背景的。到了汉代时，已有"元月元日饮春酒，五月五日切菖蒲葅和雄黄泛酒饮之，九月九日饮菊花酒"的风俗，可见其所能酿制的酒品甚多。在唐代，武陵民间"贮精粮，甑甘醇"，已蔚为风习。唐朝大诗人李白在常德也留下了"纵酒"的美名，以《洞庭醉后送绛州吕使君果流澧州》为证：

> 昔别若梦中，天涯忽相逢。
>
> 洞庭破秋月，纵酒开愁容。
>
> 赠剑刻玉字，延平两蛟龙。
>
> 送君不尽意，书及雁回峰。

据传武则天时代，常德的酒便名声大振。由于酒好，客商竟将常德的酒整坛整坛的买走，往上带到沅陵、保靖、洪江等府县，朝下运到岳阳、武汉等都会。常德还有许多关于酒的美妙传说，如常德民间有关崔婆酒、吕洞宾三点莲花池、吕洞宾和酒仙李白于澧州（今澧县）酒肆饮酒行令后醉卧于酒楼及汉寿毛家滩镜面酒等等，这些美妙的传说，或见于以前的志书之中，或流传于人们的口头之上，赋予常德酿酒、饮酒史以许多神秘色彩，这些传说也表达了劳动人民对美好生活的无限向往，是常德酒文化的一个重要组成部分。2200 多年前，楚国的左徒、三闾大夫屈原就曾经来过这里。遭谗被放逐的屈原，在夏末时节乘船溯沅水而上，考察民情，访贫问苦。这在《九章·涉江》中有明确记载："朝发汪渚兮，夕宿辰阳。"汪渚在今常德市南，"汪渚"一带，虽稍稍偏远，但受当时楚国近乎癫狂的嗜酒之风的波及与熏染，也嗜酒成习。五代十国之际（907—960），武陵以"崔家酒"（又名神仙酒、崔婆酒）闻名，传遍湖广地区。

在唐代，武陵民间"贮精粮，甄甘醇"，已蔚为风习。宋代时酿酒业兴盛，以"鼎州白玉泉"酒品列为全国名酒之列，神宗熙宁年（1068—1077）间的酒课达"五万贯"而跻身全国名酒之中，是湖南产酒两大地区之一。宋代也有以"武陵春"为名的酒，宋词的词牌中，竟也有与常德地域之酒有关的，如醉桃源（即阮郎归）等。另据朱翼中《北山酒经》上说，桃源酿酒用神曲（优质曲）和好糯米，以五西法糟酿而成。此酒"熟后三五日，瓮头有澄清者，先取饮之，蠲除万病，令人轻健。纵令醻酌（大醉）无所伤"。明代文学家袁中道《澧游记》中也有"下山饮于老梅树下，月上始登舟归"的描写。清代民间酿酒极为普遍，以"黄酒"、"烧酒"居多。如《武陵竹枝词》所云："村村画鼓浇春酒"，即为明证。溥杰题诗："千秋澄碧湘江水，巧酿香醪号武陵。"在《乾隆安乡县志》中，有两首佚名的酒诗，写常德酒写得也很有气势。

其一：

> 山椒瑞气霭氤氲，道在虚中不可闻。
> 玉女乍悬罗绮幔，上仙衫着翠霞裙。
> 但经秋色换春色，抛却青云与白云。
> 花缕黄山绣作苑，酒杯诗卷缀新文。

其二：

> 两两三三舴艋舟，相将兰渚兰俺留。
> 鹅毛御腊逢山偪，椎子敲针作钩钩。
> 月浦扣弦歌皎洁，河干酣饮醉优游。
> 牛衣覆星和襄卧，不在渔舡即酒楼。

新中国成立后，常德酿酒工人继承古代遗法，并不断创新，使常德美酒香飘四海，德山大曲、武陵酒，中华猕猴桃酒闻名全国，其中酱香武陵酒是中国名酒。

岳阳 岳阳古称巴陵、岳州。从石器时代始，岳阳人就在这里辛勤耕耘，创造一个个辉煌。由于岳阳洞庭湖区的气候特点，早期居住在这里的人们凭借他的智慧创造了一种能驱寒气、祛风湿，用粟米酿造的"压酒"，此酒能健身御寒，又能增添力量，还酿制本土独特湖湘文化，更演绎了灿烂的传奇史诗，这里是夏、商、周时即为"三苗·古越族"聚居之地。岳阳远史，古达7 000~10 000年，春秋时期为麇子国移迁之地，岳阳洞庭湖肥沃的土壤养育了这里的人们，古今风貌冠盖三湘。汉代已能酿酒，而且是"不死酒"。在《博物志》及《湘州记》均记载着——岳阳君山有不死酒，"汉武帝遣人求之，被东方朔饮下，帝怒欲杀，因东方朔狡辩，赦之"的趣闻。

隋唐五代之时，岳阳美酒纷呈，诗人无不歌咏，如李白吟道："巴陵无限酒，醉杀洞庭秋"；盛鸣世亦赋云："巴陵压酒洞庭春，楚女当炉劝客颜"。此外，岳阳濒临洞庭湖，湖中有君山岛，系由七十二个大小山峰构成，佳景天成，秀丽无双，异竹丛生，古迹颇多。当地人盛称八仙之一的纯阳祖师吕洞宾，便常至此饮酒，三醉而忘归。

宋代酒业已盛，神宗熙宁年（1068—1077）间的酒课，达"四万贯以上"，已是湖南的第三大产酒区。诗人仍爱醉吟，像陆游即赋诗曰："聊须百斛酒，往醉庾公楼"；而陈与义亦云："天意苍茫里，村醪亦醉人。"

另据《巴陵县志》记载："巴陵酒有醉妃、大曲酒二种"，此即为"黄酒、烧酒"。而于1931年所建的"民生公酒坊"，就以酿制"高粱烧酒"著称。1953年时，乃在旧酒坊的基础上，建成"岳阳县酒厂"，后因改制为省辖市，易名为"岳阳市酒厂"。1980年规模日益扩大，再改为"岳阳市酿酒总厂"。岳阳汨罗也是有300年历史的产酒之乡，盛产酒液无色、醇香自然的汨罗小曲酒。

衡阳 衡阳市古称"衡州"，是晚清训练湘军水师的大本营，也是中国黄酒的发源地。"雨前方恨湘水平，雨后又嫌湘水奔。浓于酒更碧于云，熨不能平剪不分。水复山重行未尽，压来七十二峰影。篙篙打碎碧玉屏，家家汲得桃花井。"通过酷爱湖湘山水的魏源的诗使我们深知衡阳景美酒更美。衡阳人民勤劳智慧，其酿酒史极长，早在商代以前就懂得酿酒。现代出土了很多珍贵的酒器文物，如1977年出土于石鼓区东方红渔场包家台子的商代一级文物——青铜酒器"牛尊"，1988年出土于衡阳县东赤石乡的春秋时期的盛酒器物，也是国家文物之宝的"青铜提梁卣"等等。古代衡阳大量产酒，相应地也就促进了酒器工业的发展，民窑大量烧制的酒器，遍布衡阳的唐宋古代窑址中，燕尾酒壶、双流酒壶、多系酒壶等精美酒器占据了相当大的比例。

衡阳有其得天独厚的酿酒环境，衡阳地处衡阳盆地，四周都是高山，穿越崇山峻岭的湘江、耒水、蒸水，经过千万里的过滤，为酿造酃酒提供了含有多种微量元素的优质水。所以说：水是酒的血液，名酒必有佳泉。同时，衡阳又盛产粮食，有鱼米之乡之称。衡阳人民培植的大糯、麻矮糯稻种，是不可多得的酿酒原料。因此，优质的水，加上优质的米就酿出了名闻千古的酃醁酒。衡阳早在晋代，即以"酃醁酒"著称。"酃醁酒"又称"酃酒"，即酃湖之酒，衡阳民间干脆就叫"湖之酒"，迄今有 3 000 多年的历史了，它是衡阳市的传统古酒和贡酒，其历史悠久堪称中华一绝，衡阳因此也号称酃醁之乡，是中国黄酒的发源地。晋代文坛"三张二潘"之一的张载，作《酃酒赋》美文一篇，四百余字，洋洋洒洒，流传千古。自此，酃酒在中国古代留下了一页又一页历史诗篇。张载的《酃酒赋》说酃酒是一种"经盛衰而无废，历百代而作珍"的绝妙饮品。据史籍记载，魏太武帝拓跋焘征战衡阳时，曾将大批酃酒带往北方，南国美酒的奇香令将士们销魂，他们知道美酒来自衡阳，均直呼酃酒为衡酒，而只有打了胜仗皇帝才赐饮衡酒，从此战场上将士们总是拼命杀敌，他们不为别的，就为衡酒。据《元和志》上的记载："晋武帝平吴荐酒于太庙是也。"这个用来祭祀太庙的佳酿即是酃酒，又称酃湖名酒，古称酃渌酒。其后，在《荆州记》、《水经注》、《酒谱》、《酒小史》中，均有此酒之记载。清人李汝珍的神怪小说《镜花缘》，也把"湖南衡阳酃醁酒"列入当时天下之 55 种名酒之一。《衡州志》谈及衡阳城内最有名的两处人文景观时，就用"朱陵洞内诗千卷，青草桥头酒百家"一联来借，青草桥，原系半圆拱桥、尖墩、建筑艺术较高，表现着古代衡阳人民的聪明才智。桥头两端店铺鳞次栉比，成为集市贸易繁华之地，加上石鼓名山胜景，吸引着许多游客。店铺当中，尤以酒店居多，故八景中就有"青草桥头酒百家"的诗句，也从另一方面说明了历史上衡阳酒业之昌盛。

宋神宗熙宁年(1068—1077)间时，衡州的酒课为"三万贯以上"，在潇湘一带是个不小的产酒区。1935 年上海版《中国实业志·湖南省》载：1840 年左右，衡阳城内有酿酒作坊多达二百余家，每年产酒达 41 000 担，酒坊数为全省的 39%，总产量居全省 87%。主要是延续清代盛行的烧酒及米酒。故《中国实业志》上云："湘酒以衡阳产者为最著……清代作为贡品。名曰衡酒，其质冽，其味醇，为湖南其他各县酒产所不及。"1956 年时，在旧坊的基础上建成"衡阳市酒厂"。现有参照茅台酒的特点，五次蒸馏，制成酱香突出的迎宾酒。

另外，在湖南特别值得注意的是，北宋年间，湖南郴州程水乡酿酒盛行，其酿酒史最早可追至西汉，据明代《万历郴州志》记载："吴郡国志云：程水乡出醲酒。晋地志云：水味甘美。列仙传：桂阳程乡有千里酒，饮之至家而醉。"在湖南益阳生产小曲酒也有上千年的历史。

（三）各历史时期湖南的名酒和酿酒工艺状况

湖南素有"鱼米之乡"之称，民间饮食品生产源远流长，湖南古代不仅白酒黄酒不错，药酒更是名闻天下，我国现存的最早的药酒方见于 1973 年发掘的马王堆汉墓出土的《五十二病方》，记载内外用药酒 30 余首用以治疗疽、蛇伤、疥瘙等疾病的药酒方。马王堆汉墓出土的帛书《养生方》、《杂疗方》中，虽多已不完整，但仍可辨认出药酒方（药酒用药）、酿制工艺等记述。由此可见，我省的药酒在先秦时期就有了药酒，在中医方剂学上又称为酒剂。所谓药酒，一般是把植物的根、茎、叶、花、果和动物的全体或内脏以及某些矿物质成分按一定比例浸泡在低浓度食用酒精。白酒、黄酒、米酒或葡萄酒中，使药物的有效成分溶解于酒中，经过一定时间后去除渣滓而制成的，也有一些药酒是通过发酵等方法制得的。因为酒有它的自身作用，所以酒与中药材配伍，可以增强药力，既能防治疾病，又可用于病后辅助治疗的一种酒剂。有目的地运用药酒，有意识地将药与酒配合，在我国也已有了悠久的历史。

但在古代湖南酿酒业主要是一些规模很小的手工作坊，技术上主要是祖传秘方再加上师徒相传或父子相继，1949 年前均是这样。

湖南酿酒历史悠久，而且代有名酒。下面简单介绍湖南在各个历史时期的名酒和酿酒工艺状况。

夏商周时期，夏代农业已经受到人们的重视，在社会经济中占重要地位。杜康和仪狄作酒就在此期，商代的甲骨文中关于酒的字虽然有很多，但从中很难找到完整的酿酒过程的记载。商代湖南农业进一步发展，在商代卜辞中已出现禾、黍、稷、麦、稻等谷物名称，特别是黍，是酿酒的主要原料。卜辞中不仅有关于酒的记载，而且还出现了醴和鬯等酒种，同时还有比较发达的酒具。周朝发明了人力合作耕田的耦耕方法、抛荒轮种、人工灌溉，进一步提高了农业生产力水平，促进了酒业的发展，在湖南出土的此时期的酒具已相当精美。对于周朝的酿酒技术，也仅能根据只言片语加以推测。当时的名酒据史书记载有旨酒（一种美酒）、醴（甜酒，味较薄）、酪（有果酪、乳酪和米酪三种）、醪（用坏饭法酿造的汁滓相将的浊酒，即今天的酒酿或甜酒）、鬯（是商代用于祭祀的、以鬯草制成草麴，用合黍、稻或粱酿造的香酒）和春酒等；并还有"五齐三酒"之说，五齐指泛齐、醴齐、盎齐、醍齐和沈齐五种等级的薄酒，三酒则指事酒、昔酒和清酒三种。

春秋战国时期，除秦国自商鞅变法对酒采取"禁御"和重征的限制政策外，其他六国君主都不禁酒，对酒的生产、流通和消费采取放任政策。统治者"嗜酒而甘之"，平民百姓饮酒也很普遍。农业生产技术的提高和工商业的发展，为酒业的发展提供了基础。多投法和浸制法的运用是酿酒技术提高的表现。人们对酒的厚薄有了较明确的概念，酎酒是当时一种多次投米重酿的醇酒，与鲁国的鲁酒（即薄酒）不同，这在《楚辞·招魂》中有"酎饮尽饮，乐先故些"的描写。供贫民饮用的薄水酒醇和贵族所饮的酎、瑶浆、琼浆和黍醅等相比，在酒质上有很大的差别，屈原在《楚辞》中称衡阳酃渌酒为"楚源酃渌"，在《楚辞》中还有"瑶浆，白酒；琼浆，红酒也。楚人皆尚之"的记载即可证明。当时在湖南用肉桂浸制的桂酒已很有名，屈原在《九歌·东皇太一》中说"蕙肴蒸兮兰藉，奠桂酒兮淑浆"（东汉王逸注："桂酒，切桂置酒中也"）。另外，冰拔冷酒也是楚国时期的名酒。武陵崔家酒和鼎州白玉泉酒等相继问世，宋玉在《招魂》中说"挫糟冻饮，酎清凉些"是为了使酒不致酸败，同时也为解暑纳凉而制成的一种酒，也从另一个角度说明此时在酿酒技术上很有特点。

汉代时期，西汉前期因当时农业生产遭到破坏和时有水旱之灾，当权者实行禁酒政策是理智和符合情况的，后来在汉武帝天汉三年实行官府对酒的专酿专卖，给西汉王朝带来了巨额财政收入。到西汉后期和东汉末年因中央集权制衰落又改为税酒和禁酒。但因酒能带来巨大利润，人们纷纷争酿美酒，使酿酒技术进一步提高，美酒频出，汉代一些名酒价格也极高，窦苹的《酒普》中就有"汉灵帝末，有司涵酒，斗值千钱"的记载，表明其名贵，社会上宴饮百戏之风颇盛。当时在湖南有了闻名的松醪酒和专门的节日用酒——椒酒和柏酒，并有元旦时子孙向长辈敬椒酒和柏酒之习俗，唐代杜甫有诗说"飘零还柏酒，衰病只藜床"，《宋诗钞》陈造有诗云"椒酒须分岁，江梅巧借春"，说明元旦饮椒酒、柏酒之俗至唐宋时代仍很盛行。难能可贵的是此时的人们也很重视酿造技术的研究和提高，对酒质香醇的追求已达到相当高的程度，汉代酒业发展的重要标志是酿酒原料品种的增多和名酒产地的增多，1972 年从马王堆西汉古墓中出土的一果酒，距今已有 2 100 多年的历史了。特别是在马王堆西汉墓中出土的帛书《养生方》和《杂疗方》中可看到我国迄今为止发现的最早的酿酒的配方和酿酒工艺技术的文字记载，这是湖南酒业先民为世人所作的伟大贡献，其中有一例"醪利中"的酒的制法共包括了十道工序，其详细过程如下：

```
药材→切碎→浸泡(煮)取汁→浸曲←(水)
  │              ↓
  │           混合←米饭←蒸煮←米
  └──────┐      ↓
         发酵↓
            酒醪←药材
             ↓
         好酒→继续发酵
             ↓
           药酒
```

　　从上可以发现，湖南祖先在先秦时期的酿酒有如下特点：采用了两种酒曲，酒曲先浸泡，取曲汁用于酿酒。发酵后期，在酒醪中分三次加入好酒，这就叫"三重醇酒"。而且书中反映的事都是先秦时期的情况，故具有很高的研究价值。东汉末年出现了"九酝春酒法"。这是酿酒史上，甚至可以说是发酵史上具有重要意义的补料发酵法，现代称为"喂饭法"。后来补料发酵法成为我国黄酒酿造的最主要的加料方法。

　　魏晋南北朝时期，是我国社会大动荡和民族大融合的时期，民族间的斗争和融合，各种宗教、文化和思想的碰撞和融会，玄学、佛教和道教的发展均从不同侧面对湖湘大地上的酒文化产生了一定影响，我省酿酒术较前代更有长足的发展，并出现了酒真正走向民间的第一次高潮，酿酒原料除黍外，还发展到稻、高粱、粟和禾祭（即穈子）及松叶、竹叶等，人们重视酿造技术的改进，酿酒时更注重对季节的选择和酒的贮陈方法的摸索，据《齐民要术》记载：酿造时"凡粱米皆得用"但以"赤粱白粱佳"，且"春夏秋冬皆得作"。不仅如此，在此时期有医疗保健作用的药酒和少数民族酒也有了进一步的发展，文人以诗赞酒记酒，如杜甫诗云"坐开桑落酒，来把菊花技"和郎士元诗云"色比琼浆尤嫩，香同甘露仍春。十千提携一斗，远送潇湘故人"。此时湖湘酒在选料、用水和酿造上皆精，其声名自两晋以后历代不衰，由于改进了酿造法，此时湖湘名酒辈出，醽醁酒、酃酒、张飞酒、白醪酒、当归酒和竹叶浸酒已是当时非常著名的酒，特别是醽醁酒，北魏末期人贾思勰在《齐民要术》中所载湖南衡阳酃酒的酿造方法如下：

作酃酒法：以九月中，取秫米一石六斗，炊作饭。以水一石，宿渍麴七斤。炊饭令冷，酘麴汁中。覆瓮多用荷、箬，令酒香，燥复易之。

秫米是一种黏性黍米，我省湘东一带至今仍种植；至于"覆瓮多用荷、箬，令酒香，燥复易之"，至今尚未失传，现还一直在湖南各地农村中应用。

在隋唐时期，唐代是我国历史上经济发展比较繁荣的时期，唐代和宋代是我国酿酒技术的成型时期，酿酒技术及主要的工艺设备最迟在宋代基本定型，也是我国酒真正走向民间的第二个高潮时期。中央集权制度的建立，农业生产的持续增长、文化科学技术的繁荣及对外经济文化的交流和官府对酒实行免税、允许自由经营的开放政策，为酒和酒文化的发展提供了发展的良好时机。特别是隋唐中晚期两税法推行后，酒户得以专心酿制名酒，促进了酿酒术的不断提高和酒文化的发达繁荣。据有关文献记载，湖南是当时全国盛产美酒和地方特色酒的地区之一，除蒸馏酒外，粮食酒、水果酒和添加植物花叶果实或各种药材制作的酒皆达到较高的水平，酿造技术进一步提高，重视重酿，五酒是唐代一种五次投米重酿的美酒，比前朝的三酿酒的技艺更胜一筹，酿酒原料更是多样，添加了植物的叶、花、果实或各种药材制作的酒，酒质都已达到较高水平。唐朝时期，常德石门县境内有的作坊以善酿高粱和包谷酒驰名，一年可酿包谷酒 7 吨 ~8 吨。此时在湖南各地当时的地方特色酒很多，有玉薤、松醪春、松花春、花屿酒、椒酒、醽醁酒、湖子酒、武陵崔家酒、祁阳压酒、毛叶酒和菖蒲酒等。唐代名酒多以"春"命名，如松醪春就是当时长沙、湘潭一带一种用松膏酿制的酒，戎昱的《送张秀才之长沙》诗云："君向长沙去，长沙仆旧谙……松醪能醉客，慎勿滞湘潭。"刘禹锡在《送王师鲁协律赴湖南使幕》诗中也有"橘树沙州暗，松醪酒肆香"之句等，说明当时用松醪春待客很普遍，松醪春也是人们喜爱的美酒。

在宋代时期，从五代至宋，是我国又一次从封建割据到全国统一的时期。两宋共有 300 余年的统治，对酒的政策基本上是实行形制完备、办法细密的专卖，榷麯、官卖和民酿课税三种基本形式并行，因地因时而异，在我省乃至我国酒政史上均是一个重要的发展时期。特别是从北宋到南宋，在分别与辽、金对抗中均有庞大的军费开支，政府财政支出浩繁，客观上需要用酒的专卖收入和酒税等来弥补和支撑，宋代名酒多以"堂"命名，"堂"本是官酿作坊名，借以为酒名也从另一个侧面反映了政府对酒的生产和消费是实行鼓励政策的特点，这也就大大促进了酒的生产和酒文化的发展。传统的酿酒工艺自宋代后，没有太大发展，方法没有较大的改进，工艺路线基本固定，只是在设备方面有小的改进。酿酒工艺直到现代出现机械化生产后才有大的改变。但宋代对酿酒的原料很讲究，如桂花、黄柑、绿豆、蜂蜜等不一而足，配制酒有了相应的发展。宋代时不但名酒多，社会各阶层饮酒的轶事也颇多，湖南见于文献的宋代名酒有洞庭春色、武陵桃源酒、桃花酒、程酒、醇碧酒、黄柑酒、钩藤酒和曹婆酒等；洞庭春色是用黄柑酿造的美酒，苏轼的《洞庭春色赋·引》云"安定郡王（赵世凖）以黄柑酿酒，名之曰洞庭春"，这也是用柑橘酿酒的最早记录。人们对美酒已逐渐形成一种神圣的传奇观念，加以神话传说，如武陵桃源酒就是北宋时武陵（今常德）酿造的一种美酒，传说其酿法得之武陵桃源仙人，故又称"神仙酒"，该酒在北方用相同的方法就酿造不出。宋朱翼中所撰《北山酒经·神仙酒法（武陵桃源酒法）》中，也说了采用常德桃源桃源酒的酿造法，即：

　　取神曲二十两，细剉如枣核大，曝干，取河水一斗澄清，浸。待发取一斗好糯米，淘三二十遍，令净，以水清为度。三溜炊饭令极软烂，摊冷，以四时气候消息之。投入曲汁中，熟搅令似烂粥，候发，即更炊二斗米，依前法，更投二斗。尝之，其味或不似酒味，勿怪之。候发，又炊二斗米投之；候发，更酘三斗。待冷，依前投之，其酒即成。

　　如天气稍冷，即暖和熟后三五日，瓮头有澄清者先取饮之。蠲除万病，令人轻健；纵令酣酗，无所伤。此本于武陵桃源得之，久服延年益寿、被《齐民要术》中采缀编录，时人纵传之，皆失其妙。此方盖桃源中真本也。

　　今商量以空水浸曲未为妙。每造一斗米，先取一合以水煮，取一升澄取清汁浸曲，待发。经一日，炊饭候冷，即出瓮中，以曲水熟和，还入瓮内、每投皆如此。其第三第五皆待酒发后，经一日投之。五投毕，待发定讫，更一两日，然后可压漉，即滓大半化为酒。如味硬，即每一斗酒蒸三升糯米，取大麦曲药一大匙，神曲末一大分，熟搅和，盛葛袋中，内入酒瓶，候甘美，即去却袋。

凡造诸色酒，北地寒，即如人气投之；南中气暖，即须至冷为佳。不然，则错矣已。北造往往不发，缘地寒故也；虽料理得发，味终不堪。但密泥头，经春暖后，即一瓮自成美酒矣。

在元代时期，元王朝是我国历史上第一个少数民族建立的全国性政权，领土辽阔，国力强盛，可以说是当时世界上最强大和最富庶的国家，相应地，对外扩张和征战也更加频繁，财政开支空前巨大。为此，元代统治者对酒实行专卖制度，其榷酤之重胜于前朝，但政令多变，榷酤时兴时罢，酒禁时宽时严，也是元代酒政的一个特点，在客观上对酒文化的发展有制约作用。元代饮酒之风颇盛，这从许多元代的诗歌和杂剧等文学作品中可以充分体现出来。在湖南官僚士大夫的宴席上，还常置酒杯于女人的绣花鞋中以行酒，反映了封建社会上层的病态与纵情（色）饮宴的陋习。据陶宗仪的《辍耕录》记载说："杨铁崖耽好声色，每于筵间见歌儿舞女有缠足纤小者，则脱其鞋，载盏以行酒，谓之金莲杯和民国初年"。不仅在湖南，在全国其他地方也有此病态陋习，并一直保留到清朝末年。另外元代其他阶层也都酷爱饮酒，与官僚们相比，虽酒质、饮酒旨趣不同，但对酒的爱好是共同的。常德人，李群玉在其著作中说"想田家作苦区区，有斗酒豚蹄，畅饮歌呼"，反映了田家于劳动闲暇时饮酒的乐趣。"鱼家短蒲，酒盈小壶，饮尽重沽"则描述了在湖南沅江和洞庭湖一带渔夫们日常饮酒的情景。湖南元代的酒多沿袭前代，从发酵酒到蒸馏酒的发展是湖湘酒文化历史的一个特点。由于蒸馏酒白酒的出现，相应地浸渍酒也得到了发展，广泛流传于湖南各地的艾酒就是用艾叶浸渍于酒中而成的供端午节饮用的酒，端午节饮艾酒之俗可能自此即逐步形成。在此时期少数民族酒与汉族酒得到交流与融合，使湖南酒业发展更全面。

在明代时期，据史书记载，湖南明代酿酒作坊和烧锅作坊遍及城乡，除专业经营者外，农村的农家也多在丰年酿酒以供自家饮用，甚至有些做其他买卖的小本生意人也以造酒为辅助盈利手段。此时从文献记载上看，明代湖南的酒明显多于前几代，如饼子酒、姜酒、虎骨酒、桃花酒、桃源酒等名酒繁多；明代，烈性烧酒进一步发展，配制酒发展了一种熏制法。在酿酒原料、技术上也不断改进和提高，发酵酒也达到了较高的水平。

在清代时期，清取代明后，经过一个时期的战乱，乾嘉之后，朝政日益腐败，官僚贵族穷奢极欲享乐着的酒宴席耗费越来越大，酿酒业愈趋发达，使各类高级酒宴层出不穷，酒类品种也到了空前齐备的时代，传统的酿酒术在继承的基础上得以发展，蒸馏白酒的品种更加丰富，少数民族的酒也在清代传入三湘大地。清朝中期，手工酿酒糟坊遍及全省城乡，农村多自酿自用，城市则多为商品生产。当时衡阳城内酒坊有 200 余家。1 911 年前后，常德宏顺祥的汉汾酒即誉为名酒。据 1935 年出版的《中国实业志（湖南省）》列举了当时省内产酒的重要县份有 23 个，共有酒作坊 452 家（其中衡阳 177 家），资产总值近 30 万银元。抗日战争初期，沿海地区人员大量内迁，湖南酿酒业极为繁荣。此时，湖南名酒纷争竟出，《湖南通志》（清光绪版）载："峒酒出永顺。"《龙山县志》（清光绪三年版）也有"呷酒用高粱，复月浸以山泉，置竹管瓮中汲之，最能解渴，称峒酒，土人喜饮之"的记述。《永顺县乡土志》（清光绪版）载："酿酒造酒之法，合白酒、黄酒两法为之，不刚不柔，中贤中圣……'日卫酒'……一味厚性和，以养老延寿为宜。"光绪二十四年（1898），常德桃源县城邱氏糟房年产黄酒（即米酒）45 吨，境内各县城乡亦有黄酒出产。清代湖南已有世代民间酿酒大姓，酿出的酒品质高超，名扬遐迩。在酿酒选料、用水上极其考究，酿造术也大幅提高，浸渍酒与配制酒得到发展。少数民族酒的发达也是清代湖南酒文化的一个亮点。

辛亥革命后，我省城镇酒作糟坊，多前店后坊，起落无时，家数难定。长沙酒类生产较以前有很大发展，据1925年出版的生计志《省城酒业及酒业公所之沿革》称："省城酒业，分为苏州帮、江南帮和本帮，三帮中又分苏酒、汾酒和烧酒作坊业与零沽酒店业。1925年省城苏、汾和烧酒作坊共计30家，名曰大作糟坊。"农村酿酒较为普遍，以湘南、湘西地区最盛行。酒类的传统产销形式，农村多自酿自饮，也有的专门酿造出售，城镇设酒作糟坊生产，就地供应，或购进少量外省名酒应市。

据1935年出版的《中国实业志·湖南省》记载：湘酒以衡阳产者为最著，自古以来有酃湖名酒，古称酃渌酒，晋代用以祀太庙，清初作为贡品，名曰衡酒，其质冽，其味醇，为湖南其他各县酒产所不及。该地酿酒始于晋代，迄今数千年间，墨守陈法，故步自封，不事改进，以其所用水质纯良，故负有特殊之盛誉。据业中人云，在前清初叶，出产最旺，清朝衡阳城内酒坊尚有200余家，1935年时稍形衰落，然尚有177家之多。唐、五代时期，常德酿酒业已盛极一时，所产玉泉酒即与衡阳湖子酒、岳阳的洞庭春、郴州的程酒齐名于世。

全省产酒之重要县份，据此次调查所得计有23县，共452家，除衡阳外，郴县、耒阳、嘉禾、平江、芷江、浏阳、会同等县，每年亦有大宗出产。

湖南酿酒，大体上可分为两类，即米酒与烧酒。米酒系用糯米制成，初步所得之酿谓之醇酒，加水以后之酒谓之水酒。烧酒有用谷米烧成者，亦有由高粱烧成者，经加色或加入药品之后又分为加皮、冰梅和色酒等数种。

1. 湖南酿酒现状

湖南酿酒业,自古迄今,无甚变化情形可言。全省较为重要之452家作坊,其地域分布、资本总额及工厂总数如表12-1所示。

表12-1 资本总额

县 别	家数	资本总数(元)	资本占全省总额百分数/%
长沙市	13	31000	10.45
湘阴	4	2550	0.86
浏阳	15	23900	8.06
醴陵	10	27500	9.27
湘乡	3	5900	1.99
宁乡	4	10000	3.37
邵阳	7	21000	7.08
新化	4	5500	1.85
岳阳	1	800	0.27
平江	25	11260	3.79
通道	1	350	0.12
晃县	2	920	0.31
临湘	2	320	0.11
衡阳	177	55800	18.81
耒阳	30	25400	8.56
安仁	17	1600	0.54
郴县	48	13560	4.57
桂阳	5	3300	1.11
嘉禾	30	4197	1.42
芷江	21	10320	3.48
黔阳	10	2100	0.71
靖县	9	3400	1.14
会同	14	36000	12.13
总计	452	296677	100.00

家数分配：据上表所示，各县中酒坊在 100 家以上者仅有衡阳县，其他各县酒坊家数均不满 50 家。40 家以上者仅有郴县一县，满 30 家者有耒阳、嘉禾两县，满 20 家至 25 家者有芷江、平江两县，满 10 家至 17 家者有醴陵、黔阳、长沙市、会同、浏阳、安仁等六县市，此外自一家起至九家止计有通道等 11 县。

资本分配：各县酿酒业中全业总资本，自认衡阳为最高，达 55 800 元，几乎占全省酒业总资本的 19%，其次为会同，占总数的 12% 强，长沙市酒作坊家数虽不多而资本却占总数 10% 以上，因其在省城中经营，故较内地规模大。醴陵 27 500 元，占总数 9.27%，在各县酿酒业资本数中亦值得提及。此外耒阳、浏阳均占 8% 以上，邵阳约占 7%，平江、芷江、宁乡三县均在 3% 以上，湘乡、嘉禾、靖县、桂阳各县均在 1% 以上。其余如湘阴等县之全业资本均不及 1%。

再就各家酿酒作坊之资本分配情形，列表如 12-2。

由表 12 - 2 可以看出，湖南酿酒作坊之规模，可谓小。资本额在 5 000 元以上 6 000 元以下者仅有两家，5 000 元

表 12 - 2　资本分配

资本额的等级（元）	家数
5000 ~ 6000	2
1000 ~ 5000	73
500 ~ 1000	81
100 ~ 500	280
100 以下	16

以下至 1 000 以上只有 73 家，500 元至 1 000 元计有 81 家。资本在 500 元以下者，竟占多半，甚至在 100 元以下者，也有 16 家之多，酒作坊资本之短绌，以及经济之简单，由此可见一斑。

2. 湖南酿酒生产

酿酒原料： 造酒所用原料，自不出乎谷米及高粱，湖南产酒

较多各县，每年原料需用量，有如表12－3。

上表所指混合原料，并非指酿酒制造上之混合。各酒作坊每年仅知用去高粱谷米共为几担，而不知每种料各为几担。故该行所例数字，系指用量中包含有谷、米、高粱等三种原料而不能单独区别。

表12－3　原料用量

原料名称	每年用量（担）
谷	42215
米	36038
高粱	6562
混合原料	31791
总计	116606

湖南酒类产品类别：湖南酒产，大致可分为两类：一是米酒，一是烧酒，严格言之，在湖南所制烧酒，其所用原料，大半均为米谷，在制造上先将糯米煮熟成饭，拌以酒药，置于缸内，候数日后发酵，缸中涌集之酒酿，湖南人谓之醇酒，又名醇子酒，俗称醇头娘，为米酒中最佳的，因其所取酒质极为纯粹。酒坊酿酒一经将醇酒提出，然后再掺以水，使水与糟粕混合成酒，名曰水酒，该酒质较为清淡。湖南对于"水酒"一名词，各地乱用，毫不一致，就芷江酿酒情形而言，其第一步先将米酿成酒粃，经相当时间后，始行烧酒，初出十余斤，其味浓，名为烧酒；继出十余斤，其味淡，名为水酒。然则水酒又属烧酒中一种，而为烧酒的副产品。水酒名称，极不统一，于统计数量上甚感困难。

湖南全年产酒，共计485 922担，总值591 740元。现将各县产量列表如表12－4。

由表12－4所列数字来看，烧酒年产量为443 735担（产烧酒各县所产之米酒量并入烧酒数字中），米酒年产量为41 999担，加工酒仅188担，此188担，系桂阳所产，所谓加工酒乃指加皮

表 12 - 4　各县产量

县　别	产量(担)(烧酒)	米　酒	加工酒
长沙市	4361		
湘阴	900		
浏阳	4520		
醴陵	7200		
湘乡	760		
邵阳	3400		
宁乡	2250		
新化	886		
岳阳	350		
平江	1044		
临湘	76		
衡阳	410735		
耒阳		5020	
安仁		11869	
郴县		19129	
桂阳			188
嘉禾		·3472	
芷江		1128	
黔阳		1381	
靖县		1180	
会同		5683	
通道		150	
晃县		240	
总计	443735	41999	188

酒及冰梅两种而言。再凡产水酒各县，除郴县和嘉禾列入米酒类外，其他因数字混合关系，视各县所产之其他酒类而归并之。会同所产之色酒，因其数字与水酒合并，故不能将其单独列入加工酒类中，此应附加说明。

湖南酿酒原料与产品：湖南省酒产与原料之关系，就衡酒言，糯米一斗四升，能制成原糟一抽缸，所谓原糟即已含有酒质之米糟，该原糟每缸可出衡酒20斤；余下之干糟则更用以制造烧酒，俗称糟烧，普通每20缸原糟之干糟可得烧酒60斤到70斤。

湖南的酿酒生产季节：湖南酿酒季节与其他各地大致相同，酿酒虽全年可行，但欲得佳酿美酒，总以重阳节后为最适宜时期。该时期所酿之酒，能积存久远，不致变更质味，逾腊所产之酒，因水质关系，不能持久。

新中国成立初期（1949—1951），也是我省的酒的发展时期，我省的名酒分果酒、乳酒、黄酒、白酒和啤酒共六类。湖南酿酒仍以私人作坊为主，兼有少量合股企业。1949年底，衡阳市成立烟酒专卖公司，对烟酒业加强管理，并采取来料加工和包销产品的方法，扶持私营酒坊。1950年7月，常德市税务局出面，将常德市城内酿酒作坊分东、西、北三区组建三家酿酒厂。1952年6月，这三家酒厂又并为常德专署专卖处酿酒厂，1953年下放给常德市，并改名为常德市国营酒厂。这年全省饮料酒产量为2 300吨。1955年，湖南省工业厅轻工业局于长沙市潇湾镇成立湖南酿酒总厂，下辖湘潭、株洲、常德、益阳、郴州、衡阳、邵阳和岳阳八个分厂。1956年，省内较大的酿酒作坊皆公私合营，当时全省饮料酒总产量为6 865吨，1957年上升到17 115吨。1958年，湖南酿酒总厂改变体制，所属八个分厂均交当地管理，总厂改为长沙市酿酒厂。这年，湖南省除工业部门有酒厂27家外，商业部门还有酒厂66家，粮食部门和人民公社也办了一些小酒厂或作坊，全省饮料酒产量一跃而为43 657吨。1960到1962年，因粮食紧缺，酒产量急剧下降，1962年全省只有16 814吨。1963年调整国民经济，省内县以上所营酒厂统一由轻工业部门管理，实行专酿专卖，产量略有回升，1966年达到21 200吨。"文化大革命"期间，湖南省总体上粮食生产仍有增长，市场上对酒的需求量也逐渐增加，饮料酒的产量总的来看还是在稳步上升，1976年突破50 000吨。1979年湖南省人民政府提倡社队办酒厂，并给以短期减免税金的优待，全省几乎社社队队都酿酒。同时，长沙市啤酒厂、湘乡县啤酒厂、常德市果露酒厂、南县大曲酒厂等企业相继建成，饮料酒的产量增长更快。1980年，全省酒产量达82 000吨。"六五"计划期间，湖南省人民政府决定加快发展食品工业，经过对社队酒厂的整顿和对基础较好企业的扶持，湖南饮料酒行业迈出了更大的发展步伐。1985年全省饮料酒产量为25.8万吨，比1980年增长2.13倍，年均增长率达25.7%。这年全省共有酿酒厂435家，其中轻工业系统内有104家，年产酒量达20.2万吨，占全省饮料酒产量的78%。

1952年湖南省专卖事业公司成立后，对全省酒类产销实行计划管理。据1952—1953年4月全省课税资料统计：长沙市等21个专卖区和新宁等28个非专卖区，共有酒厂1 432家，规模小，产量低。专卖初期，省专卖公司确定对长沙等10市、县15个私营酒厂，由当地专卖公司租赁自制；其余50多个私营酒厂，采取加工订货或包销收购形式经营。1953年10月，湖南省财政经济委员会决定：长沙（4厂并1厂）、常德、湘潭、益阳（3厂并1厂）、衡阳、邵阳、零陵、郴县、浏阳、洪江等10个商办酒厂，划归省轻工业部门领导，仍由专卖公司代管，至1955年7月交省轻工业部门直接管理。自此，全省酒厂分属轻工、商业部门两个系统管理，其他粮食、部队、农场等单位所办酒厂，均按酒厂隶属关系管理，产品由专卖公司收购。1957年全省共有158个酒厂，其中地方国营16个，公私合营11个，专卖公司附属酒厂93个，农业社办酒厂34个，个体经营4个，年产酒1.7万吨。除地方国营酒厂由轻工部门领导管理外，其余均由专卖公司安排生产，收购产品。1958年底有商办酒厂64家。1963年5月根据湖南省商业厅《商业系统独立核算加工生产企业精简方案》精神，全省独立核算的商办酒厂，除郴州酒厂集办外，其余商办酒厂大多陆续移交轻工业部门管理。至1985年底，商办酒厂尚有衡阳湘南、衡南、祁东、永兴、临武、桂东沙田、茶陵、冷水江等八厂。

湖南历来采用小曲（又称米曲、药曲）酿酒，淀粉利用率低，质量不稳定。1954年湖南省专卖公司引进菌种，按烟台操作法制造麸曲，进行发酵试验。1956年8月在株洲市召开全省酿酒技术会议，全面推广烟台操作法，革新传统工艺，采用麸曲酿造，效果显著。每百市斤稻谷产45度白酒由48.3市斤增加到87.5市斤，出酒率提高81.6%。每百市斤红薯干产45度白酒由40市斤增加到78市斤，出酒率提高95%。1958年初，全省专卖公司系统管辖的酒厂，已全面推行烟台操作法，为提高出酒率和利用代用品酿酒奠定了新的技术基础。

1956年大部分商办酒厂开始利用代用品试酿白酒，并与供销合作社签订了代用品收购合同。1957年湖南省专卖公司成立代用品酿酒小组，负责技术指导，并在邵阳酒厂召开了全省专卖公司系统代用品酿酒会议，采取现场教学，分两批共酿制28作栗子酒，7作丁榔酒和4作土茯苓酒，按几种不同的配料比例和操作方法进行对比试验，代用品酒产量有所提高。1958年开始技术革新，为发展湖南名优曲酒，长沙、常德、衡阳市等酒厂开始试制大曲酒。湖南省副食品公司多次派人，组织有关酒厂分赴贵州、四川、山西、江苏等名酒产地访师学艺，引进酿造技术，不断提高大曲酒质量。1960—1962 年每年举行一次质量评比。1979 年4 月举行全省评酒会议，武陵酒、白沙液、德山大曲、锦江酒被评为省产名酒；长沙大曲、湘潭汾酒、南洲大曲、回雁峰、九嶷大曲（宁远）、邵阳大曲、沅陵大曲、郴州二锅头、湘泉酒（吉首）、浏阳河小曲、岳阳小曲、益阳小曲、洣河小曲（衡东）、芙蓉酒（衡阳市）、雪峰蜜橘酒（邵阳市）、味美思（溆浦）等被评为省产优质酒，均授予证书。1963 年德山大曲酒、1979 年武陵酒、1984 年浏阳河小曲酒先后被评为全国优质酒。

二、湖南酿酒工艺简介

中国酿酒技术形成与发展经历了由自然酿造、谷物酿造、曲蘗酿造、传统酿造和蒸馏酿造五个过程。概括起来，我国历史上独特的四大传统酿酒方法是：嚼酒法、坏饭法、蘖造法和麹造法。而这几种酿酒方法在湖南历史上均有体现证明，如：

嚼酒法：古代的"嚼酒法"其实就是"嚼米为曲"，利用口水发酵来酿酒的方法。至于嚼酒法之起源，日本学者山崎百治认为是起源于"母亲嚼碎食物以喂幼儿"。它有两个特点：一是嚼米者须是女性；二是操作者都要有一个不断重复的将嚼过的米"吐"入一定容器中的动作行为。因此，我们有理由相信，常德崔婆井和邵阳曹婆酒传说中那个仙道"吐酒"的细节，实际是隐喻了一个中华最原始的发酵时代，那个时代酿酒的话语权完全是女性掌握的，酒的生产与人类自身的繁衍被视为一样的神秘与伟大神圣。而笔者也因此对关于常德崔婆井传说中"神仙泼酒"和那神秘的"指泉"所做出的种种判断更加深信不疑。

坏饭法：坏饭法是人们利用吃剩的饭，在适当的温度和湿度条件下长出的一种霉菌来制麴酿酒的，即如晋代江统在《酒诰》中所说"有饭不尽，委于空桑，郁结成味，久蓄气芳。"我国利用坏饭法酿造的最古老的酒是醪，是一种汁滓相将的酒，即古人所说的醇醪。如屈原在湖南所写的《楚辞·渔父》中有"众人皆醉，何不餔其糟而歠其醨？"其中，糟和醨就是二、三道的酒。而杨慎的《升庵外集》还说"醑，首酒也，今曰头酒；醨，尾酒也。"醨酒是指滤酒的一种方法，如《诗经·小雅·划木》中有"划木许许，醨酒有藇"等等。

蘖造法：蘖造法酿酒在非洲、欧洲、美洲和北亚及东北亚较多，在中国似乎仅限于北方。我国以蘖造法酿制的酒，最古老的是醴。据《礼记·明堂位》的"殷尚醴"的记载，可见早在殷代，醴就是当时的一种主要流行的酒，在祭祀中，人们常常用到醴，在卜辞中有许多关于醴的记载。在湖南汉代就有醴酒的记录，如长沙马王堆汉墓出土的《马王堆医书考法》第九部分《养生方》中就提到以"醴"医治疾病。《楚辞》中提到的"醴"也是湖南最早见于文字记载的三种古酒（瑶浆、楚沥和醴）之一。

麴造法：麴造法是制草麴以酿酒之法，按其制麴造酒的不同特征，可分为草汁、草灰和黎实等几种。在我国南方就盛行以草汁制麴和酿酒，据杨孚的《异物志》中就有南方人以"文草作酒，其味甚美，土人以金买草，不言贵也"的记载，制草麴以酿酒的方法是"草麴南海多矣，酒不用麴蘖，但杵米粉以众草叶，治葛汁溲溲之，大如卵置蓬蒿中，隐蔽之经月而成，用此合糯为酒"。以中草药制成药麴，原理相同，也可纳入草麴一类。现代在南方仍有许多民族用草麴酿酒，如湘西水族制酒药就是这样。

酒究竟始作于何时？据日本发酵化学家山崎百治氏之推测，果酒于旧石器时代已有之，谷酒始于新石器时代。由此来看，中国古代利用唾液、蘖（谷芽）、酸（坏饭细菌）、麴（丝状菌类）四种复发酵所酿之酒中，古酒之醴先用唾液，后由蘖造、酸酿醪、麴造酋。此四者起源的先后层次是：唾液最古，蘖次之，酸与麴又次之。中国口嚼与蘖造之法，起源北方，坏饭与麴造之酒则起源于南方。

（一）酿酒原料

湖南酿酒行业自古把酿酒原料称为酒之"肉"，酿造用水称酒之"血"，酿造用曲称酒之"骨"。湖南白酒的酿造原料分为纤维原料、含糖原料和淀粉原料三类。纤维原料主要是指木屑、稻草和谷壳等，用此类原料酿制的白酒不能饮用，湖南各地酒厂一般把纤维原料作为酿酒的辅助原料；含糖原料主要指糖蜜、甜菜和糖渣等，如湖南常德、娄底和邵阳等地自古就有利用糖渣采用液态法生产白酒之历史；淀粉原料则是本省各地酒厂的主要酿酒原料，它包括红薯、稻谷、大米、小麦、高粱、土茯苓、玉米（俗称包谷）、蕨根和米糠等。在20世纪50年代（1953年）到60年代初期国家对粮食实行统购统销再加上严重的自然灾害，全省各地酒厂原料短缺，大多数酒厂停产自谋出路，或收集红薯、包谷或薯干、薯片为酿酒原料，1957年，新邵县联合工厂始用野生植物酿造白酒成功后，翌年，邵东县酒厂试制成功梨子、葡萄等原汁果酒，畅销河南等省，但因年耗250吨以上的水果难以购得，被迫改用土茯苓、铁茯苓、地榆片、丁榔为原料生产白酒；武冈县酒厂试用甘蔗渣、稻谷壳酿酒，亦获成功。同时，隆回酒精厂（后改名隆回县酒厂)用薯根，洞口县植物油厂酿酒车间用细糠，新宁县酒厂和邵阳县酒厂用刺果、荆刚根等酿酒，均获成功。1958年，国务院发出"利用野生植物原料酿酒"的号召，湖南很多酒厂开始试用粟子、苦莲子、茯苓、杜仲、蕨根、土茯苓、冬果、黄茅根、葛根、稗子、马鞭草、乌药、苦株、石蒜等多达近30种野生植物改酿代白酒，全省代用品酿酒现场会，于1958年在邵阳市召开。会后，全省各地代白酒产量增多。常德临澧县酒厂利用粟子、苦莲子、土茯苓等酿酒，该厂是常德地区采用野生植物酿酒工艺的第一家。汉寿、桃源等县利用苦莲子酿酒，1958年下半年，常德市酒厂开始以茯苓酿酒成功后，1959年该厂专从广州订购两台打磨机，以茯苓为主要原料，附带收购杜仲、蕨根开始大批量酿酒。1960年10月，湖南省轻工业厅在常德召开全省饮料酒技术现场会，常德市酒厂获得全省第一家"无粮酒厂"的光荣称号。1966年后的数年中，武冈县酒厂完全用野生植物酿酒，有"无粮工厂"之称。1968年，邵东县酒厂专门用丁榔等酿造代白酒。代白酒酒精浓度高，质量低。利用野生植物酿酒，使全省各县酒厂渡过了难关，但也有一些教训。有些酒厂不从实际出发，如常德津市酒厂用南瓜、冬瓜、蒿草乃至观音土等含微量淀粉，甚至根本没有淀粉的作物酿酒，其结果就只能是劳民伤财了。

湖南黄酒的酿造方法自古沿袭至今，民间俗称"泊甜酒"。该酒是连糟带汁一起吃的，其酿造原料主要是糯米和制曲用的小麦，糯米讲究质软、粒大、心白多和淀粉含量高，衡阳酃酒酿酒原料采用糯稻中的精品大糯或麻矮糯(尤以麻矮糯为佳)，此两种糯稻系人工抽穗选种培育，现已濒临绝种。酿造黄酒时小麦主要是作辅助原料，要求颗粒均匀饱满，两端不带褐色，外皮薄，软硬适度，麦粒胚乳成粉状，不夹带杂物，不被农药污染；啤酒的酿造原料主要有麦芽、大米和酒花；酿造果酒的原料在湖南境内非常丰富，主要有猕猴桃、柑橘、葡萄、酸梅、甜橙和桑椹等。

（二）酿酒工艺简介

辛亥革命后，湖南手工作坊酿酒，设备极其简单，一锅一甑，即可开工。据衡阳酿酒业资料：甑还有单双之分。单甑一人操作，每天投料75公斤，可以装5个坛子，每坛约15公斤；制"湖之酒"每坛可得12公斤，另出水酒3.5公斤，次烧酒（次白酒）1.5公斤。双甑则加倍。

中华人民共和国建立以后，湖南酿酒企业规模逐步扩大，设备技术亦相应提高。最初，改小灶为大灶，改单孔炉灶为4孔～10孔的大灶，改小甑为大甑，改小药子发酵为麸曲发酵，提高了生产效率和产品质量。以后，改直接火蒸为锅炉蒸汽，更扩大了产量，也节约了能源消耗。20世纪60年代初，从山东、四川引进大曲，并推广烟台的"老五甑"操作法，使酒味更佳。但当时所使用的固态发酵工艺，劳动强度大，淀粉利用率也不到80%。1965年，新邵县联合酒厂学习推广北京和青岛两地酒厂的液态发酵工艺，实现机械化连续生产，减轻了工人的劳动强度，并使淀粉利用率达到80%以上。1966年以后，相继在长沙、湘潭、岳阳等酒厂推广。至1979年，采用液态发酵工艺生产的饮料酒，已占全省总产量的70%左右。但液态发酵的饮料酒，缺乏固态发酵酒的窖底香和糟香味，销售情况不如固态发酵的好。各厂乃采用串香、调香、固态勾兑三种方法，增加液态发酵酒的香味，效果甚好。

1982年，轻工业部召开了"糖化酶推广应用会"，湖南即在常德、津市、澧县等酒厂试用衡阳市和津市两个酶制剂厂生产的

UV – 11 糖化酶代替麸曲糖化，至 1984 年遍及全省。采用糖化酶糖化，可提高出酒率，产品质量亦稳定，还能节省人力。同年，有 70% 的酒厂推广应用复馏串香工艺，使酒精损耗由 5% 下降为3%；推广大米大曲新工艺，全年生产大米大曲酒 2 000 吨。

1985 年，在长沙、宁乡等 22 个重点酒厂推广应用 UV – 48 新菌种，使糖化单位提高了三分之一；麦曲用量由占投料量 2% ~3% 下降到 1% ~2%。同年还在岳阳、常德等 7 个酒厂试用高温酵母，其发酵温度为 28℃ ~33℃，可提高出酒率，节药能耗。

在技术装备方面：1984—1985 年，长沙、湘乡、邵阳、常德、大庸、南县、浏阳、吉首、株洲等地的酒厂（包括汽酒和啤酒厂），共进行了 59 个扩建和技术改造项目，计划投资 9 050 万元。至1985 年，已完成投资 6 444 万元，竣工的主要项目有：湘乡、长沙两个啤酒厂扩建工程，湘阴酒厂、大庸酒厂增建啤酒车间，临湘酒厂、桃江酒厂的猕猴桃酒生产线，华容酒厂、宜章酒厂的汽水生产线等。1985 年，轻工业系统有年产白酒能力 4 000 吨以上的酒厂 7 个，3 000 ~4 000 吨的 6 个，2 000 ~3 000 吨的 16 个；年产啤酒能力 1.5 万吨的厂 1 个，5 000 吨的 1 个。

此时，湖南酿酒业的设备还很落后，主要经济技术指标与全国先进水平差距较大。如 1985 年每吨啤酒耗麦芽，上海为 96 公斤，全国平均为 132 公斤，湖南则为 175 公斤，在各省、市、自治区中排名居第 27 位。其他方面，如吨酒粮食消耗量、能源消耗量及工人劳动生产率等与全国先进水平的省市相比均有差距。

1. 白酒酿造工艺

湖南白酒酿造有固态法工艺和液态法工艺两种。

（1）固态法工艺

湖南传统的酿酒工艺独具特色，是人民通过长期的酿酒实践，沿袭古法，总结酿酒经验，摸索出的一套完整的酿酒工艺。

古时老法酿酒的发酵媒介是民间手工业者从实践中创制的土药曲，只适应颗粒发酵，这种发酵法，化学反应效果不够稳定可靠，出酒率低。主要是因为这种土药曲糖发力低，加上自然培养杂菌多，造成酒质低劣。因此到 1911 年湖南白酒的品种仍然很单调，只有米酒、谷酒、包谷酒三个品种。

辛亥革命后，常德有一家马万隆私人糟坊，经过五代相传，在 20 世纪 20 年代率先以整粒的稻谷酿酒，工具设备较别的糟房好，使用大灶、大甑、大天锅、大醅缸等，且都是专用器具。在工艺上采用小曲糖化、清蒸、清烧、七天蒸馏的工艺方法，产品称德酒，又称谷酒或烧酒。这种酒质量上超过了大米下锅煮的酒，同时又对高粱、稻谷进行单烧或者混烧，酒的质量更加稳定，产品品种也逐步增多。1927 年，石门县城东阎家县的阎海堂开设的阎正泰糟坊酿造的白酒很有名。还有桃源县城卑康糟坊有年产酒5 000 公斤的能力，且质量上乘。

1937—1942 年，陕北、河南、湖北等地许多贫民南迁避难，其中有许多流亡到湖南，他们中有许多懂得大曲酒的酿造方法，并在湖南各地开办作坊，具有相当的生产规模。新中国成立后，湖南酿酒行业有很大的发展，酿酒工艺不断改进。到 1956 年，常德市酒厂和津市酒厂开始采用先进的麸曲酿酒法，获得较好的经济效益。用大米作原料，采用土药曲酿酒，出酒率仅为 50% 左右，酒度最高也只有 50°，而用麸曲法酿造同样度数的酒，出酒率高达 70% 以上。

用野生植物所酿之酒苦涩难饮，有水腥味，怪味多，在湖南没有形成很大规模。1965 年后，粮食供应缓解，全省各县酒厂不再使用野生植物酿酒。当时，全省各县酒厂采用固体法酿酒工艺

大体相同。只有武陵酒酿造方法略有区别,其工艺流程是:

原料→粉碎→配料→润料→蒸煮→凉楂→加曲→加酒母→加水→入池→发酵→出池→蒸馏→成品

原料粉碎是白酒生产工艺的第一道工序,它与整个工艺及出酒率关系极大。酿酒工人常说"细泥烂楂,赛如神拿",也就是说粉碎细,出酒多。原料粉碎糊化不透,曲和酵母作用不彻底,糖化发酵不完全,残余淀粉高,结果造成出酒率低。由于固体发酵,糟醅经过多次循环使用,在正常情况下,残余淀粉基本上得到充分利用,因此,也不能过细。

(2)液态法工艺

湖南省酒厂采用的固态法白酒和液态法白酒工艺大体相同,是本省各县酒厂普遍采用的酿酒方法。从1956年开始采用这种工艺一直到80年代末。液态法比固态法具有酒率高、机械化程度高、劳动生产率高、劳动强度低、生产成本低、不同辅助原料、便于综合利用等优点。液态法白酒与固态法白酒相比,在口感和风味上尚有一定的差距,总酸、总脂含量普遍低,杂醇油含量高,口味单调,酒体淡薄,缺乏固态法白酒特有的香气。

为了提高白酒的质量,各地、县酒厂改进生产工艺,采用以精馏酒精为茎酒,然后进行串香复馏,或调香勾兑,白酒质量明显提高。液态法白酒的生产工艺流程是:

原料(薯干、薯渣、大米)→粉碎→蒸煮→糖化→发酵→蒸馏→精馏→酒精→串香→配制→成品

粉碎之后进行蒸煮,对蒸煮的要求是在操作上要控制蒸汽与物料接触均匀,并要使吹出的蒸煮醪外观质量达到:无小粒、色泽光润、质地细腻和色淡不能红的要求,蒸煮过程中要尽量减少糖分损失及甲醇生成,并且蒸煮设备要容易为工人操作,便于

生产。

糖化工艺流程是先将蒸煮醪冷却到糖化温度→醪液与糖化剂混合→淀粉糖化→糖化醪冷却到发酵温度→糖化醪输送到发酵车间。其质量标准是：外观糖度 14~16（单层纱布滤液）、酸度为 4 度以下、还原糖在 4% 以上、总糖在 12% 以上（浓醪为 17%）、感观效果是醪液薄且爽，上口甜为佳。

发酵工序是将经蒸煮糖化后的原料，冷却到 24℃~28℃进入发酵罐，添加酒母醪，可发酵糖分经酵母作用而产生酒精和二氧化碳。发酵的好坏与合理控制发酵温度有极大的关系。省内大部分酒厂一般使用酒精酵母（K 酵母）发酵。发酵后期温度不能过分降低，一般比最高温度低 3~4℃即可，因为发酵温度太低会造成界限糊精的增多，影响发酵效果。另外，发酵能否完全彻底、恰好，必须正确控制发酵时间。发酵时间的长短与发酵温度、发酵浓度、酒母的接种有关系。一般采用 60 小时~63 小时正常发酵结束，发酵醪恰好成熟达放罐标准，应该是酵醪中酒精含量最高的时候。

蒸馏是液态白酒生产的最后工序，蒸馏操作的好坏能直接影响产品的质量。蒸馏方式有间歇式和连续式两种。酒精蒸馏过程基本上分为蒸馏和精馏两步。蒸馏是使乙醇和含于醪液中所有挥发性物质一起分离出来的过程。为了提高白酒质量，省内各酒厂都采用精馏的方法，除去粗酒精中的杂质，保证酒质量，然后生产串香白酒。

（3）白酒制曲工艺流程

小麦→破碎→拌麦粉（加水）→踩曲成坯→凉曲→入房排列→加盖草袋保温保潮培养→发芽阶段→上霉阶段→上火阶段→后火阶段→干燥阶段→出房→贮存

2. 黄酒酿造工艺

中国是世界上最早用曲药酿酒的国家，人类发现了自然酒后，受到启发，开始了人工酿酒的历史，从而揭开了中国黄酒文化的扉页。曲药的发现、人工制作、运用大概可以追溯到公元前2000年的夏王朝到公元前200年的秦王朝这1 800年的时间。我国酿酒技术的发展可分为两个阶段：第一阶段是自然发酵阶段，经历数千年，传统发酵技术由孕育、发展乃至成熟，人们主要是凭经验酿酒，生产规模不大，基本上是手工操作。第二阶段是从1911年开始的，由于引入西方的科技知识，尤其是微生物学、生物化学和工程知识后，传统酿酒技术发生了巨大的变化，人们懂得了酿酒微观世界的奥秘，生产上劳动强度大大降低，机械化水平提高，酒的质量更有保障。

有人认为，我省衡阳就是中国黄酒的发源地，衡阳酃酒属于黄酒系列，其酿造工艺与绍兴黄酒、日本清酒同宗同源，酃酒闻名的时间比绍兴黄酒要早得多；有学者认为，浙江一带的绍兴黄酒还是从酃酒的基础上发展起来的。张载《酃酒赋》载："昔闻珍酒，出于湘东，丕显于皇都，乃潜沦于吴邦。"这里的"潜沦"是"泛滥"的意思，当时的酃酒已远销到江浙一带，而且大街小巷随处可见，即可作为旁证。另据考古发掘，我们的祖先早在殷商武丁时期就掌握了微生物"霉菌"生物繁殖的规律，已能使用谷物制成曲药，发酵酿造黄酒。黄酒品种很多，中国著名的黄酒首推湖南衡阳酃酒。西周时期，农业的发展为酿造黄酒提供了完备的原料，人们的酿造工艺，在总结前人"秫稻必齐，曲药必时"的基础上有了进一步的发展。秦汉时期，曲药酿造黄酒技术又有所提高，《汉书·食货志》载："一酿用粗米二斛，得成酒六斛六斗。"这是我国现存最早用稻米曲药酿造黄酒的配方。《水经注》又载：

"酃县有酃湖，湖中有洲，洲上居民，彼人资以给，酿酒甚美，谓之酃酒。"那个时代，在人们心中已有了品牌意识——喝黄酒必首推酃酒，酃酒誉满天下，是曲药酿黄酒的代表(前面已介绍)。

湖南酿造黄酒的传统方法自古沿袭至今，现民间酿造黄酒俗称"泊甜酒"，是连糟带汁一起吃的(图12-2)，工艺上比现在的黄酒少了压榨这一道工序。黄酒以大米、黍米为原料，一般酒精含量为14%~20%，属于低度酿

图12-2 民间甜酒

造酒。黄酒含有丰富的营养，含有21种氨基酸，其中包括有特种未知氨基酸，而人体自身不能合成，必须依靠食物摄取8种必需氨基酸，这些黄酒都具备，故被誉为"液体蛋糕"。

(1)糯米酒工艺

湖南民间用糯米泊甜酒一般用甜酒曲为糖化发酵剂，自古以来没有多大变化。衡阳民间流传的酃酒工艺流程是：

大糯或麻矮糯   加酒曲

↑   ↓

选料→浸米→蒸饭→凉饭→淘饭→落缸发酵→入坛发酵→滤酒→包装

关于酿造酃酒的原料、工序和具体操作要点在很多文献上均有详细的记载，如《清泉县志·卷六·食货》记载：糯稻迟早亦有数，种早者摸稻，种迟者名大糯，造酒良，迟者名重阳糯。大糯和麻矮糯，均为衡阳特产，其具有性平、味甘、气味馥郁、米粒呈乳白色、胚乳多含支链淀粉、黏性强和胀性小的特点，富含蛋白质、脂肪、糖类、钙、磷、铁、维生素B、维生素C等多种成分。

酿造酃酒的佳泉是位于古酃县遗址附近的清泉山上的一口清泉。该泉千百年来冬夏不竭，泉味甘美，为酃湖水之源。酿造酃酒的酒曲在衡阳民间被称作饼药，系多种中草药配制而成。

现代湖南生产糯米酒的工艺流程大致是：

糯米→浸泡→洗米→蒸粮→淋饭→落缸→接种→糖化发酵→封缸→抽酒→压榨→勾兑→包装出厂

（2）制曲工艺

湖南各厂生产黄酒时制曲所用小麦都是本地所产，通风制曲工艺流程如下：

配料→蒸料→冷却接种→装箱→静止培养→间断通风培养→连续通风培养→出曲

（3）湖南民间古老的黄酒酿造图及工具

湖南民间泊甜酒的设备一直是因陋就简，没有许多特殊要求，大多是采用陶缸发酵，用木甑蒸饭。可用锅蒸煮，也可用甑蒸，装酒醪的容器一般用陶钵，也有用脸盆甚至大瓷碗的。有的黄酒厂家还用非常简单笨重的本榨榨酒，工人劳动强度较大。其他设备则与白酒生产时所用相同。

湖南民间古老的黄酒酿造工具如图 12－3 至图 12－10 所示。

图 12－3　古代湖南民间酿酒图　　　　图 12－4　石臼（捣曲药）

图 12 - 5　团盘(晒曲药)

图 12 - 6　竹推(剥稻壳)

图 12 - 7　木甑(蒸饭)

图 12 - 8　酒缸(初发酵)

图 12 - 9　酒海(复发酵)

图 12 - 10　酒斗(盛酒)

3. 啤酒生产工艺

啤酒生产包括原料的粉碎、糊化、糖化、过滤、煮沸、冷却、主发酵、后发酵、过滤、灌装、杀菌、成品包装等主要工序。原料粉碎处理是将麦芽、大米粉碎成颗粒状与粉状的加工过程。粉碎后的麦芽与大米分别经糖化与糊化过程形成糖化醪与糊化醪，经过滤、煮沸、冷却送往主发酵，主发酵后的发酵液送到后发酵，后发酵嫩啤酒经滤酒机过滤，送往灌装工序，最后经杀菌，成品检验后进行成品包装。

粉碎：麦芽及辅助原料大米在糖化之前必须先进行粉碎，粉碎虽然是一个纯粹的机械过程，但对麦芽汁的组成部分，对原料的利用率以及以后糖化工序的各项操作的顺利完成，都具有非常重要的影响。采用 WGF 型五辊麦芽粉碎机。用这种粉碎机粉碎的麦芽，皮过破而不碎，皮壳包容物（胚乳）粉碎极细。辅助原料大米的粉碎要求越细越好。

糖化：糖化是一个非常复杂的生化变化过程，通过糖化要求麦汁的浸出物得率最高，浸出物的组成及其成分比例符合产品要求，而且要尽量减少费用，除低成本，这与糖化的温度、时间、醪液浓度及 pH 有很大关系，所以在糖化操作中要严格控制温度、时间、糖化醪的浓度及 pH 等各项因素的变化，以保证产品的产量与质量的稳定。

过滤：糖化工序结束后，意味着原料中可溶性物质已尽可能多地溶于水了，麦芽汁已经形成，此时必须在极短的时间内将麦芽汁与麦糟分开，得到清亮透明的麦汁，否则会影响麦芽汁的风味和颜色，这个斗糟分离的过程就是麦汁的过滤。湖南各啤酒厂对麦芽汁的过滤，大多采用的是过滤槽法。

麦汁煮沸和酒花添加：湖南大部分啤酒厂麦汁煮沸是采用传统的间歇常压煮沸法，当在预定的时间达到计算产量后，停止煮沸，测量麦汁浓度，麦汁进入冷却工序。麦汁的煮沸时间对啤酒性质影响极大，在常压下煮沸，一般控制在 1.5～2.0 小时。麦汁煮沸时间的长短与酒花有效成分的溶出和蛋白质的凝固都有关系，合理地延长煮沸时间有利于蛋白质的凝固，提高酒花利用率和还原物质的形成，但对泡沫性稍有影响。过分延长煮沸时间，不仅经济上不合算，麦汁质量也会下降。致使麦汁色泽深，口味粗糙，苦味不够，泡沫不佳。

麦芽汁沉淀、冷却：省内啤酒生产企业较多的是采用沉淀槽法来沉淀、冷却麦芽汁。煮沸定型后的麦汁直接流入沉淀槽，30分钟~60分钟后麦汁温度降至60℃，此时保温静置1小时~2小时，凝固沉淀澄清。在沉淀槽澄清的麦汁进入薄板冷却器，以-4℃酒清为冷却剂，随着板式换热器内沟纹板逆向流动而进行热交换，麦汁冷却至7℃，即可进入主发酵。

主发酵：省内各啤酒生产厂的主发酵工艺是：当冷却至接种温度7℃的麦芽汁流入前醇池（室温8℃），加入麦芽汁体积0.5%~0.6%的酵母，充氧10~20分钟，前发酵20小时左右，麦汁表面形成一层白色泡沫，表明酵母繁殖已达要求，这时将麦汁翻入主发酵池中，前发酵池底部凝固物和死酵母得以清除；进入主发酵池中，前发酵池底部凝固物和死酵母得以清除；进入主发酵池（室温6℃）4小时~5小时后，麦汁表面出现更多的泡沫，由四周拥向中间，洁白细腻，厚而紧密；如花菜状，吹开液面，可见到无数气泡上涌，自然升温1天~2天，此为起泡期，高泡期是发酵3天后，泡沫增加，形成卷曲状隆起，高达20厘米~30厘米，并逐渐变为黄棕色，大量释放能量，这时用冰水缓慢冷却，发酵5天后进入发酵晚期；气泡减少，每日控制室温下降0.5℃，维持2天左右；经过上面三个阶段7天~8天的发酵，泡沫回收，形成一层褐色苦味的泡盖，覆盖于表面，厚度2厘米~4厘米，发酵进入末期，发酵最后一天，急剧降温，使酵母沉淀良好，液面呈静止的暗褐色状，当温度降至4.5℃~5.0℃、巴标降至

4.5BX ~ 4.7BX 时，即可下酒后酵缸。

后发酵：主发酵完毕后，麦汁基本上已被发酵成啤酒，带有后苦味和特殊的发酵味，同时稳定性也差，因此必须经过后发酵阶段，贮藏较长时间，促使啤酒成熟。

啤酒过滤：经过后发酵的啤酒已成熟，但在外观上仍有一些雾状，因此在包装前，为了使啤酒清亮透明，富有光泽，须对啤酒进行过滤，除去悬浮在酒液中的酵母、蛋白质和其他物质。省内各啤酒厂一般采用过滤棉过滤法，过滤后的啤酒应清亮透明、有光泽、无颗粒或悬浮物；若过滤操作不善，将会导致酒液浑浊，透光差，有悬浮等现象，影响成品啤酒的外观和质量。

啤酒包装：啤酒包装包括洗瓶、灌酒压盖、杀菌、贴标、打包。灌酒之前，酒瓶要用碱液严格清洗，瓶口不得有裂痕，瓶内不得有杂物，积水，所有瓶要求颜色、高度一致。

4. 果酒生产工艺

湖南省果实资源丰富，湘西、常德、邵阳、衡阳等地盛产水果，并以当地所产特色水果酿酒，均具特色。本书以常德地区所产"中华猕猴桃酒"为例，简介果酒生产工艺。

常德地区酿造猕猴桃酒始于 1978 年 10 月，澧县酒厂黄盛炎根据有关报道，提出对猕猴桃综合利用、酿制猕猴桃酒的设想，并与湖南大学商定试制方案，由技术员宋叔尔组织实施，开展试验性加工。

1978 年采用的是配制酒加工方法，当年全部以散装形式出现在市场上，吸引了一部分消费者。1980 年 10 月，采用人工挤压加工，滤汁首次采用发酵法生产，滤渣采用浸泡法生产。次年，澧县酒厂在全省范围内率先提出原汁发酵课题。1981 年，常德地区进行酒类质量检评，澧县的猕猴桃酒获地区同类产品第一名。

澧县酒厂的中华猕猴桃酒自问世以来多次获奖。1984 年，荣获全国酒类质量大赛银杯奖。1985 年，中华猕猴桃酒被评为全国轻工业优秀新产品。同年，轻工部在青岛举办全国同行业产品质量评比，中华猕猴桃干酒获全国评比第一名。1985 年 8 月，湖南省轻工厅、湖南省标准局在益阳市召开全省轻工系统酒类质量检查评比会，中华猕猴桃干酒被评为湖南省名酒，获金杯奖。1986 年 2 月，湖南省食品工业办公室举行全省名、优、特、新食品"芙蓉奖"评比会上，中华猕猴桃酒被评为"消费者最喜爱的食品"。1987 年 5 月又获"芙蓉奖"。

5. 配制酒的生产工艺

配制酒在整个酒类生产历史上是比较年轻的酒类之一。由于生产设备简陋，生产周期较短，生产配制酒经济效益显著，因而其发展极为迅速，生产厂家日益增加，产品质量不断提高。湖南地区所产配制酒大体分为三种，即保健型配制酒、营养型配制酒和汽酒。湖南保健型配制酒其药材原料丰富多样，有用药物根块配制的，如天麻酒、茯苓酒、三七酒、虫草酒等；有用植物果实配制的，如木瓜酒、桑椹酒、梅子酒、橄榄酒等；有以植物杆茎入酒的，如人参酒、绞股蓝酒、寄生草酒等；有以动物的骨、胆、卵等入酒的，如虎骨酒、熊胆酒、乌鸡白凤酒等；有以矿物入酒的，如麦饭石酒等，各有特色。

保健型配制酒生产工艺流程：省内保健型配制酒其生产工艺基本相同，只是配方不同而已，其工艺流程如下：

基酒：贮存→验质→称量出库→调度

糖水：包括鸡蛋→蛋清→成泡、白糖→拣选→称量、冰糖→破碎→称量、清水→称量→加热

药液：药材→校正→精选精制→称量→成药（加曲酒）→浸泡

→搅拌→过滤→混合搅拌→澄清→过滤→入库贮存→过滤→检验→评定→灌装

营养型配制酒，在湖南也很有特色，常德地区1958年就开始生产露酒，20世纪70年代初又生产过橘子酒、薄荷酒、茵陈酒、满炉香、仙果青梅酒、双喜宴酒、长寿酒、富贵酒、白青梅酒等数十种露酒。

汽酒：在湖南省有很多市县生产，生产工艺大致如下：

酒瓶→挑选运瓶→泡瓶→刷瓶→冲瓶→验瓶→瓶盖

↓　↓

食用酒精(或果酒)

食用色素→配料→过滤→加香精→贮料缸→灌装→压盖

柠檬酸

防腐剂

水→加矾处理→砂滤棒过滤→碳酸化入库→装箱→贴标→检验→传送带

(三)湖南酒的品种、质量与销售

1. 湖南酒的品种

湖南汉代以前酒的品种据马王堆汉墓中出土的遗策记述，有白酒、米酒、温(醖)酒和肋酒等，马王堆一号汉墓中的四件漆画枋上记载分别盛有白酒、米酒各二资，"资"是指硬陶或釉陶罐。此时的所谓白酒，有人说是久储澄清的陈酒，《周礼·酒正》："辨三酒之物，一曰事酒，二曰昔酒，三曰清酒。"郑玄注："昔酒，今之酋久白酒，所谓旧漆者也。"另有人说应是指反复重酿之酒，《一切经音义》引《通俗文》说"白酒曰醙"，晋人张华《轻薄篇》有"苍梧竹叶青，宜城九酝醙"之句，九酝醙很清淡，像白水，故称白酒。张衡《南都赋》说"酒则九酝甘醴，十旬兼清"，曹操献"九酝春酒法"时也说"臣得法，酿之常善，其上清，滓亦可饮"。至于米酒，可能就是醴酒。《北堂书钞·酒食部》引《韩诗》、《汉书·楚元王传》颜师古注，皆说醴为甜酒，少曲多米，即今之醪糟，故称米酒、米酿。醣酒，即用米和酒曲发酵而酿成之酒；肋酒，即过滤后的清酒。据 1918 年调查，湖南酒的品种主要有米酒、谷酒和高粱酒三大宗；1935 年出版的《中国实业志·湖南省》称我省酒的品种主要有米酒、烧酒和加工酒三种。

清末时期，检验酒的质量全凭嘴尝、鼻闻、眼看，没有仪器设备。根据酒液的洁净程度不同，对清澈透明、静止如同镜面者称"镜面酒"；反之，对浊酒称"堆花酒"。酒的品种，按原料分有用大米、稻谷、高粱、玉米、红薯、小麦、荞麦等酿制的粮酒和用野生植物酿制的代白酒，按工艺分有烧酒、水酒以及加药浸渍的木瓜酒、龙骨酒、虎骨酒、五加皮酒等。

新中国成立初期，随着市场需求量的增加，酒的产量和质量都有所提高。1953 年 10 月粮食统购统销后，酿造粮酒受原料限制，改酿代白酒者增多。20 世纪 50 年代末期，湖南饮料酒只有小曲烧酒和米酒两大类，80 年代已增加麦曲酒、大曲酒、黄酒、果酒、药酒、啤酒六大类 20 多个品种。其中，大曲酒有浓香、酱香、清香、兼香等多种香型；麦曲酒有液态发酵和固态发酵两种。黄酒是在衡阳传统的湖子酒的基础上发展起来的，衡阳市酒厂于 20 世纪 60 年代制成老窖黄酒，70 年代发展成为较高级的芙蓉酒。果酒，则始于 60 年代长沙酒厂取靖县杨梅汁生产的杨梅酒，70 年代，溆浦、宁乡、两县酒厂相继引进北醇葡萄酿出葡萄酒，邵阳市酒厂则用当地盛产的雪峰蜜橘制成蜜橘酒，澧县酒厂制出猕猴桃酒，均很有特色。药酒方面则有岳阳市酒厂的龟蛇酒、三蛇胆汁酒，湘潭市酒厂的当归酒等。1984年，华容县酒厂以省内所产优质莲子为主料，配以党参、杜仲、枸杞、当归等10多种中药材，以高粱作酒基，制成中国湘莲白酒，属中低度（36°）滋补饮料酒，风味独特，为国内首创。1985年，饮料酒的品种结构进一步向营养、低度、原汁果汁酒发展，开发了以刺梨汁和猕猴桃为原料的两个系列品种以及低度大曲酒和麦精汽酒等新品种。现在湖南的酒类有白酒、黄酒、米酒、啤酒和配制酒等。

2. 湖南酒的质量

古代湖南酒，从千年贡酒酃渌酒可见其质量之优；到现代，湖南酒的品质更有特色，"湘酒"无论是酒品，还是酒质都不比别人逊色。说酒品：五次国家酒类评比中，有四种"湘酒"榜上有名。论酒质："湘酒"坚持传统的酿造与现代科技相结合的工艺，从20世纪50年代~60年代起，湖南各酿酒厂通过加强管理，改进工艺，提高技术等措施，促进了饮料酒质量的提高。常德市酒厂率先学习先进经验，综合贵州茅台酒的贮藏法、山西汾酒的大曲培养法、陕西西凤酒的续渣法、四川泸州酒的发酵法和酿造工艺，制成德山大曲酒。该酒在1963年全国评酒会上评为国家优质酒。1970年以后，上述各项先进经验，相继在省内各酒厂得到全部或部分推广，湖南饮料酒的质量，普遍有了提高。常德、长沙两酒厂又分别酿出仿茅台的武陵酒和具有浓头、酱尾、独特兼香风味的白沙液酒。1979年4月省评酒会上，白沙液酒与麻阳酒厂的锦江酒、常德德山大曲酒同时评为名酒。1984年，常德武陵酒、德山大曲酒、浏阳河小曲酒获国家优质产品银牌奖。同年，在全国轻工业系统酒类大赛中，常德武陵酒厂酿造的岳阳楼牌武陵酒获金杯奖、岳阳酒厂的三醉亭牌小曲酒、长沙酒厂的白沙牌白沙液酒、澧县酒厂的兰江牌中华猕猴桃干酒、德山大曲酒、浏阳河小曲酒五种酒获银杯奖，洪江牌桂花酒获铜杯奖。1985 年 6 月，华容酒厂的湘莲白酒、澧县的猕猴桃酒获轻工业部优秀新产品奖。湖南的酿酒行业以前有"五朵金花"：白沙液酒厂、常德酒厂、湘泉酒厂、回雁峰酒厂以及邵阳酒厂。红火的时候各酒厂门前也曾经熙熙攘攘、车水马龙，门口排着长长的拖酒车队。

"酒色清冽、口感醇和"是湘酒的特色，"湘酒"真正算得上是"香酒"了。今天，湖南的"酒鬼酒"更是以其兼具"泸型之芳香、茅型之细腻、清香之纯净和米香之优雅"而成为中国白酒独特无二的"馥郁香"型，名列中国白酒的十二大香型之中，馥郁香型的定型使白酒湘军登上了历史舞台，中国白酒版图由八大板块最终加上"湘酒"一名，被改写为九大板块，使中国白酒在国际上创下新的地位具有重要意义。

3. 湖南酒的销售

中国的商业历史悠久，可是由于历代重农抑商、资本不足、交通堵梗等原因，商品经济一直很不发达，不过，"民以食为天"，饮食行业，特别是饮酒行业却是独树一帜。远古时代，人们饮食不能自给，更谈不上交换，进入农耕文明后，随着农耕技术的进步，农业经济的发展，加上人口增多，需求增大，交换才可能。《古史考》载"神农作市，高阳氏衰，市官不修，祝融修市"说的便是神农、祝融发展市场交易的情况。

进入夏商时代，货币的发明与使用，使商品交换发展到货币交换阶段，但是饮酒行业的真正开始可以确立的不是夏朝，而是商朝。商代出现了专门生产酒器的部落氏族——长勺氏、尾勺氏，并出现了专业饮酒服务人员——酒保。周代出现都邑，市场交易随之频繁。《诗经·小雅·伐木》中"有酒湑我，无酒酤我"，意即：有酒就把酒来筛，无酒就去买酒来。无疑当时已有酒店。

长沙在周代已是都邑，酒店亦应出现。

在中国历史上酒价的最早记载是汉代始元六年（公元前 81 年），官卖酒，每升四钱；最早的卖酒广告记载是战国末期韩非子的《宋人酤酒》："宋有沽酒者，升概甚平，遇客甚谨，为酒甚美，悬帜甚高。"这四个"甚"构成了我国酒家几千年来独有的经营模式，而富

图 12－11 古代酒旗

有文化品位的酒旗（图 12－11），特别醒目，这是我国酒家有旗的最早纪录，是我国第一面酒旗，标志着我国饮酒行业走向成熟。唐朝诗人刘禹锡在朗州（今常德）间写的《堤上行三首》更是写出了当地悬旗饮酒的盛况："酒旗相望大堤头，堤下连樯堤上楼。日暮行人争渡急，桨声幽轧满中流。"

唐代是我省古代社会的鼎盛时期，城市经济空前繁荣。唐代酒业空前发展的一个重要标志，就是形成了星罗棋布的酒业网点，这个布局，是以长沙为中心向四方辐射的，"无人不沽酒，何人不闻乐。"湖南酿酒虽历史悠久，但在唐朝以前，除贡酒外，湖南民间酿酒主要是自家饮用。唐代开始则有酿酒销售，此时农村仍是一家一户自造自饮，城市则多为小糟坊，且多为前店后坊，就地生产，就地销售。

宋代饮酒业，无论是数量、规模、种类，还是设施、经营、广告，都是相当突出的，是继唐之后有一个高潮。据《东京梦华录序》这里"太平日久，人特繁埠，新声巧笑柳陌花埠，按管调弦于茶坊酒肆，八方争凑万国咸通"。

明代朱元璋定都南京，为了显示天下太平，与民同乐，着手

恢复、发展酒业。明清酒业的另一大进步，就是品牌意识的增强，非常注意包装，当时人们在消费酒的时候，不仅看重酒名，更看重生产酒家，田艺蘅《留青札记》卷26说："谚云：若要富，卖酒醋。盖二物甚有利也。"反映了酒业利润非常之高，成为人们致富的一大捷径。湖南饮食市肆的繁荣起步于清代中叶，当时长沙城内陆续出现了专业的饮食经营业者，并分为"轩帮"和"堂帮"。轩帮没有固定经营场所，而是上门承制酒宴；堂帮则为新兴的酒楼，较为有名的有旨阶堂、式宴堂等十家，人称"十柱"。清代中叶，长期处于闭塞状态的湘西地区其饮食业也有所发展，"改土归流"后外地客民涌入，府、县城和大集镇办起了酒楼，一些古道上亦有半商半农的伙铺，摆些自制的甜酒、烧酒、油粑粑等，人称"过路店"或"茅草店"，客至热情接待，客走护送出境，很受欢迎。

晚清以后，我省除购进少数省外名酒外，其余均为省内生产。据1935年出版的《中国实业志·湖南省》记载："湖南酒的销售，除衡酒销路较远外，其他各县产品均行销于附近乡镇以及邻县，省外销路则绝无仅有。湘酒交易，凡门市均用现款，批发则间有记账，惟限于月底兑款，因酒业资金短绌，不便延宕。盛酒之器，曰酒坛，大小悬殊，普通每坛可盛50斤之酒。湖南对于酒类征税，则设有酒税局。当时衡阳该地的酒税，大致为二：一为税局征收，一为地方征收；前者又可分为两种，即牌照税与通常酒税。牌照税按季缴纳，每季在6元上下，酒税则每产一桶酒纳税两元。此系指产酒之地而言，由作坊运至酒店每担尚需缴贴印花税3分，而酒店更须按季缴纳牌照税。地方附捐则各地不一，如会同之洪江市每月尚须缴纳该项附捐也。"

酒类价格在不同历史时期依质量和产地不同而有差异。据

《中国实业志·湖南省》记载："衡酒（米酒）最近价格，最上者每斤达4分5厘，次者每斤4分；在浏阳从前杂粮价格较高之时，烧酒每石（担）可售17元左右，现因谷价低落，酒价亦随之趋跌，每石只售8元左右。"1917年醴陵县汾酒零售价为每500克为0.23元（银元，下同），谷酒每500克为0.085元。平江县汾酒每500克为0.24元，上烧酒每500克为0.12元，中烧酒为0.1元。

1949—1979年间，湖南饮料酒生产量小于市场销售量，每年从省外调入量多于省内调出量。1979年后，液态发酵工艺普遍推广，加上乡镇酒厂大发展，饮料酒产量大幅度增加。1981年，省内饮料酒产量第一次超出社会零售量，差额为9.5%。以后各年产销差距继续扩大，至1985年产量比销量多出53%。唯品种结构，一直未能满足消费需要：白酒偏多，常有积压；啤酒、黄酒、葡萄酒等产量有限，供不应求。在白酒中，普通白酒销路疲滞，而名优白酒则十分紧俏。

湖南酒的经营经历了一个由最初的小打小闹作坊式经营、发展到规模化集团化经营、再到文化品牌经营的过程。

当代湖南的酒鬼酒是中国白酒界第一个用文化唱戏的文化酒品牌，是中国高端白酒文化的引领者，是"中国十大文化名酒"之一，酒鬼酒首开白酒文化营销之先河，率先举起"白酒文化营销"的大旗，以"以文化为切入点，做好高档产品营销"的战略思想，并以极大的信心和热情展开迅猛的营销攻势，在中国白酒界刮起了一股"酒鬼酒文化营销旋风"，被业内公认为"开创了新时期酒类文化营销之先河"。近年来，酒鬼酒从产品品质、文化内涵、市场定位上着力培育和完善，跻身于高端白酒阵营。湘泉集团以湖南湘西文化为背景，利用湘西丰富的溶洞资源，推出"酒鬼酒洞窖文化酒工程"。率先在国内提出了收藏文化酒的理念，也大大丰富了酒的文化品位与内涵。我省是酒类产销大省，据 2004 年统计，全省有获得准产证的企业 109 家，酒类批发商 9 000 多家，酒类零售网点 30 万个，从业人员 50 万人，当年实现销售收入 26 亿元，利税 4.8 亿元。

从本书前面的论述我们可以看到，湘酒有过辉煌的历史，古代湘酒之令世人仰慕也是其他酒不可比拟的，湖南酒文化底蕴非常深厚。古代湖南酃酒和马王堆出土文物中的酿酒配方及工艺，均是中国古代酒业之绝无仅有。可是令人遗憾的是，当代湘酒的发展势头却相对沉寂。20 世纪末期，湘酒中白沙液的沉静，德山大曲、武陵酒业的艰难度日，特别是酒鬼酒的重组失败等，均沉重地伤及了湖南人的情感，令各方爱酒之人无不扼腕叹息。至 90 年代末期，湘酒几乎到了崩盘的边缘，而此时的川酒、黔酒、皖酒、苏酒、鄂酒等则借机对我湘酒形成了包围之势。近年来，湘酒仍尚处在各方诸侯酒国的包围之中。下面我们回头再看看：

三、近现代湘酒在全国酒业中的位置

据 1918 年调查："湖南产米酒、谷酒、高粱酒三大宗。长沙、湘潭、常德一带有堆花、镜面、糟烧三色；南路衡永（衡阳、零陵地区）各县则有清香、双熬火酒、黄酒、红毛烧、湖子酒等；西路辰沅（辰溪、沅陵）、洪江等处则有能元冰烧、甲皮糟烧、米烧、水酒、高粱酒多种。长沙、湘潭、常德、岳阳各处，近亦有仿造苏酒、绍酒两种。各县每年共产谷酒 1 973 万斤，米酒 680 万斤，高粱并各种杂粮酒 50 余万斤，仿苏酒、绍酒 200 余万斤。"在全国来看还算不错。

辛亥革命后，我省城镇酒作糟坊，多前店后坊，起落无时，家数难定。据 1934 年调查：长沙等 24 个县、市较大的酒作糟坊共计 452 家，其中衡阳县 177 家，郴县 48 家；10 家~30 家的 10 个县，其他各县为数甚少。长沙市虽仅 13 家，但规模较大，其资本额占 24 个县、市资本总额的 10.45%。在全国也还小有名气。

据 2000 年统计，湖南全省共生产酒类产品 54 万吨：其中白酒 26 万吨，名优酒还不到 5 万吨，啤酒 28 万吨。白酒 26 万吨，这个数相当于全国产品产量的 4%，与白酒大省山东的 91 万吨相比，只占 29%，我们湖南一个省的白酒产量与国内最大的白酒企业五粮液集团相比，也只多 6 万吨左右。啤酒 28 万吨，为全国产量的 1.4%，与啤酒大省山东的 298 万吨相比，只占其 1/10。可见，在现代，湖南酒业在全国同行业中，是确确实实的弱势行业，基本上没有形成规模生产能力。湖南省商务厅酒管处、酒类产销管理办公室副主任赵子瑞说："湖南的市场很大，据我们不完全统计，湖南本土的白酒所占的市场不到整个市场的四分之一，大量的酒市被外来的酒占领了。"

湖南酒类的消费情况是如何呢？湘人霸蛮，爱喝烈酒，湖南是个白酒消费大省。以 2000 年为例，湖南省酒类社会消费总量约 135 万吨。其中，白酒 60 万吨，人均白酒量为 9.4 公斤，接近全国人均水平的 2 倍；另据相关部门统计，湖南现在酒类产品的年消费量约 150 万吨，酒类年销售额约 135 亿元，其中白酒占据了半壁江山，约 80 亿元，处于全国的前列。由此来看，湖南是名副其实的酒类消费大省，而且消费潜力还非常大。但同时我省又是一个白酒生产小省，湖南本土的酒业生产却不尽如人意，生产水平仍处于全国的中下游水平。从整个行业来看，湘酒仍以白酒、啤酒为主，黄酒、果露酒为补充。本地酒还没占到 1/3 的本地市场份额，更不用说外地了。据有关统计，每年本土中高端品牌的销售额不超过 10 亿元, 约 60 亿的好酒份额被外省企业装进口袋, 几乎所有的省外中高档白酒都在这里找到了立足之地, 我们自己却囊中空空, 尴尬难堪。目前, 湖南正规酒生产企业有 119 家, 而批发商上万家, 经销网点 50 万个, 如果包括散装白酒的话, 湖南一年的消费量大概在 40 万吨～60 万吨之间, 而真正由湖南省自己生产的, 可能还不到 1/7, 湖南市场的酒大部分从外省调进。据相关部门统计, 2006 年全省酒类流通领域实现营业收入达 136 亿元, "酒业湘军"的销售收入是 24.6 亿, 只占了个尾数。2002 年秋季全国糖酒商品交易会上, 周时昌副省长接受记者采访时说: "我省白酒年消费量 45 万吨, 而自产只有 22 万吨, 48% 需从外省调进。啤酒销量 90 万吨, 自产只有 32 万吨, 65% 需从外省调进。葡萄酒约 2 万吨则全是省外调进, 我省一瓶都没有生产。黄酒约 1 万吨, 黄酒我省现在虽然有一个基地, 但供应本省还不够。我省有一些小规模的保健酒厂, 但没有形成大的品牌, 年销售 3 千万元以上的保健酒现在还只有一个'千壶客'。"其实, 湖南产的酒, 如: 酒鬼、湘窖、武陵、开口笑、德山、白沙液、南洲大曲、龙行天下等白酒, 不光品牌好, 酒质也不错。还有燕啤、重啤、雪津、雪花等啤酒以及黄酒古越楼台等在湖南也都有生产基地, 但是都没有做大做强。

湖南是一个酒的消费大省和酒类生产小省, 这是一个很大的反差, 也是人所共知的。"湖南作为农业大省, 却有 80% 的白酒、黄酒、红酒靠省外供应, 这很不正常!"处于全国的前列特别是高档酒市场、公务用酒和商务用酒, 大多被四川、贵州等外省的企业的酒所把持, 这不得不令湘人反省深思。

值得安慰的是面对湖南人大喝外来酒的问题和挑战, 湘酒人有"师人长技以制酒"的胸怀与气质, 沉寂了一段时间的湘酒终于发出了要亮剑突围的呐喊，湘酒大军要谋取突围之剑，走重塑湘酒辉煌的振兴之路，各路精英也为湘酒突围重塑品牌献计献策，湖南有识之士也发出了要以湖南酒文化垫底重塑湘酒辉煌的呼吁，提出湘菜湘酒要联手，打造湖南品牌强势的主张。

参 考 文 献

［1］寒天等. 中国大酒典［M］. 北京：作家出版社，1998

［2］林森. 二十五史［M］. 北京：中国历史文化出版社，1995

［3］王锡炳. 对酒当歌［M］. 北京：作家出版社，1998

［4］康明官. 科学饮酒知识问答［M］. 北京：化学工业出版社，2000

［5］李化南. 中国历代赋酒诗［M］. 长沙：湖南文艺出版社，1993

［6］马忠. 中国绍兴黄酒［M］. 北京：中国财政经济出版社，1999

［7］蒋雁峰. 中国酒文化研究［M］. 长沙：湖南师范大学出版社，2006

［8］彭子诚. 中国湘菜大典［M］. 北京：中国轻工业出版社，2008

［9］湖南省志·轻工志、人物志、民族志. 长沙：湖南出版社，1991，1995

［10］湖南省志·人物志、民族志. 长沙：湖南出版社，1995

［11］中国实业志·湖南省卷. 上海：上海出版书局，1935

［12］湖南百科全书［M］. 长沙：岳麓书社，1995

［13］刘鸣泰等. 湖湘文化大观［M］. 长沙：岳麓书社，2003

［14］湖南省各地市、州、县志［M］. 长沙：湖南出版社，1995

［15］三湘之最［M］. 长沙：湖南出版社，1996

［16］曾国藩. 曾国藩智谋全书［M］. 北京：北京出版社，2007

［17］朱宝铺. 中国酒经［M］. 上海：上海文化出版社，2000

［18］刘国初. 湘菜盛宴［M］. 长沙：岳麓书社，2005

［19］王拥军. 中华美酒谈［M］. 宜昌：中国三峡出版社，2007

［20］俞润泉. 话说湖湘饮食［M］. 长沙：湖南科学技术出版社，2006

［21］萧家成. 升华的魅力——中华民族酒文化［M］. 北京：华龄出版社，2007

［22］廖静仁. 天下湖南之旅系列丛书［M］. 长沙：湖南地图出版社，2005

［23］李楠. 唐诗宋词元曲［M］. 北京：北京燕山出版社，2006

［24］王波. 中华名人百传系列丛书［M］. 喀什：维文出版社，2002

图书在版编目（CIP）数据

湖南酒文化/蒋雁峰著.—长沙：中南大学出版社，
2008.12
（湖湘文库）
ISBN 978-7-81105-877-2

Ⅰ.湖…　Ⅱ.蒋…　Ⅲ.酒—文化—湖南省　Ⅳ.TS971
中国版本图书馆CIP数据核字（2008）第183455号

湖湘文库（乙编）

湖湘文库编辑出版委员会

湖南酒文化

著　　　者	蒋雁峰
责 任 编 辑	彭亚非
责 任 印 制	文桂武
整 体 设 计	郭天民
出 版 发 行	中南大学出版社
地　　　址	长沙市麓山南路
邮　　　编	410083
发行科电话	0731-8876770
传　　　真	0731-8710482
经　　　销	湖南省新华书店
印　　　装	湖南天闻新华印务有限公司
版　　　次	2009年1月第1版第1次印刷
开　　　本	960×640 1/16
印　　　张	36.5
字　　　数	418,000
书　　　号	ISBN 978-7-81105-877-2
定　　　价	80.00元

ISBN 978-7-81105-877-2

9 787811 058772 >